2021年第4卷
第68卷

刑法论丛

CRIMINAL LAW REVIEW VOL. 68

高铭暄/学术顾问
赵秉志/主　编
阴建峰/副主编
张　磊　袁　彬　苏明月　彭新林/专业编辑

中文社会科学引文索引（CSSCI）来源集刊

法律出版社
LAW PRESS CHINA
—北京—

图书在版编目(CIP)数据

刑法论丛. 2021 年. 第 4 卷 : 总第 68 卷 / 赵秉志主编. -- 北京 : 法律出版社, 2023
ISBN 978 - 7 - 5197 - 7806 - 4

Ⅰ. ①刑… Ⅱ. ①赵… Ⅲ. ①刑法 - 文集 Ⅳ. ①D914.04 - 53

中国国家版本馆 CIP 数据核字(2023)第 064548 号

刑法论丛(2021 年第 4 卷 · 总第 68 卷) **XINGFA LUNCONG (2021 NIAN DI-4 JUAN · ZONG DI-68 JUAN)**	赵秉志 主编	责任编辑 黄倩倩 孔明林 装帧设计 李 瞻

出版发行 法律出版社
编辑统筹 学术 · 对外出版分社
责任校对 王 丰
责任印制 陶 松
经　　销 新华书店

开本 A5
印张 13.5　**字数** 394 千
版本 2023 年 5 月第 1 版
印次 2023 年 5 月第 1 次印刷
印刷 北京新生代彩印制版有限公司

地址:北京市丰台区莲花池西里 7 号(100073)
网址:www. lawpress. com. cn
投稿邮箱:info@ lawpress. com. cn
举报盗版邮箱:jbwq@ lawpress. com. cn

销售电话:010 - 83938349
客服电话:010 - 83938350
咨询电话:010 - 63939796

书号:ISBN 978 - 7 - 5197 - 7806 - 4　**定价**:79.00 元
凡购买本社图书,如有印装错误,我社负责退换。电话:010 - 83938349

目录

〔网络犯罪专题〕

1 网络黑灰色产业链的犯罪特征与治理对策优化 …… 金鸿浩

34 扩张解释下罪刑相适应原则的司法实现
——以“蒋某网络隔空猥亵儿童案”为切入点 …… 段卫利

53 非法利用信息网络罪的兜底倾向及合理限缩
——基于《刑法修正案(九)》施行以来裁判文书样本的分析 …… 张萌 董姝含 杜子润

〔中国刑法〕

81 法治变革背景下的刑法法典化编纂:缘由、必要与意义 …… 赵路

109 偏激民意对刑事立法的消极影响及其克服 …… 柳忠卫 张民兴

130 刑法智慧树的内部构造及其展开 …… 李永升

175 犯罪成立条件“情节严重”的解释规则 …… 徐宗胜

208　罪量要素出罪机能的理论廓清与实践改良…… 张馨文
238　监察时效与追诉时效的衔接问题研究 ……… 王登辉
267　涉表见代理刑事案件的法律认定 …………… 敖　博
300　法益的私权属性:侵犯著作权罪的应然归属
——以《民法典》第123条为切入点
…………………………… 利子平　周树娟

〔外国刑法〕

323　厘清刑事合规概念的相关争议
——兼谈德国对刑事合规的概念界定 …… 林文婷

〔比较刑法〕

349　共犯处罚根据论的解构与批判 ……………… 肖　飒
378　间接正犯存在必要性之证成及其新构造 …… 徐　颖

〔刑事执行法〕

406　"踩点减刑"的反思与应对
——以"郭某思减刑案"为切入点 …… 周　鹏

CONTENTS

[Special Subject for Cyber Crimes]

The Criminal Characteristics of Network Black Grey Industry Chain and the Optimization of Governance Countermeasures ······································ Jin Honghao 1

Judicial Realization of the Principle of Suiting Crime to Punishment under the Expanded Interpretation —Taking "the Case of Jiang's Internet Space Indecent Child Abuse" as the Breakthrough Point ··········· Duan Weili 34

The Expansion Tendency and Reasonable Restriction of the Crime of Illegal Use of Information Network —Analysis on the Sample of Judicial Documents Since the Ninth Amendment of Criminal Law ······················· Zhang Meng & Dong Shuhan & Du Zirun 53

[Chinese Criminal Law]

Reflection on the Concept of the Development of Criminal Law: Causes and Discussion on the Codification of Criminal Code in the Context of Rule of Law Reform ··· Zhao Lu 81

The Negative Influence of Extreme Public Opinion on Criminal Legislation and the Solution ······························ Liu Zhongwei & Zhang Minxing 109

The Internal Structure and Development of the Wisdom Tree of Criminal Law ······························ Li Yongsheng 130

On the Interpretation Rules of "Serious Circumstances" of the Conditions for the Establishment of a Crime ······························ Xu Zongsheng 175

The Discussion about the Solution and Practical Improvement of the Dispute on the Quantity of Crime from the Perspective of Function ······························ Zhang Xinwen 208

On the Connection Between the Limitation of Supervisor and the Limitation of Prosecution ················ Wang Denghui 238

Legal Cognizance on Criminal Cases Involving Apparent Agency ······························ Ao Bo 267

The Private Property of Legal Interests: Due Attribution of Copyright Crime

—Take the "Civil Code" as the Starting Point

······························ Li Ziping & Zhou Shujuan 300

[Foreign Criminal Law]

Clarification of the Relevant Disputes on the Concept of Criminal Compliance

—Concerning the Definition of Criminal Compliance in Germany ······························ Lin Wenting 323

[Comparative Criminal Law]

Deconstruction and Criticism of the Theory of the Basis of Punishment for Accomplice ······························ Xiao Sha 349

The Justification of the Necessity of the Indirect Criminal and Its New Structure ······································ Xu Ying 378

[Law of Criminal Execution]

Study on "Commutation by Step on the Spot" —Starting from "Guo Mousi Commutation Case" ······ Zhou Peng 406

〔网络犯罪专题〕

网络黑灰色产业链的犯罪特征与治理对策优化*

金鸿浩**

目　　次

一、网络黑灰色产业链的内涵与“四维属性”
二、网络黑灰色产业链“全链条”的犯罪分布与功能
三、网络黑灰色产业链治理对策的“质、量、度”优化

技术的发展,为善与恶都带来了可能。信息网络技术的快速迭代在创造了网络经济奇迹的同时,也打破了既定的社会治理知识体系、法律体系的圆满状态,并对社会产生重大影响。特别是当技术更新的速度超过了治理观念和社会制度(包括法律制度)的更新速度时,两者更新速度之间的“剪刀差”为新型犯罪提供了犯罪土壤和执法监管盲区。随着新一代信息技术在算法、算据、算力方面的先后突破,技术创新彼

---

* 本文系笔者主持的中国博士后科研基金第 69 批面上资助项目“网络信息传播类犯罪的实证分析和刑法规制”和最高人民检察院检察理论研究课题“网络时代商业贿赂犯罪现状与治理对策研究”的阶段性成果。

** 清华大学法学院博士后,北京化工大学科学技术与社会研究所副教授,兼任最高人民检察院网络犯罪研究中心特约研究员。

此间正向反馈互动的“群集现象”将导致实然和应然之间出现更大程度的“(更新)断裂”问题,[①]这也直接或间接导致实务部门在惩治和预防信息时代新型网络犯罪时总有“捉襟见肘”之感。正如最高人民检察院前检察长张军所说,维护网络安全方面我们还有很多不足,要努力跟上,网络犯罪魔高一尺,检察办案就要努力于道高一丈。[②] 从犯罪形势分析,“魔高一尺”已是现实。网络黑灰色产业链的高度分工、多重交易、非接触式联络、跨地域分布等特征,既大幅降低了网络犯罪的技术门槛和准入条件,又促进了网络犯罪的规模扩展和结构变化,导致网络犯罪整体上专业性、组织性、隐蔽性、危害性不断提升。基于组织和市场规律产生的网络黑灰色产业链的复杂程度,已经远远超过个体化或个别公司为犯罪主体的传统刑事犯罪。网络黑灰色产业链的社会危害性空前,犯罪的产业化既产生了物质性危害,又产生了精神性危害,[③]既危害个体法益,也影响网络社会秩序,乃至于危害国家安全。而“道高一丈”既受限于网络立法的滞后性问题,即传统刑法以现实空间的犯罪现象为规制对象,犯罪构成要件是以现实世界的犯罪行为为基础而创设的,虚拟空间的网络行为能否继续适用传统刑法罪名加以处理不乏争议。[④] 同时,“道高一丈”更受限于执法司法人员对网络犯罪特别是网络灰黑产业链认识不足、理解不全面的“本领恐慌”。因此有必要对网络黑灰色产业链进行理论性的系统梳理,从而提出有针对性的犯罪防控对策。

---

① 参见[英]曼纽尔 · 卡斯特:《网络社会的崛起》,夏铸九、王志弘等译,社会科学文献出版社 2001 年版,第 42 页。

② 参见邱春艳:《网络犯罪“魔高一尺”,检察办案必须“道高一丈”》,载《检察日报》2020 年 6 月 11 日,第 1 版。

③ 参见赵国玲、傅建省:《青少年网络被害调查及教育对策研究》,载《青少年犯罪问题》2009 年第 1 期。

④ 参见王华伟:《网络时代的刑法解释论立场》,载《中国法律评论》2020 年第 1 期。

一、网络黑灰色产业链的内涵与“四维属性”

近年来，针对网络黑灰色产业链的研究刚刚起步，由于网络黑灰色产业链并不是一个严格意义上的法律术语，因此有必要对于其概念和属性分别从“网络”“黑灰色”“产业链”三个关键词分别进行梳理。

（一）“网络”黑灰色产业链的空间属性

“网络黑灰色产业链”的“网络”的内涵与外延，基本等同于“网络犯罪”的“网络”概念。经过刑法学者十余年的探索，网络犯罪的“网络”概念主要有网络对象说、网络空间说、网络工具说三种解释观点，不同观点可以反映不同的网络特征。

对象说在三种解释观点中涵摄范围相对最窄，侧重于将网络作为“犯罪对象”进行解释。按照对象说观点，网络黑灰色产业链的“网络”主要指以计算机、网络和相关数据作为犯罪对象的产业链。在明确犯罪对象的同时，实际上也框定了犯罪客体或法益侵害为计算机网络及其相关的新型法益。按照该观点，黑客类犯罪产业链属于典型的对象说狭义范畴。对象说的优点是相对清晰地将网络新型犯罪与传统犯罪进行区分，许多网络犯罪的黑灰色产业在传统犯罪并不存在，如“流量黑灰产”，以互联网的“流量经济”（注意力经济）为前提，以流量与经济挂钩可产生商业化“流量变现”为关键，通过暗刷流量以获取不正当经济利益，具有“低风险、高收益”特征。① 但是对象说的缺点是涵摄范围过窄，同时过度重视新型网络犯罪的危害结果，而忽略了危害行为的特征和对行为的否定性评价。

工具说在三种解释观点中涵摄范围相对最宽，侧重于将计算机网络作为“犯罪工具”进行解释。随着计算机网络的普遍使用，我国网民

---

① 参见高艳东、李莹：《数据信用的刑法保护——以“流量黑灰产”为例》，载《浙江大学学报（人文社会科学版）》2020 年第 3 期。

规模已经从 2000 年 890 万人上升为 2020 年的 9.89 亿人;手机网民规模从无到有达到 9.86 亿人。[①] 公民的大多数生活、工作行为(也包括违法行为)均通过手机、计算机等设备进行沟通、操作与支付。网络特别是移动互联网因为其便利性,日益成为犯罪的主要手段。[②] 工具说的优点是重视高科技工具对犯罪人、犯罪行为、犯罪结果的影响,但是工具说存在外延不明晰、概念泛化等问题。许多传统犯罪的共同犯罪人的联络如果通过微信进行,或者财产转移通过支付宝等软件交付,按照工具说均属于网络犯罪或网络黑灰色产业链的范畴,但就其犯罪实行行为特征而言,可能与传统犯罪并没有本质差异。

空间说在三种解释观点中涵摄范围相对适中,侧重于将计算机网络作为"犯罪空间"或"犯罪场域"进行解释。网络空间犯罪是计算机犯罪、网络犯罪在网络平台时代的新相态。[③] 随着移动互联网的快速发展,网络的深度社会化使得"社会关系在整体上向网络迁移",网络空间成为人类活动的重要场域之一。依据网络犯罪空间说,网络黑灰色产业链的"网络"主要指犯罪的上游、中游、下游的全部或大部分发生在互联网空间。网络黑灰色产业链的上下游之间以互联网作为主要的联络纽带,信息流、资金流、物流通过信息网络实现犯罪联络和犯罪协作,因而存在于网络虚拟空间的黑灰产业具有发生于现实社会的传统黑灰产业所不具备的跨地域性(甚至全球性)、非接触性、潜在被害人众多等特征。

笔者持空间说的观点,认为网络黑灰色产业链的"网络"明确限定

---

① 参见中国互联网络信息中心:《第 47 次〈中国互联网络发展状况统计报告〉发布 中国将建成全球最大数字社会》,载《网络传播》2021 年第 2 期。

② 以电信网络诈骗为例,有实证研究显示,诈骗信息输入方式中,通过聊天软件、网络社区的占样本案例的 38.51%,通过诈骗网站、赌博网站、钓鱼网站的占 9.32%,通过网络直播软件、微信订阅号等占 2.49%,多种手段结合应用的 22.36%,而传统的电话、短信诈骗方式的占到 25.46%。参见谢玲:《基于 NVivo 质性分析的电信网络诈骗犯罪侦查与治理》,载《中国刑警学院学报》2020 年第 4 期。

③ 参见皮勇:《论中国网络空间犯罪立法的本土化与国际化》,载《比较法研究》2020 年第 1 期。

了该现象的空间属性。主要有三点考虑。其一,就实操性而言。按照空间说的观点,网络黑灰色产业的涵摄范围介于对象说与工具说之间,避免了“内涵过窄”或“内涵泛化”的问题。判断标准也相对明晰,只要主要犯罪行为或实行行为发生在网络空间,就可以认定为网络黑灰色产业链中的网络犯罪。其二,从侵害法益分析。网络空间不是法外之地。21 世纪是信息时代,网络空间既是网民生活的社会空间,也是国家主权的政治空间、市场经济的经济空间和文化发展的文化空间。因此,相比传统黑灰色产业链,网络黑灰色产业链事实上侵害的往往是双重或多重法益,除侵犯涉嫌罪名的保护法益外,还侵犯网络空间的秩序价值。例如,网络侵犯个人信息类黑灰色产业除侵犯个人隐私外,也侵犯了网络空间社会秩序;“流量黑灰产”除侵犯互联网企业财产外,也侵犯了网络空间经济秩序。① 其三,从犯罪场域分析。按照布迪厄的场域理论(Field Theory)观点,从人所处的客观环境与人之间的相互作用角度出发解释犯罪行为,②网络虚拟社会空间中也具有各类各样的场域,场域是社会分化的结果,场域中充满着“不同力量的抗争”。在“限定的生产场域”中表现为网络犯罪个体与其他网络个体的对抗;在“大规模的生产场域”中表现为网络黑灰色产业链与合法网络产业经济的竞争和博弈。这种分化与互动关系是现代化社会场域的必然结果。

网络黑灰色产业链的“网络”作为该概念的空间属性,既是形式上行为是否为发生在网络空间的判断标准,也是实质上侵犯网络空间秩序法益的判断标准;既是发生在网络空间因而行为受网络空间特性影响的结果,也是反作用于网络场域并影响网络场域发展的重要因素。

---

① 参见刘期湘、宋凡:《互联网 + 人工智能时代“网络水军”的刑法规制及限度》,载《山东警察学院学报》2019 年第 6 期。

② 参见白建军:《关系犯罪学》(第 3 版),中国人民大学出版社 2014 年版,第 65、150 页。

(二)网络"黑灰色"产业链的程度属性

网络黑灰色产业链的"黑色""灰色"显然不是法律术语,而是在刑事司法实务和法治宣传中形成的一个概括性用语,主要强调黑灰色产业链区别于"白色"的合法产业链,同时区分了"黑色""灰色"两种程度不同的产业分布。目前,网络黑灰色产业链有两种分类标准。

客观主义的分类标准以法律规定为依据。2015 年,中央网信办国家互联网应急中心(CNCERT)启动打击网络黑色产业链专项行动,重点打击"涉嫌发动拒绝服务式攻击的黑客团伙""涉嫌盗取个人信息和财产账号的盗号团伙""金融、政府类网站的仿冒制作团伙"三条黑色产业链。[①] 之后由研究者把这三类犯罪定义为黑色产业链,采用列举法,认为网络黑色产业主要包括"黑客攻击"(破坏计算机信息系统罪)、"盗取账号"(盗窃罪)、"钓鱼网站"(诈骗罪)三类违法活动。[②] 但实际上该解释将网络黑色产业链的概念等同于专项活动的重点打击范围,属于限缩解释,并且由于该概念为封闭式概念,不利于对其他网络犯罪活动进行解释。比如,2020 年国家互联网应急中心公布对网络赌博黑色产业的专项打击成果显示,"截至 2019 年年底,被植入赌博暗链的网站数量从 1 万余个下降到 1000 个以内"。[③] 按照上述概念,将网络赌博产业解释成网络黑色产业链,难以自圆其说。笔者认为,只要该实行行为及部分帮助行为属于刑法规定的犯罪行为就应当属于"黑色"产业链。而与"黑色"产业链相对应,网络"灰色"产业链主要指行为虽不违反刑法,但违反其他法律、行政法规、部门规章,或者处于模糊地带但违背互联网行业规则,例如,"恶意注册和虚假认证""互联网不

---

① 参见张晓娜:《国家互联网应急中心重点打击 3 类网络黑色产业链》,载《民主与法制时报》2015 年 7 月 23 日,第 2 版。

② 参见赵军、张建肖:《网络黑灰产治理须多管齐下》,载《中国信息安全》2017 年第 12 期。

③ 参见余俊杰:《国家互联网应急中心发布报告　网络黑产打击取得阶段性成果》,载《中国妇女报》2020 年 8 月 12 日,第 2 版。

正当竞争”等。

主观主义的分类标准以国民一般认识为依据。如参照博登海默的“黑色腐败”“灰色腐败”“白色腐败”的主观价值评价作为分类标准，将网民和网络企业痛恨憎恶、社会容忍度非常低的网络产业链称为“黑色产业”；将虽然侵犯网民和网络企业利益，社会容忍度较低，但尚未达到“黑色产业”的憎恶程度的称为“灰色产业”。例如，公安部《2019全国网民网络安全满意度调查统计报告》中显示，被调查公众认为网络个人信息保护“不好”或“非常不好”的占50.53%，而被调查公众认为网络购物安全“不好”“非常不好”的只占6.07%，显然从公民认识和情感的角度来看，网络侵犯公民个人信息产业链属于“黑色产业”，网络瑕疵物品销售产业链属于“灰色产业”。①

两种分类标准虽然有明显区别，但也存在内在关联。随着国民对网络安全的认识水平不断提升，以及我国刑事立法工作的加强和相关网络犯罪司法解释的制定，许多“灰色产业链”可能演变为“黑色产业链”。例如，侵犯公民个人信息罪是《刑法修正案（九）》的新增罪名。在21世纪初我国社会对网络侵犯公民个人信息行为包容度相对较高，因此无论按照客观主义标准还是主观主义标准，当时该类行为应属于“灰色产业”。但愈演愈烈的公民个人信息非法产业链，让大量个人信息脱离了信息主体的控制，无须信息主体的同意，即被收集、滥用，甚至贩卖，并且泄露后可能造成不可逆后果。例如，2019年7月公安部打掉的“猎头搜”特大侵犯公民信息团伙，就抓获犯罪嫌疑人130余人，查获被非法收集的公民信息2亿余条。② 随着国民认识的演变，立法司法的跟进，无论依照哪类标准，当前公民个人信息非法产业链已经从“灰色产业”变成“黑色产业”。

---

① 参见公安部网络安全保卫局、全国信息网络安全协会联盟：《2019年网民网络安全感满意度调查数据统计报告（公众网民版）》，载中文互联网数据资讯网2019年10月8日，http://www.199it.com/archives/944906.html。

② 参见陈星、梁丁：《大数据时代个人信息利用的法律规制》，载《重庆理工大学学报（社会科学版）》2020年第6期。

由于客观标准更容易把握和统一适用,笔者采取客观标准作为区分黑色产业链与灰色产业链、界定不同危害程度(社会危害性)的分类依据。根据罪刑法定原则,构成犯罪的属于"黑色产业链";尚不构成犯罪的危害行为属于"灰色产业链"。将主观标准作为辅助标准,有助于研究者准确把握和预测判断"黑灰色"产业链在不同国家、不同时期的变化情况和变化趋势。

(三)网络黑灰色"产业链"的结构属性和价值属性

产业链最初是一个产业经济学的概念。有的经济学家从结构特征分析,认为产业链指的是国民经济各个产业部门之间客观形成的某种技术经济联系的"耦合",涵盖了产品或服务生产的全过程。① 有的经济学家从价值特征分析,认为产业链本质上是由同一产业内所有具有连续追加价值关系的活动构成的价值链。② 这两种定义分别界定了"产业链"的结构属性和价值属性。

1.结构属性

网络黑灰色"产业链"的结构属性主要体现在犯罪分工形成的功能差异和环节协作。具体表现为三个突出特征。

其一,产业链纵向结构的精细化。从产业链角度看,上下游产业环节之间按照供求关系建立联系,下游环节的需求催生了上游环节的供给,上游环节的供给又刺激了上游环节的供给。③ 在这种观点下,网络黑灰色产业链可以分为上游、中游、下游环节,前后环节相互协作。例如,黑客犯罪产业链的上游主要是技术人员负责编写病毒木马、发现系统漏洞;中游主要负责进行病毒传播、网络攻击;下游负责销赃。侵犯公民个人信息犯罪的上游环节负责非法获取个人信息;中游环节负责

---

① 参见刘志彪:《产业链现代化的产业经济学分析》,载《经济学家》2019年第12期。

② 参见杨建文、周冯琦、胡晓鹏:《产业经济学》,学林出版社2004年版,第51页。

③ 参见王俊豪:《产业经济学》(第3版),高等教育出版社2016年版,第324页。

对非法收集的信息进行处理和加工,用以出售或交换;下游环节则将个人信息用于电信诈骗的二次违法犯罪。① 随着产业发展,分工细化,犯罪的纵向结构也在不断复杂化,呈现出“分散生产、多级代理”的网状犯罪结构。在司法实务中,多级代理案件层级多达五层至六层,有的案件中下级代理商甚至超过三千五百余个,为黑灰产业链的侦查与证据收集带来了巨大难度。②

其二,产业链组织形式的扁平化。随着网络黑灰产业发展过程中产业链的不断成熟,传统刑法学犯罪中的“金字塔式的阶层犯罪结构面临解构”,在上下游的犯罪协作中,有的很难判断哪个个体是共同犯罪的主犯,哪个个体是共同犯罪的从犯。如果按照犯罪集团或有组织犯罪来判断,也很难确定首要分子。因此,有实务部门的研究者敏锐地观察到,“网络犯罪行为人基于各自的立场与目的进行‘分布式’的行为参与,其形态呈现‘无组织的组织形式’特征”。在网络黑灰色产业链中“链式的扁平化犯罪参与结构正在形成”。③ 犯罪上中下游之间呈现一种自组织的犯罪协作关系。

其三,产业链结构调整的动态化。随着网络黑灰色产业链的高速发展,产业链结构也不断处于变化调整过程中。黑灰色产业链内部也存在着不完全的市场竞争,部分犯罪个体或单位由于技术水平较低、成本较高等原因主动退出或被动淘汰出网络黑灰色产业链。部分犯罪个体或单位由于技术水平和经营管理相对较高,从而实现了“产业升级”。例如,部分黑灰产团队由原先“中游”人力密集型的低端执行者转变为“上游”的技术密集型的技术服务者、犯罪教学者或“下游”支付

① 参见张勇:《APP 个人信息的刑法保护:以知情同意为视角》,载《法学》2020 年第 8 期;任彦君:《网络黑客产业链的发展趋势与治理对策分析》,载《犯罪研究》2018 年第 1 期。

② 参见石泽翔:《网络贩枪犯罪社群特征与侦查策略》,载《江西警察学院学报》2020 年第 4 期;明乐齐:《网络黑产犯罪的趋势与治理对策研究》,载《山东警察学院学报》2019 年第 4 期;腾讯安全:《2018 上半年互联网黑产研究报告》,载中国大数据产业观察网,http://www.cbdio.com/BigData/2018-08/01/content_5782956.htm。

③ 王肃之:《论网络犯罪参与行为的正犯性》,载《比较法研究》2020 年第 1 期。

结算者,从直接正犯转换为幕后指挥的间接正犯或帮助犯,相比实行犯的案发风险显著降低,从而有利于逃避侦查和犯罪追诉。①

2. 价值属性

网络黑灰色"产业链"的价值属性主要体现在犯罪分工导致的规模扩张、效益提升和犯罪风险的降低。

其一,产业链的市场规模不断扩展。随着产业链的结构精细化,参与人数大幅增加,产业链的规模也必然大幅扩大。根据 2018 年阿里巴巴发布的《网络黑灰产治理研究报告》不完全统计,我国网络黑灰色产业链从业人数已超过 150 万人,市场规模达到千亿级,仅 2017 年 1 月至 2018 年 7 月,阿里巴巴配合全国各地执法机关破获的各类网络涉黑灰产案件就多达 8022 起。② 有研究对 3420 件电信网络诈骗案件进行分析,发现当前电信网络诈骗中存在"产业链"参与的比例高达 63.6%,"数额特别巨大"的网络诈骗中"产业链"参与占比更高达 82.5%。③ 根据产业经济学规律,产业规模的扩大,"规模效应"下犯罪成本就会降低,从而吸引更多的潜在犯罪者参与其中,进一步增加产业需求、扩大产业规模,从而形成网络黑灰色产业链不断壮大的"恶性循环"。

其二,产业链的经济效益整体提升。网络黑灰色产业链以共同犯罪利益为导向,产业链存在的目的是创造产业价值最大化。根据产业经济学规律,"产业链价值创造的内在要求是:生产效率≥内部企业生产效率之和(协作乘数效应);同时,交易成本≤内部企业间的交易成本之和(分工的网络效应)"。④ 网络黑灰色产业快速发展的经济学原因,正是犯罪分工导致了犯罪各环节的专业化水平和效率的不断提

① 参见祝志晓:《侵犯公民个人信息黑灰色产业链现状及防范》,载《人民检察》2018 年第 18 期。

② 参见王琦、张雅婷等:《〈2018 网络黑灰产治理研究报告〉发布》,载《南方都市报》2018 年 8 月 22 日,第 A14 版。

③ 参见王志刚、高嘉品:《链条型网络犯罪中的"共同故意"证明》,载《法律适用》2020 年第 15 期。

④ 吴金明、邵昶:《产业链形成机制研究——"4+4+4"模型》,载《中国工业经济》2006 年第 4 期。

升,并促使其他关联环节发挥倍增效应,从而提升了网络黑灰色产业链的整体效率基准。① 并且,由于产业链具有自学习功能,通过犯罪技术、犯罪手段的学习,网络黑灰色产业链的效益与利润也大幅攀升。例如,非法套现的"中介服务费"就高达"套现"金额的10%~30%。②

其三,产业链的反查处能力不断提升。产业链的发展使其从投机性犯罪转为长期性经营,促进了犯罪链反侦查意识的提升。例如,制造完整的虚假物流信息链为目的的"空包网",经营者具备较强的反查处意识和能力,并专门深入研究各电商对刷单的相关规定,"指派专人指导客户如何刷单",具有较强的隐蔽性。③ 再如,改号软件的研发在客观上对诈骗行为及结果均有实质性促进作用,在提高了电信网络犯罪成功率同时,降低了案件的侦破率。④ 由于网络黑灰色产业链的跨地域、非接触、弱耦合、强竞争等特征,某个环节的部分犯罪个体被刑事司法机关查处,并不影响同一环节的其他犯罪个体的不法经营,也很难追诉上游、下游环节的犯罪者,从而使得整个产业链的反查处、反侦查能力提升。在成熟的网络黑灰色产业链中,由于各个环节的犯罪主体均不是单一主体,在完全市场竞争环境下,产业链中个别犯罪主体的暴露与"出局"所空出的"市场份额"很快会由其他犯罪者弥补,从而保持了整个产业链的连续性与稳定性。

综上所述,笔者认为,网络黑灰色产业链的定义是发生在网络空间内,其经营内容违反刑法或其他法律法规、行业规则的耦合式、自组织的犯罪产业集群;上游、中游、下游产业以共同犯罪利益为导向,形成了分工明确、相互协作的犯罪链条。

---

① 参见郁义鸿:《产业链类型与产业链效率基准》,载《中国工业经济》2005年第11期。

② 参见刘贵富、赵英才:《产业链:内涵、特性及其表现形式》,载《财经理论与实践》2006年第3期。

③ 参见胡勇、陈开腾、吴为:《空包网的特点及治理路径》,载《人民检察》2020年第16期。

④ 参见刁雪云:《电信网络诈骗中改号软件提供行为的刑法认定》,载《人民检察》2020年第9期。

二、网络黑灰色产业链"全链条"的犯罪分布与功能

网络黑灰色产业链正在蔓延到网络犯罪的"全链条"。以传播淫秽物品犯罪为例,从犯罪主体(who)的技能培训、淫秽物品(what)的批量提供、传播渠道(in which channel)的技术支持、潜在顾客(to whom)的引流推广以及最后环节的资金变现(what effect),网络黑灰色产业链为传播类犯罪拉斯韦尔"五 W"模式的全要素均提供了不法产品或不法服务。按照传播淫秽物品犯罪在其发生、发展和完成过程中的犯罪形态进行分类,笔者依据网络传播淫秽物品犯罪预备行为、实行行为、事后行为的不同阶段特征,分别对上游、中游、下游网络黑灰色产业链进行分析。

(一)上游网络黑灰色产业链增强了"犯罪产品"资源的丰富性

在网络色情犯罪中,传播内容是必不可少的部分;缺乏传播内容则无社会危害性可言,不会制造刑事法律不允许的社会危害风险和后果。因此,传播淫秽物品犯罪的预备行为之一往往是获取或制作淫秽物品。网络上游黑灰色产业链对传播淫秽物品犯罪预备行为的帮助,主要有以下三种方式。

一是爬虫爬取式上游灰色产业链。由于境内外法律和文化的差异,在欧美国家只有传播特定淫秽物品如未成年人淫秽物品才涉嫌犯罪,在部分国家与地区网络成人产业属于合法行业。这也导致网络淫秽信息存在境外的市场竞争环境与境内的管制环境差异,而互联网是无边界的,从境外非法获取淫秽信息成为淫秽物品的重要来源之一。部分上游黑灰色产业链将"爬虫"技术(Web Craler)用于获取境外淫秽电子信息。网络爬虫技术虽然存在"技术中立性",但对爬虫软件的使用存在"善意"与"恶意"之分。"善意"的网络爬虫遵守 Robots 协议,通过软件设置不特意抓取违禁信息内容;"恶意"的网络爬虫则通过软

件设置对境外成人网站的 URL 队列定向抓取特定违法信息，如淫秽信息。[①] 目前，在实体法中对网络爬虫的规制仍未形成体系化，在程序法中对使用网络爬虫的主观“恶意”以及共同犯罪中的“明知”的证明标准尚不明确，难以获得有效证据。而基于刑法的谦抑性，以提供爬虫为主的技术支持型帮助行为，仍然游走在法律的边缘，多数属于灰色产业链。[②]

二是非法录制式上游黑色产业链。非法录制是制造、获取淫秽物品的另一种方式。随着摄像设备的小型化、微型化，窃照、窃听专用器材的隐蔽性大幅提升，在成人网站以每 10 分钟 500 元至 1000 元的价格收购偷拍私密视频的高额利诱下，非法录制的产业链逐步形成。[③] 有的案件中，被告人跨省在多地宾馆客房空调排水管处安装多个微型摄像头，用于拍摄入住客人隐私视频，非法录制后销售。[④] 有的自拍自卖，获利数万元至上百万元。[⑤] 有的通过技术手段，破解家用安防摄像头，导致多名被害人家中的监控摄像头系统被实时控制。[⑥] 上述三类行为均涉嫌犯罪，非法窃照行为涉嫌非法使用窃听、窃照专用器材罪；自拍色情视频并销售的涉嫌制作、传播淫秽物品牟利罪；破解安防摄像头的行为涉嫌非法获取计算机信息系统数据罪。非法录制型的相关行为，多数属于黑色产业链。同时，上述行为往往又是其他黑

---

① 参见刘艳红、杨志琼：《网络爬虫的入罪标准与路径研究》，载《人民检察》2020 年第 15 期。

② 参见张一献：《从技术到犯罪：恶意网络爬虫行为入罪的类型认定与裁判思路探索》，载《时代法学》2020 年第 4 期。

③ 参见李媛媛：《针孔摄像机偷拍乱象公安执法思维考量》，载《贵州警察学院学报》2019 年第 6 期。

④ 参见赵某勇、张某明制作、复制、出版、贩卖、传播淫秽物品牟利案，山东省济宁市中级人民法院二审刑事裁定书，(2019)鲁 08 刑终 272 号。

⑤ 参见李某松、赵某飞、陈某帆等制作、复制、出版、贩卖、传播淫秽物品牟利案，浙江省丽水市中级人民法院二审刑事判决书，(2019)浙 11 刑终 344 号。

⑥ 参见王某帅提供侵入、非法控制计算机信息系统程序、工具案，浙江省景宁畲族自治县人民法院一审刑事判决书，(2018)浙 1127 刑初 11 号；洪某帮助信息网络犯罪活动罪，北京市朝阳区人民法院一审刑事判决书，(2019)京 0105 刑初 1651 号。

灰色产业链的“下游”,例如,非法录制的上游可能涉及非法生产销售窃听、窃照专用器材罪,提供侵入、非法控制计算机信息系统程序罪等其他犯罪。

三是批发转零售式上游黑色产业链。网络传播淫秽物品的市场需求和利润空间不断扩大,根据市场规律逐渐产生了淫秽物品的“批发市场”。行为人通过批量“进货”,再以加价零售的方式牟取利润。例如,在朱某贩卖淫秽物品牟利案中,分别以20元、35元、55元的价格购买了3个含有淫秽物品的百度网盘等网络云存储空间,加价后分别以180元、130元、250元价格销售给李某、赵某等人,利润率平均在五倍左右。[①] 在自组织运行过程中,淫秽物品批发转零售的链条中还出现了代理商的中间环节,从“批发商—零售商”模式转变为“批发商—代理商—零售商”的多级模式。例如,在吴某等人组织卖淫案中,运营团队招收3名总代理负责营销,公司给总代理的价格为每个卡密4~5元,总代理再加价卖给下一级代理,从中牟利。[②] 在“金字塔”结构的“多级代理”模式中,上下级代理商之间由于彼此无须见面、通过网络匿名联络,导致上级代理商特别是总代理商和源头企业的被发现风险显著降低,而不同代理商横向之间存在竞争关系维持了淫秽物品价格的相对稳定。批发转零售式产业链条符合传播淫秽物品牟利罪的构成要件,属于黑色产业链。

上游黑灰色产业链主要承担了产业化的犯罪工具、犯罪产品制造者的功能,通常不直接与被害者、消费者发生交易。在上游黑灰色产业链尚未建立形成以前,行为人实行网络犯罪,或需要一定的技术门槛,或需要花费大量的时间成本、资金成本,使网络犯罪具有一定的犯罪门槛,在客观上限制了犯罪的高发多发以及犯罪危害。彼时的网络色情犯罪无论是从规模上还是牟利金额上,尚未达到当前的泛滥程度。但

---

① 参见朱某贩卖淫秽物品牟利案,新疆生产建设兵团下野地垦区人民法院刑事判决书,(2015)下刑初字第87号。

② 参见吴某等人组织卖淫案,湖南省郴州市中级人民法院二审刑事裁定书,(2020)湘10刑终188号。

上游网络黑灰色产业链的形成,帮助潜在的犯罪人获取淫秽内容或提供获取的必要工具与方法,[①]大幅降低了犯罪门槛,使行为人快速完成犯罪预备过程。同时,由于规模效应以及中下游产业链的利润反哺,上游黑灰色产业链制作或提供色情产品的资源丰富性大幅提升、销售价格大幅下降,从而从源头上助长了网络色情产业链的形成、发展与蔓延。

(二)中游网络黑灰色产业链增强了“犯罪产品”传播的流通性

在网络色情犯罪中,传播过程是犯罪的实行行为。由于网络监管的存在,犯罪者在与监管者的博弈过程中,逐步形成了在监管背景下增强犯罪传播流通性的犯罪途径,主要有以下三种方式。

一是回流传播式中游灰色产业链。由于境外法律存在网络成人产业的法律政策允许空间,境内的犯罪嫌疑人多数通过网络申请国外域名、租用国外服务器,从而将犯罪的部分行为转移到境外的国际互联网,并通过国际互联网向国内用户提供服务。回流传播已形成相对成熟的中游灰色产业链条。在域名申请方面,产生了代为申请国外域名的灰色产业。[②] 在服务器租用方面,产生了代为租用国外服务器的灰色产业,多数案件中每年租费有几十元至几千元,行为人通过淘宝等C2C网站就可以代为租赁国外服务器。[③] 在技术维护方面,行为人通

---

① 在法律适用上,对于中立性犯罪工具提供型的上游犯罪(比如网络爬虫既可以用于正当用途,也可以用于非法用途)在法律适用上存在难题,有学者提出可以通过“大于半数规则”推定明知,即中立性犯罪工具提供者的半数销售对象用于违法犯罪,推定工具提供者具备明知。参见刘宪权:《网络黑灰产上游犯罪的刑法规制》,载《国家检察官学院学报》2021年第1期。

② 参见丁某辉制作、复制、出版、贩卖、传播淫秽物品牟利、传授犯罪方法案,重庆市第一中级人民法院二审刑事判决书,(2019)渝01刑终256号。

③ 参见侯某围传播淫秽物品牟利案,北京市第二中级人民法院二审刑事裁定书,(2020)京02刑终172号;杨某传播淫秽物品牟利案,四川省泸县人民法院刑事判决书,(2009)泸刑初字第93号;朱某恩帮助信息网络犯罪案,山东省利津县人民法院一审刑事判决书,(2019)鲁0522刑初108号。

过电商平台、BBS,可以找到技术人员协助提供网站维护。有的案件中还产生了技术公司专门负责技术研发,将上传有淫秽视频的服务器架设在国外,并通过外包的形式出售给国内代理商运营,技术公司提供技术支持并以抽取25% ~30%提成的方式牟利。①

二是流媒体传播式中游黑色产业链。流媒体(Streaming Media)是互联网即时传输影音的一种技术方式,主要协议包括RTMP、RTSP,相比传统方式,流媒体传播不需要全部下载后才可观看。对于直播式的流媒体,由于很难事后监管,其主要监管方式是执法人员抽检抽查、智能视频技术监控以及相关人员的举报检举。部分犯罪案例中采取了"双层网络"的方式应对流媒体监管,即直播平台包括两类传播内容:一类是合法的直播内容(称为"绿播"),对所有公众(包括执法者)可见;另一类是非法的直播内容(称为"黄播"),只对部分付费用户可见。"黄播"隐藏在"绿播"之下的"深层网络"之中,通过筛选违法服务的对象群体从而减少案发风险。绿播与黄播由两个不同的团队组成,直播公司还专门有巡检人员巡察,规定"绿播"房间只能唱歌、聊天不能涉黄,而"黄播"房间如不进行涉黄表演被公司抽检发现则会对其进行"封号"处罚。② 平台按照约定扣除5% ~10%收入作为利润,将非法收益分给多位"家族长"(直播女团队负责人),"家族长"扣除20%左右的分成,再将剩余的70% ~80%比例分成,通过微信、支付宝等方式分配给直播女。③ 对于点播式的流媒体,流媒体公司主要利用"避风港原则"规避法律风险。例如,快播公司与为其提供互联网服务器的光通公司约定,由光通公司负责删除违法内容,希望通过私主体之间合同约定方式

① 参见龙某、钟某锋、符某群等制作、复制、出版、贩卖、传播淫秽物品牟利案,浙江省龙泉市人民法院一审刑事判决书,(2020)浙1181刑初20号。

② 参见王某某传播淫秽物品案,湖南省郴州市苏仙区人民法院一审刑事判决书,(2019)湘1003刑初2号。

③ 参见梁某元、黄某组织淫秽表演、帮助信息网络犯罪活动案,湖南省郴州市苏仙区人民法院一审刑事判决书,(2018)湘1003刑初286号;王某某传播淫秽物品案,湖南省郴州市苏仙区人民法院一审刑事判决书,(2019)湘1003刑初2号。

将法律责任和风险进行转移。[①] 近年来，法律界逐步认识到，“避风港原则”在我国司法实践中出现了适用主体的滥用以及适用权利内容的泛化相关问题，带来了一定的法律风险，并且这种原则的滥用可能并不有利于真正保护权利。但尚未形成有效解决相关问题的替代性方案。[②]

三是引流推广式中游黑色产业链。“引流”或获取推荐流量(referral traffic)成为犯罪传播面扩大的重要环节。从现有案例分析，淫秽信息的宣传推介中游黑色产业链也已初具规模。一种方式是通过网络人际传播进行“人传人”的熟人推介。有的淫秽视频软件具有推广返利功能。通过小额返利的方式吸引网络用户向好友或其所在网络群组推广，平台按照推广一条信息约 5 毛钱的价格支付佣金。[③] 另一种方式是通过导航网站(navigation)将部分国外成人网站和需要推荐的付费网站组成导航网站首页，导航网站按照一个链接 500 元至 700 元的价格进行收费。[④] 有的案件中则采取“友链”方式，相互在各自搭建的淫秽网站上设置友链进行推广，达到双方网站流量、点击量、用户 IP 数共同提升的目的。[⑤]

中游黑灰色产业链主要承担了产业销售者、运输者的功能。在传统犯罪中，由于执法机关的强力监督，犯罪规模的扩展往往受限于时空环境，违禁品的传播与销售主要通过在熟人之间或者特定场所内进行。互联网的发展打破了时空环境的限制，从熟人社会向陌生人社会蔓延。因此，中游黑灰色产业链对网络色情犯罪的帮助作用主要体现在两方

① 参见深圳市快播科技有限公司、王某等传播淫秽物品牟利案，北京市第一中级人民法院二审刑事裁定书，(2016)京 01 刑终 592 号。

② 参见王立梅：《网络空间下避风港原则的完善与网络服务提供者责任分类》，载《江西社会科学》2020 年第 5 期。

③ 参见盛某某、魏某制作、复制、出版、贩卖、传播淫秽物品牟利案，河北省衡水市冀州区人民法院一审刑事判决书，(2019)冀 1181 刑初 241 号。

④ 参见刘某涛、高某传播淫秽物品案，河北省冀州市人民法院一审刑事判决书，(2019)冀 1181 刑初 208 号。

⑤ 参见施某、张某华、吴某东传播淫秽物品案，广西壮族自治区贵港市港北区人民法院一审刑事判决书，(2019)桂 0802 刑初 682 号。

面。一方面就犯罪结果而言,中游黑灰色产业链有利于帮助吸引潜在受众、扩大犯罪影响、提升非法所得数额。另一方面就犯罪人的刑事风险而言,有利于利用监管漏洞,降低犯罪的被发现率;或利用国际法律差异,导致犯罪行为即使被发现也难以有效获取和固定国外服务器中的电子证据,无法有效追究刑事责任。

(三)下游网络黑灰色产业链增强了"犯罪产品"获利的变现性

在网络色情犯罪中,产业链绝大多数是以营利为目的,由于金融监管的加强和犯罪规模的扩大,网络传播淫秽物品很难通过直接交易的方式获得犯罪所得,从而衍生了下游黑灰色产业链帮助行为人获取非法利益和实现变现功能,主要有以下三种方式。

一是广告变现式下游黑灰色产业链。广告变现是网络传播淫秽物品牟利的主要形式之一。在"注意力经济"的网络广告市场中,网络传播淫秽信息带来的巨大流量使其具有了一定的经济价值。例如,谢某松传播淫秽物品牟利案中,被告人为吸引更多网民浏览该网站,上传了427部淫秽小说供网民免费阅读,通过广告代理商承接广告,并根据广告的点击率和展示率赚取佣金,一年期间共获利30.25万元。[①] 特别是违禁品广告,由于正常的广告市场无法推广,淫秽网站成为为数不多的展示平台,其广告媒介价值更加突出。除网络广告外,还存在O2O线上线下引流变现的灰色产业链,即将淫秽物品当作广告,吸引受众线下到实体店消费,购买壮阳类成人用品、男性专科手术以及介绍卖淫嫖娼等,通过线下销售或服务谋取不法利益。[②]

---

① 参见谢某松制作、复制、出版、贩卖、传播淫秽物品牟利案,江西省黎川县人民法院一审刑事判决书,(2020)赣1022刑初39号。

② 参见李某恩传播淫秽物品案,浙江省义乌市人民法院刑事判决书,(2019)浙0782刑初568号;王某等传播淫秽物品案,吉林省长春经济技术开发区人民法院刑事判决书,(2019)吉0191刑初112号。

二是充值变现式下游黑色产业链。充值变现是网络传播淫秽物品牟利的另一种主要形式。通过对淫秽信息受众消费者心理的精准把握,根据传播媒介不同,充值变现也具有不同形式。在 BBS、APP 中,主要通过会员账户充值的方式。部分淫秽网站根据会员级别的不同,设置了不同的淫秽信息浏览权限,免费用户只能访问部分板块或者有时长限制。部分案件中,淫秽网站以“月卡 66 元、季卡 122 元、年卡 166 元、终身卡 200 元”销售会员“卡密”从中牟利。[①] 有的案件中,犯罪人将视频截图或视频拆解后的短视频发布在网络,并留下付款方式,需要获取完整视频的受众,则须充值或支付费用。在网络直播平台中,主要通过打赏的方式,实际上是会员充值的变种。直播者诱惑意欲观看淫秽色情视频的观众,让其通过刷礼物(虚拟产品)的方式获取利润。比如,有的直播者在直播过程要求观众赠送“一个烟花”(“烟花”折算 888 个钻,价值人民币 88.8 元),然后根据平台分成获取利润。对于刷礼物的受众,直播结束后直播者将其添加为微信好友,并通过微信发送淫秽视频。[②]

三是支付结算式下游黑灰色产业链。由于大量的资金流动容易被金融监管部门监控,网络支付的黑灰色产业链“应运而生”。相关产业链利用“第三方支付平台技术水平不均衡,第四方支付聚合平台发展不规范,平台与银行间的信息互通不畅,公民对于信息安全意识不足”等问题,[③]为传播淫秽物品牟利的犯罪所得提供支付结算和“洗钱”服务。有的通过发展个人代为收款。个人提供其支付宝、微信、银行账户为淫秽网站收款转账使用,淫秽网站将其收入资金的 3% 作为代为收

---

① 参见刘某、杨某龙制作、复制、出版、贩卖、传播淫秽物品牟利案,江西省上饶市中级人民法院二审刑事判决书,(2019)赣 11 刑终 532 号。

② 参见辛某号制作、复制、出版、贩卖、传播淫秽物品牟利案,江苏省徐州市中级人民法院二审刑事判决书,(2020)苏 03 刑终 51 号。

③ 浙江省杭州市人民检察院课题组:《涉网络支付犯罪规制的实践范例》,载《人民检察》2019 年第 6 期。

款人的报酬。[①] 有的利用快捷发卡网站为淫秽网站提供支付结算，每笔支付结算平均收取80元。[②] 有的通过比特币进行交易结算，行为人建立淫秽网站，并在网站页面上添加了某广告联盟的广告代码，访问者浏览淫秽信息时会弹出页面广告，广告联盟根据点击数量用比特币进行结算。行为人再通过卖出比特币兑换成人民币获利。[③] 由于我国对比特币的监管逐步加强，有的案件获得的比特币先通过在暗网和境外网站中进行交易，然后再兑换成人民币实现变现。有的案件中，行为人会同时使用多种手段进行洗钱。[④]

下游黑灰色产业链主要承担了违法产业提供金融服务等功能，从而最终实现犯罪获利。就网络色情犯罪而言，中上游黑灰色产业链主要围绕信息流展开，上游网络黑灰色产业链主要提供的是(淫秽)信息流从无到有、从少到多的数量变化；中游网络黑灰色产业链主要提供的是(淫秽)信息流从服务器端(server-side)到用户端(client-side)的空间变化。对于存在实体色情物品交换的，中游网络黑灰色产业还承担着(淫秽物品)物流从销售者到购买者的任务。下游网络黑灰色产业链主要围绕资金流展开，在为上游、中游网络黑灰色产业链提供流量资产化、洗钱服务的同时，也从中获得巨额利益。

三、网络黑灰色产业链治理对策的"质、量、度"优化

在面对网络黑灰色产业链不同于传统犯罪的"四维属性"的新背景下，在应对网络黑灰色产业链"全链条"上游、中游、下游相互协作的

① 参见李某新掩饰、隐瞒犯罪所得、犯罪所得收益案，山东省菏泽市曹县人民法院刑事判决书，(2018)鲁1721刑初795号。

② 参见陈某、王某明帮助信息网络犯罪活动案，江苏省新沂市人民法院刑事判决书，(2020)苏0381刑初95号。

③ 参见高某某传播淫秽物品案，河北省石家庄市长安区人民法院一审刑事判决书，(2019)冀0102刑初764号。

④ 参见李某松、赵某飞、陈某帆等制作、复制、出版、贩卖、传播淫秽物品牟利案，浙江省丽水市莲都区人民法院一审刑事判决书，(2019)浙1102刑初509号。

自组织复杂结构和层出不穷的新型犯罪方法的新挑战下,有必要系统性地对当前的治理对策(包括刑事政策)进行分析、思考,并对网络黑灰色产业链的违法犯罪防控对策进行结构性调整和“质、量、度”优化。

(一)质:网络黑灰色产业链“制度之治”的供给侧优化

现代社会的良法之治,特别是自组织化的网络社会治理,民间社会在治理对策中的作用和地位正在发生结构性变化,打破了传统以国家强制力为主的单向度控制模式。在治理网络黑灰色产业链的过程中,显然,如果只有国家力量、依靠刑罚的单一惩治模式和路径依赖,而缺乏行政监管、行业治理和企业自律,不仅会导致在立法层面刑法修改的滞后性问题和缺乏理论、前置法的充足支撑,还表现在执法司法层面网络犯罪惩治面临“抽刀断水水更流”的“越打越多”怪象。对此,刑事政策、犯罪防控对策理应作出必要调整,既是对上述法律问题的必要回应,也是对中央互联网治理体系变革原则的落实与细化。[①] 对网络黑灰色产业链的综合治理,建议采取多级的制度生成和执行模式,实现企业自律、行业规则、监管政策、刑事政策的四级联动。刑法具有最后手段性特征,刑事政策不仅要通过法治手段最大限度减少非法产业,也要同时最大限度支持、保护、规范和引导网络合法产业的发展。这种多级惩治和预防模式不仅有利于应然层面应对网络黑灰色产业链制度之治的逐步成熟,从企业自律、行业规则中积累经验,成熟时上升为行政法规、刑事法律,减少实然与应然层面更新速度的“剪刀差”问题;也有利于贯彻“抓早抓小”的网络犯罪治理原则,将网络风险控制在隐患形成之前,阻止网络黑灰色产业链的“野蛮生长”和快速扩张。

---

① 在第二届世界互联网大会上,我国提出“国际网络空间治理,应该坚持多边参与、多方参与,由大家商量着办,发挥政府、国际组织、互联网企业、技术社群、民间机构、公民个人等各个主体作用,不搞单边主义,不搞一方主导或由几方凑在一起说了算”。参见习近平:《习近平谈治国理政》(第2卷),外文出版社2017年版,第535、536页。

第一级治理——以网络企业合规监管和公民网络自律为核心,从源头解决大多数网络不良产业问题。在现代社会,国家正在把原先由它独自承担的责任转移给各种企业、社会团体、公民。① 第一级治理的重点在大型网络平台企业。但是,应当看到大型网络企业在治理网络越轨行为、防控黑灰色产业链方面扮演着双重角色。一方面,大型网络平台企业运营过程中为了吸引更多用户,有的对平台用户的越轨行为采取了纵容态度,以个人隐私、用户自由为名掩盖了纵容包庇之实,极个别网络企业在经营过程中为获取暴利或竞争优势也存在"擦边球"行为。在中国经济社会转型和互联网快速变革中,网络企业内部治理的"制度洼地"(system depression)和网络科技产业外部治理的"监管洼地"(regulatory depression)并存,使网络黑灰色产业链具备了"洼地效应"。导致网络黑灰色产业链的沟通联络、信息发布、资金交付等很多环节均借助网络平台企业完成,违法违规信息流中很大一部分流通于主流网络平台。② 另一方面,"独角兽"互联网公司在网络治理特别是网络黑灰色产业链防控方面本身也具有利益诉求,在本质上网络黑灰色产业链和网络合规经营企业之间存在竞争博弈关系,有的网络黑灰色产业链(如"薅羊毛"产业链、流量劫持产业链)主要就是以网络合规经营企业为掠夺对象;有的黑灰色产业链(如网络水军产业链、"刷好评"产业链)会影响网络平台用户的使用体验、破坏网络平台规则。公共部门对于网络平台的上述矛盾心理应当具有充分认识。一方面,公共部门可以通过民法、行政法、刑法等立法行为进一步明确网络企业的治理义务,提升网络企业参与网络治理,防止网络黑灰色产业链蔓延的法律责任与社会责任,对重点网络平台企业实行重点联络、重点指

---

① 参见俞可平:《治理与善治》,社会科学文献出版社 2000 年版,第 4 页。

② 以网络举报为例呈现"二八"定律的分布特征。2020 年 9 月,全国各级网络举报部门受理举报 1439.8 万件,其中微博(占 45.3%)、百度(占 15.0%)、阿里巴巴(占 4.4%)、腾讯(占 2.9%)、新浪网(占 1.5%)等主要商业网站受理量占 999.4 万件占 78.0%。参见中央网信办举报中心:《2020 年 9 月全国网络举报受理情况》,载中央网信办违法和不良信息举报中心官网 2020 年 9 月 30 日,https://www.12377.cn/tzgg/2020/e21f5cf2_web.html。

导、重点管理、重点监督。另一方面,畅通公共部门和平台企业的联络沟通机制,对平台企业发现的网络黑灰色产业链、网络违法犯罪线索建立实时移送报案机制,维护网络平台合法权益。第一级治理过程中,虽然以网络社会的自组织为主,但公共部门并不是无所作为的,可以通过网络安全宣传教育和普法活动进行必要参与,帮助网络企业和网民提升法律意识和新时代网络道德素养。例如,微博内容治理制度的形成就是平台、用户、政府三方合力的结果。大型网络企业的合规监管和公民网络自律,可以及时发现并阻断不良产业链在国内主流互联网络的信息流传播,防止网络不良产业链演化为违规产业链,同时对其他网络企业也可以起到良好的示范效应。

第二级治理——以行业规则制定、企业间监督和行政指导为核心,在早期解决网络违规产业问题。在新兴领域,法律的滞后性特征较为突出,基于新型网络科技产品形成的虚拟空间,早期往往处于“无法可依”的地步,此时也是被黑灰产业链所利用、渗透的最佳时机。根据米海依尔·戴尔玛斯的观点,在国家治理现代化的战略背景下,网络黑灰色产业链的治理应当遵循“参与型刑事政策”,参与类型包括社会团体惩罚性参与及团结性参与。① 在尚未形成法律法规的早期阶段,大型网络企业、行业协会所制定行业规则,有利于区分网络经营行为合法地带与灰色地带的边界。例如,针对直播带货“野蛮生长”出现的乱象和网络假冒产品黑灰色产业链的“卷土重来”,抖音、快手、京东共同发布《网络直播和短视频营销平台自律公约》,中国商业联合会媒体购物专业委员会牵头起草了《视频直播购物运营和服务基本规范》,对直播平台经营者、直播线下服务商、直播人员都提出了规范或建议。这一阶段行政机关通过行政指导、行政约谈等非强制性方式,及早介入,使得过去的行政监管事后处罚的刚性监管转变为事前指导、事中提醒、事后处罚的“刚柔并济”新型治理模式,行政监管的规制性行政指导、调整性行政指导、助成性行政指导,不仅有利于在指导过程中帮助行业规则的

---

① 参见[法]米海依尔·戴尔玛斯-马蒂:《刑事政策的主要体系》,卢建平译,法律出版社2000年版,第78~82页。

完善与有效运转,更好把握法律政策红线;也有利于教育、引导网络平台企业合规建设,发挥竞争企业间的相互监督作用,及时发现网络违规产业线索,防止网络违规行为演化为灰色产业链。[①]

第三级治理——以主管部门监管和行政处罚为核心,在中前期解决网络灰色产业问题。犯罪控制理论认为,社会链的松弛是导致越轨行为发生的重要原因。[②] 网信部门、市场监管部门、公安部门、人民银行等行业监管部门,对网络新兴产业应加强政策研究,在行业规则基本成熟、社会共识初步形成的基础上,及时制定相关规范性文件、行政法规,条件成熟时牵头制定相关法律建议稿,让网络新兴产业有法可依。网络黑灰色产业链较为集中地区作为"惩治和预防违法犯罪的一线"也可以针对本地区实际情况及时探索建立地方性法规和地方政府规章。对网络黑灰色产业链应创新监管方式、加强监管力度,通过行政处罚等方式及时纠正,根据不同违法行为的情节严重程度,采取警告、罚款、没收违法所得、责令停产停业、暂扣许可证件、降低资质等级、吊销许可证件、行政拘留等行政处罚手段,定期或不定期采取多部门联合执法方式加强对违规行为的威慑力。行政执法机关和司法机关之间应当加强"两法衔接"工作,对于行为是否构成犯罪行政机关把握不准的,应当建立会商机制,涉嫌犯罪的线索应当及时移送。对于侵犯互联网不特定人的灰色产业链或在治理网络灰色产业链过程中行政机关不作为的,检察机关公益诉讼也可以重点在相关方面进行"等外"探索,提升行政机关在互联网产业监管中依法履职的积极性,保护公共利益,防止网络灰色产业链演化为黑色产业链。

第四级治理——以积极刑法观背景下的能动司法为核心,在中后期解决网络黑色产业问题。"刑罚存在的根据就是防卫社会",[③]在惩

---

① 参见郑宁:《互联网信息内容监管领域的约谈制度——理论阐析与制度完善》,载《行政法学研究》2015年第5期;江溯:《论网络犯罪治理的公私合作模式》,载《政治与法律》2020年第8期。

② 参见[日]大谷实:《刑事政策学》,黎宏译,法律出版社2000年版,第50页。

③ 参见陈兴良:《刑法的启蒙》,法律出版社2002年版,第181页。

治网络黑色产业中，只有采取积极刑法观，利用刑法有效地保护法益，才能满足法益保护的合理需求，通过法律适用进一步发挥刑事法律社会防卫的作用。正如马克思所说："社会不是以法律为基础的，那是法学家们的幻想。相反地，法律应该以社会为基础。"①在制定网络黑灰色产业链的犯罪惩治与犯罪预防的法律、政策的过程中，需要着眼于网络黑灰色产业链的自身特征和运行规律。针对网络黑灰产业发展演化特征，在定罪方面，需要针对上游产业链、中游产业链、下游产业链的不同结构特征，通过有机融入"早期干预、打早打小的预防刑法思想"和刑事政策思想，②并采取"共犯行为正犯化""预备行为实行化""网络服务提供者的平台责任"等方式进行法律修改，部分解决"链式共同犯罪"的定罪难题。在量刑方面，针对网络黑灰色产业链的价值属性，对于网络黑灰色产业链的社会危害性远超过法条规定在实体社会的量级的问题，应当对部分犯罪的法定刑进行必要调整，从而体现"罪责刑相统一"原则，发挥刑法的一般预防功能。此外，建议在国家层面成立惩治网络黑色产业协调小组，加强跨地域、跨系统、跨部门协作，并在有条件的侦查机关、检察机关、审判机关设置网络犯罪办理的专门团队或部门，通过提升网络黑色产业链惩治和预防的专业化、信息化、智能化水平，进而提升案件查处率，斩断网络黑色产业链条。

（二）量：网络黑灰色产业链"技术防控"的供给侧优化

互联网黑灰色产业链的演化形成过程本身就是网络风险社会逐步形成的一个表征，在工业社会"第一现代化"结束并进入风险社会"第二现代化"阶段时，"工业化所带来的副作用的日益显现"③，网络黑灰

① 参见《马克思恩格斯全集》（第6卷），人民出版社1961年版，第291～292页。

② 参见张明楷：《增设新罪的观念》，载《现代法学》2020年第5期；何荣功：《预防刑法的扩张及其限度》，载《法学研究》2017年第4期。

③ 参见劳东燕：《风险社会与变动中的刑法理论》，载《中外法学》2014年第1期。

色产业链就是这种“副作用”的表现形式之一。这种科技风险的化解需要“以子之矛,攻子之盾”,网络黑灰色产业链实际上是网络经济的“异化”。就其运行规律而言,网络黑灰色产业链也具有网络经济和电子商务信息流、资金流、物流“三流合一”的特征。因此,网络黑灰色产业链的犯罪惩治、预防与教育不应当完全依赖于传统的回溯型刑事侦查模式,以犯罪嫌疑人的供述作为刑事案件侦查的主要突破口,在全球互联网的大数据时代,传统侦查方式明显力不从心。① 应向“数据驱动型侦查模式”转型发展,坚持制度规范和技术路径并重,以信息流、资金流、物流作为网络黑灰色产业链犯罪惩治预防的突破口,将技术防控作为网络黑灰色产业链治理的支撑点、增长点,努力实现“魔高一尺,道高一丈”。

针对上中游网络黑灰色产业链的犯罪特征,要重点基于网络信息流量变化“异常监测”。网络黑灰色产业链的一项外显形式就是网络信息流量的异常变化,特别是网络传播淫秽物品犯罪、采取 Dos(分布式拒绝服务攻击)的网络黑客犯罪等黑色产业链以及恶意网络爬虫等灰色产业链,在作案过程中,网络信息流量都会出现巨幅增长。对网络信息流量“异常检测”有助于及时发现犯罪行为,并且对流量本身变化情况的监管不涉及信息数据的具体内容,因而对网络公众的隐私权损害较小。对跨境网络信息流,基于《计算机信息网络国际联网管理暂行规定》《计算机信息网络国际联网安全保护管理办法》相关规定,相关部门对出境网络流量可以进行“异常检测”,在排除对境外合法网站的合理的大规模流量变化情况外,可以较快速锁定前文指出的回流式传播的网络黑灰色产业链的犯罪嫌疑人。在锁定黑灰色产业链后,基于互联网可信身份认证技术和移动电话、上网账号实名制制度,从而实现“数字人”和“现实公民”的关联,在刑事立案后通过采取相关技侦手段抓获犯罪嫌疑人。对境内网络信息流,根据《网络安全法》的相关规定,网络服务商有义务采取技术手段对所管理的信息网络或网络平台的信息流量异常变化进行实时监管,对“异常监测”在人工核对后无法

① 参见杨婷:《论大数据时代我国刑事侦查模式的转型》,载《法商研究》2018 年第 2 期。

合理解释、存在违法犯罪嫌疑的,应及时向有关部门报告报备。

针对下游网络黑灰色产业链的犯罪特征,要重点基于网络资金流量变化“打财断血”。网络黑灰色产业链以谋取非法利益为目的,其治理对策也应当从非法利益着眼。一方面,要通过打击下游黑灰色产业链,“打财断血”斩断利益链条。随着第三方支付、第四方支付等网络金融产品的出现以及新技术的发展,滋生了网上银行、P2P 网络借贷、互联网支付、互联网赌博等新的洗钱方式,使得洗钱犯罪在放置阶段、离析阶段、归并阶段的隐蔽性、快捷性、复杂性都大幅增加。① 应当加强对大数据反洗钱技术的研究,采取跨行业数据挖掘 CRISP-DM 方法,基于资金流的智能分析,配合传统的模型筛查、名单监控、人工甄别的可疑交易分析报告监测模式,②重点加强对境内非金融机构支付服务的监管。同步强化与国际反洗钱组织的协作,探索网络虚拟代币的监管策略。另一方面,要提高犯罪成本。以贝克尔、埃利希为代表的新古典主义学派认为,财产犯罪就像正常的市场活动,“犯罪行为的数量取决于对犯罪代价与利润之间的比例所作的估计,每个犯罪分子都进行代价/利润分析”。③ 因此,治理网络犯罪黑灰色产业链也应遵循市场规律,增加网络犯罪的犯罪成本和网络黑灰色产业链的交易成本。例如,通过犯罪惩治和产业链打击,增加网络黑灰色产业链的资金使用成本、信息沟通成本、违禁物品物流成本、技术服务成本等,阻断各种生产要素流向黑灰色产业链,减少其利润空间,当黑灰色产业链的整体利润降低,其生存空间也就大幅压缩。④

---

① 参见张波、毛彦民:《大数据背景下网络洗钱犯罪的困境及其破局初探》,载《犯罪研究》2018 年第 6 期。

② 参见刘丽洪、朱彤:《大数据技术在反洗钱可疑交易分析监测领域应用探析》,载《北京金融评论》2019 年第 3 期。

③ [德]汉斯·约阿希姆·施奈德:《犯罪学》,吴鑫涛、马君玉译,中国人民公安大学出版社 1990 年版,第 393 页。

④ 从市场竞争角度讲,网络灰色产业链也与网络合法产业链处于竞争关系,鼓励网络合法产业链的技术更新、服务升级、成本降低,并赋予产业优惠政策,也有利于降低网络灰色产业链的整体竞争力,从另一侧面压缩灰色产业链的生存空间。

针对实物交易型网络黑灰色产业链的犯罪特征,要重点基于物品流量变化"全程监管"。对于网络涉毒犯罪、网络涉枪犯罪、网络假冒产品销售等违禁物品实物交易型网络黑灰色产业链,多数涉及物流系统的交付。广东省珠海市的一项调研显示,在快递运毒案件中,跨国快递占到20%左右,"60后""70后"犯罪嫌疑人主要通过电话联系后用快递交付毒品,"80后""90后"犯罪嫌疑人主要通过网络联系后用快递邮寄毒品。① 虽然2016年12月国家邮政局、公安部、国家安全部联合发布了《禁止寄递物品管理规定》,但是总体上对物流安全的相关法律法规仍不健全,打击对策和监控手段相对不足。应当对物流行业制定"全程监管"的解决方案,在寄件环节强化实名寄件制度,夯实收件快递员的监管责任,建立快递员举报违禁物品的激励机制;在中转环节应当强化安检手段,强化寄运物品先验视后封箱、邮件快件X光机安检等安全措施,探索建立快递中转安检中心派出警务室,加强警企协作,畅通违禁物品的举报途径。快递主管部门应当在国家物流平台的基础上,确定统一的物流信息共享标准,进一步整合全国物流企业物流信息,并实时与公安机关情报信息管理系统对接,方便侦查机关网络初查时通过物流信息追溯上游产业链和锁定犯罪嫌疑人。

(三)度:网络黑灰色产业链"刑事政策"的供给侧优化

刑事政策是立法国家的智慧。德国刑法学家冯·李斯特将刑事政策称为"国家与社会据以组织反犯罪斗争的原则的总和"。② 宽严相济作为一项刑事基本政策,应当作为网络黑灰色产业链治理的重要原则,

① 参见郭瑞霞、董倩雯:《对快递运输毒品的调查与思考——基于G省Z市的实证分析》,载《山东警察学院学报》2015年第11期。

② 参见卢建平:《刑事政策与刑法》,中国人民公安大学出版社2004年版,第3、4页。

贯穿于网络黑灰色产业链治理的立法、司法和执法全过程，并根据网络犯罪的最新特点及时调整。[①] 但是针对日益严重的网络黑灰色产业链问题，刑法的“宽严相济”原则的“度”如何把握，要做到“该严则严，当宽则宽；严中有宽，宽中有严；宽严有度，宽严审时”。[②] 另外，还需要把握以下三个原则。

一是网络黑灰色产业链从“宽”政策应积极稳妥探索。从刑事政治和刑事政策角度考虑，从宽政策实际上具有宏观和微观两重意义。在宏观上，从宽政策的适用实际上是出于保护虚拟经济发展和惩治非法产业链之间的平衡，按照行为合法性划分，在国家惩治的网络犯罪“黑色”产业链和国家保护的网络犯罪“白色”合法产业集群之间，处于过渡地带和模糊区间的“灰色”产业链占到一定比重。网络灰色产业链的形成是在法律不尽完善的滞后性和网络技术快速发展的探索性的矛盾下，由国家、社会、个体多元因素造成的。积极稳妥的从宽政策有利于及时引导灰色产业链向白色产业链的转移和完善升级。相反，过度的从严政策则可能将灰色产业链推向犯罪的边缘。在微观上，一方面，从宽政策在实体法上体现在网络犯罪的定罪标准相比传统犯罪应当升维而不是降维。[③] 当前“断卡”行动虽然取得了良好的网络黑灰色产业链上游犯罪的惩治效果，但是较低的定罪标准在网络犯罪中非常容易达到，使得部分青少年、在校大学生的初犯、偶犯行为被追究刑事责任，“三个效果”都不尽如人意，需要引起高度警惕。另一方面，在程序法上体现在被告人认罪认罚从宽，通过减少对抗的方式实现刑罚目的。在网络犯罪中特别是犯罪的部分环节发生于境外，大量电子数据存储于境外服务器的背景下，被告人的配合可以减少司法机关的取证难度，减少司法资源的浪费。同时，合理的立功政策，可以使被告人配

① 参见喻海松：《网络犯罪的刑事对策与审判疑难问题解析》，载《人民司法（案例）》2018 年第 23 期。

② 参见马克昌：《宽严相济刑事政策刍议》，载《人民检察》2006 年第 10 期。

③ 参见刘艳红：《网络犯罪的法教义学研究》，中国人民大学出版社 2021 年版，第 152 页。

合司法机关检举其他犯罪人员,进而集中侦查力量查获上游、中游、下游的其他网络黑色产业链条,从而通过办案实现惩治网络黑灰色产业"全链条"犯罪之目的。反之单纯地就案办案,将大量精力牵扯普通犯罪或轻微犯罪个案的对抗拉锯,无法从源头惩治产业链条,网络黑灰色产业链的从业个体仍然会呈现"割韭菜现象",查获一批后又出现一批。司法资源分配"平均用力"的后果可能导致无法抓住重点、突出关键,取得良好治理效果。

二是网络黑灰色产业链从严政策应精准审慎适用。如贝卡利亚所述,"犯罪对公共利益的危害越大,促使人们犯罪的力量越强,制止人们犯罪的手段就应该越强有力,这就需要刑罚与犯罪相对称"。[①] 从严政策的适用既是为惩治网络黑灰色产业链的严重犯罪行为,也是为震慑其他网络违法行为和潜在犯罪行为。一方面,从严政策应当"精准",需要在大量犯罪实证研究的基础上,执法、司法机关向立法机关提出建议。比如实务中发现帮助信息网络犯罪活动罪的量刑最高只有三年刑期,对于特别严重的帮助信息网络犯罪的网络黑灰色产业链被告人如何定罪量刑,目前存在较大争议。有的认为以正犯的帮助犯定罪量刑,可以解决严重的帮助信息网络犯罪量刑畸低的困境;但是反对意见认为帮信罪和正犯的帮助犯属于法条竞合,只能定帮信罪。对此,应当建议立法机关或者通过刑法修正案的形式,将帮信罪的量刑分为两档,情节严重的,处三年以下有期徒刑或者拘役,并处或者单处罚金;情节特别严重的,处三年以上七年以下有期徒刑;或者通过立法解释的方式明确帮信罪和其他犯罪正犯帮助犯之间属于想象竞合犯,择一重罪处罚。另一方面,在从严政策的适用中应当"审慎",需要贯彻罪刑法定原则和罪刑均衡原则,要考虑后果主义和利益衡量,避免不计成本的刑事政策。实际上,在网络黑灰色产业链的定义伊始,已经按照严重程度区分了黑色产业链与灰色产业链。因此对从严政策的适用,首先,应当框定在"黑色产业链"中,避免犯罪门槛过度降低对灰色产业链的

① [意]贝卡利亚:《论犯罪与刑罚》,黄风译,中国大百科全书出版社1993年版,第65页。

不适当打击，从而导致打击泛化。其次，在"黑色产业链"治理过程中也不应当全部适用从严政策，而是要根据犯罪情节、犯罪数额和社会危害性的大小，区分"黑色产业链"中的严重犯罪、普通犯罪和轻微犯罪，对严重犯罪考虑适用从严政策。特别是对黑色产业链的组织者，规模化、产业化的犯罪团伙进行重点打击。同时，对适用从严政策的重特大网络黑色产业链相关典型案件，应当在法治宣传上加大力度，发挥"办理一案、教育一片、治理一面"的作用，从而对其他黑灰色产业链犯罪和从业人员起到震慑和警示作用。

三是网络黑灰色产业链宽严相济应动态调整优化。随着网络犯罪的快速演变，网络黑灰色产业链的"从宽"与"从严"的程度、边界并不是一成不变的。因此，在刑事立法中，也应当为宽严相济的动态调整进行必要的考量，而非完全封闭性的规定。例如，为了惩治网络黑灰色产业链的部分行为，通过刑法修订的方式把预备行为和帮助行为正犯化，但同时可以规定"情节严重"等罪量要素。对某一阶段网络黑灰色产业链的"情节严重"标准达成共识时，由司法解释统一规定法律适用；对尚未达成共识的，则由法官根据具体案情"从宽"或"从严"进行自由裁量。这样做的好处是，当犯罪现象发生较大变化时，司法解释可以及时通过调整"情节严重"标准，完成法律适用的适应性调整。在网络黑灰色产业链的治理对策的动态调整优化过程中，笔者认为应当坚持刑事一体化理念，不应当割裂犯罪学和刑法学的辩证关系，建议采取解释论优先的方式回应实然现象的变革，以保持法的安定性。对什么时候应当采取立法方式予以解决，可以参考拉德布鲁赫公式，即当犯罪学等实证研究表明，"在实证法和正义之间的矛盾达到了如此不可忍受的程度，以至于该法律被认为作为'错误的法'应当让位于正义"时，[①]才应当通过立法论方式增设新罪或进行必要的法律修正予以应对。

① [德]罗伯特·阿列克西、林海：《为拉德布鲁赫公式辩护》，载《法哲学与法社会学论丛》2007 年第 1 期。

The Criminal Characteristics of Network Black Grey Industry Chain and the Optimization of Governance Countermeasures

Jin Honghao

[**内容摘要**]互联网时代,网络黑灰色产业链面临社会危害大、法律治理难的“双重窘境”。网络黑灰色产业链以网络空间为犯罪场域,以行为的违法犯罪性为前提,以共同犯罪利益为导向,以链式的扁平化参与和上中下游犯罪分工协作结构为特征,对网络空间的法秩序产生严重侵害。如网络传播淫秽物品产业链中,上游黑灰色产业链提供淫秽物品,中游黑灰色产业链提供传播平台,下游黑灰色产业链提供违法所得的变现服务,为传播淫秽物品犯罪的预备行为、实行行为、事后行为提供“全链条”帮助和支持。通过产业链协作,网络违法犯罪产品的丰富性、流通性、变现性大幅提升。针对网络黑灰色产业链的突出问题,治理对策的“质、量、度”需要进一步优化,在把握宽严相济刑事政策原则基础上,重点分析网络黑灰色产业链信息流、资金流、物流变化情况,构建多主体参与的四级预防模式,实现刑事政策、监管政策和行业规则、企业自律联动,从而有效惩治和预防网络黑灰色产业链现象。

[**关键词**]网络黑灰色产业链;网络犯罪;传播淫秽物品;治理对策

Abstract: In the Internet era, the black-gray industry chain of the Internet is facing the “dual dilemma” of great social harm and difficult legal governance. The cyber black-gray industry chain takes cyberspace as the crime field, takes illegal behaviors as the premise, and takes common criminal interests as the guidance. It is characterized by the flattened participation in the chain and the structure of the division of labor between upstream, middle and downstream crimes, which has a serious infringement on the legal order of the cyberspace. For example, in the industry chain of Internet dissemination of obscene materials, the upstream black-gray industry chain provides obscene materials, the midstream chain provides a communication platform, and the downstream chain provides services for the realization of illegal gains, which provides "whole chain" help and support for the preparatory behavior, implementation behavior, and subsequent behavior of the crime of dissemination of obscene articles. In view of the prominent problems of the black and gray network industry chain, the "quality, quantity, and degree" of the criminal policy needs to be further optimized. Based on the principle of both leniency and strictness, we will focus on analyzing the information flow, capital flow and logistics changes of the network black and gray industry chain. Through the cooperation of the industry chain, the richness, liquidity and liquidity of network illegal and criminal products have been greatly improved. This paper focuses on analyzing the changes of information flow, capital flow and logistics of network black gray industrial chain, constructing a four-level prevention mode with multi-agent participation, so as to realize the linkage of criminal policies, regulatory policies and industry rules, and enterprise self-discipline, which will effectively punish and prevent the network of black and gray industrial chain phenomenon.

Keywords: Network Black Grey Industry; Cybercrime; Dissemination of Obscene Materials; Governance Countermeasures

扩张解释下罪刑相适应原则的司法实现*

——以“蒋某网络隔空猥亵儿童案”为切入点

段卫利**

目　　次

一、“蒋某网络隔空猥亵儿童案”中的扩张解释
二、扩张解释何以影响量刑
三、扩张解释下如何实现罪刑相适应
四、结语

当社会出现了新的犯罪类型的时候,就需要对刑法进行重新解释。通过对刑法的扩张解释,可以在不修改刑法的情况下使刑法适应社会的发展。扩张解释在刑法领域的运用非常广泛,但扩张解释并不是不受制约的。罪刑法定原则就对扩张解释形成了约束。根据罪刑法定原则,扩张解释不能超出刑法的可能含义,不能违背国民的预测可能

---

* 本文系重庆市社会科学规划项目“新兴疑难案件的裁判进路研究”(2018BS125)的阶段性成果;司法部2018年度国家法治与法学理论研究项目“新兴权利案件的裁判方法研究”(18SFB3003)的阶段性成果;西南政法大学2018年度校级科研项目“新兴权利案件的裁判方法研究”(2018XZQN-11)的阶段性成果。

** 西南政法大学行政法学院讲师,西南政法大学外国与比较刑法研究中心研究员,法学博士。

性。[①] 扩张解释影响犯罪圈的划定,所以对扩张解释的既有研究往往特别关注扩张解释与罪刑法定原则的关系问题。实际上,扩张解释也对量刑有重大影响。概念外延的核心情形和边缘情形之间在量上存在差异。在对刑法概念进行扩张解释后,扩张进来的对象与概念核心地带的对象在质上相同,但是在量上存在差异。如果裁判者在量刑的时候忽视这种差异,那么很有可能会导致量刑失衡,由此违反罪刑相适应原则。因此,在扩张解释下,如何确保罪刑相适应原则的实现是一个非常重要的现实问题。本文以"蒋某网络隔空猥亵儿童案"这一猥亵儿童的典型案例为切入点,通过分析该案中扩张解释的具体应用,来反思扩张解释为何会影响量刑,扩张解释下如何保障罪刑相适应原则的司法实现等问题,以期能够对新型犯罪量刑均衡的实现提供智识上的贡献。本文主要分为四个部分:第一部分,对"蒋某网络隔空猥亵儿童案"进行深入剖析,揭示该案中扩张解释的具体运作过程;第二部分,针对扩张解释缘何影响量刑进行细致的论证;第三部分,对扩张解释下如何确保罪刑相适应原则的实现进行深入的分析;第四部分,对文章的总结。

一、"蒋某网络隔空猥亵儿童案"中的扩张解释

2019 年 7 月,最高人民法院发布了 4 件性侵害儿童犯罪的典型案例,其中,"蒋某网络隔空猥亵儿童案"极其特殊,值得予以深入研究。法院查明,"2015 年 5 月至 2016 年 11 月间,被告人蒋某虚构身份,谎称代表影视公司招聘童星,在 QQ 聊天软件上结识 31 名女童(年龄在 10 岁至 13 岁),以检查身材比例和发育状况为由,诱骗被害人在线拍摄和发送裸照;并谎称需要面试,诱骗被害人通过 QQ 视频聊天裸体做出淫秽动作;对部分女童还以公开裸照相威胁,逼迫对方与其继续裸聊。蒋某还将被害人的裸聊视频刻录留存"。[②] 蒋某的网络猥亵行为给受害

---

① 张明楷:《刑法理论与刑事立法》,载《法学论坛》2017 年第 6 期。

② 最高人民法院:《蒋某猥亵儿童案》,载中国法院网,https://www.chinacourt.org/article/detail/2019/07/id/4203745.shtml。

儿童的人格尊严和身心健康造成了严重的影响,受害儿童遍布全国各地,部分儿童出现了严重心理问题,有的甚至还产生了悲观厌世的心理,意图跳楼自杀,幸而被及时解救。[①] 在“蒋某网络隔空猥亵儿童案”中,司法机关明确了没有身体接触,通过网络与儿童裸聊、获取儿童裸照的行为构成猥亵儿童罪。蒋某借助网络手段,采用欺骗的方式与多名儿童裸聊、获得儿童的裸照,受害儿童多达 31 人,情节恶劣。最终,蒋某被判处 11 年有期徒刑。

第一,在“蒋某网络隔空猥亵儿童案”中,“猥亵”的外延得到了实质性的扩张。“蒋某猥亵儿童案”非常特殊,该案中蒋某实施的猥亵儿童行为属于网络隔空猥亵行为,属于新型猥亵行为:其一,犯罪人的猥亵行为发生在网络空间,犯罪人与受害儿童没有处在同一物理空间内;其二,犯罪人与受害儿童没有直接的身体接触;其三,犯罪人以欺骗为主、恐吓为辅与受害儿童进行了裸聊,索取了受害儿童的裸照。猥亵行为可以分为两类,即身体接触型的猥亵和非身体接触型的猥亵。[②] 非身体接触型的猥亵又可以分为近距离的非身体接触型猥亵和远距离的网络猥亵行为。传统的猥亵行为主要是身体接触型的猥亵和近距离的非身体接触型猥亵。而远距离的网络隔空猥亵行为则是最新的猥亵类型,蒋某所实施的猥亵行为就属于这类新型的猥亵行为。

在该案中,司法机关运用扩张解释的法律方法将“网络隔空猥亵行为”解释为《刑法》第 237 条的“猥亵”,从而使“猥亵”的外延得到了实质性的扩张。扩张解释有利于打击犯罪,增强刑法对社会变迁的适应能力。传统猥亵行为体现为犯罪人与受害人在同一现场,身体距离非常近。而在“蒋某猥亵儿童案”中,犯罪人通过网络与受害儿童裸聊的行为被明确认定为猥亵行为,“猥亵”的外延得到了实质性的扩张。

---

① 南京市玄武区人民检察院:《玄武区院办理的蒋某猥亵儿童案入选最高人民法院“保护未成年人权益十大优秀案例”》,载南京市玄武区人民检察院网,http://njxw.jsjc.gov.cn/yw/201906/t20190626_831232.shtml。

② 王政勋:《强制猥亵、侮辱罪构成要件的法教义学分析——基于原型范畴理论的研究》,载《法律科学(西北政法大学学报)》2018 年第 4 期。

实际上，在司法实践中，通过网络索取儿童裸照或者与儿童裸聊的行为均被认定为猥亵儿童罪。由于猥亵的定罪不要求具有强制这一要件，所以无论采取强制手段还是非强制手段，索取儿童裸照或与儿童裸聊均构成猥亵儿童罪。在既遂标准的认定上，以犯罪人获取受害人裸照或看到受害人的裸聊视频时为既遂。扩张解释拓展了刑法概念的外延，增强了刑法的适应能力，对于打击犯罪、稳定社会秩序具有积极意义。

第二，在对"猥亵"进行扩张解释的时候，目的解释发挥了引领作用。扩张解释是一种扩大概念外延的方法，扩张解释体现为操作层面的技术或者结果。实际上，在进行扩张解释的时候，目的解释也发挥着重要作用。目的解释是一种解释的方向。① "在法学方法中，主要不是形式逻辑的方法，而是一种'目的论的'方法。"②解释者在扩张解释的时候是基于某种解释目的或者为了实现某种目的而进行法律解释的。"保护社会生活条件乃是法律的实质性目的。"③将法律规范与生活事实结合起来，才能真正确定法律规范的含义。目的解释服务于刑法对法益保护的需要。④ 例如，在"蒋某网络隔空猥亵儿童案"中，为了将与儿童裸聊的行为解释为"猥亵"，就需要对《刑法》第237条第3款进行目的解释。随着社会生活的变化，猥亵行为也出现了一些新的类型，亟须对之加以定性。由于儿童没有刑法上的同意能力，借助网络索取儿童裸照或与儿童裸聊的行为侵害了儿童的人格尊严和身心健康，使儿童的性自主权受到了严重侵犯。基于保护儿童性自主权的需要，将网络隔空猥亵行为纳入"猥亵"的外延之内具有必要性和正当性。将没有身体接触的网络隔空猥亵行为解释为猥亵，正是出于对儿童性自主权和身心健康的特殊保护的目的。价值判断是法律解释的灵魂。⑤ 在

---

① 张明楷：《罪刑法定与刑法解释》，北京大学出版社2009年版，第164页。

② ［德］亚图·考夫曼：《类推与"事物本质"：兼论类型理论》，吴从周译，学林文化事业有限公司1999年版，第39页。

③ ［美］E. 博登海默：《法理学：法律哲学与法律方法》，邓正来译，中国政法大学出版社2004年版，第115页。

④ 劳东燕：《刑法中目的解释的方法论反思》，载《政法论坛》2014年第3期。

⑤ 劳东燕：《功能主义刑法解释论的方法与立场》，载《政法论坛》2018年第2期。

扩张解释的时候也涉及价值判断的问题。基于打击犯罪,保护儿童的目的,司法机关对“猥亵”这一概念进行了扩张解释。在目的解释的过程中,存在主观目的解释和客观目的解释的理论争议。[①] 主观目的解释主张要优先考虑立法者在制定法律时的主观目的,而客观目的解释则主张要考虑当下法律规范的目的。实际上,客观目的解释具有更为显著的理论优势。将与儿童裸聊的行为解释为“猥亵”,符合《刑法》第 237 条第 3 款保护儿童性自主权的规范目的,也符合当下严厉打击性侵害儿童犯罪的社会目的。目的解释揭示了法律解释的价值取向,为法律解释指明了方向,对于扩张解释起到价值引领的作用。

第三,在对“猥亵”进行扩张解释的时候,类比推理发挥了技术性支撑的作用。一般认为,扩张解释没有超出刑法用语的可能含义,而类推解释超出了刑法用语的可能含义。[②] 因此,不利于犯罪人的类推解释违背罪刑法定原则,应当受到抵制。但实质上,“类推解释与扩大解释之间并无实质区别,只是程度上的差异”。[③] 二者在构造上存在相似的内在机理。从理论上,我们容许扩张解释,禁止类推解释。但是,在实际的法律解释中,扩张解释与类推解释的界限有时候很难界定。考夫曼指出,扩张解释与类推解释在“根本性质上二者无从区分。因为当我们说,解释可以及于‘可能的文义’时,其实我们已经处在类推之中了,因为这种‘可能的文义’既非单义亦非相当,而只是一种类似”。[④] 值得注意的是,考夫曼所说的“类推”说的是类比推理,是最为广义的类推,[⑤]与我们通常说的类推解释存在差异。通说认为,在概念可能含义之内的解释属于扩张解释,而超出概念可能含义的解释属于类推解释。

① [奥]恩斯特·A. 克莱默:《法律方法论》,周万里译,法律出版社 2019 年版,第 120 页。

② 张明楷:《罪刑法定与刑法解释》,北京大学出版社 2009 年版,第 119 页。

③ 张明楷:《罪刑法定与刑法解释》,北京大学出版社 2009 年版,第 95 ~96 页。

④ [德]亚图·考夫曼:《类推与“事物本质”:兼论类型理论》,吴从周译,学林文化事业有限公司 1999 年版,第 11 页。

⑤ 刘明祥:《论刑法学中的类推解释》,载《法学家》2008 年第 2 期。

在“蒋某网络隔空猥亵儿童案”中,司法机关在进行扩张解释的时候,实际上也运用了类比推理的法律方法。与网络隔空猥亵行为最为接近的猥亵行为是近距离的非身体接触型的传统猥亵行为。例如,在封闭的空间内让儿童脱光衣服,观看儿童裸体的近距离非身体接触型的猥亵行为与获取儿童裸照的网络隔空猥亵行为非常相似;在封闭的空间内让儿童自行实施猥亵行为的近距离非身体接触型的猥亵行为与通过网络和儿童裸聊的隔空猥亵行为非常相似。网络隔空猥亵行为与非身体接触型的传统猥亵行为的相似点主要体现在:其一,二者都没有身体接触;其二,二者都侵犯了儿童的人格尊严和身心健康,具有相同的社会危害性。网络隔空猥亵行为与近距离非身体接触型的传统猥亵行为也有差异。其差异性有三点。其一,在近距离非身体接触型猥亵的场合中,儿童所遭受的实际侵害以及可能遭受更为严重的侵害的风险要大得多(例如,犯罪人有可能进而实施身体接触型的猥亵或者奸淫幼女);而在网络猥亵的场合中,由于犯罪人和受害儿童不在同一物理空间内,犯罪人难以实施这类更为严重的犯罪行为。其二,在近距离非身体接触型猥亵的场合中,儿童的身体处于犯罪人的实际控制中,犯罪人对受害儿童身体的支配力是现实而强大的,而在远距离的网络隔空猥亵儿童的场合中,犯罪人对受害儿童的支配力要弱得多,犯罪人往往采取欺骗或以公开裸照相要挟的方式对受害儿童实施猥亵行为。其三,在网络猥亵儿童的场合中,儿童的裸照或裸聊视频扩散传播的风险巨大,儿童可能遭受到隐私、名誉等方面的二次侵害。网络隔空猥亵行为与非身体接触型的传统猥亵行为既有相似点又有不同点。“类比推理对于两种情况的相同点和不同点都需要细致地考虑。关键之处在于判断是相同点还是不同点更为重要。”①猥亵外延中的对象存在“家族相似性”的关系,不同类型的猥亵行为存在许多不同点,但同时也存在许多相似点,而这些相似点正是认定其家族成员身份的重要依据。从“蒋某猥亵儿童案”的最终判决可以看出,司法机关实际上是认为网络

① [美]史蒂文·J.伯顿:《法律和法律推理导论》,张志铭、解兴权译,中国政法大学出版社1998年版,第32页。

隔空猥亵行为与非身体接触型的传统猥亵行为的相似点更为重要,二者在性质上相同。相似点影响定罪,而不同点可能会影响量刑。通过类比推理,网络隔空猥亵行为被认定为猥亵,“猥亵”的外延最终得以扩张。

第四,对“猥亵”的扩张解释遵守了罪刑法定原则。针对网络犯罪,我国的刑法实践呈现出明显的扩张化解释的趋势。① 在解释刑法的时候,解释者必须遵守罪刑法定原则,同时要使解释的结论有助于正义理念的实现,适应社会生活的需要。② 扩张解释的结论没有超出概念的可能含义,也没有超出一般民众的预测可能性,遵守了罪刑法定原则。③ 将网络隔空猥亵行为解释为“猥亵”,没有超出猥亵的可能含义,因此属于扩张解释,不是造法行为。索取儿童裸照或者与儿童裸聊的行为与传统猥亵行为相比具有相同的社会危害性,都侵犯了儿童的性自主权和性羞耻心,因此属于猥亵行为。将网络猥亵行为评价为猥亵,扩张了猥亵儿童罪的打击范围,有利于儿童利益的保护。扩张解释使猥亵的外延发生了变化,从身体接触型猥亵和近距离的非身体接触型猥亵,再到远距离的非身体接触型网络猥亵,猥亵的外延在逐步扩张。刑法圈扩张是一个必然的趋势,刑法规制范围的逐步增大有利于防卫社会,维护良善的社会秩序。

综上,目的解释揭示了刑法概念的外延需要扩张,证立了扩大刑法概念外延的正当性,为扩张解释指明了方向;类比推理揭示了刑法概念外延扩张的具体实现过程,证立了扩大刑法概念外延的可行性,为扩张解释提供了技术支撑;扩张解释体现了刑法概念外延扩大的外在特征和最终结果。通过扩张解释可以将一些新型犯罪纳入刑法的打击范围,同时有利于增强刑法对于社会变迁的适应能力,应当予以肯定。

---

① 欧阳本祺:《论网络时代刑法解释的限度》,载《中国法学》2017 年第 3 期。

② 张明楷:《刑法理论与刑事立法》,载《法学论坛》2017 年第 6 期。

③ 冯军:《论刑法解释的边界和路径——以扩张解释与类推适用的区分为中心》,载《法学家》2012 年第 1 期。

二、扩张解释何以影响量刑

扩张解释将概念外延边缘的对象予以了明确，扩大了概念的外延。以往对于扩张解释的研究，往往聚焦于扩张解释如何影响定罪，因而特别关注扩张解释对于罪刑法定原则的遵守问题。实际上，扩张解释对于量刑也有重大的影响。

第一，犯罪概念的外延有核心情形和边缘情形之分。扩张解释扩大了刑法概念的外延，刑法打击犯罪的范围也会随之增大，因此会直接影响到定罪。但是，实际上，扩张解释除了影响定罪之外，还会影响量刑。这是因为概念的外延有核心情形和边缘情形之分。① 有的对象居于概念外延的核心地带，而有的对象则居于概念外延的边缘地带。概念外延的核心情形比较典型，容易把握，而概念外延的边缘情形则较为模糊，难以判断。② 居于概念外延核心地带的对象和居于概念外延边缘地带的对象虽然在质上相同，但在量上存在差异。③ 语言具有“开放性结构”。④ 有的对象属于语言的核心情形，而有的对象属于语言的边缘情形。例如，在哈特的“禁止车辆驶入公园”例子中，汽车无疑属于“车辆”，是“车辆”的核心情形，而旱冰鞋、滑板车是否属于“车辆”则较难确定，这是因为后两者处于“车辆”的边缘地带。实际上，哈特的“开发性结构”的理论可以追溯到魏斯曼和维特根斯坦。⑤ 魏斯曼和维特根斯坦都有关于开放性结构的精彩论述，哈特的理论实际上受到了

---

① H. L. A. Hart, *The Concept of Law*, Second Edition, Oxford University Press, 1994, p. 123.

② 杨仁寿：《法学方法论》，中国政法大学出版社 2013 年版，第 211 页。

③ 段卫利：《猥亵儿童罪的扩张解释与量刑均衡——以猥亵儿童的典型案例为切入点》，载《法律适用》2020 年第 16 期。

④ H. L. A. Hart, *The Concept of Law*, Second Edition, Oxford University Press, 1994, p. 123.

⑤ [美]布赖恩・比克斯：《法律、语言与法律的确定性》，邱昭继译，法律出版社 2007 年版，第 10 ~ 15 页。

魏斯曼和维特根斯坦的深刻影响。概念外延的核心是确定的,而概念外延的边缘则是模糊的。语言的不确定性实际上也是个优点,它可以将新类型的事物容纳进去。[①] "猥亵"是侵害受害人性自主权的一种犯罪行为。猥亵罪规定在《刑法》分则第四章侵犯公民人身权利、民主权利罪部分。《刑法》第 237 条的条文比较简单,解释的空间很大,对于新的猥亵行为的包容能力也非常强。猥亵也有核心情形与边缘情形之分。[②] 猥亵最为核心的情形是身体接触型的强制猥亵,例如,通过暴力强制接触儿童的隐私部位;猥亵比较边缘的情形则是网络隔空猥亵行为,尤其是非强制的网络隔空猥亵行为,例如,通过欺骗等非强制的方式获取儿童的裸照或者与儿童裸聊。在"蒋某猥亵儿童案"案中,司法机关将与儿童的裸聊行为解释为猥亵,从而使猥亵的外延得到了实质性扩张。

第二,犯罪概念的核心情形和边缘情形都侵害了法益。法益体现为经验的实在性以及对人的有用性。[③] 就猥亵罪而言,猥亵行为侵犯了受害人的性自主权、性羞耻心和社会风化秩序。[④] 具体来说,强制猥亵严重侵害了受害人的性自主权和性羞耻心,而在"公共场所当众"猥亵还同时侵害了良好的社会风化秩序。就强制猥亵罪而言,强制猥亵违背了受害人的意志,对受害人的性自主权造成了严重侵害,使受害人遭受了严重的精神痛苦,其对性自主权和性羞耻心的侵害程度非常高。如果强制猥亵行为发生在公共场所的话,那么公然猥亵行为不仅侵害了个人法益,加剧了受害人的精神痛苦,同时还使在场者的身心受到严重影响,侵害了良好的社会风化秩序的社会法益。在公共场所公然犯罪也表明了犯罪人的主观罪过程度非常高。因此,在"公共场所当众"

---

① [美]布赖恩 · 比克斯:《法律、语言与法律的确定性》,邱昭继译,法律出版社 2007 年版,第 8 页。

② 王政勋:《强制猥亵、侮辱罪构成要件的法教义学分析——基于原型范畴理论的研究》,载《法律科学(西北政法大学学报)》2018 年第 4 期。

③ 张明楷:《刑法理论与刑事立法》,载《法学论坛》2017 年第 6 期。

④ 王政勋:《强制猥亵、侮辱罪构成要件的法教义学分析——基于原型范畴理论的研究》,载《法律科学(西北政法大学学报)》2018 年第 4 期。

猥亵他人的,要升格法定刑,加重处罚。总之,猥亵主要侵害的是个人法益,包括性自主权和性羞耻心,而在公共场所当众猥亵的,还同时侵害了社会法益。

猥亵儿童罪是《刑法》第237条第3款的特别规定。猥亵儿童罪的构成不要求具有强制这一要件。因此,采取欺骗等方式在非强制的情形下猥亵儿童的,仍然构成猥亵儿童罪。强制猥亵无疑侵犯了儿童的性自主权和性羞耻心。在非强制的情形下,儿童的性自主权和性羞耻心实际上也遭到了侵犯。由于儿童年龄小,认知能力存在限制,其不具备刑法上的同意能力。在非强制的情形下,由于儿童不具有同意能力,其性自主权和性羞耻心被视为遭受了侵犯,这是基于对儿童的特殊保护而做的制度设计。由于猥亵行为使儿童的利益客观上受到了损害,因此非强制的猥亵也被视为对儿童性自主权和性羞耻心的侵害。因此即使是基于儿童的同意,对儿童实施猥亵行为也构成猥亵儿童罪。强制猥亵儿童与非强制猥亵儿童相比,强制猥亵应当受到更为严厉的惩罚。猥亵儿童行为严重侵害了儿童的人格尊严和身心健康权益。在日本的司法裁判中,也认可性犯罪侵犯了受害人的人格或尊严的法益。① 在“蒋某猥亵儿童案”中,蒋某的猥亵行为大多是采取欺骗的方式进行的,但是这种非强制的方式仍然导致了严重的后果,部分女童的心理出现了严重问题,甚至出现了意图跳楼自杀的倾向。网络猥亵行为严重侵害了受害儿童的性自主权和性羞耻心,使儿童的人格尊严和身心健康的法益受到了严重损害,应当受到严惩。

第三,犯罪概念的核心情形和边缘情形在对法益的侵害程度上存在差异。在刑法领域,概念的核心情形和边缘情形在质上是相同的,但是在量上存在差异。例如,网络隔空猥亵行为和身体接触型猥亵行为都属于猥亵行为,但是它们在猥亵外延中的位置是不同的,身体接触型猥亵居于猥亵外延的核心地带,而网络隔空猥亵行为则居于猥亵外延的边缘地带。与此同时,二者对于法益的侵害程度也是存在差异的,身

---

① [日]佐伯仁志、曾文科:《日本的性犯罪——最近修改的动向》,载《刑事法评论》2017年第1期。

体接触型的猥亵行为对法益的侵害程度一般要重于网络隔空猥亵行为对法益的侵害程度。根据前面的分析,猥亵行为主要有三种类型,即身体接触型猥亵、近距离非身体接触型猥亵和远距离非身体接触型网络猥亵。这三种猥亵行为对法益的侵害程度是存在差异的。身体接触型猥亵对于法益的侵害程度最重,近距离非身体接触型猥亵对于法益的侵害程度居中,远距离非身体接触型网络猥亵对于法益的侵害程度最轻。[①]

第四,忽视概念犯罪中概念核心情形和边缘情形在量上的差异,有可能导致量刑失衡,从而违背罪刑相适应原则。以猥亵儿童罪为例,处在猥亵外延核心地带的猥亵行为和处在猥亵外延边缘地带的猥亵行为在对法益的侵害程度上存在差异。如果裁判者在量刑的时候,忽视了这种差异,那么有可能会导致量刑失衡。实际上,在司法实践中,裸聊型网络隔空猥亵行为的量刑差异比较大。在"王某以招收童星欺骗猥亵儿童案"中,王某通过QQ,谎称招收童星须进行视频考核,先后诱骗3名女童与其进行裸聊,其被判处1年零10个月的有期徒刑。[②] 在"乔某某以视频裸聊方式猥亵儿童案"中,乔某某冒充生理老师以视频教学为名诱骗多名女童与其进行裸聊,其被判处有期徒刑4年。[③] 在"曲某某猥亵儿童案"中,曲某某通过QQ,以招收童星进行身体检查为由,先后诱骗11名女童做出淫秽动作,与其进行裸聊,其最终被判处10年有期徒刑。[④] 由此可见,裸聊型网络隔空猥亵行为的量刑存在标准不统一的问题。

我们可以将蒋某的网络猥亵行为的量刑与传统身体接触型的猥亵行为的量刑进行对比。

---

① 段卫利:《猥亵儿童罪的扩张解释与量刑均衡——以猥亵儿童的典型案例为切入点》,载《法律适用》2020年第16期。

② 中国法院网:《王某以招收童星欺骗猥亵儿童案》,载中国法院网,https://www.chinacourt.org/article/detail/2018/06/id/3324945.shtml。

③ 中国法院网:《乔某某以视频裸聊方式猥亵儿童案》,载中国法院网,https://www.chinacourt.org/article/detail/2018/06/id/3324915.shtml。

④ 上海市宝山区人民法院刑事判决书,(2018)沪0113刑初456号。

在“罗某猥亵儿童案”中，罗某先后对十余名儿童多次实施身体接触型的猥亵行为，被判处5年零6个月的有期徒刑。[①] 在“李某强奸、猥亵儿童案”中，李某先后对7名儿童多次实施身体接触型的猥亵行为，被判处8年有期徒刑。[②] 在“欧阳某某猥亵儿童案”中，欧阳某某在教室和公共宿舍对4名6周岁的儿童多次实施猥亵行为，被判处10年有期徒刑。[③] 在“张某猥亵儿童案”中，张某先后在公共场所当众强制猥亵儿童8人，被判处11年零6个月的有期徒刑。[④] 对蒋某的网络隔空猥亵行为的量刑已经与身体接触型强制猥亵行为的量刑相当。在“蒋某猥亵儿童案”中，受害儿童数量高达31人，分布在全国各地，这是其他案例中所不具有的情节，同时蒋某在网络猥亵儿童的过程中，将裸聊视频刻录留存，扩散传播的风险巨大，也是其他案例所不具有的情节，这无疑属于“情节恶劣”的表现。根据《刑法》第237条第2款的规定，其犯罪行为符合升格法定刑，加重处罚的条件，因此对其判处5年以上有期徒刑是完全正当的。但是，对这种网络隔空猥亵行为判处与身体接触型强制猥亵行为的量刑相当的刑罚，在量刑上似乎略显过重。

总之，扩张解释扩大了刑法概念外延的范围，在影响定罪的同时还会对量刑产生影响。刑法概念的核心情形和边缘情形在量上存在差异，如果忽视这些差异，那么很容易导致量刑失衡。在扩张解释的情形下，不能只重定性不重定量，而应当在量刑时对于概念核心情形和边缘情形区别对待。

三、扩张解释下如何实现罪刑相适应

罪刑相适应原则对于量刑具有指导意义，其要求做到量刑的均衡

① 湖南省长沙市中级人民法院刑事判决书，(2019)湘01刑终894号。

② 安徽省亳州市中级人民法院刑事判决书，(2019)皖16刑初10号。

③ 浙江省金华市中级人民法院刑事判决书，(2019)浙07刑再1号。

④ 最高人民法院：《张某猥亵儿童案》，载中国法院网，https://www.chinacourt.org/article/detail/2019/07/id/4203746.shtml。

化,不能罪重而轻罚,也不能罪轻而重罚,要确保罪刑适当。① “罪刑相均衡是公平正义的表现,体现了实质法治的要求。”②在扩张解释的背景下,概念外延的边缘情形被纳入刑法的打击范围,但是,概念外延的核心情形和边缘情形在对法益的侵害程度上是存在差异的,忽视这种差异有可能导致量刑失衡,违背罪刑相适应原则。因此,在司法裁判中,为了确保罪刑相适应原则的实现,就必须遵照量刑的规律来进行裁判。

第一,要坚持实质解释论,根据个案中法益遭受侵害的具体程度来进行量刑。世界上不存在完全相同的两个案件,每个案件都有其特殊性。就猥亵儿童罪来说,不能抽象地认为,因为网络隔空猥亵行为与身体接触型的猥亵行为在社会危害性上具有同质性,因此在量刑上就不加区分。不能只看形式,不看实质。“刑罚是对公民不法的回应。”③要结合具体个案中法益遭受侵害的具体程度来对实施不法行为的犯罪人科以轻重适当的刑罚。在具体的个案中,影响量刑的因素是非常多的。犯罪的内容、强制的程度、被害人的差异、犯罪时间的长短、犯罪的场所、犯罪造成的后果都是影响犯罪行为量上差异的因素。④ 如果忽视这些量上的差异,那么极有可能在量刑的时候导致量刑失衡,进而违反罪刑相适应原则。因此,在具体的个案中,要采取实质解释论的立场。⑤ 要根据不同犯罪行为所造成的法益侵害程度上的差异来进行量刑。首先要根据有责的不法事实来确定责任刑,⑥可以根据法益遭受

① 高铭暄:《刑法基本原则的司法实践与完善》,载《国家检察官学院学报》2019年第5期。

② 张明楷:《罪刑法定与刑法解释》,北京大学出版社2009年版,第57~58页。

③ [德]米夏埃尔·帕夫利克:《人格体 主体 公民:刑罚的合法性研究》,谭淦译,中国人民大学出版社2011年版,第72页。

④ 王政勋:《论猥亵行为违法性程度的判定》,载《法治现代化研究》2018年第4期。

⑤ 张明楷:《实质解释论的再提倡》,载《中国法学》2010年第4期。

⑥ [日]城下裕二:《量刑理论的现代课题》,黎其武、赵姗姗译,法律出版社2016年版,第74页。

侵害的具体程度来进行判定。在确定责任刑的基础上,再进一步确定预防刑。[①] 在裁量预防刑的时候,应当采取特殊预防优先于一般预防的立场。[②] 在个案中,责任刑以刑罚报应论为理论基础,要根据法益遭受侵害的具体程度来裁量责任刑,这是量刑的上限。在责任刑的量刑基点之下,继续裁量预防刑。不能为了一般预防的实现而对犯罪人科以过于严苛的刑罚,因为这样不仅违背量刑的基本原则,而且将犯罪人当作了实现一般预防目的的工具。实质解释论能够克服形式解释论的缺陷,有利于罪刑相适应原则的司法实现。

第二,要对影响量刑的情节进行类型化的分析。量刑是一项技术性非常强的工作,对影响量刑的情节进行类型化的分析能够为区分不同行为对法益的侵害程度提供基础,进而有助于罪刑相适应的实现。以猥亵儿童罪为例,目前对影响猥亵儿童罪量刑情节的类型化做得还不是很深入,可以在犯罪主体的类型化等方面进一步进行探究。有学者指出,可以根据犯罪主体和受害人的不同组合来判断强制猥亵罪的违法性程度,一共有四种情形,违法性程度自高到低依次是:"(1)男子对女子实施的强制猥亵行为;(2)女子对女子实施的强制猥亵行为;(3)女子对男子实施的强制猥亵行为;(4)男子对男子实施的强制猥亵行为。"[③]这种类型化的方法值得肯定,得出的结论也具有参考价值。但是,在猥亵儿童的具体案件中,这种排序不一定能完全适用。例如,女子对男童以强制性行为的方式实施的猥亵行为对法益的侵害程度是高于女子对女童实施的强制猥亵行为对法益的侵害程度的。再如,男子以同性性行为的方式针对男童实施的强制猥亵行为对法益的侵害程度是也是高于女子对女童实施的强制猥亵行为对法益的侵害程度的。根据日本《刑法》第 177 条,对不满 13 周岁的人,实施肛交的,构成强奸

① 张明楷:《责任刑与预防刑》,北京大学出版社 2015 年版,第 3 页。

② 张明楷:《刑法理论与刑事立法》,载《法学论坛》2017 年第 6 期。

③ 王政勋:《强制猥亵、侮辱罪构成要件的法教义学分析——基于原型范畴理论的研究》,载《法律科学(西北政法大学学报)》2018 年第 4 期。

罪,处5年以上有期惩役。[①] 在英国,强制肛交也构成强奸罪。[②] 在我国目前的司法实践中,男子对男童实施肛交,则构成猥亵儿童罪,量刑大多在5年有期徒刑之内。值得注意的是,2020年12月26日,全国人大常委会通过的《刑法修正案(十一)》对猥亵儿童罪的加重刑予以更为细致的规定,将《刑法》第237条第3款修改为:"猥亵儿童的,处五年以下有期徒刑;有下列情形之一的,处五年以上有期徒刑:(一)猥亵儿童多人或者多次的;(二)聚众猥亵儿童的,或者在公共场所当众猥亵儿童,情节恶劣的;(三)造成儿童伤害或者其他严重后果的;(四)猥亵手段恶劣或者有其他恶劣情节的。"该规定是根据法益侵害的程度来调整量刑的,对于猥亵儿童罪量刑具有重大的指导意义。通过对犯罪行为的类型化分析,有助于判定不同犯罪行为的法益侵害程度,从而有助于罪刑相适应的实现。

第三,对概念外延核心情形的量刑一般要重于对概念外延边缘情形的量刑。一般来说,概念核心情形是概念外延中最为典型的部分,也是立法所主要调整的对象,其对法益的侵害程度相对比较高。就猥亵儿童罪来说,身体接触型的强制猥亵是猥亵的核心情形,其对法益的侵害程度比较高,对身体接触型的强制猥亵的量刑要相对重一些。而没有身体接触的网络隔空猥亵行为是猥亵的边缘情形,其对法益的侵害程度要相对低一些,对网络隔空猥亵行为的量刑一般也要轻缓一些。不同的猥亵行为在量上存在差异。[③] 具体来说,对身体接触型强制猥亵行为的量刑一般要重于对身体接触型非强制猥亵行为的量刑;对身体接触型非强制猥亵行为的量刑一般要重于近距离非身体接触型强制猥亵行为的量刑;对近距离非身体接触型强制猥亵行为的量刑一般要重于对近距离非身体接触型非强制猥亵行为的量刑;对近距离非身体接触型非强制猥亵行为的量刑一般要重于对强制儿童裸聊的猥亵行为

---

① 张明楷:《日本刑法的修改及其重要问题》,载《国外社会科学》2019年第4期。

② 劳东燕:《功能主义刑法解释论的方法与立场》,载《政法论坛》2018年第2期。

③ 王政勋:《论猥亵行为违法性程度的判定》,载《法治现代化研究》2018年第4期。

的量刑;对强制儿童裸聊的猥亵行为的量刑一般要重于对非强制儿童裸聊的猥亵行为的量刑;对非强制儿童裸聊的猥亵行为的量刑一般要重于对强制索取裸照的行为的量刑;对强制索取裸照的行为的量刑一般要重于对非强制索取裸照的行为的量刑。总之,对于概念外延的核心情形和边缘情形,在量刑的时候要有所区分,做到罪刑相适应。

第四,要将体系性思维贯穿到量刑实践的始终。"体系性思维是一种融贯性思维。"[①]它致力于"实现包括法律在内的诸多因素的一致性、融贯性"。[②] 在扩张解释的背景下,要实现量刑均衡,贯彻罪刑相适应原则,就必须将体系性思维贯穿到整个量刑实践的过程中。在量刑的时候,不能单纯从某个具体的法律条文出发,还必须充分考虑到具体的犯罪行为对法益的侵害程度,以及与该行为相类似的犯罪行为的量刑。在落实罪刑相适应原则的时候,不仅要保证在同种罪内部的量刑均衡,还要保证在整个量刑体系中的量刑均衡。以网络猥亵儿童行为的量刑为例,在量刑的时候要保证对网络猥亵儿童行为的量刑罚当其罪,同等条件下对网络猥亵儿童行为的量刑一般不得重于对身体接触型强制猥亵行为的量刑,要保证对网络猥亵儿童行为的量刑在猥亵儿童罪内部是均衡的。

在对网络猥亵儿童行为进行量刑的时候,还要做到外部的量刑均衡。对于猥亵儿童罪的量刑一般不得重于对奸淫幼女型强奸罪的量刑。[③] 根据我国《刑法》第 236 条第 1 款和第 2 款的规定,奸淫幼女以强奸论,在 3 年以上 10 年以下有期徒刑的量刑区间内从重处罚。根据《刑法》第 236 条第 3 款的规定,奸淫幼女情节恶劣或者奸淫幼女多人等情形的,将被判处 10 年以上有期徒刑、无期徒刑或者死刑。在"蒋某猥亵儿童案"中,蒋某隔空猥亵儿童 31 人,被判处 11 年有期徒刑,对蒋

① 陈金钊:《现有"法律思维"的缺陷及矫正》,载《求是学刊》2018 年第 1 期。

② 陈金钊:《体系思维的姿态及体系解释方法的运用》,载《山东大学学报(哲学社会科学版)》2018 年第 2 期。

③ 段卫利:《猥亵儿童罪的扩张解释与量刑均衡——以猥亵儿童的典型案例为切入点》,载《法律适用》2020 年第 16 期。

某的网络隔空猥亵行为的处罚已经与奸淫幼女多人的量刑相当。有学者研究了 389 份猥亵儿童罪的一审判决书,发现猥亵儿童罪的量刑普遍偏轻,3 年以下有期徒刑的判决占 72.3%,5 年以上有期徒刑的判决只有 24 件,只占 6.2%。① 日本《刑法》第 176 条规定了强制猥亵罪,对 13 周岁以上的人实施强制猥亵,将被判处 6 个月以上 10 年以下的惩役,对不满 13 周岁的人实施猥亵行为的,也在上述量刑区间内量刑。② 而根据我国刑法的规定,猥亵儿童罪最高可被判处 15 年有期徒刑。本文认为,对于猥亵儿童的犯罪行为应当加大打击的力度,在量刑上也可以进一步加重处罚,改变量刑普遍偏轻的局面,但是,要努力做到量刑的均衡化。蒋某的网络猥亵儿童的行为属于犯罪,而且属于"情节恶劣"的情形,法官基于自由裁量权对其判处 11 年有期徒刑完全符合刑法的规定,也有利于威慑罪犯,达到一般预防和特殊预防的目的。但是,从量刑均衡的角度来说,对其在有期徒刑 5 到 10 年的量刑区间内从重处罚可能更为合适。总之,在扩张解释的背景下,要实现罪刑相适应,就必须将体系性思维贯穿整个量刑过程,既保证量刑的内部均衡,又保证量刑的外部均衡。

值得注意的是,虽然本文关于扩张解释下如何实现罪刑相适应原则的分析主要是以猥亵儿童罪为中心的,但得出的结论却是具有普遍性的。很多刑法概念都有核心情形和边缘情形之分,而司法机关在实际的司法实践中往往过于重视定性而忽视定量,导致对概念边缘情形的量刑过重的案件时有发生。例如,许多非法持有枪支案件的量刑就存在这种问题。"枪支"的核心情形是军用或警用的利用火药燃气能量发射子弹的具有较大杀伤力的武器,包括手枪、步枪、冲锋枪等。"枪支"的边缘情形是利用压缩空气发射子弹的气枪,例如,威力较大的仿真枪、玩具枪等。但是,在司法实践中,对于"枪支"的认定标准非常低,而一旦所持有的仿真枪被鉴定为"枪支"后,在量刑的时候主要

① 邢红枚:《猥亵儿童犯罪的特点与刑法适用——基于对 389 例一审判决的分析》,载《中华女子学院学报》2019 年第 3 期。

② 张明楷:《日本刑法的修改及其重要问题》,载《国外社会科学》2019 年第 4 期。

根据非法持有枪支的数量来进行量刑。根据《最高人民法院关于审理非法制造、买卖、运输枪支、弹药、爆炸物等刑事案件具体应用法律若干问题的解释》第5条的规定，非法持有以压缩气体等为动力的非军用枪支2支以上的，即可构成非法持有枪支罪；非法持有以压缩气体等为动力的非军用枪支5支以上的，就属于"情节严重"的情形。司法实践中，存在只重定性而不重定量的问题，从而导致对于非法持有仿真枪的犯罪行为量刑过重的案件的大量出现。

四、结　　语

扩张解释是刑法解释中常用的法律方法。从刑法解释学的角度来说，扩张解释扩大了刑法概念的外延，增强了刑法的适应能力，有利于打击新型的犯罪行为。扩张解释没有超出刑法概念的可能含义，也没有突破一般民众的预测可能性，符合罪刑法定原则的要求。在刑法概念已被扩张解释的情形下，要特别注意罪刑相适应原则的实现问题。刑法概念的核心情形和边缘情形对法益的侵害程度是存在差异的，在量刑的时候要对此有所体现。为了确保罪刑相适应原则的实现，要特别注重体系性思维在量刑中的作用，要努力实现量刑的内部均衡和外部均衡。扩张解释能够对量刑带来巨大的影响，扩张解释下罪刑相适应原则的实现问题非常重要，这一问题值得进行更为深入的研究和探讨。

Judicial Realization of the Principle of Suiting Crime to Punishment under the Expanded Interpretation

—Taking "the Case of Jiang's Internet Space Indecent Child Abuse" as the Breakthrough Point

Duan Weili

[**内容摘要**]扩张解释可以将一些新型犯罪行为纳入刑法的打击范围，增强刑法适应社会变迁的能力。目的解释证立了扩大犯罪概念外延的正当性，为扩张解释指明了方向；类比推理证立了扩大犯罪概念外延

的可行性,为扩张解释提供了技术支撑。扩张解释不仅影响定罪,还影响量刑。概念外延的核心情形和边缘情形之间在量上存在差异,忽视这种差异容易导致量刑失衡,违背罪刑相适应原则。为了实现罪刑相适应,要根据个案中法益遭受侵害的具体程度来进行量刑,对影响量刑的情节要进行类型化的分析,对概念外延核心情形的量刑一般要重于对概念外延边缘情形的量刑,同时要将体系性思维贯穿到量刑实践的始终。

[**关键词**]扩张解释;目的解释;类比推理;罪刑相适应原则;网络隔空猥亵行为

Abstract: Expanded interpretation can bring some new criminal acts into the scope of criminal law and enhance the ability of criminal law to adapt to social changes. Purpose interpretation proves the legitimacy of expanding the extension of the concept of criminal law and points out the direction of expanding interpretation; analogical reasoning proves the feasibility of expanding the extension of the concept of criminal law and provides technical support for expanding interpretation. The expansion of interpretation not only affects the conviction, but also affects the sentencing. There is a difference in quantity between the core situation and the edge situation of the concept extension. Ignoring this difference will easily lead to the imbalance of sentencing and violate the principle of crime and punishment. In order to realize the adaptation of crime and punishment, sentencing should be carried out according to the specific degree of infringement of legal interests in the case, and the type analysis should be carried out on the plots that affect the sentencing. The sentencing of the core cases of concept extension is generally more important than that of the marginal cases of concept extension. At the same time, systematic thinking should be carried out throughout the sentencing practice.

Keywords: Expanded Interpretation; Purpose Interpretation; Analogical Reasoning; Principle of Suiting Crime to Punishment; Internet Indecency

非法利用信息网络罪的兜底倾向及合理限缩*
——基于《刑法修正案(九)》施行以来裁判文书样本的分析

张　萌**　董姝含***　杜子润****

目　　次

一、立法术语界定
二、司法实践考察
三、兜底倾向的原因分析
四、合理限缩兜底倾向的对策
五、结语

信息网络在为人们带来便利的同时让小部分不法分子有机可乘。很多以信息网络为犯罪工具的新型网络犯罪挑战了传统的刑法罪名,增加了实践的处理难度。因此,《刑法修正案(九)》(以下简称《修九》)有针对性地于《刑法》第287条之一增设了非法利用信息网络罪,将利用信息网络实施严重违法犯罪的早期预备行为定罪处罚。由于网

---

* 本文是中国人民大学2022年度拔尖创新人才培育资助计划成果,曾经荣获"中国法学会网络与信息法学研究会2020年年会"征文一等奖。

** 中国人民大学刑事法律科学研究中心博士生。

*** 北京市朝阳区人民法院法官助理。

**** 北京师范大学法学院博士生。

络信息传输具有及时性和不确定性,[①]行为人利用信息网络所发布的违法犯罪信息一旦扩散,极有可能产生十分严重的后果。因此,非法利用信息网络罪的设立在一定程度上前移了定罪处罚的时间节点,将违法犯罪行为扼杀在摇篮之中,防止了严重后果的产生和扩散,维护了信息网络秩序和社会秩序。但与此同时,该罪在近年的适用过程中,理论和实践中的一些争议及难点也逐步显现。虽然通过出台的司法解释和典型案例,该罪的罪刑在一定程度上得到明晰,但仍存在一些值得探讨之处。本文将关注非法利用信息网络罪的兜底倾向问题,通过分析立法及司法解释用语、考察司法实践现状等方式,对该罪的兜底倾向进行问题发现和原因分析,并有针对性地提出解决措施,以促进该罪的立法完善和司法准确适用,实现对该罪兜底倾向和"口袋化"的限缩。

一、立法术语界定

根据《刑法》第287条之一的规定,非法利用信息网络罪的行为方式可概括为三种类型:第一类为"设立用于违法犯罪活动的网站、通讯群组"型(以下简称行为方式一);第二类为"发布违法犯罪信息"型(以下简称行为方式二);第三类为"为实施违法犯罪活动发布信息"型(以下简称行为方式三)。从整体来看,这三类行为方式体现了立法机关对于该罪行为内容的类型化归纳,具有一定的明确性和区别度。但如果从具体内容来看,"利用信息网络"的行为总会与另一(或多个)"违法犯罪"的信息或活动产生联系,而法条中这三类行为方式对"违法犯罪"的用语表述均采取"列举+兜底"的方式,这便造成了该罪兜底倾向的可能。例如,如果行为人设立网站或通讯群组用于实施犯罪,因"诈骗"属于第一类行为方式所"列举"的违法犯罪活动,因此在这种情况下认定行为人的行为符合了第一类行为方式的要求便不存在异议;但如果行为人设立网站或通讯群组用于从事赌博活动或吸毒活动,

① 参见张远煌主编:《犯罪学》(第3版),中国人民大学出版社2017年版,第121页。

而“赌博”和“吸毒”不属于第一类行为方式所“列举”的违法犯罪活动，此时若将二者认定为第一类行为方式所“兜底”的违法犯罪活动，便体现了第一类行为方式的兜底效果。

针对上述问题，2019 年 10 月最高人民法院、最高人民检察院《关于办理非法利用信息网络、帮助信息网络犯罪活动等刑事案件适用法律若干问题的解释》（以下简称《非法利用信息网络解释》），对“违法犯罪”的含义进行了一定限缩。该解释第 7 条规定，只有“犯罪行为和属于刑法分则规定的行为类型但尚未构成犯罪的违法行为”才属于《刑法》第 287 条之一规定的“违法犯罪”。也就是说，如果行为人利用信息网络所发布的信息或意图实施的行为并不属于刑法规制的类型，仅达到行政违法甚至更低的违法程度，则不应当属于该罪行为内容所要求的“违法犯罪”活动或信息，不能构成该罪的任何一种行为方式。可以看出，《非法利用信息网络解释》的颁布将“不属于刑法规定的行为类型”的活动或信息排除在了“违法犯罪”的“兜底”部分之外，体现了对兜底条款进行限缩的倾向和态度。但是，经过解释的“违法犯罪”除包括《刑法》第 287 条之一的三类行为方式所“列举”的犯罪之外，仍然包括刑法分则所规定的其他所有犯罪行为，因此仍然具有兜底的作用。

除非法利用信息网络的行为内容存在未完全列举的情况外，该罪的构成要素之一，情节严重也存在条文兜底化的表现。在《非法利用信息网络解释》颁布之前，“情节严重”的判断没有具体化的标准，需要依靠法官的自由裁量。《非法利用信息网络解释》第 10 条对“情节严重”进行了规定，通过“设立网站的数量、发布信息的数量、违法所得数额”等标准对“情节严重”进行了解释和细化。此举本应使得“情节严重”的判断标准更为明确和高效，但美中不足的是，该条司法解释依旧采取了“列举 + 兜底”的方式，在 6 项可参照性较高的标准后，于第 7 项规定了“情节严重”还包括“其他情节严重的情形”这一兜底条款。因此，司法实践中可能出现适用该项对不符合前 6 项“情节严重”标准的行为认定为“情节严重”的情况，增加了该罪的兜底化适用的可能。

综上，立法用语的不完全列举造成了非法利用信息网络罪兜底倾向的可能,司法解释的颁布不仅没有从根本上限制该罪的行为内容,反而增加了衡量罪质要素的兜底条款,没有实质缓解该罪的兜底倾向。因此,在司法实践中,该罪可能成为其他所有可以通过信息网络实施的犯罪行为的兜底罪名,造成该罪逐步演化为新型“口袋罪”的困境。

二、司法实践考察

为反映司法实践对于上述问题的回应情况,本文通过中国裁判文书网,以“非法利用信息网络罪”为案由进行检索,共获得自《修九》生效至2020年4月30日以来的刑事判决书158篇,其中一审判决书156篇,二审判决书2篇。除去6篇不公开的裁判文书后,剩余裁判文书152篇,共涉及行为人224个。由于该罪涉及的共同犯罪较多,且个案中每个行为人的行为方式及情节严重程度都可能存在差异,因此本文将以全国非法利用信息网络罪裁判文书为样本,以行为人为单位,对司法现状进行考察,提炼司法实践在应对非法利用信息网络罪兜底倾向的共性特点及问题,以探寻司法实践对于非法利用信息网络罪是否亦具有兜底化适用的倾向。

(一)非法利用信息网络的行为方式的认定

行为人以《刑法》第287条之一第1款中所规定的三项行为方式利用信息网络,是非法利用信息网络的唯一衡量标准,也是构成非法利用信息网络罪的重要判断因素。

1. 案件整体情况

在非法利用信息网络罪所涉及的224个行为人中,法院在判决理由中对其行为方式进行说明的共有205个。其中,行为方式一有53个,并有38个行为人都采取设立QQ群的方式,占比71.7%,仅有14个行为人采取建立网站的方式,占比26.4%,此外还有1人通过YY软件设立聊天群,也属于与建立QQ群类似的设立通讯群组方式。行为方式二有101个,是被认定为最多的行为方式。行为方式三有30个,与前两项行为方式相比数量最少。此外,行为方式一还会与行为方式二和行为方式三产生竞合,分别由 10 个和 11 个行为人被认定同时构成了行为方式一与行为方式二和行为方式一与行为方式三。值得注意的是,还有 19 个未被认定为何种行为方式的行为人,法院在判决理由中仅简单表述为"行为人非法利用信息网络"或"行为人的行为构成非法利用信息网络",也没有通过列明判决所依据的法律条款项具体表明对行为方式的认定。

2. 裁判文书文本分析

通过阅读裁判文书具体内容,可以发现在非法利用信息网络行为方式的认定上,司法实践仍存在一定问题或争议。

首先,存在将行为人未利用信息网络也认定为利用信息网络的情况。该问题主要体现在行为人利用伪基站群发短信的案件中。虽然伪基站的使用需要笔记本电脑、主机、天线等工具,但其用途仅是为了模拟运营商的网络频率以及编码的方式,与影响范围广、传播速度快的无线互联网络并不相同,因此不应当属于利用信息网络。[①] 但是在司法实践中,却有 1 个"利用伪基站群发短信的"行为人被认定为行为方式二,[②]7 个行为人被认定为行为方式三。

其次,存在行为人虽利用信息网络但既未设立网站或通讯群组,也未发布任何信息,却被认定为符合行为方式的情况。这类情况共有 10 个,其中有 8 个都存在于上文法院未对具体行为方式进行认定的情况之中。这 8 个行为人中,有 6 人都是为"黄色论坛网站"或"游戏外挂平台"等提供"服务器租赁""广告费用收取""比价"或客服和售后等服务,有 1 位"以名下公司银行账户和营业执照入股网络游戏外挂平台 10% 的股份,但不负责日常管理",还有 1 人作为中介,帮助客户联络软件公司发布信息。其余 2 人由于"出租钓鱼网站后台账号"被认定为

① 参见孙道萃:《非法利用信息网络罪的适用疑难与教义学表述》,载《浙江工商大学学报》2018 年第 1 期。

② 宋某非法利用信息网络案,内蒙古自治区赤峰市松山区人民法院刑事判决书,(2017)内 0404 刑初 77 号。

行为方式一。实际上,还有2个行为人仅仅对网站进行监管也被认定为行为方式一,但由于该2个行为人也从事了发布违法信息的行为,因为也符合了行为方式二的要求,无论其是否满足行为方式一都不会对非法利用信息网络的性质产生影响,因此对案件结果影响较小,也未为纳入10个行为人之中。

再次,存在一些对于行为方式认定不足或认定混淆的情况。例如,在行为方式认定不足方面,在被认定为行为方式一的53个行为人中,同时有13个行为人也符合行为方式二,但司法机关仅在认定事实部分对其符合行为方式二的行为进行了描述,在判决理由处却只以行为方式一作为认定犯罪的理由;在被认定为行为方式二的102个行为人中,也存在16个同时符合行为方式一但司法机关未予认定的情况。在行为方式认定混淆方面,有1个行为人为实施诈骗犯罪"向手机用户发送六合彩报码信息",却被认定为行为方式二。但该问题也不会对非法利用信息网络的性质产生影响。

最后,存在涉及行为人与第三人目的或行为的争议问题。例如,有4个应当被认定为行为方式一的行为人(包括1个应被认定为行为方式一但法院未具体认定的行为人),其设立网站的目的是帮助他人实施诈骗、吸毒等违法犯罪;①有7人被认定为行为方式三的行为人,其发布违法犯罪信息的目的是帮助他人实施诈骗、赌博等违法犯罪。②对于该类行为是否成立非法利用信息网络罪的帮助犯和帮助信息网络

---

① 陈某阳、刘某非法利用信息网络案,黑龙江省伊春市带岭区人民法院刑事判决书,(2019)黑0713刑初6号;任某某、刘某某非法利用信息网络案,江苏省南通经济技术开发区人民法院刑事判决书,(2017)苏0691刑初198号;胡某非法利用信息网络案,福建省宁德市蕉城区人民法院刑事判决书,(2017)闽0902刑初432号。

② 刘某剑、陈某能非法利用信息网络案,四川省宜宾市叙州区人民法院刑事判决书,(2020)川1521刑初66号;杨某利非法利用信息网络案,河南省洛阳市宜阳县人民法院刑事判决书,(2019)豫0327刑初532号;北京新浪彩通网络技术有限公司、耿某林、杨某、张某非法利用信息网络案,江苏省东台市人民法院刑事判决书,(2019)苏0981刑初310号;张某、谭某羽等非法利用信息网络案,江苏省宿迁市中级人民法院刑事判决书,(2018)苏13刑终203号。

犯罪活动罪存在理论上的争议。[①] 再如，有 3 个行为人所用于实施违法犯罪活动的网站并非自己建立，而是委托他人建立网站，对于该类行为人能否认定为符合行为方式一，即被委托人建立网站的行为是否等同于委托人的行为，存在一定的争议。

3. 问题归纳与总结

通过上文对于裁判文书的文本分析可以看出，在司法实践中，对于非法利用信息网络的行为方式问题，既存在认定与否的争议，也存在司法机关认定不足或混淆的情况（见表 1）。若认为该两者对非法利用信息网络罪的性质认定影响尚且不大的话，司法机关将未利用信息网络也认定为利用信息网络、将未设立网站或通讯群组也未发布任何信息认定为符合行为方式的问题对犯罪认定所造成的影响则无法忽视。这种处理方式将不符合犯罪构成的行为认定为犯罪，不仅不当扩大了非法利用信息网络罪的兜底范围，而且有突破罪刑法定原则之嫌。

表 1　司法实践中非法利用信息网络的行为方式的认定情况

单位：个

法院认定行为方式	个数	不具有三类行为方式	委托他人建立网站	为帮助他人利用信息网络	认定行为不足	其他情况
未论述	19	8	1	1	11	—
行为方式一	53	2	2	3	13	—
行为方式二	101	1	0	0	16	1 个认定混淆
行为方式三	30	7	0	7	0	—
行为方式一和二	10	2	0	0	0	—
行为方式一和三	11	0	0	0	0	—

① 参见陈志军：《非法利用信息网络罪研究》，载《公安学研究》2018 年第 5 期。

(二)关于行为内容的“违法犯罪信息”认定

若行为人采取行为方式二非法利用信息网络,其行为内容将具体表现为发布违法犯罪信息,因此对该类违法犯罪信息的类型进行归纳和总结有助于考察司法实践对行为方式二进行认定的具体样态。

1. 案件整体情况

在非法利用信息网络罪所涉及的224个行为人中,法院在判决理由中认定其行为方式为行为方式二的有101个,认定其行为方式为多种,其中包括行为方式二的有10个,两者共计111个。其中,违法犯罪信息内容为法条中列举的“有关制作或者销售毒品、枪支、淫秽物品等违禁物品、管制物品”的有55个,违法犯罪信息内容为“其他违法犯罪信息”的有56个,二者数量和占整体比例大体相当。

2. 裁判文书文本分析

通过阅读裁判文书具体内容,可以发现在行为人利用信息网络所发布的违法犯罪信息种类较多,内容较为复杂。一方面,当行为人发布的违法信息内容为制作或销售违禁物品、管制物品时,其信息对象较为多样。其中,信息对象为法条中所列举的“毒品、枪支、淫秽物品”的有30个,为法条未列举的其他对象有25个,二者数量和占整体比例大体相当。在行为对象为未列举的违法信息中,有10个行为人发布的信息内容涉及销售管制刀具,占比最高;有4个行为人发布的信息内容涉及违禁药剂,还有2个行为人分别发布出售枪支配件和非法开锁的信息,另外有7个仅写明行为人发布的是销售管制物品或违禁物品信息,并未具体说明物品的种类。

另一方面,当行为人发布的违法信息内容为其他违法犯罪信息时,其信息对象也涉及较多种类。其中,发布招嫖信息的数量最多,为33个,占比超过半数;赌博信息数量次之,为8个;其余有6个为销售假证或虚假发票的软件或网站信息、有4个为销售持续拨打电话软件信息,有3个为利用平台漏洞获取返利方法信息、有2个为销售伪劣产品信息、有1个为非法套现信息、1个为诈骗信息(经上文分析,发布诈骗信息的行为人应当被认定为行为方式三而非行为方式二)。在上述违法犯罪信息中,部分信息,如招嫖信息、赌博信息和销售假证或虚假发票的软件或网站信息符合《非法利用信息网络解释》所规定的"符合刑法分则规定的行为类型"的违法性程度要求,但部分信息的违法性存在争议。以发布销售持续拨打电话软件信息为例,该类软件在现实中一般被称为"呼死你",其功能是向任何一部被设置的固定电话或手机号码持续拨打电话,造成他人通信瘫痪。虽然该类软件的存在让被骚扰者不胜其烦,但就目前法律而言,使用或销售该软件一般最多仅能够达到违反《治安管理处罚法》的行政违法程度,而不会因违反《刑法》而构成犯罪,①但现实中却有部分法院将销售该类软件信息认定为行为方式二所规定的其他违法犯罪信息。②

3. 问题归纳与总结

通过上文对于裁判文书的文本分析可以看出,对于与行为内容有关的违法犯罪信息的认定,司法实践中存在部分争议。无论是对于"管制物品、违禁物品"的认定还是对于"其他违法犯罪信息"的认定,都存在较多不属于《刑法》条文列举之对象的情况。并且,存在部分行政违法信息甚至违法性程度更低的信息也被认定为其他违法犯罪信息的情况,这些做法在实质上与《刑法》和《非法利用信息网络解释》的规定不甚相符。可见,虽然《非法利用信息网络解释》将"违法犯罪"界定为符合"刑法规定的行为类型",但司法实践对于判断何种信息内容的违法性属于"刑法规定的行为类型"的标准和状况仍较为模糊和混乱。例如,司法实践中有的法官倾向于将"违法犯罪信息"仅理解为有关制作和销售违禁品的信息,而有的法官将"招嫖信息""赌博信息"等各类

① 参见史兆琨:《"呼死你"扰民,怎么破?》,载《检察日报》2017 年 12 月 5 日,第 1 版。

② 王某诚、周某军、刘某非法利用信息网络案,浙江省台州市三门县人民法院刑事判决书,(2019)浙 1022 刑初 356 号;李某、姚某娇非法利用信息网络案,江苏省常熟市人民法院刑事判决书,(2019)苏 0581 刑初 507 号;张某犯非法利用信息网络案,山西省吕梁市交城县人民法院刑事判决书,(2019)晋 1122 刑初 44 号;王某非法利用信息网络案,江苏省常熟市人民法院刑事判决书,(2019)苏 0581 刑初 301 号。

违法犯罪信息都纳入其中(见表 2)。

表 2　司法实践中与非法利用信息网络的行为内容有关违法犯罪信息的认定情况

单位:个

是否列举	信息内容	个数
列举的违法犯罪信息种类	出售毒品枪支淫秽物品信息	30
	出售管制刀具信息	10
	出售违禁药剂信息	4
	出售枪支配件信息	2
	出售违法开锁工具信息	2
	未写明	7
未列举的违法犯罪信息种类	招嫖信息	33
	赌博信息	8
	办理假证信息	6
	销售"呼死你"等软件信息	4
	宣传利用外卖平台漏洞返现方法	3
	出售伪劣产品信息	2
	非法套现二维码信息	1
	诈骗信息	1

(三)关于行为目的的"违法犯罪活动"认定

若行为人采取行为方式一或行为方式三非法利用信息网络,其行为目的都是实施违法犯罪活动,因此对行为方式一和行为方式三所涉及违法犯罪活动的类型进行归纳和总结有助于考察司法实践对该两种行为方式进行认定的具体样态。

1. 案件整体情况

在非法利用信息网络罪所涉及的224个行为人中，法院在判决理由中认定其行为方式为行为方式一的有53个，认定其行为方式为行为方式三的有30个，认定其行为方式为多种其中包括行为方式一或行为方式三的共有21个（包括同时被认定为行为方式一和行为方式二的10个和行为方式一和行为方式三的11个），三者共计104个。其中，违法犯罪活动为法条中列举的“诈骗、传授犯罪方法、制作或者销售违禁物品、管制物品”的有49个，违法犯罪活动为“等违法犯罪活动”的有55个，二者数量和占整体比例相差不大。

2. 裁判文书文本分析

通过阅读裁判文书具体内容，可以发现除法条所明确列举的“诈骗、传授犯罪方法、制作或者销售违禁物品、管制物品”三类犯罪外，行为人非法利用信息网络的目的违法犯罪活动种类较多，内容较为复杂。首先，以被认定为行为方式一且未被认定为行为方式三的行为人为视角。在63个行为人中，目的为未列举的违法犯罪活动的有45个，占比71.4%。其中，为实施介绍卖淫而建立网站或通讯群组或者发布信息的行为人最多，为35个，其余10个行为人的违法犯罪目的非常多样化，包括泄露国家机密、非法经营、盗取网络游戏账号、提供吸毒平台、销售游戏外挂软件、销售控制网站服务器的网页文件、出租钓鱼网站后台账号、进行违法信访活动等。虽然部分犯罪符合了《非法利用信息网络解释》所要求的“符合刑法分则规定的行为类型”的特征，但是各罪所侵害法益的严重程度、法定刑等要素并不相同。

其次，以被认定为行为方式三且未被认定为行为方式一的行为人为视角。在30个行为人中，目的为未列举的违法犯罪活动的有8个。该比例虽比被认定为行为方式一的情况低，但仍发挥了法条的兜底作用。在该8个行为人中，6个行为人的目的是实施赌博行为，其余2个行为人分别为了实施寻衅滋事和非法经营行为。可见在该情况下，司法实践所出现的违法犯罪活动类型较为单一，司法认定也较为统一化，但是非法利用信息网络罪的兜底适用趋势仍然存在。

最后，以被认定为同时构成行为方式一和行为方式三的行为人为视角。在 11 个行为人中,目的为未列举的违法犯罪活动的仅有 2 个,并且该 2 人的行为目的都是实施介绍卖淫行为。可见,该种情况的司法实践状况对于违法犯罪活动的认定存在的争议亦较小。

3. 问题归纳与总结

通过上文对于裁判文书的文本分析可以看出,对于与行为目的有关的违法犯罪活动的认定,司法实践中存在争议的部分主要与行为方式一有关。对于为设立网站及通讯群组而直接发布信息的行为人,其行为目的的违法犯罪活动较为单一,司法认定较易。但当涉及行为人为实施违法犯罪活动设立网站或通讯群组时,行为人的行为目的非常多样化,但在这种情况下,司法机关则直接利用"等违法犯罪活动"的兜底功能将其统一认定为符合行为方式一的行为类型(见表 3)。

表 3　司法实践中与非法利用信息网络的行为目的有关违法犯罪活动的认定情况

单位:个

<table>
<tr><th>行为方式</th><th colspan="2">违法犯罪活动种类</th><th>个数</th></tr>
<tr><td rowspan="3">被认定为行为方式一且未被认定为行为方式三</td><td colspan="2">列举</td><td>18</td></tr>
<tr><td rowspan="2">未列举</td><td>介绍卖淫</td><td>35</td></tr>
<tr><td>其他</td><td>10</td></tr>
<tr><td rowspan="3">被认定为行为方式三且未被认定为行为方式一</td><td colspan="2">列举</td><td>22</td></tr>
<tr><td rowspan="2">未列举</td><td>赌博</td><td>6</td></tr>
<tr><td>其他</td><td>2</td></tr>
<tr><td rowspan="2">构成行为方式一和行为方式三</td><td colspan="2">列举</td><td>9</td></tr>
<tr><td>未列举</td><td>介绍卖淫</td><td>2</td></tr>
</table>

(四)非法利用信息网络罪的"情节严重"认定

根据《刑法》第 287 条之一的规定,行为人在符合非法利用信息网络罪的犯罪构成要件的基础上,需要满足"情节严重"这一罪量要素才能成立该罪。2019 年 11 月 1 日施行的《非法利用信息网络解释》中的第 10 条对"情节严重"进行了规定。下面以该司法解释的施行为分界线,对施行前后的司法适用现状分别进行考察分析,反映司法实践中兜底适用的具体情况,并对比分析司法解释施行对兜底适用缓解的效果如何。

1. 司法解释施行前司法适用情况

在《修九》施行后到《非法利用信息网络解释》施行前的这段时间内,裁判文书网上共检索到 124 份裁判文书,除 5 份不公开的,共有 119 份裁判文书,涉及 176 个行为人,将每个行为人的犯罪情节严重程度与《非法利用信息网络解释》第 10 条规定的"情节严重"的标准进行一一对照,分析该解释施行前的司法认定情况。其中,情节严重程度达到前 6 项规定的具体标准的共有 82 个行为人,占总数的 46.59%,其中,以违法所得数额来判断情节严重程度的将近一半,占符合前 6 项标准的裁判的 40.24%,在前 6 项标准中占比最多;其余的 94 个行为人被认定为情节严重,但都不符合前 6 项规定的标准,可以认为这些行为人的犯罪情节达到了法官内心认为的"情节严重"的程度,占总数的 53.41%,已然超过半数。将这 94 个被法官认为"情节严重"的行为人的犯罪情节进行归类统计后,大致可以分为以下几种类型:社交账号发布信息数量、社交账号发布信息数量 + 违法所得数额、社交账号发布信息数量 + 社交账号好友数量、社交账号好友数量、社交账号好友数量 + 违法所得数额、社交账号群组数量 + 群组成员数量、社交账号群组数量 + 社交账号发布信息数量、违法所得数额、利用或建立的网站数量、行为造成的间接危害结果、具体数量不清的模糊情况、未对犯罪情节进行说明的情况以及其他难以归类的情况。这里需要说明的是,由于《非法利用信息网络解释》第 10 条第 4 项"在网站上发布有关信息一百条以上的"这一规定中的"网站"的含义不清,本文未将在社交平台(如微信、QQ)上发布信息 100 条以上的情形归入符合此条规定的情况,而是将其列入了法官认为的其他严重情节。

对上述各类情形进行进一步分析,可以发现:首先,实践中,被法官认定为严重情节的表现类型各式各样,数量各异,发布信息数量少则几十条、多则几千条,群组数量也差异很大,还有部分没有具体数字,只以“大量”等量词甚至没有量词模糊描述,没有规律可循。其次,一部分行为人的情节严重程度达不到司法解释所规定的标准,比如,有 5 个行为人的违法所得并未达到一万元,[①]有 10 个行为人建立的通讯群组数量不到 5 个、群组成员账号数也未达到 1000 个,[②]这些行为人也没有被认定有其他的严重情节,但依然被以非法利用信息网络罪定罪量刑。再次,如果将认定了发布信息数量、建立群组数量、社交账号好友数量、违法所得数额等的判决暂且认为没有与司法解释所规定的严重情节产生大的偏差,此外还有一些行为人的犯罪严重情节与司法解释的规定没有任何相似之处:有 9 个行为人都被以他们行为造成的间接危害结果认定了情节严重,其中,有 5 个行为人销售管制刀具给他人后,他人持此刀具实施了故意伤害致人死亡的犯罪行为,[③]1 个行为人销售迷药

① 刘某非法利用信息网络案,江苏省常熟市人民法院刑事判决书,(2019)苏 0581 刑初 1421 号;王某非法利用信息网络案,河南省洛阳市宜阳县人民法院刑事判决书,(2019)豫 0327 刑初 332 号;胡某非法利用信息网络案,福建省宁德市蕉城区人民法院刑事判决书,(2017)闽 0902 刑初 432 号;姜某某、康某某非法利用信息网络案,辽宁省本溪市人民法院刑事判决书,(2017)辽 0502 刑初 222 号。

② 刘某非法利用信息网络案,河南省周口市西华县人民法院刑事判决书,(2018)豫 1622 刑初 602 号;张某利非法利用信息网络案,新疆维吾尔自治区乌鲁木齐市新市区人民法院刑事判决书,(2018)新 0104 刑初 642 号;毕某浮非法利用信息网络案,新疆维吾尔自治区乌鲁木齐市新市区人民法院刑事判决书,(2018)新 0104 刑初 632 号;刘某非法利用信息网络案,四川省崇州市人民法院刑事判决书,(2018)川 0184 刑初 608 号;李某非法利用信息网络案,新疆维吾尔自治区乌鲁木齐市新市区人民法院刑事判决书,(2018)新 0104 刑初 461 号;关某非法利用信息网络案,新疆维吾尔自治区乌鲁木齐市新市区人民法院刑事判决书,(2018)新 0104 刑初 447 号;邓某会非法利用信息网络案,新疆维吾尔自治区乌鲁木齐市新市区人民法院刑事判决书,(2018)新 0104 刑初 413 号;汪某龙非法利用信息网络案,新疆维吾尔自治区乌鲁木齐市新市区人民法院刑事判决书,(2018)新 0104 刑初 615 号;郑某敏非法利用信息网络案,广东省广州市越秀区人民法院刑事判决书,(2018)粤 0104 刑初 339 号;施某祈非法利用信息网络案,江苏省高邮市人民法院刑事判决书,(2018)苏 1084 刑初 20 号。

③ 黄某某、陶某某等非法利用信息网络案,江苏省盐城市滨海县人民法院刑事判决书,(2019)苏 0922 刑初 349 号。

给他人后，他人实施了强奸犯罪行为，[①]另有3个行为人销售违禁物品等给他人后，他人实施了诈骗犯罪行为。[②] 还有一部分实质上是侵害了他罪所保护的法益的严重情节也被认定为属于本罪中的严重情节，比如，利用网络煽动他人到北京集访、严重干扰了正常的信访秩序等。[③]

2. 司法解释施行后司法适用情况

自2019年11月1日《非法利用信息网络解释》施行至本文统计截止时间2020年4月30日，裁判文书网上共检索到34份裁判文书，除去1个不公开的，共33份裁判文书，涉及48个行为人。将每个行为人的犯罪情节严重程度与该解释第10条规定的"情节严重"的标准进行一一对照，分析该解释施行后的司法认定情况，评估该解释施行的效果。其中，情节严重程度达到前6项规定的具体标准的共有40个行为人，占总数的83.33%，其中，以违法所得数额来判断情节严重程度的超过一半，占符合前6项标准的裁判的57.50%，在前6项标准中占比最多，并且超过了司法解释颁布前适用本项的比例；其余的8个行为人不符合前6项规定的标准，被认定为"其他情节严重的情形"，占总数的16.67%，相较司法解释颁布前超过半数的占比，可以说第7项兜底情况的适用得到了一定程度上的缓解。这8个被法官认定为"情节严重"的行为人的犯罪情节包括以下几种类型：第一，社交账号发布信息数量；第二，社交账号发布信息数量+下载点击量；第三，社交账号发布信息数量+社交账号好友数量；第四，严重侵害其他法益的情节，有1个行为人发布信息煽动群众在政府机关门口非法聚集、引起数百人积

① 陆某芳非法利用信息网络案，江苏省常熟市人民法院刑事判决书，(2018)苏0581刑初321号。

② 郁某非法利用信息网络案，江苏省丹阳市人民法院刑事判决书，(2018)苏1181刑初1106号；席某伟、王某瑶非法利用信息网络案，江苏省常熟市人民法院刑事判决书，(2017)苏0581刑初898号。

③ 孙某非法利用信息网络案，山东省日照市五莲县人民法院刑事判决书，(2019)鲁1121刑初215号。

极响应。[①] 从中不难看出,在《非法利用信息网络解释》施行后,法官认定属于"其他情节严重的情形"中,大多都是社交账号发布大量信息、信息扩散范围广,且通过具体数字加以表明,这可以认为与前6项规定差异不大。当然,该解释施行后司法适用兜底化的问题不能认为已被彻底解决,仍然存在16.67%的裁判适用了兜底性规定第7项,且其中存在着与前述6项标准差异较大的情况,并且由于该解释施行至今时间较短,所以裁判文书网上的裁判文书能反映的司法适用情况有限,还需要进一步长期的考察与分析。

3.问题归纳与总结

自《修九》颁布后一直到2019年11月1日《非法利用信息网络解释》施行前,对于何为该罪的"情节严重"一直没有明确,这造成了司法适用长期不统一的现象。由于该解释的第10条规定了"情节严重"的认定标准,在施行后使得法官在裁判案件时有了一定的依据,也在一定程度上维护了司法适用的统一和权威(见表4)。但令人遗憾的是,该解释的第10条采用的是"列举+兜底"的规定方式,在列举了6项较为明确、可操作性高的"情节严重"的标准后,在第7项采用了"其他情节严重的情形"这一兜底化的规定方式,且并未对适用这一兜底条款进行相应的指导,这一缺憾给法官留下了自由裁量的空间,也成为该罪在司法上被兜底化适用的一个重要原因。

表4　司法实践中非法利用信息网络罪的"情节严重"的认定情况

单位:个

<table>
<tr><th>时间</th><th colspan="2">情节严重的判断标准</th><th>个数</th></tr>
<tr><td rowspan="3">司法解释施行前</td><td rowspan="2">符合前6项标准的</td><td>违法所得数额</td><td>33</td></tr>
<tr><td>其他</td><td>49</td></tr>
<tr><td colspan="2">"其他情节严重的情形"</td><td>94</td></tr>
</table>

① 李某国非法利用信息网络案,四川省成都市新都区人民法院刑事判决书,(2020)川0114刑初46号。

续表

<table>
<tr><th>时间</th><th colspan="2">情节严重的判断标准</th><th>个数</th></tr>
<tr><td rowspan="3">司法解释施行后</td><td rowspan="2">符合前 6 项标准的</td><td>违法所得数额</td><td>23</td></tr>
<tr><td>其他</td><td>17</td></tr>
<tr><td colspan="2">“其他情节严重的情形”</td><td>8</td></tr>
</table>

三、兜底倾向的原因分析

(一)风险社会下的刑事防线前提

信息网络技术的迅速革新使我们享受着科技创新为生活带来的便利,但同时,社会转型过程中出现的多种风险,也亟须刑法扩大处罚范围以进行有效地干预。形态各异的网络犯罪与日俱增正是现阶段我们处于风险社会的典型表现,《修九》中新增设的非法利用信息网络罪、帮助信息网络犯罪活动罪及拒不履行信息网络安全管理义务罪等都是针对利用网络进行犯罪活动、损害网络空间秩序法益的行为所给予的刑法规制。根据《非法利用信息网络解释》第 7 条的规定可知,非法利用信息网络罪三种行为方式中规定的“违法犯罪”既包含犯罪行为,也包含刑法分则所规定的行为类型中尚未构成犯罪的违法行为。由此可知,该罪的惩罚范围包括刑法分则中规定的各类犯罪活动的预备形态,通过向前移动信息网络犯罪刑事控制防线,实现了刑法的立法预防目的与控制社会风险的现实要求。风险刑法本质上是一种预防刑法,[①]该罪将对网络犯罪的风险预防作为刑罚发动的根据,实际上遵循了预防刑法的逻辑,然而,风险社会要求处罚预备行为的特点就不可避免地扩大了该罪的构罪范围,上述案例中部分行为人实施了非法利用信息网络罪中所规定的三种行为之一,但明显不符合“情节严重”的情形仍

---

① 参见劳东燕:《风险社会与变动中的刑法理论》,载《中外法学》2014 年第 1 期。

被施以刑罚,这正体现出该罪在司法实践中如何界定预备行为是否构罪极易产生误断,进而将一些行为方式符合要求但情节严重程度实际并未达到该罪成立要件的情形纳入其中。

同时,为有针对性地解决线下传统犯罪不断迁移至线上网络犯罪并持日渐上升态势的问题,最高人民检察院在对《非法利用信息网络解释》的解读文件中鼓励司法机关在非法利用信息网络罪的有关认定问题上采取"打早打小"的态度。① 在网络犯罪活动尚处于发展早期、规模尚小时进行有力打击以更高效地维护安全、稳定的网络秩序。然而,"打早打小"的刑事政策导向不可避免地促使法官在办理该罪案件时,一旦确认行为人的行为构成犯罪预备便倾向于对其定罪处罚,忽视了"情节严重"对其行为成立犯罪的要求,以实现预备行为实行化的立法思路。

(二)传统遗留与立法技术的弊端

成文法条文必然具有一定的抽象性和概括性来满足刑法规范的普适性。非法利用信息网络罪在《刑法》的描述中应用"情节严重"一语即为具有高度抽象性与概括性的内容,它无法具体、确切、完整地告知达到何种程度、具有何种特定因素的情节可被认定为"严重",这是成文法语言固有的特点。从所研究汇总的 152 篇裁判文书中可知,2019 年《非法利用信息网络解释》出台之前部分行为人的情节严重程度并未达到司法解释所规定的标准。例如,违法所得数额不够一万元、②建立通讯群组数量不到 5 个、③向群组成员数小于 3000 人的通讯群组发

---

① 参见缐杰:《〈关于办理非法利用信息网络、帮助信息网络犯罪活动等刑事案件适用法律若干问题的解释〉重点难点问题解读》,载《检察日报》2019 年 10 月 27 日,第 3 版。

② 刘某非法利用信息网络案,江苏省常熟市人民法院刑事判决书,(2019)苏 0581 刑初 1421 号。

③ 张某利非法利用信息网络案,新疆维吾尔自治区乌鲁木齐市新市区人民法院刑事判决书,(2018)新 0104 刑初 642 号。

布的信息不达 100 条等,[①]且没有其他可认定为情节严重的行为依然被以非法利用信息网络罪定罪量刑。此外,由裁判文书可知部分行为人发布有关销售“公民的个人身份信息、通话记录、个人住址”等信息,[②]该类信息实际并非所谓的“违法犯罪信息”,而其行为实际上是否属于该罪行为方式二意图规制的行为类型极大程度地受制于法官的判断。这正是成文法语言高度抽象性与概括性的局限给法官预留出的兜底空间。如果法官忽略非法利用信息网络罪的打击范围边径,倾向于将处于边缘的模糊行为认定为该罪并量刑,那么,会在客观上造成该罪兜底化的结果。

该罪立法措辞的不细致亦是造成兜底倾向的重要原因之一。由所研究汇总的 152 篇裁判文书中可发现,该罪在《修九》颁布之后至《非法利用信息网络解释》出台之前此段时间内的判决标准是较为混乱的。一些行为人违法所得仅 5 元且没有其他可被认定情节严重的情形,[③]还有一些行为人在他人建立的群组成员只有十几人的微信群或 QQ 群中发布招嫖信息,明显与司法解释所规定的“情节严重”情况有较大差距的这些行为仍被认定为非法利用信息网络罪并量刑。由此可知,正是因为该罪部分用词的不细致,所以在认定时便可笼统地将行为类型一致但罪量并未达到要求的行为纳入该罪的规制范围之内,这也是该罪口袋化倾向的初始原因之一。

不得不提到的是,成文法的罪名体系主要源于司法经验,因而在概括抽象地描述非法利用信息网络罪的罪状时,即便竭尽全力,疏漏也是在所难免。加之刑法具有一定的滞后性,信息网络的发展本就日新月异,非法利用信息网络罪的行为方式也在逐渐变得复杂与模糊,我们目前的立法技术尚不能达到涵盖该罪中所有出现及可能要出现的行为方

① 毕某浮非法利用信息网络案,新疆维吾尔自治区乌鲁木齐市新市区人民法院刑事判决书,(2018)新 0104 刑初 632 号。

② 陈某非法利用信息网络案,四川省广安市广安区人民法院刑事判决书,(2017)川 1602 刑初 315 号。

③ 刘某非法利用信息网络案,河南省周口市西华县人民法院刑事判决书,(2018)豫 1622 刑初 602 号。

式、符合“情节严重”的所有可能情形的要求。故司法机关在面临着维护实质正义还是形式正义的抉择时,选择前者已是必然,进而促使该罪日益形成兜底化的倾向。

(三)司法适用中的扩大化解读

根据前文对司法适用的现状考察中,可以发现造成非法利用信息网络罪逐步沦为“口袋罪”的原因不仅在于法官对该罪规定中的兜底化条款的过度适用,还有一个重要的原因在于法官在进行法律适用时自行对已有明确规定的部分进行了扩大化的解读,主要包括对“信息网络”、行为方式、本罪所侵害的法益、“违法犯罪信息”的扩大化解读,这具体表现为以下几个方面。

第一,《刑法》第287条之一明确规定“利用信息网络”实施所规定的行为方式才可能构成该罪,然而据统计有8个行为人是利用伪基站实施的犯罪行为,而伪基站的用途是模拟运营商的网络频率以及编码的方式,以便行为人以运营商的名义群发短信,与互联网存在显著差异,显然此种方式不应当属于该罪所指的“利用信息网络”。第二,该法条明确规定了“设立”和“发布”两种行为方式,但司法实践中将其他的一些行为方式也认定为该罪,比如,有6个行为人都是为“黄色论坛网站”或“游戏外挂平台”等提供“服务器租赁”“广告费用收取”“比价”或客服和售后等服务,他们并未实施法条所规定的两种行为。第三,《刑法》第六章妨害社会管理秩序罪的类法益是应当予以遵守的社会行为准则,以及国家管理活动所调整的社会模式、结构体系和社会关系的有序、稳定、连续,①而归属于其中的非法利用信息网络罪所保护的法益为国家对信息网络安全的管理秩序。②而实践中有的行为人利用网络煽动他人到北京集访,严重干扰了正常

---

① 参见张明楷:《刑法学》(第5版),法律出版社2016年版,第1031页。

② 参见高铭暄、马克昌主编:《刑法学》(第7版),北京大学出版社、高等教育出版社2016年版,第535页。

的信访秩序，还有行为人发布信息煽动群众在政府机关门口非法聚集，引起数百人积极响应，严重干扰了正常的社会秩序，他们的行为没有侵害到本罪所保护的信息网络安全管理秩序，但都被以非法利用信息网络罪定罪处罚。

由此不难看出，法官在司法适用中对非法利用信息网络罪的犯罪构成要件进行了扩大化解读，这种解读与《刑法》所坚持的罪刑法定的基本原则相背离。

（四）入罪倾向主导的罪量判断

根据《刑法》第 287 条之一规定，行为人成立非法利用信息网络罪必须符合“情节严重”这一罪量要素，然而在本文统计的 152 个裁判文书、224 个行为人中，有 102 个行为人，占比 45.54%，都是以法官认为的“其他情节严重的情形”被认定为达到了本罪所需的罪量要素，其中不乏符合《非法利用信息网络解释》前 6 项规定的模式类型但程度不够的情况。比如，有部分行为人的违法所得数额并未达到一万元，有部分行为人发布信息数量仅有几十条，还有的甚至没有任何具体数字也没有相关事实的认定就被认定为符合了情节严重的标准。并且，在本文所统计的 224 个行为人中，裁判文书在“法院认为”的说理部分对于行为人是如何符合“情节严重”标准的进行说理的仅占总数的 20.54%。由此可以发现，对于一些并未达到非法利用信息网络罪的罪量要求和位于罪量要求最低线附近的行为人，司法裁判具有入罪倾向。

司法实践中法官所具有的普遍的入罪倾向主要归因于以下两个方面。第一，法官“有恶能罚”的裁判理念。司法机关存在解决“有罪不能罚”问题的现实愿望，在保证刑法的实质正义性和维护形式正义之间，往往会选择前者，这就使得法官在裁判案件时“能定罪的都定罪”，《非法利用信息网络解释》对于情节严重的第 7 项兜底性规定也就为法官实现该理念留下了窗口，再加上非法利用信息网络罪是一个轻罪罪名，法定刑最高为三年有期徒刑，这就使法官在选择入罪的同时得以适用较为轻缓的刑罚，不致偏离正义与良知。第二，法官对公诉机关的依赖与自身的司法惰性。依照我国《刑事诉讼法》的规定,人民检察院作出起诉决定的标准是“犯罪事实已经查清,证据确实、充分,依法应当追究刑事责任”,人民法院定罪的标准是“案件事实清楚,证据确实充分,依据法律认定被告有罪”,由此可以看出,人民检察院的起诉标准和人民法院的定罪标准是一样的。因此,在公诉机关认定行为人达到起诉标准时,有些法官可能会依赖公诉机关的判断,选择作出与公诉机关相同的认定,而缺乏对行为人的犯罪情节的严重程度的实质性判断。

四、合理限缩兜底倾向的对策

(一)坚持刑法谦抑性原则

在风险社会的背景下,除对法益造成实际危害结果的行为应受到刑法的制约外,应将对法益有损害危险的行为也纳入刑法的规制范围之内,以实现预防刑法的目的。与此同时,要兼顾刑法的谦抑性原则,即立法机关在将一个行为设定成犯罪行为时应确保其在刑法中进行规定是必不可少的且没有其他方法可以代替刑罚,以免出现刑罚无效益或可他罚替代的情况。应逐步完善网络犯罪的体系设置,针对网络犯罪行为新颖及危害后果发展速度快的特点,立法机关及时根据社会中新出现的情况对网络犯罪相关罪名进行整体的重构,使不同的网络犯罪行为可以准确地适用相应的罪名。与此同时,最高人民法院和最高人民检察院可根据各级检察院、法院在办理非法利用信息网络罪案件中遇到的较难界定的、新出现的行为出台该罪实践中如何准确适用的司法解释,对新的行为类型加以区分与界定,总结新的标准,如发布信息的传播范围及网站的浏览量等。

法官在对非法利用信息案件作出裁判时应控制网络犯罪“打早打小”的刑事政策对认定客观案件事实的干扰,严格按照《非法利用信息网络解释》的规定,若行为并不构成“情节严重”,则行为人之行为实则并未达到定罪的要求;此外,在适用《刑法》对非法利用信息网络罪的规定以及涉及非法利用信息网络罪的相关司法解释,如《非法利用信息网络解释》、《最高人民法院、最高人民检察院关于办理组织、强迫、引诱、容留、介绍卖淫刑事案件适用法律若干问题的解释》及《最高人民法院、最高人民检察院关于办理侵犯公民个人信息刑事案件适用法律若干问题的解释》时，应着重考虑行为人之行为是否足以要求刑法对其作出评价，是否有其他处罚方式(如行政处罚)以作替代进而更高效地维护法律的秩序、降低社会的风险，谨慎预判若对行为人施以刑罚是否能够达到一般预防与特殊预防的目的。在努力实现预防刑法目的的同时，始终坚持刑法谦抑性的要求。

(二)正视并限缩兜底空间

首先，对于成文法固有的用语高度抽象性、概括性及源于实践经验的特点应持理性客观的态度，正确面对刑法中可能出现具有兜底倾向罪名的情形，想要通过修订立法或者出台司法解释来涵盖该罪所有已出现及将有可能出现的情形的可能性趋近于零，随着经济社会的发展，崭新的、独特的情况一直都会相伴而行。想要一劳永逸地解决长久困扰刑法适用的“口袋化罪名”问题是不切合实际的。值得注意的是，该罪兜底倾向的存在有其必然性，它是刑法的社会保护和人权保障功能相互平衡的产物，设置一定的兜底性条款，可以兼顾刑法的明确性和规范的普适性。

其次，应通过细化立法内容的方式确保对构成非法利用信息网络罪的行为人有罪必罚，同时兼顾限制该罪兜底倾向的目标。对于非法利用信息网络罪中行为方式二的描述“发布违法犯罪信息”的内容应作更为合理地阐释，否则，法官在司法实践中将行为人所发布的诸如“高考题”①“‘呼死你’‘炸死你’手机信息”②“公民个人身份信息、通

① 施某祈非法利用信息网络案，江苏省高邮市人民法院刑事判决书，(2018)苏1084刑初20号。

② 李某、姚某娇非法利用信息网络案，江苏省常熟市人民法院刑事判决书，(2019)苏0581刑初507号。

讯记录”等信息都纳入“违法犯罪信息”的范畴,让人误以为此类信息被定义为“违法犯罪信息”,这与立法目的是相违背的。同时,应对《非法利用信息网络解释》中“情节严重”第7项的兜底条款作更为明确的阐释,列出一定的参考要素如所发布信息的浏览量、所发布信息的扩散范围、通过非法利用信息网络的行为进行的后续犯罪行为以及所设立网站的点击量等作为判断非法利用信息网络行为的严重程度是否可以满足兜底条款的要求。此外,对于《非法利用信息网络解释》中“情节严重”第2项的“网站”一词应作出更为准确的说明。因为案件中大部分行为人都是在QQ空间、微信朋友圈等社交平台发布的违法犯罪信息,然而该类社交平台根据用户个人设置的不同,其内容所分享的范围、可以看到的用户数量也不同,故此类平台是属于“网站”还是“通讯群组”的定性不同便会直接影响适用司法解释的情况,应将该类社交平台按照所面向的主体特性不同加以区分,若针对的是特定主体范围可将其归为“通讯群组”,若针对的是不特定主体便可将其作为“网站”,根据设立网站的数量、在网站上发布信息的数量以及网站上注册会员的数量对其行为进行界定。

司法实践中应正视该罪会出现兜底化倾向的问题,与此同时,建议在之后的立法、修法过程中将过于抽象化的内容在合理范围内进行细化,不但有助于法官的决断,更在客观上限缩了因成文法固有缺陷而为该罪预留出的兜底空间。

(三)坚持罪刑法定原则

罪刑法定原则是《刑法》的基本原则之一,《刑法》第3条明文规定了罪刑法定原则:“法律明文规定为犯罪行为的,依照法律定罪处刑;法律没有明文规定为犯罪行为的,不得定罪处刑。”这不仅是立法的基本原则,更是司法适用的基本原则。正如前文所述,我国社会当前正处于高速发展的信息网络时代,新的犯罪样态层出不穷,此时相对稳定的刑法条文就会显现一定的滞后性,为了弥补这种缺陷,《刑法修正案九》在设置网络犯罪的相关条文时采用了包容性较强的用语,①比如,本文所讨论的非法利用信息网络罪,此时,罪刑法定原则所强调的明确性要求必然会与现代刑法体系的开放性形成矛盾。② 但是即便面临再尖锐的矛盾,罪刑法定原则依然是法官在适用法律时必须坚守的一项基本原则,因为对于刑法条文少许的抽象性和概括性,只要司法机关严格遵循罪刑法定原则,就可以避免被无限地扩大解释。

根据前文所述,造成非法利用信息网络罪逐步沦为"口袋罪"的原因之一是法官自行对有明确规定的部分进行了扩大化的解读。为了防止这种司法现象,坚持罪刑法定原则就显得十分必要。在刑法对于非法利用信息网络罪的规定尚未改变时,根据罪刑法定原则,在定罪量刑时应重点把握以下几点:第一,构成非法利用信息网络罪需要利用信息网络,利用伪基站等类似设备的行为不能成立该罪;第二,该罪的行为方式仅限于"设立"和"发布"两种,其他犯罪行为不能成立该罪;第三,该罪所保护的法益为国家对信息网络安全的管理秩序,侵害其他法益的行为不能成立该罪。

(四)审慎适用兜底性款项

根据前文的讨论可以得知,司法实践中非法利用信息网络罪有关案件的入罪倾向明显,但是想要在短时间改变这一倾向较为困难,所以本文着眼于从具体的可操作性强的措施上对法官进行司法裁判操作上的规范。根据本文对 152 份裁判文书、224 个行为人的统计分析结果,裁判文书在"法院认为"的说理部分对于行为人是如何符合"情节严重"标准的进行说理的仅占总数的 20.54%,可以看出法官对于自己如何认定行为人达到非法利用信息网络罪的所要求的罪量要素的说理存

---

① 参见喻海松:《新型信息网络犯罪司法适用探微》,载《中国应用法学》2019 年第 6 期。

② 参见劳东燕:《罪刑法定的明确性困境及其出路》,载《法学研究》2004 年第 6 期。

在不足,这也为法官扩大适用情节严重的第 7 项兜底性规定提供了空间,所以建立对法官在裁判文书中的说理部分的考核机制十分必要。本文建议应当要求法官增强对认定情节严重的说理,具体说明行为人的犯罪情节,并且应当要求法官在援引所依据的法条时,援引到《非法利用信息网络解释》第 10 条的具体项。同时,法院应建立相应的考核机制,定期对法官作出的裁判文书中的说理部分进行评价考核,作为法官绩效中的一项考量要求,以限制法官对于第 7 项"其他情节严重的情形"这一兜底性规定的任意的扩大化适用,防止并未达到罪量要求和位于罪量要求最低线附近的行为人被一律入罪化处理,更好地实现对人权的保障要求,避免非法利用信息网络罪沦为"口袋罪名"。

五、结　语

非法利用信息网络罪的设立是刑法为应对网络犯罪类型多样化、手段多元化的应有之策,也是预防网络犯罪危害结果扩展迅速、影响巨大的有力之举。作为规制网络犯罪的基础性罪名,规范该罪的立法思路和司法适用对于严厉打击严重的网络犯罪预备行为具有重大的意义。与此同时,正确设置及理解该罪的适用条件、防止该罪演变为新型"口袋罪"的任务也迫在眉睫。在立法上,既要意识到风险社会对于前提刑事防线的要求,也要坚持刑法的谦抑性原则;既要正视立法技术和成文法的局限,也要正视该罪兜底空间,不断细化立法内容。在司法中,要通过坚持罪刑法定原则和兜底性款项的审慎适用防止实践中对该罪兜底化解释和不当入罪倾向的产生。在未来法律完善的过程中,要结合网络犯罪、社会发展等特点不断调整和优化本罪的立法和司法,在防止该罪演变为新型"口袋罪"的同时,推动我国网络犯罪治理的发展和进步。

The Expansion Tendency and Reasonable estriction of the Crime of Illegal Use of Information Network

—Analysis on the Sample of Judicial Documents Since the Ninth Amendment of Criminal Law

Zhang Meng & Dong Shuhan & Du Zirun

[**内容摘要**]非法利用信息网络罪作为《刑法修正案九》新增设的罪名,在预防和打击网络犯罪方面发挥了巨大作用。但与此同时,该罪立法条文的不完全列举和司法解释的兜底条款设置造成了该罪兜底倾向和“口袋化”的可能。通过对于该罪设立以来的裁判文书考察可以印证,该罪在行为方式、行为内容、行为目的、罪量因素等方面都存在兜底化适用的情况。而针对风险社会下的刑事防线前提、传统遗留与立法技术的弊端、司法适用中的扩大化解读、入罪倾向主导的罪量判断等立法及司法原因,应当通过坚持刑法谦抑性原则、正视并限缩兜底空间、坚持罪刑法定原则、审慎适用兜底性款项等措施进行解决,合理限缩该罪的兜底倾向,避免该罪成为新型“口袋罪”。

[**关键词**]非法利用信息网络;兜底倾向;司法考察;原因分析;合理限缩

Abstract: The crime of illegal use of information network, as a newly added crime in the Ninth Amendment to the Criminal Law, has played a great role in preventing and combating network crime. But at the same time, the incomplete listing of the legislative provisions and the provision of judicial interpretation of the crime lead to the tendency of expansion and the possibility of becoming a “pocket crime”. Through the study of judicature since the establishment of the crime, it can be confirmed that the crime has the situation of expansion in the aspects of behavior mode, behavior content, behavior purpose, crime quantity factor and so on. In view of the legislative and judicial reasons, such as the premise of criminal defense line in the risk society, the disadvantages of traditional legacy and legislative technology, the expanded interpretation in judicial application, the judgment of the amount of crime dominated by the tendency to commit a crime, etc. These problems should be solved by adhering to the principle of modesty and restraint in criminal law, facing and limiting the expansion of the crime, adhering to the principle of legality for a crime and punishment, and prudently applying of general provisions to avoid the crime from becoming a new type of "pocket crime".

Keywords: Illegal use of Information Network; Tendency of Expansion; Study of Judicature; Reason Analysis; Reasonable Restriction

〔中国刑法〕

法治变革背景下的刑法法典化编纂：缘由、必要与意义*

赵　路**

目　　次

一、因时而变，因势而变——刑法法典化编纂的起因与背景
二、基于一"典"之别对刑法法典化编纂的词义辨析
三、刑法法典化编纂之于我国刑法发展的必要性
四、刑法法典化编纂对我国刑法变革将产生积极影响
五、无法完结的探讨

一、因时而变，因势而变——刑法法典化编纂的起因与背景

当下，正是国家法治变革的重要时期。党和政府大力弘扬社会主义法治精神，全面推进依法治国基本方略。现行刑法，得益于众多学人与各界人士的齐心协力，立法规范上更加关注于应用与实效，司法适用

* 基金项目：中国—上海合作组织国际司法交流合作培训基地研究基金项目（项目号：18SHJD036）；中国人民大学2022年度拔尖创新人才培育资助计划成果。

** 北京师范大学刑事法律科学研究院副教授，法学博士。

中的不当也不断得以纠正与完善,体现出社会主义变革背景下的刑事法治新风貌。[①] 同时,现行刑法长期积累的问题由此也更加凸显。无论基石理念的确立与基本原则的阐释,抑或法律体系的架构及罪刑规范的设置,甚至是法律用语的专业化表达,现行刑法或大或小都出现了一定的缺失与问题。刑法理论的研究范式与思维方法、刑事立法的技术手段与法律模式、司法适用的实务操作与法律效果或多或少都显示出不合法意之处。打破传统观念,更新发展理念,开放并拓展新的研究视野与格局,探讨新的研究范式并构建新的立法模式成为现行刑法发展之必要。

恰逢此时,国家正处于"百年未有"之内部经济快速发展与外部政治经济局势剧烈动荡间对冲的大时局。国内,得益于党和政府的英明领导及改革开放政策的有效施行,国家政治环境稳定清明,社会经济迅猛发展,计算机信息技术的急速代进更是打破了社会传统的生产模式与生活方式,现实社会与虚拟世界间的区限与行为被不断刷新和改写。新技术、新业态、新模式层出不穷,云计算、大数据、人工智能、区块链、数字货币……科学技术与思想观念的日新月异使得当代社会治理日趋复杂,大量危害国家安全与社会秩序的新生犯罪出现在网络、金融、人工智能、区块链与大数据等生产生活新区域,无法通过现行刑法有效规制,刑法规范的滞后会导致或无条文可以适用,或部分条文适用不当或无法适用。[②] 为保障刑法的有效应用,立法机关不得不通过颁布一系列的法律法规、法律解释、刑法修正案等规范性法律文件来对现行刑法

---

① 即1997年颁布施行的《中华人民共和国刑法》,以下简称"现行刑法"或"97刑法"。

② 例如,自2016年以来发生的一系列如"山东于欢案""昆山反杀案""丽江反杀案""涞源反杀案"等反杀式案件的认定标准与裁量结果引发学界对现行刑法中有关正当防卫认定规则多有不当的争议。

进行修补与调整。[①] 这种修法方式无疑对现行刑法作为一部法典所应具有的适时性(契合时代发展)、唯一性(典外无罪、典外无刑)、稳定性(规范效力固定持久)、精确性(罪刑条文精准明确)、权威性(广泛遵守并强制遵行)等独特属性产生影响;国际上,自21世纪开启之后,世界经济持续低迷,全球局势动荡不定,欧美等地逆全球化步伐加快,各国贸易摩擦加剧,国际与区域间战乱、争端频起,恐怖、极端、民族分裂主义呈现全球化发展态势,现有的国际秩序与法律规则被不断打破,全球发展进程中的种种乱象不仅对我国,而且对国际社会与世界各国的政治经济格局都产生了巨大危害与深远影响。面对肆意横行的国际恐怖活动、毒品与违禁物品非法交易,以及人口、人体组织与器官的走私贩卖、利用所谓跨国管辖干涉他国政务、动辄发动战争践踏他国主权与人权等与国际社会及人类生活和平安宁休戚相关的违法与犯罪,现行刑法无法依照国内法向域外延伸刑事管辖权,表现出作为地缘政治大国与国际社会主体的我们,在面对危害本国及国际社会的跨国与国际犯罪时管辖不能、惩治无力。[②]

纵观当下社会局势,无论国内还是国外,从20世纪开始至今已历经无数次的周折演变,大量与我国刑事司法实务紧密相关但现行刑法无法规制的问题不断出现。从法律自身究因,鉴于松散的立法模式与法律构造,加之频繁的修订与大量的增改,现行刑法无论在形式上还是内容上,都无法形成一套整齐完备的规范系统,难以发挥其作为一部法典所应具有的功能与实效。形式可见,首先在语言规范、条文设置,甚

① 自现行刑法1997年颁布实施之后至今,在近24年内,不算最高人民法院、最高人民检察院、公安部等有权机关陆续出台的法律解释,以及全国人大常委会审议通过的1部单行刑法和其他具有刑事意味的规范性法律文件,仅刑法修正案就已达到11部,涉及对现行刑法进行实质修改的地方已经超过150多处条款,修改内容涉及半数以上的刑法条文,改动不可谓不大。

② 多数国家刑法典中都单独设有关于国际犯罪的章节,这既是法典总则普遍管辖权在分则具体罪刑规范上的体现,也是能够为国家刑事管辖权在特殊情况下可以向域外延伸提供法理依据的最好方法,应参考借鉴。

至是基本原则的法意指向上就存在很多值得探讨的问题。立法中不但保留大量诸如“犯罪分子、①妇女、家长、②劳动群众、又聋又哑的人、盲人、精神病人、残疾人、非法××罪(无对应合法状态的行为)③……”具

---

① 现行刑法与《刑事诉讼法》对各种参与刑事法律活动的法律主体都有明确的身份定位。即对特定阶段的特定人员都规定有特定的法律身份。例如,实施犯罪行为的人在不同的刑事法律阶段,或是犯罪嫌疑人,或是刑事被告人,或是罪犯,或是刑满释放人员……但是,“犯罪分子”究竟应当确指处于哪一刑事活动阶段、具有何种法律身份的人员,在立法与学理解释上并不明确,在现行刑法中也是无法找到答案的问题。从日常用语上看,“犯罪分子”大致类似于我们平时“坏蛋、坏人、歹徒”等具有主观判断意味的表述。从法律规范的实际应用来讲,犯罪分子应当是个泛称,指实施犯罪行为的人员,或者说犯罪实施者、犯罪人员(犯罪人)。至于哪个阶段的犯罪人,是否受到刑事追诉或刑罚处罚,抑或已经得到改造或释放,仅从这一称谓本身来看,完全不能体现。实际上,不仅仅是现行刑法,犯罪主体身份不明确的问题在现行有效的刑事诉讼法中也有体现。《刑事诉讼法》中总则第2条提及刑事诉讼法的任务时有1处指明是为了“惩罚犯罪分子”,意味着犯罪分子是刑事诉讼法的被诉主体。但是,具体条文中的被诉主体又变成该法中169次提到的犯罪嫌疑人,197处提到的刑事被告人,以及3处提到的犯罪人,我们无法确定“犯罪分子”是这三种人员中具体的哪一类,还是泛指这三类人员,抑或就是单单在指犯罪人。笔者认为,这一称谓在现行刑法中大量使用只体现出该法对于犯罪实施者(犯罪人、行为人)究竟属于法律活动哪一阶段在身份定性上表述的不规范、不准确。鉴于法律语言应严谨明确,“犯罪分子”本身又是一个具有时代性的政治词汇,不应当在当代刑事立法中作为规范性的法律用语加以使用,以更为专业规范的法律用语替换更加妥当。

② 第十一部刑法修正案已对此语义不当作出纠正。

③ 例如,现行《刑法》第111条中的“非法提供国家秘密、情报罪”,该罪指向主体是“境外的机构、组织、人员”,试问,存在可以合法向这些所谓境外机构、组织、人员提供国家秘密、情报的可能吗?国家秘密与情报是指关乎国家安全与利益的信息与事项,什么时候都是不能够向境外提供的,如果可以合法提供,那就意味其已不在属于国家秘密和情报的范畴。再如,第155条第1款“直接向走私人非法收购国家禁止进口物品的,或者直接向走私人非法收购走私进口的其他货物、物品,数额较大的”,难道存在合法向走私人收购国家禁止进口物品或数额较大的走私进口的其他货物、物品,抑或间接就可以向走私人合法收购的情况?难道走私本来不是非法行为,还需要进行非法化的限定后才是犯罪?因此,建议立法时应当慎重考虑,如果以“非法”作为某些犯罪行为的罪名,应当要以存在合法性行为为前提,例如,第128条“非法持有、私藏枪支、弹药罪”的罪名就具有相应的科学性与合理性。

有时代色彩、主观倾向、口语化表达及违背语言使用规则与逻辑思维规律的非规范性法律术语。在定罪处刑的理论根据上,学界中也存在大量的不确定与争议不休。体例构造上,该法存在诸如总分附则构造设定不合理、总则基本原则不健全,分则类罪划分不明确、附则不具独立成则之意义、罪刑法定原则逻辑结构不严谨[①]以及部分个罪间罪状冲突竞合、罪刑规范设置不足等问题与争议。此外,还存在因社会生产经营制度调整而与其他民商、行政及仲裁等多部门法律法规罪行边缘基线模糊、罪责刑的认定与裁量缺乏法定依据等问题。当我们转换到法律国际化或者内国法域外适用的角度,又存在既不能同国际通行的刑事理念与规则完美接轨,又无法与各国刑法寻求互容相通的理念空间,移植借鉴的法律制度与法学理论在国内也没有得到完好地吸收与应用等问题。[②]

面对纷繁复杂的社会变革,刑事规范在立法上的"无度无量",会引发司法定罪的"不当不准",进而导致刑罚裁量的"不公不平",刑法前效[③]震慑削弱,社会对刑法后效[④]没有期待。受限于当前传统的理论框架与立法模式,社会主义法治国家的精神与要旨在当前的刑法领域内不能充分得到彰显与实现。为完善现有刑法体系,构建科学刑法观念,彰显我国刑法所应具有的时代价值和历史担当,刑法要因时而变,

---

① 参见姚树举:《论刑法第三条的立法技术:逻辑结构与立法语言》,载《弘扬获取新知的思想　开发振兴贵州的智慧论文集》贵州制约逻辑学会 2013 年"获取新知"专题研讨会论文,第 15 页。

② 现在学界长久热议的长臂管辖原则以及刑事合规等问题从另一个侧面也反映出现行刑法在规范设定上的缺失与不足,这里不做赘述。

③ 所谓刑法前效,是指颁布施行的刑法在尚未针对具体案件适用前所具有的作用与效力。无论是判例法还是成文法,明文实定的刑法规范自身就带有明确的昭示性与震慑性。未对具体犯罪适用时,对广大民众起到的是一种昭告、震慑的效果,其主要功能在于预告犯罪形式与犯罪后果,主要功能在于预防犯罪。

④ 所谓刑法后效,是指刑法在运行适用后产生的功效。刑法应用于具体犯罪时必然带有惩罚与报应的性质,其适用的直接功效在于惩罚与预防犯罪,惩罚犯罪是主,预防犯罪是其附加效果。

因势而变。刑法典编纂问题因此具有深入探讨的必要与可能。① 本文希望,通过对刑法典编纂问题的究因与探讨来回答一个更为必要且更具根基性的问题,即为何在民法法典化之后,我们在新时代法治社会背景下应加快编纂一部呼应时代、协调法治、具有华夏民族传承性的国民刑法典,而不是在延续传统集规范于大成的现行刑法中找寻如何同民法典相呼应的答案。

二、基于一"典"之别对刑法法典化编纂的词义辨析

刑法、现行刑法与刑法典的一"典"之别是引发这一讨论的最初起因。对于三者的定义表述及功能定位,立法实例与理论研讨多有应予厘清之处。通说多将"刑法"概念定义为"广义上是一切刑法规范的总和,狭义上就是指刑法典,即现行刑法"。教科书也多作如下表述:"《中华人民共和国刑法》是指中华人民共和国的刑法典。"其隐含释义就是:刑法既是一切刑法规范的总和,也是现行刑法(《中华人民共和国刑法》),又是刑法法典。又或者,现行刑法既是刑法,也是刑法典。那么,三者能否同义理解?从概念释义上讲,刑法定义本身所涵盖的范围显然要比刑法法典宽泛许多,所谓"一切刑法规范的总和"就意味其范围要明显大于现行刑法。刑法应是刑法法典的上位概念,既包含法典,也包含法典之外所有涉及罪责刑认定的内容,这与刑法法典以及自谓刑法法典的现行刑法明显不同。现行刑法之所以区别于刑法与刑法典原因有三。其一,受到"现行"二字的限定。现行即指有效,意为正在施行,而刑法往往不能仅指现行有效的立法。其二,受到"法典"身份的框定。典籍化的立法才可以叫法

---

① 本文立意前提在于,首先,我国立法尚未得以法典化。我们是成文化的立法体系,但成文化并不意味就是法典化。换句话说,我们有法律,但我们并没有法典。其次,现行刑法不是刑法典。现行刑法与刑法典二者无论是词语定义还是规范功能都存在明显区别。如果不对法律与法典二者明确厘清,很容易在职能定位上混淆二者的主次地位,从而导致刑事法的基本体系出现混乱,加重刑法规范适用上的问题。

典。现行刑法在立法模式与规范构造上尚未达到典籍化,不当被称为刑法之典。可以说现行刑法是成文化的刑事立法体系,但成文化立法并不意味立法的法典化。其三,无论采用何种方式变通解释,现行刑法既不当于被指代为刑法,也不适于被定义为刑法典。首先,刑法与现行刑法在称谓与内涵上存在矛盾与冲突,如果不做区分地使用,非常容易使人们对刑法与刑法典概念的理解产生混淆。现行刑法制定之初在法典构造与法典职能上定位不够准确,规范不够清晰,如果不用"现行"作定语,语义上它与刑法不能区分。[①] 其次,刑法往往是指所有刑事规范的集大成,而刑法典则往往单指刑法之典籍,是刑法之法典,区别非常明显。

实际上,一"典"之别显而易见,学界并非不能分辨这些概念的大同小异,不过是长久习惯于在理论与实践中将现行刑法视为刑法典,进而忽略了其中的基本差异而已。

(一)一"典"之别下对相关概念的含义区分

"法典和法的命名,虽然仅仅是一字之差,但是其区别却很大。"[②] 在刑事法中厘清法与法典的关系,就是要明确现行刑法与刑法典的不同之处究竟在哪里。这一点上,《现代汉语词典》中的法典定义首先就已提供了相应的启示:"法典,经过整理的比较完备、系统的某一类法律的总称。"这一表述,揭示了法[③]与法典的不同。较之于法,法典是有

---

① 刑法与现行刑法,或者说与《刑法》,从称呼上看,如果不是教科书和学界特意作出限定,很容易使人以为只是刑法在历史节点或者国别区域上的划分,而不是实质性的法律与法典区分。

② 参见孙宪忠:《为什么定名为"民法典"?》,载中国法学网,http://iolaw. cssn. cn/jyxc/202005/t20200522_5132844. shtml。

③ 按照教科书的观点,"法"则是指由国家制定、认可并依靠国家强制力保证实施的,以权利和义务为调整机制,以人的行为及行为关系为调整对象,反映由特定物质生活条件所决定的统治阶级或人志,以确认、保护和发展统治阶级或人民所期望的社会关系和价值目标为目的的行为规范体系。

其特定属性、功能、系统与格式的。[①] 学界通说多认为“法典是将某一法律部门的各种法律规定,经过整理、修订,成为系统的适合现时需要的统一法律”。由此,“法典编纂不仅要使文件系统化,而且要把这些文件整理、修订成从某些共同原则出发的、内部统一的法典。过时的,要删除;抵触的,要统一;含混的,要明确;没有的,要增补”。[②]

既为法典,就应当是律法之典范,法律之典籍。一部刑法法典,应当是被加以典籍化的刑事规范文本,是立法上全面、系统规范刑事法律关系的唯一法律根据。[③] 应当具有与体现典籍化立法相应的适时性、唯一性、稳定性、明确性、权威性等法典所应具有的独特属性与功能。但是,现行刑法在这些“典”籍化特性上体现得并不充分。例如,因部分罪行再无追究刑事责任之必要而导致现行刑法存在一定数量的规范空置;又如,面对科技进步、时代更迭而不断涌现的各种社会危害,现行刑法有时无“典”以对。近些年,针对现行刑法总分则规范出现的一系列争议,例如,犯罪构成、正当防卫、追诉时效、未成年人刑事责任、死刑适用标准等基本原则规范失衡;又如,涉及网络、生态、恐怖活动及其他跨国性犯罪条款缺失;再如,危害国家安全、军事违法及涉外与国际罪行的规制根据亟须完善;还如,强制猥亵罪构成争议、强奸罪主体设置不当、危险驾驶罪入刑不具合理性等,及本文开端提到的一系列问题,都在说明现行刑法存在的问题须尽快解决。从现行刑法的修订方式来看,传统上对单一或部分规范不断加以修正的方法难以根除上述问题,

① 参见严存生:《对法典和法典化的几点哲理思考》,载《北方法学》2008年第1期。有关这一话题,严教授在文章还写道:“法典是大陆法系国家一种普遍而重要的法律形式,是以成文典籍的形式系统地表现出来的法,它可以针对一个国家的所有的法,因而有综合性的法典,如我国的《法经》、印度的《摩奴法典》、古巴比伦的《汉穆拉比法典》、古罗马的《十二铜表法》等,也可以是只限于某些方面的法律,如宪法典、民法典、刑法典等。”

② 参见法律知识问答:《什么叫法典?什么叫法规汇编?》,载《人民司法》1978年第4期。

③ 参见高铭暄、谢佳文:《推动刑法立法进程需把握的关键点》,载《检察风云》2018年第10期。

典籍化的法典编纂或许才是刑法完善的妥当之选。

(二)学理定位上存在一"典"之别的逻辑悖论

从立法模式上讲,笔者认为,我国尚未编纂出一个完整系统的刑法法典。新中国成立以来,我们颁布的各部立法,任何一部法律都未曾使用过"法典"字样的表述。将现行刑法命名为《中华人民共和国刑法》也说明立法者早有明示。否则,现行刑法颁布之时为何未将其加上一"典"之名,直接将其确定为《中华人民共和国刑法典》?"1979 年,颁布中华人民共和国第一部刑法('79 刑法'),1997 年系统修订刑法('97 刑法'),但均没有给予其法典'名分'。"①其中具有何种深刻的历史原因有待于学界的考察探究。但是,是否可以因此判断,现行刑法早在制定之初,立法者就因某些原因认为这部法律当时以"刑法"称呼更为妥当?

从现行刑法实例来看,立法者当时至少是有明确定位的。值得探讨的问题出现在当下的刑法学界。现行刑法与刑法典的一"典"混乱广泛存在于我们的刑法理论之中。关于法律与法典的区别,通说观点得到普遍公认:"刑法有广义与狭义之分。广义刑法是一切刑事法律规范的总称,狭义刑法仅指刑法典,在我国即《中华人民共和国刑法》。"学理上作如此解释应当能够说明,在广义与狭义的区分标准上,在刑法大一统的概念之下,学界是以此作为刑法与刑法典区分,或者说刑法与现行刑法等同的基本标准。这种理解存在从根基上混淆"法律"与"法典"是两种不同法模式与法体系的问题,刑法广义时就是所有刑事法律规范的总称,狭义时就是一部刑法法典。那么,现行刑法到底是一部法律?一部法典?还是一个集刑事规范于大成的法律系统的总称?无论从词语语义内涵与外延上的对应、还是从法律规范涵括的内容、范围与构造来讲,都有值得细究其因的余地。对刑法做广义定义

① 参见姜瀛:《民法法典化,刑法立法模式如何选择》,载《民主与法制时报》2020年7月23日,第6版。

本身就意味其涵盖范围要比现行刑法(刑法典)宽泛许多,也应当说明刑法是刑法典上的大概念,既包括刑法之法典,也包括法典之外所有涉及指导行为人罪责刑认定标准的法律规范。而被定义为狭义刑法的现行刑法(或者说刑法典),在中外传统刑法理论中,历来都是意指一个国家或地区对成文化的刑事法律规范,通过典籍化地系统编纂,使之成为用以明令评价、判定犯罪人罪责与罪刑的刑事法律规则文本,是据以对犯罪人定罪量刑的唯一法律根据。如果将现行刑法定位为刑法典,但在构造上却未做任何的系统化整理,无疑会使刑法、现行刑法与刑法典在理论范畴与逻辑顺序上出现混乱,导致现行刑法在法典身份上定位不清晰,职能不明确。

由此,必然引发下述探讨。既然理论上对刑法作了广义、狭义的定义,就应当说明学界对于二者区别是有一定认知的。否则,何必作广义与狭义的划分？问题恰在于此,通过广义、狭义解释刑法概念并以此区分法律与法典的做法并不具有太多意义。唯一解决的问题就是在我们无法更正现行刑法名称的情况下,通过狭义定义对其进行"似法典化"的身份拟定与构建。刑法与刑法典的实质区别依然存在,现行刑法并没有被真正地法典化。我们依旧没有明确意义上的刑法法典。只有由以现行刑法为主、附加不断出台的各种法律解释及单行刑法、刑法修正案等规范性法律文件组成的刑事法律规范之和。其结果就是现行刑法条文为刑法典规范,是定罪量刑的法定依据,而其他的法律解释、刑法修正案及规范性法律文件不是刑法典规范,却依旧成为定罪量刑法定依据的局面。刑法典的特定属性与功能、罪刑法定的原则与要求不能得到有效的遵循与实现。

(三)"典外无罪""典外无刑"是对罪刑法定原则的一"典"恪守

如何定位现行刑法,从根本上体现了当代中国刑法理论的思维导向与价值追求。因为存在理论与实践冲突、刑事规范缺失与滞后,法律解释超越规范立法、刑法前效与后效结果不显著等问题,现行刑法无法充分体现其作为当代刑法法典所应具有的价值与属性。究其根本,在于成文法本身固有的滞后性,在于刑法发展观没有突破陈旧壁垒,在于理论研究在现行刑法定位上存在问题,或者说也在于我们对刑法法典的实质属性认识不足。

通常,学界认可"《中华人民共和国刑法》是中华人民共和国的刑法典"这样的表述,但却忽略了这种定义存在的问题。无论对比构造还是功能,抑或比较其属性或价值,现行刑法与刑法、刑法典都存在较大的差异。刑法本身是刑事规范体系的集大成,所有关涉罪责刑认定的内容都应划归于刑法。刑法中不仅包括被喻为刑法典的现行刑法,还包括现行刑法之外所谓的单行刑法、附属刑法、刑法修正案及各种具有刑事规范意味的法律解释及规范性法律文件。最为重要的一点,之所以为刑法之法典,就在于刑法典昭示了罪刑法定原则蕴含的刑事法治精神——"典外无罪、典外无刑"。所谓"典外无罪",就是指刑法典外不应存在任何具有刑事意味的法律规范可以明确规定具体的罪行与罪名,使之成为可以认定犯罪的法律根据;所谓"典外无刑",则指任何刑事规范都不可以超越或脱离刑法法典,直接指导司法裁量中的定罪与处刑。刑法典外,针对任何人的任何行为,禁止依据任何法律根据进行实质的罪刑裁断,禁止不依据明确的法典条文对其作出是否有罪、所为何罪、应处何刑的实质判决。一切行为,都应依典而断。

仅就此点,现行刑法就未能严格恪守罪刑法定原则的基本要求。既然赋予其法典之名分,那么,它就应能担起"追究与裁断行为人罪责与罪刑的唯一法律根据"这一职能。但是,很多刑事案件的审理与裁判未达到这一要求,即仅仅凭借现行刑法的规范条文就能下达明确判决。裁判者依赖单行刑法、司法解释、规范性法律文件等非现行刑法条文的事实,已影响其作为法典应当具有的法律权威与适用效果。面对因时代更迭、社会发展而出现的旧的规范需要去除、新的规范亟须增加、不当规范应当修补等现实状况,面对纷繁层出的社会危害,从恪守罪刑法定原则的角度来讲,现行刑法还须加以完善,依"典"定罪、依"典"明刑。

(四)一"典"之别是许多国家法律与法典区分的通例

将"刑法"概念解释为"广义上是一切刑法规范的总和,狭义上就是指刑法典,即现行刑法"。"《中华人民共和国刑法》是中华人民共和国的刑法典。"这是我国独有的做法。这种做法造成现行刑法与刑法典在身份与职能上出现混乱,进而导致刑事案件的审理与裁判并非依"典"处断,而是依"律"而行。① 试问,为保障法律的明确与实效,法律概念的定义与应用是否更应周延缜密以尽量避免或语义模糊,或易生多义与歧义。一个范畴模糊的规范系统,一套概念不明的理论学说,如何能够据此制定一部逻辑严谨、职能明确、科学规范的刑法法典?

反观世界各国,多数国家对法律与法典在名称及职能上都有明确的划分,刑法与刑法典亦是如此。有些国家在学理上会对刑法作广义与狭义的区别,将刑法典视为狭义刑法。但在立法上,刑法与刑法法典从称谓到内容绝对各自不同。如俄罗斯,刑法是"уголовное право",刑法法典则是"уголовный кодекс"。第一个是指刑事的"法律"(право),第二个是指刑事的"法典"(кодекс)。法律与法典的界限十分清晰,各自的体系、职能也因名称清楚明了。不仅该国,德、法等多数成文立法典籍化的欧洲国家,也有明确区分刑法与刑法典的惯例。如德国,刑法是"Deutsches Strafrecht",其刑法典则是"Deutsches Strafgesetzbuch";法国刑法是"Droit pénal en France",刑法典则是"Code pénal français"。多数英语国家在法律(law)与法典(code)的区分上十分明确,凡有"code"表述的多是确指该国现行的某部门法典,而"law"则涵盖了这

① 有学者认为,这种定义区分的方式不会造成刑法与现行刑法分不清楚的问题。因为释义已经明确说明刑法是具有广义与狭义区别的,所有研究刑法的人都会知道这个区别,所有需要了解刑法的人也会知道我们所说的刑法是有两个意思。但是,问题在于,如果可以将刑法解释为刑法典,为什么我们翻译过来的、各国刑法典都要遵循该国立法惯例为刑法典,而不按照入乡随俗的习惯同我国现行刑法一样改叫为某某国刑法,此为问题其一;其二,为什么很多国家都有刑法典与刑法的实质区分,到了我国,刑法与刑法典就成为可以互相替代的概念?

一部门法规范中的所有事项。我们的亚洲邻国印度也是如此,[印度刑法是“Pidana Hukum di India(印地),Indian Criminal Law(英)”,印度刑法典则是“Kode Pidana India(印地),Indian Penal Code(英)”];此外,国外刑法著述中明确将刑法做广义是刑法,狭义是刑法典区分的也尚未得见。在各自的法律体系中,刑法就是刑法,刑法典就是刑法典,没有所谓刑法与现行刑法的区分与界定,也没有将刑法再区分为刑法与现行刑法,或是将现行刑法同义为刑法典的。如果在某些文章中看到有“现行刑法”的表述,那么,一定是指该国现行有效且有明确称谓的刑法法典。可以确定,只要是刑法法典,大多使用的一定就是 Penal Code(刑法典),而不是 Criminal Law(刑法,犯罪法)。

由此可见,所谓刑法的法典化编纂,不仅仅要形式化地在称谓上添加一个“典”字,学界也需要明确地对刑法与刑法典的概念与内涵加以明确与区分。要在认识根源上确定,为何要对现行刑法进行法典化编纂。否则,不从根本上对刑法典的特定身份与职能予以确定,就算我们把现行刑法称谓修改为刑法典,但不对其进行规范、体系的典籍化整理,仅靠不断出台刑法修正案、法律解释或规范性法律文件进行零散的修补与调整,根基上的问题还是无法解决。由“中华人民共和国刑法”到“中华人民共和国刑法典”,是当代中国刑法在法律定位上应当作出的修正。

三、刑法法典化编纂之于我国刑法发展的必要性

近二十年,学界多推崇英、美、德、日的刑法构造与理论模式,而忽视无论英、美还是德、日所适用的刑事规则都具有自身深厚的历史传承与民族特性的事实。对其采用的刑法理念、原则、规范与制度,或许我们可以部分地加以参考借鉴,但不可盲目地全部移植或照搬。从中国近代刑法发展史来看,我们民国时期移植搬运过德日刑法的内容,新中国成立后,在编纂“79 刑法”“97 刑法”时也全盘借鉴过苏联的刑法模式。反观当今学界,针对现行刑法出现的各种争议,大多不都是源自我们借鉴而来的内容与制度在与中国现实国情结合的过程中因无法调和

而频繁出现矛盾与问题吗？中国刑法，需要从历史发展中得到经验教训，中国的刑法学界，也应更为明确。只有具有本民族特色与文化传承、适用于本国基本国情的刑法才是保障社会主义刑事法治长久发展，国家长治久安的必需之法。

不可否认，恰恰也是在这二十年，得益于当代刑法学者的不断努力，现行刑法得以不断地发展完善。针对现行刑法弊端而陆续颁布的刑法修正案与法律解释使现行刑法呈现出越来越多的合理性与实用性。学界研究也从最初对苏联模式的全盘照搬，对欧美模式推崇，对德日模式赞誉，逐渐转到国民刑法思维上。理论研究逐渐回归现实与国情，也更加倾向于刑事法治的民族化与本土化，如何构建国民刑法典的问题逐渐得到学界关注。但是，这并不意味着现行刑法就已是一部完善的刑法法典。恰恰因为现行刑法的不断完善，暴露了其在立法模式与实践适用上存在大量问题需要探究与解决。如何延续华夏民族传统的刑事法治思想，兼对比借鉴各国刑事立法模式与司法实践效果制定一部科学合理、典籍规范的刑法法典，成为解决现行刑法弊端的妥当对策与方法，也是我国刑法能够在科学合理的道路上得以持续发展的通途与路径。

在社会主义法治变革进入新时期的背景下，基于时代发展的迫切需要及自身弊端须及时纠正，适时构建一部具有本民族特色、适合本国国情需要的刑法法典应尽快进入实践的日程。① 原因如下。

(一)法典化编纂能克服刑法弊端、推进刑法发展

任何事物，唯一的永恒就是不断地发展。制度要想保持科学合理，

① 这里所说刑法典编纂，不是指抛弃当前立法制定一部全新的刑法典籍，也不是简单地继续对以往的刑事规范总和进行典籍化的法律汇编。是需要正视时代发展与现实状况来对现行刑法规范进行系统性地整理、修改与完善，既要保持现行法律的稳定性，也要遵循国家法治建设的精神与原则对其进行适当的立、改、废，以求打造一部具有中华民族独特品格的刑法法典。

就需要在不断变革中进步。“一个法律制度,如果跟不上时代的需要或要求,而且死死抱住上个时代的只具有短暂意义的观念不放,那么是没有什么可取之处的……我们必须在运动与静止、保守与变革、经久不变与变化无常这些互相矛盾的力量间谋求某种和谐。作为使松散的社会结构紧密结合在一起的粘合物,法律必须巧妙地将过去与现在联系起来,同时又不忽视未来的迫切要求。”①发展是生存之道,停滞甚至落后就会面临毁灭。法律亦是如此。毫无疑问,无论制定时是多么地精良,任何的刑法制度都在随时被时代发展有所摒弃,并由符合时代发展规律的制度所代替。所谓“法典编纂是使法律规范系统化的一种立法活动。它不仅在于整理已有的法律规范,对法律规范进行外部的加工,而且还可以在审查法律规范的基础上,对其中某些已经过时,或者发生互相冲突、互相矛盾或者互相重叠的部分进行必要的删除和调整,重新协调各法律规范之间的相互关系,使之形成一个从某些共同原则出发的、有内在联系的统一体”。②

当下,中国在政治经济上已成为世界上最具典范意义的社会主义大国。我们的刑法法典,更应体现社会主义国家法治建设的时代背景与政治经济体制的发展现状。所谓国民刑法典编纂,就是要使现行有效的刑法达致既传承民族历史,又契合时代发展,既吸收中华民族法治文明传统之精华,又容纳并满足于当代社会发展之要求。因此,加快编纂一部统一刑法典已势在必行。面对当下不断更迭的社会形势,在一系列新问题、新状况不断涌现的情况下,不能寄希望于不断通过发布修正案或法律解释的方式来对刑法根基上的问题予以纠正。现行刑法,只有彻底进行系统的典籍化编纂才是消除弊端、推进发展的妥当之策。

---

① 参见[美]E. 博登海默:《法理学——法哲学及其方法》,邓正来、姬敬武译,华夏出版社 1987 年版,第 312 页。

② 参见杨新培:《应当及时进行刑法典的编纂》,载《现代法学》1992 年第 2 期。

(二)法典化编纂能明确刑法法度、精准刑法格限

法以度为计,无法则无度。法度是法规范界限之根本。[①] 在法律运行的整个过程中,无论古今,法度无时无刻不在产生着重要的影响。古人早就认识到法度是统治天下的根本,治天下者要遵法度。黄帝时期就有论述:“法度者,正之至也。而以法度治者,不可乱也。而生法度者,不可乱也。精公无私赏罚信,所以治也……”[②]社会在发展,时代在进步,法度蕴意也被深入贯彻到党和国家的现代化法治理念当中。习近平总书记在十八届六中全会上就重点强调,法与时转则治,治与世宜则有功。意指“法度要保持与不断变化的现实同步发展,社会就会治理得好”。[③] 法律“只有根据情况的变化而灵活行事,才能避免法规弊陋;如若不知变化而墨守成规,良风美俗就难实现”。[④] 刑法法度不能固守不变,刑法法度要顺势而变。正所谓“变者,古今之公理也”。社会制度更迭必然不断推进刑事法律制度的完善与发展,法度自然也

---

① 法度,依据《汉语大词典》释义,一般是指规矩,制度。基本上有两个含义,一是指 law 法律制度,二是指 moral standard,即规矩,行为的准则。墨子曰:儆戒无虞,罔失法度。即“中天下从事者,不可以无法仪;无法仪而其事能成者,无有也”。(《墨子·法仪》)此处法仪即为法度、准则之意。墨子认为,天子、诸侯治理天下,国家必须以天为法,以天意为归。治理天下的人,不可以不制定法度;没有法度而能把事情做成功的,是没有的。说明治国必须制定一定的法度,无法可依,则事不能成,国不能治。唐朝裴孝源也有论及:“取其法度,兼以巧思。”清代著名学者林纾则有论曰:“守法度,有高出法度外之眼光;循法度,有超出法度外之道力。”[(清)林纾《论文十六忌·忌牵拘》]

② 语出马王堆汉墓《黄帝帛书·经法·君正》,意指凡事以法为度方可成制。

③ 参见刘同华:《法与时转则治》,载《中国纪检监察报》2020年6月19日,第5版。

④ “法与时转则治,治与世宜则有功”一语出自《韩非子·五蠹》,强调法度应随时顺应变化而变化,社会才能治理得好;社会管理与社会实际相适应,才能取得成效。其下一句为:“时移而治不易者乱,能治众而禁不变者削。故圣人之治民也,法与时移而禁与能变。”参见杨朝明:《法与时转则治,治与世宜则有功》,载《光明日报》2016年11月11日,第2版。

要相应作出调整以求在罪刑规范的认定规则上能够保持一贯地精准与明确。

在刑事法域内,刑法法度以典籍化立法确定的罪刑规范认定规则为法律格限。① 这既是刑法法典对罪刑法定原则的恪守,也是刑法法典属性的本质体现。而且,基于法典的特定属性与功能,对于法度在格限上的精准与明确,立法要作出更为严格的规制与限定。尤其我国在历经多年的政治经济体制改革之后,作为调整社会秩序最后手段的刑法,法度格限是否精准明确必将成为验证典籍化立法在罪行界限与刑罚尺度上是否能够适应社会现实发展需要,是否达致国家刑事法治建设的基本标准与要求,更是是否完美彰显社会主义刑法已达致定罪处刑据以"明典"的最好例证。

符合时代发展要求的法度格限,对于构建社会主义法治具有决定性影响。伴随国家刑事法治建设的不断发展,刑法在法度格限上更应不断调整完善以保障罪刑界限的精准明确。反之,则只能起到阻碍发展的作用。受困于历史与现实,现行刑法尚难达及典籍化立法在法度格限上的要求。尤其困窘于传统立法观念与现有立法模式,刑法在适用根据上出现诸多冲突与不确定,难于体现一部法典在法度格限上对罪刑认定规则与尺度的掌控应缜密的现实要求。本文支持通过刑法改革加快法典化编纂的目的在于,希望典籍化立法能够促使刑法在法度格限上更为精准明确,以求发挥刑法的最大功效。

(三)法典化编纂能厘清法律与法典的区别与界限

当下学界,不但现行刑法与刑法典在称呼上混合使用,二者定义与功能也互相混淆。现行刑法自颁布实行之后就被认定为是刑法法典,每每论及,包括刑法,三者在学界中经常不做区别地混淆使用,司法适

① Legal limits,这里参考译意为法律格限。

用由此也深受影响。[①] 从称呼上看,一“典”之别,似乎仅是法律在名称上的一字之差,但是,一部刑法,有“典”没“典”意味的是我国刑法法典化模式是否真正得以构建,体现的是成文刑法是否真正达致科学、合理、典籍、规范、体系,暴露的是理论研究是否真正夯实基础、扫除盲点,说明的是立法意旨与刑法功能在具体适用中是否得到一体遵循并真正实现。对于现行刑法与刑法典,在定义与内涵上忽略二者的不同,在地位与功能上无视二者的差异,实际上就是在身份与职能上混淆法律与法典的界限。但实际上,不仅是严谨的研究者,哪怕是一般人员基于非法学的理性思维进行逻辑判断,恐怕大多数者也无法有理有据地作出断言:刑法与刑法典,这两个概念无论是从词语定义来讲,还是比较相应的规范功能,都不存在任何区别。

前文已述,刑法与刑法典在事实上是存在清晰明确的区分界限的。由刑法到刑法典,不仅体现了刑事规范由律到典的飞跃,也说明由一般律法演进到一典之范必然历经充分的理论淘洗及实践验证。刑法法典化的最大作用就在于促使现行刑法达致体系、成文、典籍,进而能够更加规范、统一、明确地在刑事司法中履行刑法职能,以求最大程度彰显刑事法治的精神实质,取得刑事立法应有的功能与实效。此时,能否准确区分与定位刑法与刑法典,体现的是一个国家在刑事法律领域内的法治理念是否科学,法律规范是否严谨,法律思想是否先进,法律人文是否和谐,显示出该国是否能够以明典定法来对国家、国民的安全、自由与权益给予最为明确的法律保护与保障。

(四)法典化编纂能促进我国国民刑法体系之构建

学者们在热烈探讨其他国家刑法思想先进、法典模式科学、刑事规

---

① “刑法”与“刑法典”概念,在其他国家也存在混用的情况。基于对外来法译法不规范造成的混乱,国内学界对于专业法律词汇没有统一可共同遵循的范例,在这两个概念上的翻译与混淆的情况严重。对于“criminal code”“penal code”“criminal law”“penal law”,经常会被混乱翻译为“刑法”“刑法典”“刑事法典”“犯罪法”“犯罪法典”等。

范设置合理科学等问题的同时，忽略了法律的本土性问题，也忽略了被移植法中往往蕴含着移植法国家深刻的民族属性与文化内涵，忽略实质蕴含在这些法律中的内容很难在移植后被完整地消化与吸收的现实。从刑事法治较为先进、刑事制度较为完善的国家来看，无论德国、俄罗斯、法国等法典化比较成功的国家，抑或美国、英国等以判例法为依据的国家，在刑法理论研究与刑事制度构建上，少有国家过分热衷于对国外理论与制度的推崇与借鉴。各国当前所采用的刑事立法模式大多都是基于自身国情与民族特性，在本国经历长久的理论探讨与实践应用之后，历经时代变革与不断打磨才得以形成。这样的法律，很难有其他内容能够轻易介入并改变其深刻蕴含的国家精神与民族情感。实际上，无论谈及移植，还是谈到借鉴，我们都应当且必须清楚这样一个事实，即在法的移植或借鉴过程中，我们不可能只是单纯地截取其中的某个法条或制度直接加以适用而不必考虑法条规范其后包含的民族思想与国家意志。

本文认为，以上原因也是我国学界长久以来无法构建本国刑法理论体系的一个关键。基于这种状况，与其在不确定性中不断借鉴援引其他国家的刑法理论与制度来补充我们根基并不坚固的刑法，填充我们空洞的刑法理论空间，不如删繁去简，着眼长久，直接构建具有中华民族传统法律精神、蕴含现代社会主义法治理念、独具华夏民族特色的刑事法治新体系，刑法典编纂自是此中应有之义。

此外，有关刑法法典化编纂之必要，尚有一点值得探讨。即作为一部规范、体系、典籍化的刑法法典，首先就应在本法中对自身身份与功能作出明确性地昭示与说明。这一点，现行刑法尚无法达致。参考各国，多数国家在刑法典中都有一到两个明示性条文来宣告该法典的身份与地位。[①] 以俄罗斯为例，其刑事法典开篇就有明文立法："本法典是俄罗斯联邦领域内刑事责任追究、罪刑认定与裁量的唯一根据"（多

---

① 即该国针对所有刑事责任的法律追究，所有罪刑认定的法律根据，只能依据该法典条文予以确定。

数国家刑法典大多都作此表述),[①]这是刑法法度格限应精准明确的具体体现,也是严格恪守“罪刑法定”原则的必然要求。“法无明文规定不为罪,法无明文规定不处罚”,毫无疑问指的就是追究刑事责任、认定与裁量罪刑只能依据唯一的法律根据——该国现行有效的刑法典来进行。而我们的现行刑法,在立法中未对自身特定功能与属性作出任何宣告或明示,在明确自身地位与权限这一点上尤其显得含混不定。由此,司法实践中刑事案件的审理与裁判,往往不仅需要依据现行刑法,同时能以其他单行刑法、刑法修正案及不断繁杂庞大的司法解释、规范性法律文件为依据。伴随不断大幅扩充的刑法修正案和不断增多的法律解释,作为犯罪认定与刑罚裁定的唯一法律根据,现行刑法所谓的法典职能颇显孱弱,法典的权威与稳定无法维护。[②] 为避免刑事规范体系持续不断地变得庞杂与烦琐,为避免刑法法典的稳定与权威免予更大的侵蚀与损害,应尽快重新梳理现行刑法,从根基上厘清法律与法典的区别,以编纂一部能够明确自身地位并对自身职能予以昭示的刑法法典。

四、刑法法典化编纂对我国刑法变革将产生积极影响

一部体例科学、构造严谨、规范协调,符合华夏民族文化传统与现实国情的刑法法典将是坚持发展中国特色社会主义法治理念,建设中国特色社会主义法治体系的必然需要与现实选择。针对现行刑法在理

① 参见《俄罗斯联邦刑事法典》,赵路译,中国人民公安大学出版社2009年版,第12页。

② 虽然任何法律都难以做到周延详尽,对法律条文进行解释是正确适用法律应有之义。但是,如果持续不断地大量颁布法律解释,尤其是司法解释并以此来裁断案件,毫无疑问会对刑事立法权威造成侵害,并不值得提倡。司法机关所应当考虑的是如何使得法律得到更加公正与公平的适用,而不是从司法解释上突破立法法度格限。笔者认为,最高人民检察院与最高人民法院相继编撰出版的系列案例指导汇编才是指导司法实践正确应用的最佳方式。

论研究上的范式与方法、立法规范上的技术与模式、司法实践中的执行与操作中存在的种种不足与问题,从完善社会主义法治体系,推进法治中国建设的角度出发,或早或晚,我们都必将对现行刑法进行全面性修整,或构建一部统一完善的刑法法典,或修正现有的刑事立法并对其从立法模式上进行多样化的法典建构。[①] 有鉴于此,立法改革理论先行,有关本文话题,学界更应从刑法思想、刑法文化、刑法技术以及刑法应用上作出反思,以及现行刑法的法典化编纂,对于我国刑法未来的发展与完善,将会促进哪些深远变革,增添哪些深刻理论内涵,产生哪些积极有效影响。

(一)法典化编纂将推进刑法思想之变革

刑法思想,作为一种法律观念,对于一个国家的刑法体制而言具有决定性的导向意义,对于现行刑法的法典化编纂必然产生重大影响。美国法学家劳伦斯·弗里德曼曾有论及:"法典背后有强大的思想运动,每一部法典的制定,都必定有一定的思想支撑。"[②]一个国家有什么样的法治观念,就会有什么样的法律制度,有什么样的刑法思想,就会制定什么样的刑法法典。刑法思想科学、先进,刑事法治必会展现并实现其所蕴含的法律精神与理念,刑法法典对社会、制度与人权的安全与自由由此达到最大程度地保障与保护。

可以说,任何国家的法律制度或者说法律体系的构建,无一不受法治观念或法制理念的影响,刑法亦是如此。刑法思想观的发展完善必将直接影响刑法理论的发展及刑法规范的完善。为指导刑法典编纂,作为一门严谨的科学,刑法学的理论研究需要打造一套富有理论逻辑且科学理性的思想作指引。回顾以往,我们的刑法学研究尚未构建起一套完整且属于本民族自己的、兼具先进与科学、逻辑与理性的思想体

① 参见童德华:《当代中国刑法法典化批判》,载《法学评论》2017 年第 4 期。

② 参见[美]劳伦斯·M. 弗里德曼:《法律制度》,李琼英等译,中国政法大学出版社 2004 年版,第 241 页。

系。在探索国民刑法观念的道路上,刑法学者的跋涉才刚刚起步。近些年,虽然不断有探索者能够跨越时空与地域所限去打破传统学说的壁垒,探寻刑法思想的真谛。但是,究其根本,固定的研究套路与理论范式禁锢了研究者的头脑,刑法研究的新理念、新思路与新构想,主流研究并未做到实质性的涉及,很多研究活动在本质上无法超越现行刑法囊括的理念范畴与理论框架,部分研究还在不断尝试沿用、套用、滥用国外陈旧的思想观念改造我们的刑法体系,其结果可想而知。在刑法法典化编纂成为必要之时,面对现行刑法存在的问题,第一有待反思,第二有待创新。

(二)法典化编纂将有助刑法文化之铸造

法治国的核心在于如何构建一个民主、自由、平等、安全、有序的法治社会,这是人类社会得以积极发展的重要保障。我国是积极推进法治建设的社会主义国家,继承和弘扬中国传统刑法文化对于我们的法治国建设具有铸造国家根基、修复民族灵魂的深刻意义。中国自己的法治建设,还是要以华夏法治文明与法律文化为土壤。中华民族的法律文化本就博大精深,源远流长。承载于华夏历史长河中的刑法观念与刑事制度更是中华法系文化宝库中的一颗明珠,是中华民族与世界各族人民宝贵的文化遗产。传统刑法文化如"德刑并用,以德为主""明德慎罚""以刑弼教""诸法合体,以刑为主"等法律思想不但铸造了华夏刑事法律文化的品格,也展现了东方法律文化蕴含的精神,与党和政府全面推进依法治国、建设社会主义法治国家的执政理念紧密相连。[①] 毫无疑问,这样丰厚的法律遗产,对于我们构建现代法治理论、架构现代法治蓝图具有基石般的意义与价值。

但是,在当代刑法学的理论研究进程中,传统刑法文化的核心理念尚未得到完全的贯彻和推行,其价值追求与思想内涵没有得到学者们

① 参见任剑乔、鲁幽:《编纂刑律大典,传承法治文明——〈中华大典·法律典·刑法分典〉评述》,载《出版发行研究》2016年第2期。

的关注与探讨。一些学者极力推崇他国刑法文化的引进,忽略本国刑法文化的传承,忽视具有本民族特色与内涵的刑法文化才是中国刑法发展的思想基础与理论支撑。学者们在孜孜不倦挖掘国外刑法思想内容的同时,似乎忘记作为具有五千多年华夏文明历史的我们,勤劳的祖先在民族发展进程中积累下丰厚的法律文化遗产,外国当代法文化中的很多思想在我们的法文化发展史上都曾被论证并得以验证。[①] 我们要谈社会主义刑事法治的发展与当代中国刑法的法典化,首先就需要刑法在思想、文化、理论观念上有所发展,要注重在理论体系构建中保持自身的民族文化血统。因为民族文化在不断铸造着我们的民族精神,而民族精神是一个国家、一个民族的不朽灵魂。正如德国法学家萨维尼(Friedrich Carl von Savigny)所认为的那样,"法律以及语言,存在于民族意识之中",提出"法律的本质就是民族精神"的经典论断,并作出结论"一个国家的法律体系就是其固有的民族精神之长期的、不易觉察的作用的结果。随着民族的成长而成长,随着民族的壮大而壮大,最后随着民族对于民族性的丧失而消亡"。[②]

历史和经验已无数次地昭示,无论中外,国家的持续繁荣与昌盛需要具有本民族特色的精神理念做支撑,法律同样不离其外。"一个国家、一个民族不能没有灵魂。"[③]中国刑法文化的精神内核与理念,不要在外国的刑法思想中去寻找根源,而应从本民族的文化传统中去挖掘、承继、延续与修正。在历史传承中创造具有独特民族意蕴的国民刑法

---

① 例如,法治国的诸多理念在我们传统法家经典哲思中就有揭示。管仲就曾有言:"威不两错,政不二门,以法治国,则举措而已。"(《管子·明法》)

② 在其看来,"民族的共同意识(common consciousness of people)乃是法律的特定居所"。法律绝不是那种应当由立法者以专断刻意的方式制定的东西,法律首先是由一个民族的特性,也就是所谓的"民族精神"(volksgeist)所决定的,是民族精神缓慢、渐进、有机发展的结果,受到民族精神的影响,每个民族都会逐渐形成一些特色的传统和习惯,而通过对这些传统和习惯的不断运用,它们逐渐地变成了法律规则,只有对这些传统和习惯进行认真地研究,人们才能发现法律的真正内容,才能发现法律的精神。因此,法律是"民族精神"的自然言说。参见李宇先:《法律是"民族精神"的自然言说》,载《人民法院报》2005 年 7 月 22 日,第 B03 版。

③ 习近平:《一个国家、一个民族不能没有灵魂》,载《党史文苑》2019 年第 5 期。

文化是当下中国刑法学者应当完成的重任。在刑法法典化编纂过程中,刑法学者应当具有足够的信心和勇气来承担一个更为重大的历史责任,即通过打造具有民族精神与国家属性的中国刑法来塑造东方刑法文化品牌。

(三)法典化编纂将促进刑法技术之提升

刑法是成文法,有其稳定性要求。但是,刑法适用于社会生活的方方面面,法典的稳定性与适时性一直是刑法发展进程中一对需要不停调和的矛盾。社会生活不仅层面繁多,且复杂多变,刑法既不能为了稳定失去效用,也不能为了效用而"朝令夕改"忽略稳定。为增强刑法对社会变革的适应性,立法机关必须随时协调现行刑法,以保障其自身法规范的明确性,同时增加其法适用的灵活性。从这一层面上讲,刑法法典应当在法典模式、体例结构、语言表达、规范设置及条文组合等方面构筑一个科学合理且灵活多变的立法系统,以求刑法在面对各种复杂多变的社会现象时能及时做出反应并有效地在现实社会中应用。

因此,如何通过提高刑事立法技术以完善刑法法典的构造与功能,也是当代中国刑法学者应予关注的话题。在刑法的法典化编纂问题上,应投入更多的研究力量到提高刑事立法技术的问题上,明确采取何种技术手段与方法,从法典结构设置、规范语言适用、罪刑阶梯配置,以及在法典体系内划分不同区段以进行有针对性地调整与修订等方面入手,通过科学合理、逻辑规范地设计、规置法典的体系构造与规范条文,以求刑法得以灵活有效地适用,理论得以持续稳定地发展,社会主义刑事法治的目标得以最大程度地实现。

(四)法典化编纂将提高刑法应用之实效

刑法的应用,实际上也就是指刑法法典如何在具体司法实践中的适用。从现行刑法来看,很多罪刑相当的案件不能得到大致等同的裁判,其直接原因往往在于不同的司法者对现行刑法条文及相关的刑事规范依据存在理解与适用上的差异。一言之,缺乏精准、明确、规范、缜密、统一的刑法法典是造成这一问题的主要原因。究竟是一“典”明定的法律根据更便于司法活动中的定罪量刑,还是需要不断在各种纷乱复杂的法律规范中寻找准确的立法依据以求相对公正地推导定罪量刑更为便利,对于司法者来讲,何者更为轻松、准确,答案应显而易见。典籍化立法的原意就在于遏制司法者的恣意擅断与过度的自由裁量,如果没有规范统一的法典作依据,司法者在罪刑裁量中的自由权限只会被无限制地加以滥用。

对于国家与社会治理来讲,毫无疑问,刑法典编纂的意义十分重大。但是,刑法典的应用意义又远远大于刑法典的编纂。编纂一部好的刑法典已经很难,但要保障一部刑法法典能够得以准确恰当地适用,则有更多问题需要探讨。因为刑法规范成文、典籍、固定,但适用者却灵活多变各有不同。现实社会中,经常会有案件性质相同但刑罚裁量结果不同的状况发生。近几年间,针对多起反杀案中有关正当防卫在认定标准与裁量结果上的大量争议已经说明,司法实践中如何适用刑法的问题是多么的重要。同时,刑法适用者在资质上的不确定性也必然会导致同时依据固定的刑法条文裁量案件,但依旧产生不同的适用方式与法律后果的情况。因此,刑法典编纂必须考虑法典应用的实际功效。如果刑法应用问题不解决,刑法典功效必然难以发挥最好的效果。

打造一部品质优良的刑法法典,是一个艰巨的工作,需要在恰当的历史时期与社会背景下有优良技艺的“法匠”进行操作。而刑法典的适用,就好比一件制作精良、性能优越的工具,如果没有一个善于使用工具的人,再好的工具也将会成为废铁。所谓千里马之于伯乐才是千里马,只有好的刑法适用者才能保障法典应用富有成效,一部刑法典才能在最大程度上发挥它的功能与作用。

五、无法完结的探讨

刑法的法典化编纂是一个艰难且宏大的问题。限于立意、篇幅与能力,本文可能难于证述其一二,行文完结之时尚有许多未能言尽之话题,在更为深入的思考与探讨中笔者将会尽力对其进行逐一地论证。

其一,法典化编纂或许是刑法学界即将面对的最为艰巨的变革。法典化编纂是国家重要的立法活动,是法创制的结果。从各国经验来看,任何国家的刑法法典化都不是简简单单的事情,我们亦然。可想而知,要将一系列杂乱零散的刑事规范重新整合成一部典籍化的法典,其艰难与阻力可想而知。对于我国现行刑法的法典化编纂,之于刑法改革者来讲注定会是一个非常曲折艰难的法治变革进程。遵循当下的思想传统与立法习惯或许会更加便利安逸,突破形成以久的习惯与传统则是更为艰难的选择与挑战。于此,学界应理性看待刑法立法模式的典籍化。应当清楚,推动现行刑法法典化编纂更有利于刑法规范的完整与体系化,更有助于塑造刑法的权威,保持刑法的稳定。虽然,我们已构建起较为完善的刑法体系,“97刑法”的颁行彰显出我国老一代刑法学家与当代刑法学者在共同努力下取得的丰功伟绩,见证了新中国在刑事立法领域内的重大展开与刑法立法水平的快速提高,确立了现行刑法在刑法规范体系中的主导地位。不过,现行刑法主导地位的树立,不意味对刑法规范载体存在出现其他模式可能性的事实就必须予以否定。在始终处于变动进程中的社会生活面前,现行刑法,不可能永远只是一个完备而封闭的体系,现行刑法同样不可能不对复杂的社会关系和犯罪形势的不断变化不作任何形式的回应。

其二,刑法变革源自打破传统壁垒。在社会主义新时代法治变革背景下,构建具有本民族特色的国民刑法典这一历史时期应当开启。法典编纂将突破传统法律框架的藩篱,从根基上对刑事立法进行全面的清理与修订,目的就是要构建起一个逻辑完整缜密、条文精准规范、构造科学合理的刑事立法模式与刑事规范体系。正视现实,现行刑法当前出现的缺陷与问题,已不仅仅是对其中的某一个或某几个层面的修修补补就可以纠正的。“通过编纂统一刑法典,将1997年以来的刑事立法解释、司法解释和规范性文件作一系统梳理,对于合理成分予以吸收,对于有争议的问题予以明确。”我们要对现有的刑事法律、法规进行典籍化、系统化的规范整理,要对某些不适当的规范进行废止、修改以消除其中相互冲突、矛盾、重叠的部分,要补充一些适时性的法律规范以消除立法空白,加强规范间的协调,使各法律规范形成一个具有共同原则的,有着内在联系的新的同一体。① 我们应当有足够的信心创建一个更为完善的刑法体系,编纂一部更具华夏民族传统特色与优势、更能彰显东方法律人文底蕴与情怀的国民刑法典。唯其如此,方可更好地适应和促进社会形势与社会发展,方能真正达致人权保障与良法善治的完美实现。

其三,刑法学者要做什么样的学术研究。反思中国现行的刑事法律制度,很多理论、思想根本无法在中华法系中寻根溯主,找到来源。中华民族几千年灿烂辉煌的刑法史,在现今的法学研究领域之内,存留下的也只是凤毛麟角而已。从法律的发展史观视角来看,中华民族的文化属性与优良传统具有数千年的历史传承,传统的刑事法制思想对当代刑法观念的形成与发展应当更具深远影响。立足于深厚的华夏刑法文化基蕴兼考察他国相应的刑法理论思想编纂一部具有本民族特色的国民刑法典,才是建设中国特色社会主义刑事法治理论体系、构建具有华夏民族思想内涵的东方刑法文化的最好体现。

Reflection on the Concept of the Development of Criminal Law: Causes and Discussion on the Codification of Criminal Code in the Context of Rule of Law Reform

Zhao Lu

[**内容摘要**]受传统语义影响与立法观念限制,现行刑法在法典结构与功能上存在缺陷,不能充分体现新时代法治社会背景下一部成文法典所应具有的属性与价值。秉承党领导人民复兴中华民族,全面推进依法治国基本方略,保障国家的长治久安与社会秩序的稳定和谐,应对现行刑法进行全面修整及法典化编纂,从法典结构、原则、规范、术语各方面确定其法典地位、补充其法典规范、完善其法典功能,使其成为

① 童德华:《当代中国刑法法典化批判》,载《法学评论》2017 年第 4 期。

一部传承中华民族法律思想、昭示社会主义法治精神、体现国家法制公平公正的国民刑法典。这既是延续传统刑法理念,打造本土刑法文化,提高刑事立法技术,增强刑事司法实效的现实需要,也是顺应社会发展,完善国家法治,切实践行新时代刑事法治思维的现实选择。

[**关键词**]刑法发展观;立法模式;成文法典籍化;刑法典编纂

Abstract: Influenced by traditional semantics and limited by legislative ideas, the current criminal law has defects in the structure and function of the code, which can not reflect the attribute and value of a written code under the background of a society ruled by law in the new era. In order to uphold the party's leadership of the people in revitalizing the Chinese nation, comprehensively promote the basic strategy of governing the country according to law, and ensure the long-term stability of the country and the stability and harmony of social order, the current criminal law should be comprehensively revised and codified, determine its code status, supplement its code norms and improve its code functions from the aspects of code structure, principles, norms and terminology, so as to make it a national criminal code that inherits the legal thought of the Chinese nation, proclaims the socialist spirit of the rule of law and embodies the fairness and justice of the national legal system. This is not only the practical need to continue the traditional concept of criminal law, create local criminal law culture, improve criminal legislation technology and enhance the effectiveness of criminal justice, but also a realistic choice to comply with social development, improve the national rule of law and practically practice the thinking of criminal rule of law in the new era.

Keywords: Concept of Criminal Law Development; Model of Criminal Legislation; Codification of Statutory Law; Codification of Criminal Code

偏激民意对刑事立法的消极影响及其克服

柳忠卫[*]　张民兴[**]

目　次

一、"偏激民意"概念的提出
二、偏激民意的图景
三、偏激民意对刑事立法的消极影响
四、刑事立法对消极影响的自我克服
五、结语

一、"偏激民意"概念的提出

(一)概念之范畴:刑罚因何扩张

概念源自范畴,概念界分范畴。① 本文所提"偏激民意"源自"刑事

* 山东大学法学院教授、博士生导师,法学博士。
** 山东大学法学院硕士研究生。

① 参见[英]H. L. A. 哈特:《法律的概念》,许家馨、李冠宜译,法律出版社2006年版,第15页。

立法依据”这一范畴,其着眼于民意与刑事立法的关系。[①] 相比民意与刑事司法的关系,前者的研究有待开垦。[②] 晚近十年随着刑事立法活动的频繁展开,刑法理论界出现了积极立法观与消极立法观的分野。[③] 受到“只是抽象议论,缺乏现实意义”指摘的消极立法观,难以对前者作出实质性回应。[④] “诸如从情绪化等角度进行批评,显然缺少足够的理论支撑,亦难以撼动积极立法观的价值基础。”[⑤]笔者认为解决这一难题的关键在于将目光从“刑罚权如何扩张”挪至“刑罚权因何扩张”。只有厘清“刑罚因何扩张”这一前提,才能使法律对社会的回应具有“较为客观的公共目的”,不至沦为纯粹的统治工具。[⑥] 通说认为,刑法

---

① 社会传播学范畴中与此对应的概念是“道德恐慌”,由社会学家斯坦利·科恩(Stanley Cohen)提出,指某种状态、情节、个人或团体被公众定义为对社会价值和利益有害的一种威胁而产生的恐慌情绪。本文多受其启发。See Stanley Cohen, *Folk Devils and Moral Panics: The Creation of the Mods and Rockers*, Routledge, 2011, p. 1; Erich Goode and Nachman Ben-Yehuda, *Moral Panics: The Social Construction of Deviance*, Wiley-Blackwell, 2009, p. 37 – 43.

② 如关于回应型司法和司法公信力的研究。参见涂云新、秦前红:《司法与民意关系的现实困境及法理破解》,载《探索与争鸣》2013年第7期;于晓青:《司法裁判中的法理与民意》,载《法商研究》2012年第5期;胡铭:《司法公信力的理性解释与建构》,载《中国社会科学》2015年第4期。与此相对,学界对民意和立法的关系研究还需深入。

③ 其他各种立法观大抵为两者变种。两者争论的实质是:刑法如何合理划分犯罪圈。前者认为刑法应该通过积极有序的犯罪化应对社会的变化;后者则认为刑法应该坚守补充法和后盾法性质,本着谦抑精神,尽量避免干涉范围的扩大和刑法资源的浪费。具体参见周光权:《积极刑法观在中国的确立》,载《法学研究》2016年第4期;付立庆:《论积极主义刑法观》,载《政法论坛》2019年第1期;刘艳红:《我国应该停止犯罪化的刑事立法》,载《法学》2011年第11期;何荣功:《社会治理“过度刑法化”的法哲学批判》,载《中外法学》2015年第2期。

④ 参见张明楷:《增设新罪的观念——对积极刑法观的支持》,载《现代法学》2020年第5期;周光权:《论通过增设轻罪实现妥当的处罚——积极刑法立法观的再阐释》,载《比较法研究》2020年第6期。

⑤ 孙万怀:《刑法修正的道德诉求》,载《东方法学》2021年第1期。

⑥ 参见[美]诺内特、[美]塞尔慈尼克:《转变中的法律与社会:迈向回应型法》,张志铭译,中国政法大学出版社1994年版,第16~17页。

的正当根基来自对刑法法益的保护。[①] 从认识论角度讲，作为客体的保护利益，只有加之主观能动性才能被主体所通晓。基于此，民意必是认知“保护利益”的关键途径。法益概念的“符号本性”意味着其在知识里可被塑造、改变和转化，也就是说它是可以随意被社会界定和构建的。[②] 民意无疑是社会表达自身观点最重要的依据。在此意义上，与其说法益是被（法学家）发现的，不如说其是被（某一群体）表达的。[③] 因此可以说，“民意”是影响刑事立法的关键因素。

（二）概念之含义：民意亦可偏激

关于“民意”能否偏激，存有两种声音。否定说对此否认，并将其视为了解民生问题的关键途径。[④] 肯定说则认为民意必然偏激，将其视为“群体无意识”的情绪化表现。[⑤] 上述观点在民智未开的 18 世纪或许有些道理，但在民智普遍开化，权利意识渐强的当代早已有失公允。上述观点两极化的原因在于：民意未被精准细分，以致混淆“民意”与“偏激民意”，要么将两者等同，要么将两者彻底割裂。“民意”是

---

① ［德］汉斯・海因里希・耶赛克、［德］托马斯・魏根特：《德国刑法教科书》，徐久生译，中国法制出版社 2017 年版，第 11 页；［日］西田典之：《日本刑法总论》，王昭武、刘明祥译，法律出版社 2013 年版，第 24 页；［意］杜里奥・帕多瓦尼：《意大利刑法学原理》，陈忠林译，法律出版社 1998 年版，第 77 页。

② 如日本学者伊东研祐认为：法益不过是为了表示犯罪的客体、刑罚规范的保护客体或者目的等以刑法学为中心一直被沿用的“词语或者概念”而已，使用者在使用过程中可自由赋予其含义。参见［日］伊东研祐：《法益概念史研究》，秦一禾译，中国人民大学出版社 2014 年版，第 9 页。

③ 参见［德］克劳斯・罗克辛：《德国刑法学总论》（第 1 卷），王世洲译，法律出版社 2005 年版，第 16 页。

④ 参见卢建平：《加强对民生的刑法保护》，载《法学杂志》2010 年第 12 期；叶梓：《让立法承载更多“民意”》，载《时代主人》2020 年第 10 期；元茂荣：《从广泛民意中汲取立法智慧》，载《浙江人大》2020 年第 8 期。

⑤ 参见孙万怀：《论民意在刑事司法中的解构》，载《中外法学》2011 年第 1 期；刘宪权：《刑事立法应力戒情绪》，载《法学评论》2016 年第 1 期。

启蒙运动的产物。卢梭将其分为"公意"(general will)和"众意"(will of everyone),前者着眼于公共利益,是人民集体意志的体现,后者仅指个别意志之总和。[①] 密尔在此基础上将现实中的众意定义为民众意愿(will of the people),包括代表大部分民众的意愿或最活跃民众的意愿。[②] 综上,民意可大致分为狭义民意和广义民意:前者指全体民众在充分交流和理性思考下对公共利益所达成的意见,后者指部分民众对公共事务或社会现象所秉持的较为相近的态度、观念和意见之总和。

霍布斯创设了"一切人反对一切人"的自然状态:身处其中的自私人类出于自保,必会放弃珍贵权利而寻求达成某一契约。[③] 贝卡利亚以此"自然状态"为视角提出:人类通过转让一份份最少量之自由而结晶形成惩罚权,以阻止"个人专横的心灵把社会的法律重新沦入古时混乱之中"。[④] "人类天生都是自由、平等和独立的,如不得本人同意,不能把任何人至于这种状态之外,使受制于另一个人的政治权利。"[⑤] 以此为基础,刑法得以代表并维护全体社会成员之核心利益。广义民意是刑事立法中划定干涉范围的重要依据。西原春夫将其称为立案的原动力或刑法的基本要素。因为其在一定程度上反映了国民保护自身利益的欲求,而这种欲求是制定刑罚所必须考虑的。[⑥] 广义民意包含理性和非理性的民意,只有理性民意才具有影响刑事立法的正当性。涂尔干认为,如果一种行为触犯了强烈而又明确的集体意识,那么这种行为就是犯罪,这种集体意识不因个体、时间和空间的改变而改变。[⑦]

---

① See Jean-Jacques Rousseau, *The Social Contract*, Oxford University Press, 1999, p. 66.

② See John Stuart Mill, *On Liberty*, Yale University Press, 2003, p. 75.

③ See Thomas Hobbes, *Leviathan*, Oxford University Press, 1998, p. 82 – 110.

④ [意]贝卡利亚:《论犯罪与刑罚》,黄风译,中国方正出版社 2004 年版,第 7 ~ 8 页。

⑤ [英]洛克:《政府论》(下),商务印书馆 1996 年版,第 59 页。

⑥ 参见[日]西原春夫:《刑法的根基与哲学》,顾肖荣等译,法律出版社 2004 年版,第 95 ~ 99 页。

⑦ 参见[法]埃米尔·涂尔干:《社会分工论》,渠东译,生活·读书·新知三联书店 2000 年版,第 42 ~ 43 页。

与此对应，在结果层面与理性民意看似相同的偏激民意（非理性民意）虽同是部分民众之意见合集，却不具备影响刑事立法的正当性。原因在于：从宏观看，其为个人片面、情绪化欲求的简单叠加；从微观看，民众个体未经通盘了解并进行理性衡量；从历程看，其仅为短期聚集而成，未经历长期积淀；从效果看，其并非公众可通约性价值观念的准确表达。

二、偏激民意的图景

中国自古便有“顺应民意”之传统。正所谓：“民惟邦本，本固邦宁。”①“以民为本”的思想为当代执政者所继承，形成“以人民为中心”的治理理念，并透过刑事政策作用于刑事立法中。但此“民意”与“偏激民意”并不相同。具体而言，“偏激民意”具有以下特点。

（一）多聚焦于刑事个案

“社会不是以法律为基础的。那是法学家们的幻想。相反地，法律应该以社会为基础。”②学界对“刑事个案”的具体定义并不明确。③《辞海（词语卷）》将“个案”解释为：作为特殊情况下的个别案件或事例。其中，“个别”有单个或少数两种应然之义。在法学语境下，其分别对应“法适用”和“法制定”两个层面。在法适用中，个案通常表示某一个具体的案件，即三段论推理中的待决事实；在法制定中，个案一般代表与“多数案件”相对应的“少数案件”。本文所论之“个案”指后

---

① 陈成国：《尚书校注》，岳麓书社2004年版，第34页。

② 参见《马克思恩格斯全集》（第6卷），人民出版社1979年版，第292页。

③ 如姜涛提出“案例立法”概念，但仅将其定义为立法阻却事由这一“属概念”，未从“种概念”层面具体展开。类似还有周光权提出的“特例立法”概念：指针对罕见个案而非普遍现象的立法。具体参见姜涛：《刑法立法阻却事由的理论界定与制度前景》，载《中国法学》2015年第2期；周光权：《〈刑法修正案（九）〉（草案）的若干争议问题》，载《法学杂志》2015年第5期。

者。笔者认为偏激民意所关注的"个案"有三个特征。一是发生概率较小。案件的发生概率指某类案件在特定时间内发生的次数,是表明案件多少的最主要指标。二是概率相对较小而非绝对较小。案件发生率是相对概念,其应与相似违法行为类型相比较。三是纯粹偶发或现行规范可解决。"法律不应理会稀罕之事",纯粹偶发案件对于立法者没有任何参考价值。为现行法规范可调整的案件重复立法必然违背"如无必要、勿增实体"的思维经济原则。

个案本身不具备推演出法规范的特性。一方面,两者实际分属于不同维度,前者是"实为",后者是"应为",两者之间难以直接沟通。①亦即,刑事立法对于特定事实行为是否予以犯罪化决策,须建立在诸如法益衡量等其他价值评判基础上。另一方面,构成要件具有自由保障机能和区分罪与非罪的个别化机能。② 两机能的实现与其类型化特征密不可分。立法者在形成规范时,总是将反复出现的、具有共性的事物整理、提炼为类型。③ 这必定建立在相当数量的案件之上,否则提炼出来的"共性"要么过于限缩,要么过于宽泛,无益于准确定罪量刑。

(二)呈现单一对立价值

偏激民意往往表现出两极对立的单向度价值取向,原因在于民众深受"善恶二元对立"之朴素正义的影响。正义有张"普罗透斯似的脸",变幻无常。④ 经验主义者休谟认为,正义是为弥补某些心灵特质与外界情况结合而产生的种种不便而达成之协议;⑤理性主义者康德认为,正义是自理性派生而来的先验概念,包含"精密思辨能自此

---

① 参见徐显明:《法理学原理》,中国政法大学出版社2009年版,第44页。

② 张明楷:《刑法学》(第5版上),法律出版社2016年版,第116页。

③ 参见杜宇:《基于类型思维的刑法解释的实践功能》,载《中外法学》2016年第5期。

④ 参见[美]E.博登海默:《法理学——法律哲学与法律方法》,邓正来译,中国政法大学出版社2017年版,第266~267页。

⑤ 参见[英]大卫·休谟:《人性论》,贺江译,台海出版社2016年版,第541页。

发展之一切事物”;①罗尔斯则认为正义最重要的问题是社会和经济的不平等及以此为基础的合法期望的调节。② 上述观点共通之处在于将正义视为一种理想的价值评价标准,进行此价值衡量的前提是“理性的人和理性的分析”。③ 但这与“朴素正义”早已相去甚远。正如“朴素”所蕴含的“最初”之意,两者是起点与终点的区别。与其纳入正义的范畴,毋宁将其视为一种未经总结升华、检验引导的初步道德感。

在经验哲学看来,“善”与“恶”仅是一种价值符号,其本质是一种情绪。④ 人们一开始相互品评,尊重的观念便在他们心灵中形成,善的观念随之产生;一切有意的伤害都变成了凌辱,恶的观念也随之产生。⑤ 伴随恶行而来的是正义的惩罚。在任何惩罚本身中,都必须首先有正义,而正义就构成惩罚概念的本质。⑥ 因此,善恶之分造就了正义的起源,而“对恶之惩罚”则为“正义”这一符码注入最初的价值内涵,这便是“素朴正义”的本质所在。朴素正义有着深厚根基,从“杀人偿命,欠债还钱”“以其人之道,还治其人之身”等俗语可窥一斑。反对邪恶以及代表邪恶的强权是民众关注的永恒主题。正如福柯所言,在反对法律、富人、权势者、官吏等方面极易获得人们的认同,哪怕是日常生活中的微小斗争都能变成英雄史诗。⑦ 在多种因素聚集下,一个简单却符合本能冲动的内在伦理共识逐渐形成,成为国人的共通之感和说理前提,进而凝聚成特定社会群体的长期积累的情感记忆,其中最强

---

① 参见[德]康德:《纯粹理性批判》,蓝公武译,商务印书馆1997年版,第65页。

② 参见[美]约翰·罗尔斯:《正义论》,何怀宏、何包钢、廖申白译,中国社会科学出版社1988年版,第80页。

③ 参见[美]约翰·罗尔斯:《正义论》,何怀宏、何包钢、廖申白译,中国社会科学出版社1988年版,第9页。

④ 参见[英]洛克:《人类理解论》,关文运译,商务印书馆1983年版,第328页

⑤ 参见[法]卢梭:《论人类不平等的起源和基础》,李常山译,商务印书馆1997年版,第126~141页。

⑥ 参见[德]康德:《实践理性批判》,韩水法译,商务印书馆2000年版,第40页。

⑦ 参见[法]米歇尔·福柯:《规训与惩罚:监狱的诞生》,刘北成、杨远婴译,生活·读书·新知三联书店2003年版,第72页。

烈的情感诉求是“追求善良、消灭邪恶”。“在公众视野中,被认知为司法个案的任何社会事实,都是善与恶的一种展示,而惩恶彰善的人性取向决定了社会公众自觉地以善恶作为对个案是非判断的重要依据。”①总之,偏激民意植根于民众对“善”与“恶”的朴素认知中,这种价值来源具有单一性、对立性、部分性和片面性;与之对应,理性民意形成于多种价值观的不断碰撞和交融之中,这种价值来源无疑更具有多元性、包容性、完整性和全面性(见图 1)。

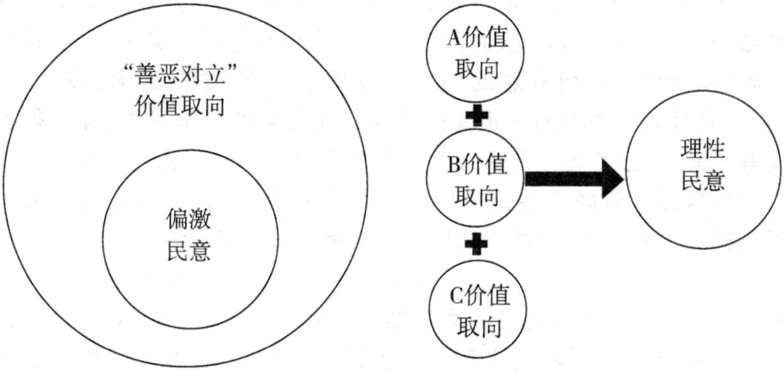

图 1　偏激民意与理性民意价值来源对比

(三)因时因地不断变化

偏激民意随表达群体、传播时间和聚集平台的不同而变化。原因在于偏激民意是对现实的应激式反应,本质是一种运用直觉解决问题的思维。其强调“恶”都应被惩罚。刑法是一般社会大众在各种法律中最感兴趣的领域,各形各色的犯罪情节是民众历久不衰的关注主题。② 在个体高度关联化、风险不确定的今天,情感易将我们

---

① 顾培东:《公众判意的法理解析》,载《中国法学》2008 年第 4 期。

② 参见林山田:《刑法通论》(上册),北京大学出版社 2012 年版,第 2 页。

带入被害人角色,进而在民众个体中引发一种感同身受的情感。因此,人们对犯罪的憎恶远大于宽宥,常常一提犯罪,不论罪刑轻重,便机械地认为“犯罪 = 恶”“犯罪 = 恶人”,对其均应予以刑罚甚至重刑治之。[①] 可见偏激民意实质为情绪化意见和个人偏见欲求的集中表达,极易受外部因素干扰。此种民意难以成为反应民众真实诉求的理性民意。

三、偏激民意对刑事立法的消极影响

刑事立法过程是一个由立法者到守法者,再由守法者到立法者的闭环过程。法律者为链接两者的中介点。只有透过偏激民意对这三者的影响轮廓,才能完整展现其对刑事立法影响的全貌。

(一)立法者层面

立法者总是针对某一特定社会现象而立法,并将其“溶入”构成要件中。[②] 因此,立法者视线始终离不开社会中的各种“现象信息”。互联网的兴起使得“传统信息”变为“现象信息”。同时,大量亟须“惩恶扬善”的刑事个案在多重因素影响下不断呈现。必须对其回应的压力最终反应至立法中。“刑法在建立和维护规则方面具有的关键作用,在增强规则执行方面体现的直接效力及在塑造道德权威方面具有天然优势。”[③]这使其在与其他法律规范竞争中脱颖而出,被立法者优先选择。根据法的“规范失灵”理论(the law of“normative failures”),社会规范具有灵活度高和成本低的优势,当规范自身失灵

① 参见郑丽萍:《轻罪重罪之法定界分》,载《中国法学》2013 年第 2 期。

② 参见[德]卡尔·拉伦茨:《法学方法论》,陈爱娥译,商务印书馆 2019 年版,第 73 页。

③ Paul H. Robinson, *The Criminal-Civil Distinction and the Utility of Desert*, 76 Boston University Law Review, 212 - 213(1999).

或失效时,合理的社会控制体系通常才会以法律补充规范。[①] 国家和社会不应寄希望于刑法去创设一个高效文明的现代治理体系。古代的社会治理大多是"大棒加胡萝卜"模式,作为"大棒"的法(古代刑法)从未被看作规范私人活动和经济活动的手段,而是被视为维护政治和公共秩序的纯粹工具。[②] 但现代意义之刑法则完全不同。不可否认刑法具有天然的"工具属性",但这种属性必然受到法治国原则的严格限制。立法者对偏激民意的回应会过度彰显刑法工具属性,会损害刑法的权威。

(二)法律者层面

以法律知识的创制、学习和运用为核心任务的人就是法律者。在当代社会,许多民众更愿独自获取信息并凭模糊道德感作出判断;很多法学专家也减少或放弃与公众互动,退守一亩三分地内,仅同领域内人士打交道。法律从业者互动的缺失会产生"劣币信息"驱逐"良币信息"的效果,信息的单向流通也会导致"信息茧房"的产生。[③] 上述现象会对刑法产生以下影响:(1)影响刑法"司法法"的性质。刑法是司法法,以法的安定性为指导原理。[④] 法的安定性指其认知可能性、操作可能性与实践可能性的安定性。[⑤] 这必然要求犯罪圈的扩大应是可预测及有序的,即有计划地渗入某领域,依"从无到有""由粗到细"原则进

---

① See Robert D. Cooter, *Three Effects of Social Norms on Law: Expression, Deterrence, and Internalization*, 79 Oregon Law Review, 21 – 22(2000).

② See H. Patrick Glenn, *Legal Traditions of the World*, Oxford University Press, 2010, p. 322 – 324.

③ See Cass R. Sunstein, *Infotopia: How Many Minds Produce Knowledge*, Oxford University Press, 2008, p. 9.

④ 参见[日]大塚仁:《刑法概说(总论)》(第3版),冯军译,中国人民大学出版社2003年版,第20页。

⑤ [德]阿图尔·考夫曼:《法律哲学》,刘幸义译,法律出版社2004年版,第274页。

行调整,这符合社会变迁的一般规律,也便于民众更好接纳。此般有迹可循的发展脉络是稳定均衡法律体系的必然要求。[①] 如果公众视野局限于偏激民意的短期背景中,会影响刑法规范的稳定性。(2)影响刑法"补充法"的性质。刑法"补充法"性质是由最低限度原则决定的:刑法在多数情况下必须将犯罪化作为最后手段。[②] 这要求刑法对某现象进行干涉前必须要回答两个问题:除刑法外是否再无其他治理途径?刑法是否可以有效地规制这一行为?这两个问题不仅仅由立法者回答,还应由法律者进行思考。在法律者充分表达之前,如果立法者径直将其划入犯罪圈内,会加大社会对刑法的依赖,反过来将再次促使刑罚扩张。

(三)守法者层面

我们很容易相信,在一个公正的世界里,各种社会危害都有明确并且可以辨别的根源,且均能妥善解决。[③] 当今社会,尤为如此。出于对法治的憧憬,人们希望将所有问题都纳入法治予以消除。[④] 主持正义的刑法顺理成章成为人们希冀解决所有问题的良药。在智能化信息时代,信息传播主体的多样化和信息平台的互动性使得民众的公共精神开始觉醒,但受身份匿名、关系平等和表达随意等特性影响,个体情感宣泄性信息亦开始涌现。因民众理智化、法治化和自制化程度参差不齐,公共精神难以被有效唤醒,个体情感往往会取而代之。立法者的回应实质是对个体之回应。此种"反馈—回应"的互动模式将使"刑罚"及其衍生品进入我们的生活。卢梭称刑法为法律的法律,意指刑法为所有法律提供了最为真实可靠的威慑。对国民而言,无论从观念上还

---

① 参见张维迎、邓峰:《国家的刑法与社会的民法礼法分野的法律经济学解释》,载《中外法学》2020 年第 6 期。

② [英]杰瑞米·侯德:《阿什沃斯刑法原理》,时延安、史蔚译,中国法制出版社 2019 年版,第 77 页。

③ 参见[美]亚当·本福拉多等:《公正何以难行:阻碍正义的心理之源》,刘静坤译,中国民主法制出版社 2019 年版,第 242 页。

④ 参见丁伟:《"激情立法"当忌》,载《上海人大月刊》2005 年第 9 期。

是身体上,理应离刑法越远越好。但现实恰恰相反,刑法尤其是刑事立法正逐渐成为人们日常生活的一部分。在思想的洪流中,充斥着个人情感的、非理性的、具有入罪倾向的个人欲求通过共鸣圈扩大,朴素道德情感可能会影响法治理性。偏激民意可能由此而成,并最终辐射至刑事立法中。然而在这场舆论宴中,很少有人发现自己表达的观点并非源于自己,而仅是他人意见的投射。

四、刑事立法对消极影响的自我克服

(一)立法者层面

1. 转变立法价值。立法价值应由"问题导向"转为"观念塑造"。以往立法活动多被视为解决社会问题的手段,这是"问题导向"立法价值的体现。但刑事立法不单单是治理手段,更是普法过程。立法者应以理智客观的立场引领民众的法治观念,而非反其道而行之。价值观是可以由法律创造、培育的。人们可以通过颁布或修改法律,从而使公共舆论按照人们所期待的方向发展。① 要改变传统犯罪观,刑事法的修改是至关重要的契机;因为立法向来都不是少数人"闭门造车"的封闭化过程,无论是立法中的利益博弈,还是立法后的条文阐释,抑或舆论的通俗化解读,都能够起到有针对性的宣传教育作用。② 例如,正当防卫制度从"束之高阁"到"崭露头角"再到如今司法实践中的"全面开花",生动上演了一堂以司法机关为主导、社会公众为听众的普法大课,对法治观念的形成起到了良好促进作用。刑法具有"以非难之法律手段,公正报应犯罪,体现公平正义"的社会伦理性质。③ 此种"分配

---

① 参见[德]伊丽莎白 · 诺尔 - 诺依曼:《沉默的螺旋:舆论——我们的社会皮肤》,北京大学出版社 2013 年版,第 131 页。

② 参见傅达林:《开门修法寻求公私权博弈均衡配置》,载《法制日报》2011 年 9 月 5 日,第 7 版。

③ 参见林山田:《刑法通论》(上册),北京大学出版社 2012 年版,第 4 版序言部分。

正义”与公民正义观紧密相连,应以刑事立法活动引导民众法治正义观的塑造。

2. 彰显立法理性。哈耶克认为制定法律是最具有严重后果的发明之一,其影响比发明火和火药还要深远。① 因为法影响和塑造人类心灵。对于这种力量,立法者不但要慎用、少用,更要理性地使用。刑事立法理性包括立法的形式理性和立法的实质理性。② 在本文看来,立法形式理性主要指立法主体组成的科学性;立法实质理性指立法权力应受的严格规制。1997 年《刑法》的修订由全国人民代表大会通过后,十一个刑法修正案均由全国人大常委会制定并通过。一旦通过,两者在法律效力上无任何区别,均成为现行《刑法》的一部分。但全国人大常委会与全国人大在法律制定的权限、制定权背后的权威性、权威性背后的民主性、民主性背后的正当性方面具有很大差异。③ 立法实质理性强调对立法权力的实质性审查,宪法是其规制的依据。观照行政法和宪法所构建之比例原则,于刑事立法而言,规制方式主要包括手段审查和后果审查:前者主要是审视所采取的立法手段是否适当,即是否可以完整地保护所欲保护之利益而无遗漏或外溢;后者指应选择对国民行为自由伤害最小并可取得最大化立法效益的方案。基于此,在立法前期,一个完整详细的立项报告是必不可少的。其中的核心部分应当包含:本立法解决什么利益矛盾,本法利益安排的基本方案(方向或原则)是什么,有无别的可选方案,这样安排的利弊得失估计,对现在和将来的影响的估计。④

---

① F. A. Hayek, *Law*, *Legislation and Liberty*, Routledge, 2013, p. 69.

② 刘明祥、田宏杰主编:《刑事法探究》(第 3 卷),中国人民公安大学出版社 2009 年版,第 14 页。

③ 参见李怀胜:《刑事立法的共识观及其双重面向》,载《中国刑事法杂志》2015 年第 3 期。

④ 参见黄建武:《科学立法与民主立法的潜在张力及化解》,载《地方立法研究》2020 年第 2 期。

(二)法律者层面

1. 组建以法教义学为中心的法律共同体。欧阳本祺教授提出“刑法学术共同体”这一概念。[①] 此概念还可推而广之“刑法共同体”和“法律共同体”概念。法律体系的完善不仅仅需要立法者的干预,更需要法官和其他法律学习者(others learned in the law)的共同努力。[②] 应当强调的是,其中应当包含立法实务工作者,具有代表性的是全国人大宪法和法律委员会成员,其直接影响立法活动的专业性。[③] 刑法文本的有限性决定其不可能容纳所有犯罪行为,刑事立法的严苛性决定其不可能及时回应所有不法行为。此时以解释论为基点的刑法教义学就显得尤为重要。它为法律共同体提供了比法律文本更加具体完善的预设法律规则。[④] 同时,刑法教义学的准备和输入是刑事立法的必要前提。一方面,刑法教义学具有“指导和评估刑事立法理念和技术的功能”,[⑤]以刑法教义学为基底的立法方案更具有规范性和科学性;另一方面,刑法教义学也为刑事立法的范畴划定大致边界,以防其他不合理因素介入,避免走向纯粹的极端立法论。立法者应忍受法教义学的“批评”,因为“如果一部法律要有较强的生命力,那么立法者事先就必须对有待规范的生活关系、对现存的规范可能性、对即将制定的规范所要加入的那个规范的整体、对即将制定的这一部分规范必然施加于其他规范领域的影响进行仔细的思考和权衡。只有当所有这些前期工作

---

① 参见欧阳本祺:《积极主义刑法观下理论与实践的沟通》,载《检察日报》2020 年 10 月 22 日,第 3 版。

② See F. A. Hayek, *Law, Legislation and Liberty*, Routledge, 2013, p. 96.

③ 参见王起超:《从专门到专业:全国人大专门委员会立法职能的理论阐释》,载《地方立法研究》2020 年第 2 期。

④ 参见[德]乌尔弗里德·诺伊曼:《法律教义学在德国法文化中的意义》,郑永流译,载《法哲学与法社会学论丛》(第 5 卷),中国政法大学出版社 2002 年版,第 15 页。

⑤ 车浩:《刑事立法的法教义学反思——基于〈刑法修正案(九)〉的分析》,载《法学》2015 年第 10 期。

完成之后,真正的立法活动才能开始"。[①]

2. 构建以法益论为基底的立法批判范式。批判立法的法益概念曾被视为"德国刑法学为欧洲法律文化所奉上的最为重要的馈赠之一"。[②] 但近来却屡遭"信任危机"。其原因在于:犯罪化的问题早已为立法者的需罚性思考所支配,为保持其在更大框架内的关联性,法益概念被无限泛化和抽象。[③] 而这无疑也令其失去存在价值。因为"法益"最大的价值在于作为一种先于法律的、隐藏于社会现实的、可以检验规范实质合法性的自然法秩序。[④] 笔者认为,应当以个人利益为出发点,[⑤]坚持严格的、实质的法益概念,以期对刑事立法活动作出反思性批判。具体而言,法益的立法批判机能包括四方面:目的批判、体系批判、要件批判和要素批判。目的批判,指考察是否存在值得刑法保护的法益和"待入罪行为"能否对他人法益造成实质侵害。如同性恋行为中并不存在值得刑法保护的公众性感情,吸毒行为未对他人造成任何实质伤害,两者均不应犯罪化。体系批判指,刑事立法应以不法构成要件所保护之法益为准,将保护相同或类似法益的不法构成要件同列于同罪章中,[⑥]或同一罪的不同款项中。如《刑法修正案(十一)》一次审议稿草案将高空抛物行为增加至《刑法》第 114 条第 2 款。[⑦] "亚条款"

① [德]卡尔·拉伦茨:《论作为科学的法学的不可或缺性——1966 年 4 月 20 日在柏林法学会的演讲》,赵阳译,载《比较法研究》2005 年第 3 期。

② [德]克劳斯·罗克辛:《对批判立法之法益概念的检讨》,陈璇译,载《法学评论》2015 年第 1 期。

③ 参见劳东燕:《风险社会中的刑法》,北京大学出版社 2015 年版,第 45 页。

④ 参见许玉秀:《当代刑法思潮》,中国民主法制出版社 2005 年版,第 26 页。

⑤ 如张明楷教授多次提到类似观点:超个人法益只是个人法益的集合,是以个人法益为基准推演而来的。此种法益概念为刑法的保护对象提供了经验的、事实的基础,并成为检讨刑事立法事实的基础。参见张明楷:《论实质的法益概念》,载《法学家》2021 年第 1 期;张明楷:《论被允许的危险的法理》,载《中国社会科学》2012 年第 11 期;张明楷:《法益初论》,中国政法大学出版社 2000 年版,第 166 页。

⑥ 参见林山田:《刑法各罪论》(上册),北京大学出版社 2012 年版,第 11 ~ 12 页。

⑦ 在《刑法》第 114 条中增加两款作为第 2 款:"从高空抛掷物品,危及公共安全的,处拘役或者管制,并处或者单处罚金。"参见《刑法修正案(十一)》(草案)(一次审议稿)第 1 条。

地位说明其必然被第1款“其他危险方法危害公共安全”行为所包含。[①] 但前者危险性显然达不到后者程度。第114条与第115条实际系同一行为根据法益侵害程度不同而划分的具体危险犯和实害犯。依“抽象危险—具体危险—实害结果”的体系逻辑,对法益侵害程度更低的其他款只能是抽象危险。但第2款中“危及公共安全”显然需由司法机关具体判断,而不可事先拟定,只能是具体危险。[②]《刑法修正案(十一)》第33条将其移至妨害社会管理秩序罪中,正是法益的体系批判机能发挥作用的表现。要件批判,指以规范所欲保护之法益审视构成要件之类型化与具体化。如《刑法修正案(十一)》第2条中的“抢控驾驶操纵装置”行为过于限缩,其对于妨害安全驾驶的行为缺少类型化描述;而“互殴”要件的规定又在一定程度上妨碍司机自卫权的行使。为实现对整车乘客脆弱法益状态的有效保护,应对该罪构成要件进行进一步修整。要素批判,指以规范所欲保护之法益为指导,排除构成要件要素内无关之成分。如《刑法修正案(十一)》第35条的“英雄”与“烈士”,其保护的法益为公众情感:因其在《刑法》第299条之后,故难以将其保护法益定性为个人法益;且该罪本质上属于言论自由的刑法规制范畴,将其法益定义为“公众情感”较之于“社会价值观”等概念更为具体,可更好区分行为的违法性程度,以充分保障公民言论自由之权利。因“烈士”的含义较为明确具体,且极具现实意义,故民众对其存有明确而强烈的情感。这种具体、明确的情感同聚众淫乱罪所保护

① 有学者专门总结了刑法修正案的修正方式:“将刑法第××条第一款、第二款修改为……”为变更型修正用语,指对原有条文进行的变更;“在刑法××条后增加一条作为第××条之一”则属于增加型修正用语,意指增加新的刑法条文。具体参见高永明:《刑法修正案修正规则研究》,吉林大学2012年博士学位论文,第82页。

② 一般刑法理论认为:具体危险犯中的危险是现实化危险,应根据案情进行司法认定;抽象危险是一种由立法者推定的危险。参见张明楷:《刑法学》,法律出版社2016年版,第167页;李晓明主编:《中国刑法基本原理》,法律出版社2010年版,第340页;曲新久:《刑法学》,中国政法大学出版社2009年版,第130页;李海东:《刑法原理入门》,法律出版社1998年版,第133~134页。

的公众性情感法益一样,[1]可类型化为特定的人类生活利益,因而值得刑法加以干涉。但“英雄”含义极为宽广,民众仅对其存有抽象的模糊的道德情感。因此,以要素批判角度出发,这种情感不应被“刑法法益”所涵盖。[2] 否则,将不利于刑法预防目的之实现。需要强调,法益的前述四项立法批判机能应当依据一定的位阶顺序展开(见图2)。目的批判居于首位,因为其是对立法正当性的审视。只有在肯定立法正当性的前提下,才能展开对法条所处位置和其内部结构的批判。位于第三阶层的是“构成要件”批判,旨在考察法益保护方式是否具有明确性和类型性。对“构成要件要素”这一法条基本组成单位的批判应当放到最后,因为其涉及的问题通常还需要结合解释论予以解决。

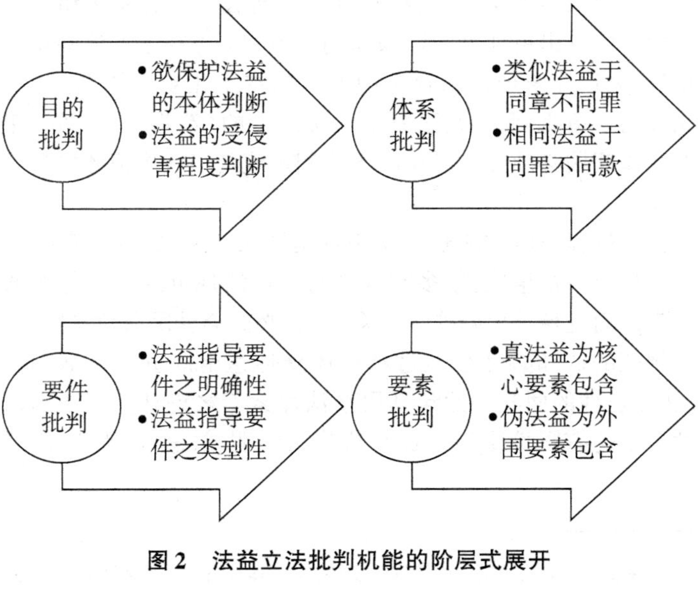

图2　法益立法批判机能的阶层式展开

---

① 参见张明楷:《刑法学》(第5版下),法律出版社2016年版,第1077页。

② 参见[德]克劳斯·罗克信:《刑法的任务不是保护法益吗?》,樊文译,载《刑事法评论》第19卷,第154页。

(三)守法者层面

1. 普法前提障碍的清除。陈兴良教授20年前所提“法学专业槽”理念仍振聋发聩。① 如今呈现出“刑法研究越来越专业化,刑事立法越来越平民化”的趋势。这不仅因为学界愈发倾向于抽象的逻辑规范建构,②以致出现理论和实践分离的局面。更是由于刑法专业性知识只能在领域内传递,难以向外扩散,导致民众以及代表民众的立法者只能以非专业视角审视刑事体系。不可否认,当前刑法学体系内存在“多套话语权并存”的局面,但对于诸多刑事基本原理是具有共识的,这些共识恰是外部输出的重点。退一步讲,不同法律观的表达和交锋往往比单一的价值输出更加令人印象深刻。另一关键在于刑法知识应关注中国场景,创建外来理论结合中国实践的本土化规范体系。“法律是自己民族的创造物,而不是凌驾于人类之上的‘造物主’所赐之物。”③我国的法律问题必须要立足于我国法制传统与当代国情才能最终被民众认可。

2. 普法过程障碍的疏解。立法者是抽象意义之主体,实际由被依法选举的精英民众组成,很多时候其对于刑法规范的认知与普通民众并无二致。而且精英民众作为民众代表,必然会受民众意见影响,民众对罪刑规范的认知必然会通过精英民众传达至刑事立法活动中。因此,立法专业性的回归必然包括民众法律素养之提升。刑法用语的非民俗性及表达有限性决定了民众应当被说明、被教授。④ 以往民众对

---

① 陈兴良认为刑法学是一门严谨的学科,应当具有自己的“专业槽”,非经严格专业训练,不能随便伸进头来吃上一嘴。参见陈兴良:《法学:作为一种知识形态的考察——尤其以刑法学为视角》,载《刑事法评论》2000年第7卷。

② 参见劳东燕:《刑法学知识论的发展走向与基本问题》,载《法学研究》2013年第1期。

③ 王人博:《1840年以来的中国》,九州出版社2020年版,第432页。

④ 参见[德]考夫曼:《法律哲学》,刘幸义译,法律出版社2004年版,第119页。

刑法条文的了解大多来自起诉书、判决书的部分信息。① 如今律师、法官和法学专家等在“教授过程”中的作用愈发重要。② 法律共同体必须要持续地、扩大地对民众及立法者进行有益影响，才能真正起到教授作用。③ 知识分子负有打破常规，破除偏见，传播新思想的任务。④ 法律共同体成员则更为重要。法律人应担负起“普法”责任，走出象牙塔，放下高精尖，发出自己的声音，发出少数人的声音，发出不一样的声音。同时，新闻媒体的责任也不容忽视。早在电视盛行的年代，新闻节目就成为一种娱乐形式。⑤ 如今这种娱乐化的趋势更加显著。这给予我们两点启示：一是提高媒体的专业素养，完善责任监管机制；二是理性对待新闻大数据。立法过程中利用大数据材料，要注意材料的科学性，警惕大数据崇拜，防止落入算法的陷阱。⑥

五、结　　语

在刑法教义学“声誉鹊起”的当下，批评立法的做法似乎很“不合时宜”。但批评仅是手段，为实现下次更好地立法才是目的。“法律规范如同根植于国民的宗教、道德和审美观之中一样，它也根植于国民的良知之中。只有在国民这里，法律规范才找到其牢固的立足点，也只有

---

① 参见张明楷：《妥善对待维权行为 避免助长违法犯罪》，载《中国刑事法杂志》2020 年第 5 期。

② 罗翔教授的视频直播号“罗翔说刑法”在 B 站粉丝已达 1000 万，其视频均为课堂教授的刑法专业知识。单个视频播放量均超 200 万次，其受众已远远超出法科学生。

③ See F. A. Hayek, *The Fatal Conceit: The Errors of Socialism*, W. W. Bartley Ⅲ (ed.), The University of Chicago Press, 1991, p. 136.

④ 参见李培林：《现代西方社会的观念变革——巴黎读书记》，山东人民出版社 1993 年版，第 50 页。

⑤ 参见[美]尼尔·波兹曼：《娱乐至死》，广西师范大学出版社 2009 年版，第 77 页。

⑥ 参见黄建武：《科学立法与民主立法的潜在张力及化解》，载《地方立法研究》2020 年第 2 期。

在国民这里,它才具有其发展的动力。”①可以说,良好的立法始于国民理性的认知与表达。现实中,对于民众对刑事个案的过度关注、立法者对民意的过度回应的社会现象,我们应高度关注。立法者应避免将民意视为立法的唯一参照指标和变量,国家应注重提升国民法治正义,培养法律共同体价值,进一步增强立法者理性造法能力。②

The Negative Influence of Extreme Public Opinion on Criminal Legislation and the Solution

Liu Zhongwei & Zhang Minxing

[**内容摘要**]本文所提“偏激民意”概念源自“刑罚权因何扩张”这一范畴。学界对“民意”的态度呈两极趋势,原因在于,未于精准细分基础上对其内涵进行深入探究。笔者认为其属于广义民意中的非理性民意。偏激民意在中国语境下具有特殊图景,呈现三个主要特征:多聚焦于刑事个案、呈现单一对立价值和因时因地不断变化。其透过立法者、法律者和守法者对刑事立法活动产生深远的消极影响。学界应当对此现象进行反思,围绕前述三方面对消极影响进行克服,以促进刑事立法活动的健康发展。

[**关键词**]偏激民意;刑事立法;消极影响

Abstract: The concept of “extreme public opinion” proposed in this paper originates from the category of “why the penalty power expands”, and the attitude of academic circles towards “public opinion” is bipolar. The reason lies in the lack of in-depth exploration of its connotation on the basis of accurate segmentation. This paper holds that it belongs to the

① 参见[德]弗兰茨 · 冯 · 李斯特:《德国刑法教科书》,徐久生译,法律出版社 2000 年版,第 4 页。

② 参见吴亚可、郝乐:《我国当代刑事立法的经验思维检讨》,载《刑法论丛》2018 年第 4 卷,第 204 页。

irrational public opinion in the broad sense of public opinion. Extreme public opinion has a special picture in the context of China, showing three main characteristics: focusing on criminal cases, showing a single opposite value and constantly changing according to time and place. It has a profound negative impact on criminal legislation through legislators, lawyers and law-abiding people. In order to promote the healthy development of criminal legislation, the academia should reflect on this phenomenon and overcome the negative influence from the above three aspects.

Keywords: Extreme Public Opinion; Criminal Legislation; Negative Influence

刑法智慧树的内部构造及其展开*

李永升**

目　　次

一、刑法的基本含义:刑法智慧树内部构造的根基
二、刑法的法律性质:刑法智慧树内部构造的重心
三、刑法的基本范畴:刑法智慧树内部构造的全貌
四、犯罪论体系:刑法智慧树内部构造的体系展开
五、犯罪的法律后果:刑法智慧树内部构造的实质展开

刑法学是一门古老而又常新的学科,作为法学的一个重要部门,它是以刑法作为其研究对象的法律学科,在世界各国的法律体系中,刑法作为一门实体法,始终都处于非常重要的法律地位。回眸中华五千年的法律文明史,几乎可以说就是一部刑法的发展史。从夏朝的禹刑到秦代的秦简,从汉初的《九章律》到清末的《大清新刑律》,在中华法苑浩浩荡荡的历史长河中,"诸法合体、一统于刑"的法律传统,曾使得刑法一路独领风骚,以横扫千军的雄姿傲居于法律的殿堂之上。刑法作为历代统治者爱不释手的掌上明珠,其驰魂夺魄的光彩曾辉映过古老

* 本文系国家社会科学基金项目"刑罚退出机制的价值确立与实践运行研究"(项目号:17XFX009)和重庆市教委人文社科重点项目"刑法修订中的政策导向与前置化倾向研究"(项目号:16SKGH001)的阶段性研究成果。

** 西南政法大学法学院教授、博士生导师。

华夏的万里河山。同昨日的辉煌相比，虽然当今其一统天下的局面已被打破，但是作为法律丛林中的一只猛虎，依然雄风犹存，特别是人们在正义与邪恶、天使与魔鬼的较量和搏斗中，更多的是寄希望于刑法的干预。这就是为什么历代的统治者予刑法以青睐的主要原因，也是当今众多的专家与学者予刑法以厚爱的真谛之所在。那么，何为刑法？刑法智慧树及其内部构造是什么？要想弄清这些问题，须臾都离不开对刑法基本含义、法律性质与基本范畴的解读。那么对刑法的概念究竟应当如何界定？其主要法律特征应该是什么？刑法学的基本范畴是如何组成的？对于这些问题，我们可以从图1的基本构造中找到其应有的答案。

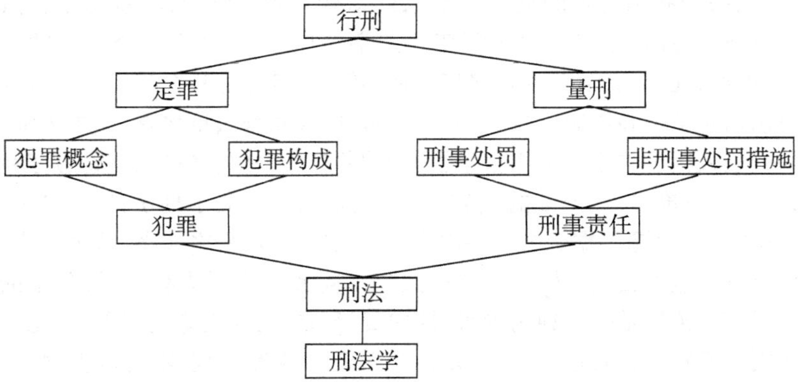

图1　刑法学的基本构造

一、刑法的基本含义：刑法智慧树内部构造的根基

刑法的概念是刑法智慧树的内部构造中一个最基本的概念，也是一个最核心的概念。要正确地理解和掌握刑法智慧树的内部构造，弄清刑法的概念是我们登堂入室的第一步。如果对刑法的概念没有弄清，那么要研究刑法学的其他问题也就无从谈起。刑法的概念在刑法智慧树的内部构造中相对于刑法的其他范畴而言，是最基本的范畴，也

是对其他范畴具有统摄的作用的范畴。因此,刑法的概念看似简单,但是对其含义究竟应当如何理解,不同时代、不同国家的法学家对其认识却有所不同。纵观刑法概念的发展演变过程,就其含义而言,有以下三个方面的解说与诠释。

(一)词源解释说及其诠释

词源解释说是从词源学的角度对刑法的概念所作的解释。这种解释主要是通过对"刑"与"法"两字的本义进行阐释,然后从中得出刑法的含义。关于刑法的"刑"字,我国最古老的文字甲骨文将其写作"井",按照我国著名的刑法史学家蔡枢衡先生的解释,其意思是将敌人关在地窖内。后来,刑字演变为井字旁加立刀,关于这个刑字的含义,根据我国刑法学泰斗高铭暄教授的解释,其意思是在我国春秋战国时期国家实行井田制,井田中间有口水井,大家都去抢水吃,秩序很乱。井的主人为了防止有人再来争水,维护井旁的秩序,就派人拿着刀守在井边,谁再抢水,就把谁的脑袋砍下,这就叫刑。关于刑法的"法"字,古体字写作"灋",据《说文解字》解释:"法,刑也,平之如水,从水。廌,所以触不直者去之,从去。""平之如水,从水",说明法有公平、公正的意思;廌,传说是一种独角神兽,性中直,辨是非,闻人论则咋不正,见人斗则咋不直。古时审判案件,以被廌触者为败诉。"触不直者去之,从去"显然有正直、正义的意思。将刑法二字连起来解释,刑法就是本着公平正直的原则,以维持社会秩序的法则。在我国古代,由于"刑"与"法"二者在基本含义上有相通之处,因此其含义从总体上来说,刑法是维护社会秩序和社会公平正义的法则。这一解释告诉我们,在我国古代就有了刑法含义的基本雏形,它对刑法追求的目的与刑法追求的目标的解读是十分形象的。也为我们当今对刑法的解读提供了不可多得的历史资料与历史的价值认知。但是,尽管如此,虽然对刑法从词源学的角度进行解释,使我们对刑法的含义有了一个初步的了解,但是这种意义上的刑法与现代意义上所说的刑法的含义相去甚远,没有从根本上揭示刑法的基本内容。因此,它虽然对我们今天研究刑法的渊源有一定的参考价值,但是由于历史的局限性其缺陷是十分明显的。因此,要研究刑法真实的含义,我们还必须从刑法的基本内涵入手,只有这样,我们才能正确地把握刑法的基本含义及其现实意义。

(二)内涵解释说及其诠释

内涵解释说是从刑法所规定的基本内容的角度对刑法的概念所作的解释。对刑法从其所规定的内容的角度进行定义,始于西方国家的刑法立法与刑法理论。但在这一问题的解释上,却有各种不同的主张。如我国台湾地区学者翁国梁教授认为:“刑法者,规定犯罪与刑罚之法律也。申言之,即国家制定法典,规定构成犯罪之条件及科刑之范围,以为适用刑罚,制裁犯罪之准据也。”①我国台湾地区学者刘清波教授也认为:“刑法乃规定犯罪行为之法规。”②周道鸾教授认为:“刑法就是规定犯罪与刑罚的法律。”③杨春洗教授认为:“这种规定犯罪和刑罚的法律规范的总和,就是刑法。”④赵秉志教授认为:“刑法是规定犯罪、刑事责任和刑罚的法律。”⑤苏惠渔教授认为:“刑法是规定犯罪及其刑事责任的法律规范的总和。”⑥何秉松教授认为:“刑法是规定犯罪及其法律后果(刑罚)的法律的总称。”⑦陈兴良教授认为:“与其说刑法是规定犯罪与刑罚的法律,不如说刑法是规定犯罪与刑罚的关系的法律。”⑧储槐植教授认为:“刑法就是规定什么行为构成犯罪和给予何种刑罚以保护社会免受侵害的法律。”⑨高铭暄教授认为,刑法是“规定哪

① 翁国梁:《中国刑法总论》,台北,正中书局 1971 年版,第 1 页。
② 刘清波:《刑法概论》,台北,开明书店 1968 年版,第 1 页。
③ 周道鸾:《中国刑法》(修订本),中国政法大学出版社 1995 年版,第 1 页。
④ 杨春洗等:《刑法总论》,北京大学出版社 1981 年版,第 8 页。
⑤ 赵秉志等:《犯罪学通论》,高等教育出版社 1993 年版。
⑥ 苏惠渔:《刑法学》,中国政法大学出版社 1994 年版,第 13 页。
⑦ 何秉松:《刑法教科书》,中国法制出版社 1995 年版,第 13 页。
⑧ 陈兴良:《刑法哲学》,中国政法大学出版社 1992 年版,第 673 页。
⑨ 储槐植:《美国刑法》,北京大学出版社 1987 年版,第 1 页。

些行为是犯罪,并给犯罪人以何种刑罚处罚的法律。犯罪和刑罚构成刑法的基本内容”。[①] 冯军、肖中华教授认为:“刑法是规定犯罪的成立要件及其刑事法律后果的法律规范的总和。”[②]李晓明教授认为:“刑法是规定什么是犯罪、犯的什么罪,以及依据特定的罪刑关系确定行为人应承担何种刑事责任与处罚的法律规范的总和。”[③]以上这些不同观点反映的是对刑法基本构造的不同认识。第一种观点认为“犯罪—刑罚”是刑法的基本构造,第二种观点认为“犯罪—刑事责任—刑罚”是刑法的基本构造,第三种观点认为“犯罪—刑事责任”是刑法的基本构造,第四种观点认为“犯罪—刑事责任—罪刑关系”是刑法的基本构造。第一种观点是我国传统的刑法理论观点,也可以说是我国刑法的旧通说,其认为我国刑法的研究内容是犯罪与刑罚这两个基本范畴。第二种观点是我国刑法理论的新通说,也是大多数刑法学者所持的观点,它认为刑法应当在犯罪与刑罚这两个基本范畴之间加上刑事责任这一中间桥梁与纽带,因此刑法的研究内容应当包括犯罪、刑事责任与刑罚这三个基本范畴。第三种观点也是我国刑法理论的新见解,认为刑法的研究内容应当是犯罪与刑事责任这两个基本范畴,在它们两者关系之中,前者是后者存在的前提和基础,后者是前者所应承担的法律后果。第四种观点在研究犯罪与刑事责任这两个基本范畴之外,还加上了罪刑关系这一刑法的研究内容,其见解也有独树一帜之处。综上所述,第一种观点作为我国刑法的旧通说,虽然说明了刑法的研究内容是犯罪与刑罚这两个方面的内容,但这种观点显然已经落后于刑法的最新研究进展,因而有其自身不可克服的缺陷。第二种观点虽然是我国刑法的新通说,但其将犯罪、刑事责任与刑罚并列的做法,在刑法逻辑上有其不足之处,这是因为刑事责任与刑罚作为犯罪的法律后果,二者之间在逻辑关系上,刑事责任是刑罚的上位概念,刑罚是刑事责任的下位概念,将其与犯罪这一前提相并列,显然不符合刑法的逻辑序列,

---

① 高铭暄:《中国刑法学》,中国人民大学出版社 1989 年版,第 1 页。

② 冯军、肖中华:《刑法总论》,中国人民大学出版社 2016 年版,第 16 页。

③ 李晓明:《中国刑法基本原理》,法律出版社 2005 年版,第 38 页。

因而有其本身不可克服的缺陷。第三种观点将刑法研究的内容限定于犯罪与刑事责任这两个范畴,较之传统的刑法理论有所进步,但是其将罪刑关系的研究置之刑法之外,显然不符合刑法所研究的全貌。因此,笔者认为,上述第四种观点是基本正确的,即刑法研究的内容应当包括犯罪、刑事责任与罪刑关系这三个方面的内容。其中犯罪是刑事责任的前提和基础,无犯罪即无刑事责任;刑事责任是犯罪的法律后果,刑事责任的本质是对犯罪行为的谴责与非难。但是就整个刑法的基本构造而言,除犯罪与刑事责任这两个方面的研究内容之外,罪刑关系也应当是刑法研究的一个基本范畴,因为刑法中的定罪与量刑作为刑法中的罪的适用与刑的适用的两个方面的内容,它们之间的相互关系也直接牵涉刑法的研究内容,如不对其加以研究,整个刑法的研究内容就是有所欠缺的。因此,在研究刑法的基本构造时,我们不能对其视而不见,而应当将其纳入刑法的基本构造,这才是我们应当坚持的科学、合理的结论。

(三)混合解释说及其诠释

混合解释说是从刑法的政治本质和基本内容相结合的角度对刑法的概念所作的解释。对刑法的概念从阶级本质上进行解释,这一解释的方法渊源于苏联的刑法理论。如苏俄1919年的《刑法指导原则》第1条即明文规定:“所谓刑法,是通过制裁方法(刑罚),制止侵害(犯罪),保护统治阶级的社会关系制度的法律规范,以及其他以法律处分为内容的规范。”由于受苏联刑法理论的深刻影响,在世界上有很多的社会主义国家在刑法概念上均沿用了苏联刑法立法所采取的观点。我国当然也不例外。如我国刑法学泰斗高铭暄教授认为:“刑法是掌握政权的统治阶级为了维护本阶级的利益和统治秩序,以国家名义颁布的关于什么行为是犯罪和如何惩罚犯罪的法律。”①我国著名的刑法学家王作富教授认为:“刑法是掌握国家政权的统治阶级,为了维护其阶

① 高铭暄:《刑法学》,法律出版社1982年版,第1页。

级利益和统治秩序而制定的,规定什么是犯罪以及对犯罪判处什么刑罚的法律。"①我国著名的刑法学家邓又天教授认为:"刑法是掌握国家政权的统治阶级,为了维护本阶级的政治和经济统治,根据自己的意志,规定哪些行为是犯罪,并给予犯罪人何种刑罚处罚的法律。"②我国著名的刑法学者张明楷教授认为:"刑法是掌握国家政权的阶级,为了维护其阶级利益,根据本阶级的意志,以国家的名义颁布的,规定犯罪及其刑事责任的法律规范的总和。"③我国刑法学高铭暄教授、马克昌教授认为:"刑法是规定犯罪、刑事责任和刑罚的法律。具体些说,刑法是掌握政权的阶级即统治阶级,为了维护本阶级政治上的统治和经济上的利益,根据自己的意志,规定哪些行为是犯罪和应负刑事责任,并给犯罪人何种刑罚处罚的法律。"④根据以上各种不同的观点,我们不难看出,混合解释说不管其在表述方式上有何不同,但如果将其归纳起来,可以概括为"刑法是指掌握国家政权的统治阶级,为了维护本阶级的利益和统治秩序,根据自己的意志,以国家的名义颁布的,规定什么行为是犯罪以及怎样惩罚犯罪的法律"。关于刑法的这一概念,不仅深刻揭示了刑法的政治本质,同时明确指出了刑法的法律内涵。因而长期以来这一观点在我国刑法学界占据着通说的地位。然而令人诟病的是,在日益强调刑法人民性的当今,这种过分渲染刑法政治色彩的观点,已显然落后于我们这个时代的要求,这是因为,在我国当代,随着阶级的消灭,阶级斗争的终结,掌握国家政权的统治阶级与被统治阶级已无从划分,尤其是随着我国社会主义和谐社会的建设进一步深入发展,从苏联引入的"斗争哲学"模式已不复存在,而尊重和保障人权的理念不仅早已"入宪",而且也已经"进讼",成为我们这个时代的主旋律与正能量。因此,进入中国特色社会主义的新时代,我们的刑法理念也应当与时俱进。我们应当及时树立刑法是保障人权的"大宪章"的

① 王作富:《中国刑法研究》,中国人民大学出版社1988年版,第1页。

② 邓又天:《中国刑法总论》,四川人民出版社1990年版,第1页。

③ 张明楷:《刑法学》(上),法律出版社1997年版,第11页。

④ 高铭暄、马克昌:《刑法学》(上),中国法制出版社1999年版,第3页。

新理念，即“刑法不仅是犯罪人的大宪章，也是善良公民的大宪章”。只有弄懂弄清刑法的这一本质属性，我们才能对刑法的基本概念有一个正确的解读。

通过对刑法的词源解释、内涵解释、混合解释的含义解读与诠释，对于刑法的基本概念应当如何进行定义，笔者基本赞同从刑法的基本构造的角度来对刑法的概念进行界定。从这一思路出发，笔者认为，刑法是研究什么是犯罪（犯罪的一般概念）、犯罪成立的基本条件（犯罪构成具备的基本要件和要素）与犯罪应当承担的法律后果（刑事责任）以及罪刑关系辩证运动（正确地处理定罪与量刑之间的辩证关系）的实体法律规范的总和。

二、刑法的法律性质：刑法智慧树内部构造的重心

刑法的法律性质是刑法智慧树的内部构造中的又一重要内容。刑法的法律性质是其政治性质在法律上的表现形式，如果说刑法的政治性质反映的是不同时代不同国家的刑法之间的根本差异，那么刑法的法律性质反映的则主要是在同一法律体系中不同的法律在其规定的内容、调整的社会关系范围、制裁方法以及与法律地位等方面存在的差异。关于刑法的法律性质究竟有哪些？在理论上有以下几种不同的见解，我国著名的刑法学家王作富教授认为：“作为法律体系的重要组成部分，刑法与其他部门法如民法、经济法、行政法等比较起来，呈现两个显著的不同点：其一，刑法调控范围的广泛性。其二，刑法强制手段的严厉性。”①我国著名的刑法学家邓又天教授认为：“刑法的法律特征就是指刑法与其他法的区别，即指刑法的法律性质。我国刑法作为中国特色社会主义法律体系中的重要组成部分，它与其他部门法在法律性质上有以下不同的特征：第一，规定的内容不同。第二，调整社会关系的范围不同。第三，违法制裁的严厉程度不同。”②我国著名的刑法学

① 王作富：《刑法》，中国人民大学出版社 2016 年版，第 5 页。

② 邓又天：《中国刑法总论》，四川人民出版社 1990 年版，第 3 ~ 4 页。

家赵秉志教授认为:"刑法作为法律体系的重要组成部分,其法律性质是指刑法区别于其他法律的特有属性。具体而言,刑法与其他部门法如民法、经济法等比较起来,有三个显著的特征:(1)刑法所规定内容的特定性。(2)刑法所保护社会关系范围的广泛性。(3)刑法强制方法的严厉性。"①我国著名的刑法学家齐文远教授认为:"刑法的法律性质是指刑法区别于民法、经济法等其他法律的特有属性。刑法所特有的法律属性主要表现在以下几点:(1)内容上的特定性。(2)调整范围的广泛性。(3)制裁手段的严厉性。"②我国著名的刑法学者李培泽教授认为:"刑法的法律特征,是指刑法区别于其他法律的特有属性。与其他部门实体法(如民法、行政法、婚姻法等)相比,它也存在以下三个不同特征:第一,基本内容不同。第二,调整社会关系的范围不同。第三,制裁手段不同。"③我国著名的刑法学家陈忠林教授认为:"刑法作为独立法律部门的特殊性从调整对象、调整方式、调整手段等角度考察,刑法有以下区别于其他部门法的特性:(1)刑法调整对象的特殊性(2)刑法调整方式的特殊性。(3)刑法调整手段的特殊性。"④我国著名的刑法学者刘明祥教授认为:"刑法具有不同于其他法律的如下特征:第一,规制的内容特殊。第二,保护的法益广泛。第三,制裁的手段严厉。第四,处于保障法的地位。"⑤我国著名的刑法学者张明楷教授认为:"刑法具有区别于其他法律的特有属性,主要表现在以下几个方面:第一,规制内容的特定性。第二,制裁手段的严厉性。第三,法益保护的广泛性。第四,处罚范围的不完整性。第五,部门法律的补充性。第六,其他法律的保障性。"⑥笔者认为,就刑法所规定的内容及其调整的社会关系的范围和手段来看,与其他法律相比,它具有以下几个方面的法律属性。

---

① 赵秉志:《刑法总论》,中国人民大学出版社 2012 年版,第 20 页。
② 齐文远:《刑法学》,北京大学出版社 2007 年版,第 13 页。
③ 李培泽:《刑法学教程》,成都科技大学出版社 1995 年版,第 4 ~5 页。
④ 陈忠林:《刑法总论》,中国人民大学出版社 2016 年版,第 4 ~5 页。
⑤ 刘明祥:《刑法的基础理论》,中国人民大学出版社 2016 年版,第 3 页。
⑥ 张明楷:《刑法学》(第四版),法律出版社 2011 年版,第 24 ~25 页。

(一)调整内容的独特性

刑法的这一特征是就刑法规定的内容而言的。刑法之所以成为一个独立的法律部门,首先就在于其规定的内容与其他法律有着根本的区别。一般而言,刑法所规定的内容主要涉及的是犯罪与刑事责任以及罪刑关系等三个方面的内容。其中,犯罪是行为人实施的应负刑事责任的社会危害性且触犯刑事法律的行为,犯罪的本质是行为人对刑法所保护的法益已经造成或者可能造成侵害或者威胁。刑事责任是刑法规定的犯罪人因其犯罪行为应当对国家承担的,由代表国家的司法机关依法对其行为进行否定评价和对其本人进行谴责的法律后果。罪刑关系则是连接犯罪与刑事责任的桥梁与纽带,它在刑法基本结构中主要表现为定罪与量刑两个方面关系的有机融合。而其他的法律所规定的内容则大多是一般违法行为的法律要件及其所应担负的法律后果。例如,民事违法行为必须承担的法律后果是民事责任,行政违法行为必须承担的法律后果是行政责任,经济违法行为必须承担的法律后果是经济责任,等等,它们与刑法所规定的内容有着天壤之别。在这里,需要说明的是,尽管在有的行政法规与经济法规中,有时在其法律责任或其罚则中附带规定有犯罪与刑事责任的条款,但这一内容的存在,并不能说明这些法律性质上与刑法有任何相同之处,因为这些条款虽然规定于非刑事法律之中,但由于它在本质上属于刑法的内容,因此,在适用时只能由司法机关依照刑法的有关规定进行处理。刑法规定内容的独特性,不仅反映了刑法本身所独具的特色,也反映了刑法与其他法律之间的根本区别。

(二)调整范围的广泛性

刑法的这一特性是就刑法调整的范围而言的。众所周知,社会关系是人们在生产和共同生活中所形成的人与人之间的相互关系。这种关系是人类社会存在的必要条件,也是刑法所调整的范围之所在。刑法所保护的社会关系是所有受到犯罪行为所侵害的社会关系,这些社会关系涉及社会生活的各个方面,既涉及经济基础,也涉及上层建筑。也就是说,任何社会关系的任何方面只要受到犯罪行为的严重侵害,符合犯罪成立的基本条件,刑法都要去发挥它的调节作用。一般来讲,就所有的部门法而言,与刑法调整的社会关系的范围相比,它们所调整的社会关系的范围都是有限的。也即是说,它调整和保护的社会关系只是整个社会关系的一部分而已。如民法调整的只是平等主体的自然人、法人和非法人组织之间的人身关系和财产关系;行政法调整的是行政法律关系,经济法调整的是经济法律关系;等等。而刑法所调整的社会关系却不同于以上各种部门法,其所涉及的社会性关系领域相当广泛,诸如政治的、经济的、财产的、人身的、婚姻家庭的、社会性秩序的等方面的社会关系都有可能进入刑法调控的领域。可以说,凡是其他部门法所调整的社会关系,刑法都要对其进行调整。也正是基于这一方面的理由,凡是其他部门法所保护的合法利益,刑法都要给予保护。刑法所调整的社会关系范围的广泛性,不仅说明刑法具有强大的包容性,同时也表明了刑法对于维护社会秩序与人权保障的极端重要性。

(三)制裁方法的严厉性

刑法的这一特征是就其强制性程度而言的。众所周知,任何法律都具有一个共同的特性,这就是它的强制性。它是法律规范与道德规范的重要分水岭。所谓法律的强制性,在这里是指任何法律规范都是依靠国家机关强制力实施的。一般而言,对于任何侵犯法律所保护的社会关系的行为人,都要承担相应的法律后果,受到国家强制力的干预。然而,就其强制性程度而言,刑法的强制性程度是其他任何法律都无法比拟的。这是因为,在一般部门法中,对违法行为的制裁,其强制性是比较弱的,其后果多是赔偿损失、警告、行政拘留等,并且在很多情况下,当事人还可以自行和解,不需要国家机关采取强制措施。而刑法是国家法律体系中保护社会关系的最后一道防线,它是以追究刑事责任的方式来对付犯罪的。而刑事责任的主要方式是刑罚,刑罚是整个国家强制方法体系中最为严厉的一类。它不仅可以剥夺犯罪人的政治权利和财产权利,还可以剥夺犯罪人的人身自由,甚至对于情节特别严重的犯罪分子还可以剥夺其生命;不仅如此,在一般情况下,除符合特定条件下的轻微刑事案件可以达成刑事和解之外,犯罪人与被害人之间一般不能自行和解,只要行为人的行为构成犯罪,就要由国家机关依法强行追究其刑事责任。

(四)保护手段的终极性

法国著名的启蒙思想家卢梭曾经说过:"刑法在根本上与其说是一种特别法,还不如说是其他一切法律的制裁力量。"①我国的刑法学者张明楷教授亦指出"故刑罚之界限应该是内缩的,而不是外张的,而刑罚该是国家为达其保护法益与维持法秩序的任务时的'最后手段'。能够不使用刑罚,而以其他手段亦能达到维护社会共同生活秩序及保护社会与个人法益的目的时,则务必放弃刑罚的手段"。② 所有这些论述都向我们表明,刑法是用来保障其他法律得以实施的力量,是对破坏其法律的行为的最终制裁的规范。刑法作为统治阶级在社会防卫问题上设立的最后一道防线,它所起的作用是其他部门法不能比拟的。这是因为,其他部门法由于它所调整的社会关系的范围和方法的局限,只能在一定的领域内起作用,亦即只能在其所规定的域限内对社会起作用。而刑法由于其调整和保护的社会关系具有广泛性的特征,它已经超越了特定的部门法所规定的域限,因此,在其他部门法对某种违法行为不能依法予以处置时,刑法就成为它们的后盾。因此,高铭暄教授精辟地指出,刑法是其他部门法的保护法,没有刑法做后盾、做保证,其他部门法往往难以得到贯彻实施。③ 此话一语中的。只不过值得注意的

---

① [法]卢梭:《社会契约论》,何兆武译,商务印书馆 1962 年版,第 63 页。

② 张明楷:《刑法学》(上),法律出版社 1997 年版,第 18 页。

③ 参见高铭暄:《中国刑法学》,中国人民大学出版社 1989 年版,第 2 页。

是,我们在强调刑法的终极性时,要注意避免两种不良的倾向。一是认为刑法是其他部门法的最后保障,且其强制程度的威慑力均为其他法律所不能比拟,因而在立法时可以无限地扩大刑法的调控范围,企图将其他法律不能担负的职能全部移交给刑法。这种倾向导致的最终结果是刑法对社会关系调控范围的无限膨胀,而其他部门法调整和保护的社会关系将出现不应有的萎缩。二是认为在司法实践中,有了刑法作后盾,对其他部门法的规定在执法过程中可以不必太严格,因为有刑法作最后的防线,即使出现什么问题也无多大关系。这种认识带来的消极后果便是一般执法部门间的互相推诿,最终导致矛盾激化,将本来可以处理好的问题弄得难以收拾。因此,在对刑法终极性的认识上,我们一定要树立正确的观念,否则就会给立法和司法工作带来消极的影响。

三、刑法的基本范畴:刑法智慧树内部构造的全貌

刑法智慧树的内部构造主要由以下三大部分组成,即刑法论、犯罪论与刑事责任论。其中,刑法论部分包括犯罪与刑事责任两个方面的范畴;而犯罪论部分又包括犯罪概念和犯罪构成两大基本范畴;刑事责任论部分又包括刑事处罚与非刑事处罚措施两大基本范畴。由于研究刑法的最终目的都是为了定罪与量刑服务,因此定罪与量刑也分别属于刑法所要研究的基本范畴之列。在司法实践中,人民法院对行为人进行定罪与量刑,最终落脚点都体现在对犯罪人的刑罚执行上,因此,行刑也属于刑法所要研究的基本范畴。具体来说,整个刑法智慧树的内部构造是由以下十个方面的基本范畴构成的。

第一,刑法。刑法是研究什么是犯罪、犯罪成立的基本条件与犯罪应当承担的法律后果以及罪刑关系辩证运动的法律规范的总和。刑法作为规定犯罪与刑事责任以及罪刑关系的法律规范,虽然其主要内容研究的是犯罪与刑事责任以及罪刑关系,然而,不容忽视的是刑法作为刑法学的研究对象,其本身亦存在许多需要研究的问题,这无论是从刑事立法的规定还是从刑法理论研究的情况来考察,都不难得出结论。

可以这样说,如果在刑法学的基本范畴当中忽略了对刑法本体问题的研究,那么也就等于一部精彩的戏曲只看了一半,这是一件非常遗憾而又糟糕的事情。实际上,从刑事立法上看,不仅刑法的制定根据、目的、基本原则、任务和适用范围需要进行研究,从刑法理论的自身来看,刑法的概念、特征、性质、功能和价值等问题也同样值得研究。因此,研究刑法学不能离开刑法,也不能不认真地去研究刑法。

第二,犯罪。犯罪是行为人实施的应负刑事责任的社会危害性且触犯了刑法规范的行为。犯罪作为刑法学研究的基本范畴之一,是引起刑事责任并由国家对行为人动用刑事处罚进行制裁的起因。在国外,有一句名言,即“无犯罪就无刑事责任”,这一名言将犯罪在刑法学范畴当中的基础地位描述得恰到好处。一般来讲,犯罪这一基本范畴包括犯罪概念和犯罪构成这两个下位概念,这两个下位概念不仅涵盖了犯罪的整个内容,而且通过对这两个基本概念的研究,可以帮助我们进一步准确地把握犯罪的内涵和外延,分清罪与非罪、此罪与彼罪的界限,从而更好地加深对犯罪这一基本范畴的理解。

第三,犯罪概念。犯罪概念是对犯罪这一特殊的社会现象本身所具有的特殊本质的揭示,也是刑法学区别于其他法律学科的重要征表。由于犯罪概念在刑法学当中是一个具有征表意义的基本概念,因此,是刑法学中的一个最重要的基本范畴。犯罪概念作为整个刑法学基本范畴的核心内容,是刑法学理论体系建立的重要基础,如果离开了犯罪的概念,那么,刑法学就失去了其赖以生存的土壤,由此不难看出,犯罪的概念在刑法学体系中是何等的重要。犯罪的概念不仅在刑法学体系中占有十分重要的基础地位,同时是判断某种行为是否构成犯罪的总体标准。一个人的行为是否犯罪,首先要考察其行为是否符合犯罪概念的基本特征,尤其要看其行为有无应负刑事责任的社会危害性,只有对这些问题作出肯定结论的情况下,我们才能认定其行为是犯罪的行为,如若不然,就不能认定其行为已经构成了犯罪,因此,犯罪概念是划分罪与非罪的总标准,判断任何一种具体的行为是否有罪,首先都必须经过这第一道工序的检验。

第四,犯罪构成。犯罪构成是刑法所规定的、为某种行为成立犯罪所必须具备的一系列主客观要件的有机整合。犯罪构成作为认定某种行为是否成立犯罪的规格和标准,它在整个刑法学理论大厦中占据着非常重要的地位。可以毫不夸张地说,在刑法学理论当中,如果离开了犯罪构成,那么一切就无从谈起。这是因为,犯罪构成不仅是认定某种行为是否有罪以及构成何种犯罪的重要法律依据,而且是行为人对自己的行为承担刑事责任的重要依据。犯罪构成是一个重要的集合概念,不同的集合反映的行为性质也有所差异,这种差异的存在,对于判断某种行为是构成犯罪还是不构成犯罪有着十分重要的作用。当某种集合的元素所反映的内容不符合法定的构成时,我们可以对其作出无罪的结论,反之,我们可以对其作出有罪的结论。与此同时,通过各种不同的集合元素之间的比较,还可以将某一犯罪与另一犯罪正确地区分开来。因此,犯罪构成不仅是划分罪与非罪的标准,也是划分此罪与彼罪的标准。

第五,刑事责任。刑事责任是行为人实施犯罪行为应当承担的法律后果。作为刑法学的基本范畴之一,它在整个刑法学理论研究体系中所占的地位也是非常重要的。研究刑事责任的意义不仅在于它揭示了行为人对其所实施的犯罪行为所承担的法律后果的必然性,而且反映了行为人所实施的行为之所以成其为犯罪在刑法上的规定性。这是因为,法律责任就其表现形式而言,可分为民事责任、经济责任、行政责任和刑事责任等情况,在上述法律责任当中,能够说明行为人的行为达到刑法所规定的犯罪程度的标志,当然是行为人的行为依法应当负刑事责任,只有当行为人的行为在具有相当严重社会危害性的基础上又应当依法负刑事责任的,我们才能将其作为犯罪来加以惩治,否则,就失去了认定行为人的行为构成犯罪的法律基础。刑事责任作为刑法学的基本范畴,在我国以往的刑法学理论研究中,曾一度忽视这一重要的范畴。例如,在我国 20 世纪 90 年代以前所编写的各种教科书中,几乎找不到刑事责任的专章或专节,对刑事责任的研究基本上处于空白状态。直到 1994 年高等政法院校规划教材《刑法学》一书的出版,才第一次将刑事责任单列一章,作为一个专门性的问题来加以研究。这一刑法理论研究体系的突破,标志着我国刑法学界对刑事责任问题的研究已引起高度重视并将刑法学对刑事责任问题的研究提高到一个新阶段。

第六,刑事处罚。刑事处罚,在刑法中一般习惯地将其简称为刑罚,亦有称其为刑事罚。作为刑事责任的一个重要的下位概念,刑事处罚是刑法学中的一个重要的范畴,也是刑罚学中的一个重要的范畴。刑事处罚作为惩治犯罪的强制方法,是行为人对自己的犯罪行为承担法律责任的主要方式,也是刑事责任实现的最主要的方式。从世界各国的刑事立法规定来看,刑事处罚主要有主刑与附加刑两种。其中,主刑是对犯罪分子适用的主要刑罚方法。一般来讲,主刑只能独立适用,不能附加适用,对于一个罪只能适用一个主刑,不能同时适用两个或者两个以上的主刑。从我国刑事立法的规定来看,主刑共设有五种,即管制、拘役、有期徒刑、无期徒刑和死刑。附加刑又称为从刑,是指补充主刑适用的刑罚方法。一般来讲,附加刑既可以独立适用,亦可以附加适用,在附加适用时,对于一个罪可以同时适用两个附加刑。根据我国刑事立法的规定来看,附加刑的种类有罚金、剥夺政治权利、没收财产和驱逐出境。

第七,非刑事处罚措施。非刑事处罚措施是指人民法院采用非刑事处罚的方式对犯罪行为予以制裁的方法。在我国现有的刑事立法和刑法理论中,非刑事处罚措施通常被称为"非刑罚处理方法",在本文中,为了使这一概念与刑事处罚的概念相对应,将非刑罚处理方法改称为"非刑事处罚措施"。根据我国现行刑事立法的规定,非刑事处罚措施包括以下 3 种情况:(1)刑事财产罚,即人民法院根据犯罪行为给被害人造成经济损失的情况,判决或者责令被告人给予被害人一定经济赔偿的处理方法。具体包括判处赔偿经济损失和责令赔偿损失两种情况。(2)刑事申诫罚,即人民法院对于情节轻微、不需要判处刑罚的犯罪分子在免予刑事处罚的情况下所采用的几种教育方法。具体包括训诫、责令具结悔过及赔礼道歉三种情况。(3)刑事行政罚,即人民法院根据案情向被告人所在单位提出行政处分的建议,由主管部门给予被告人以一定的行政处罚与行政处分。

第八,定罪。定罪是人民法院认定某种行为是否有罪以及构成何种犯罪的刑事审判活动。定罪作为人民法院审判活动的一个重要环节,是在对犯罪嫌疑人与被告人所犯的行为事实进行定性的结论,即判定行为人的行为是否构成犯罪,如构成犯罪应定为何种犯罪。在刑法学理论体系中,犯罪概念与犯罪构成是整个犯罪论体系的基础,研究犯罪概念与犯罪构成,其最终的目的都旨在为定罪服务。关于定罪的内容,除定罪的本体问题之外,有关认识错误与定罪问题以及罪数与定罪问题,都是定罪这一范畴所必须解决的主要内容。因此,定罪不仅是刑法理论上的一个重要的基本范畴,而且在整个的刑法体系中占有非常重要的地位。

第九,量刑。量刑是国家审判机关依据刑法的有关规定对犯罪的行为进行裁量的活动。定罪与量刑作为人民法院审判活动的两大中心环节,是人民法院整个刑事审判活动不可或缺的重要组成部分。一般而言,刑罚的裁量是人民法院在认定行为人的行为构成何罪的基础上,依据刑法规定的法定刑的刑种与刑度,决定对犯罪人判处何种刑罚的活动。从刑法理论研究的角度来考察,无论是研究刑罚的概念、目的与功能,还是研究刑罚的体系与种类以及刑罚的量刑原则与量刑情节,其最终目的都是解决量刑的问题。因此,在刑法学的基本范畴中,量刑是刑法理论上的一个非常重要且不可缺少的核心内容。

第十,行刑。刑罚的执行,又简称行刑,是指刑罚执行机关将人民法院对犯罪人作出的已经发生法律效力的判决所确定的刑罚内容予以实施的各种活动。在通常情况下,人民法院对犯罪人所判决的刑罚都必须实际执行。但是,为了鼓励犯罪人积极改过自新,我国《刑法》规定了在刑罚执行过程中根据犯罪人改造情况及人身危险性的消减,对原判决的刑罚实际执行变更的减刑制度和有条件的假释制度。自由刑的刑罚执行场所和方式分为监狱监禁执行和社会社区矫正。社区矫正作为刑罚执行方式之一,有利于犯罪人教育改造和减少司法成本,合理分配司法资源,让监狱更好地集中力量执行刑罚和开展矫正工作。

综上所述,作为刑法的基本范畴,从以上所列举的各种情形来看,主要包括上述十个方面的内容。从这些方面的内容来看,它们不仅自身各自独立,自成体系,而且又与其他范畴之间相互胶着,联为一体,共同构成了我国刑法智慧树内部构造的全貌。

四、犯罪论体系:刑法智慧树内部构造的体系展开

无行为即无犯罪,无行为人即无犯罪,这是当今世界各国刑法的一条铁的法则。对于什么是犯罪的概念,犯罪构成的系统是怎样组成的?关于这一问题,在刑法学界也是一个有所争议的问题。犯罪概念和犯罪构成是刑法理论中的两个重要的基石范畴,如果说犯罪概念是刑法的核心,那么犯罪构成就是刑法核心的核心。在刑法理论和司法实务中,要做到正确地定罪和量刑,厘清犯罪概念的基本含义和犯罪构成的结构体系是我们的必经路径。

(一)犯罪概念:刑法智慧树内部构造的体系展开之基

犯罪概念是对犯罪这一特殊的社会现象本身所具有的特殊本质的揭示,也是刑法学区别于其他法律学科的重要表征。由于犯罪概念在刑法智慧树内部构造中是一个具有征表意义的基本概念,因此,是刑法智慧树内部构造中的一个最重要的基本范畴。犯罪概念作为整个刑法智慧树内部构造的核心内容,是刑法学理论体系建立的重要基础,如果离开了犯罪的概念,那么,刑法学就失去了其赖以生存的土壤,由此不难看出,犯罪的概念在刑法智慧树内部构造中是何等的重要。犯罪的概念不仅在刑法智慧树内部构造中占有十分重要的基础地位,同时是判断某种行为是否构成犯罪的总体标准。判断一个人的行为是否犯罪,要考察其行为是否符合犯罪概念的基本特征,尤其要看其行为有无严重程度的社会危害性,只有在对这些问题作出肯定结论的情况下,我们才能认定其行为是犯罪的行为,如若不然,就不能认定其行为已经构成了犯罪。因此,犯罪概念是划分罪与非罪的总标准,是判断和检验任

何一种具体的行为是否有罪的第一道工序。正由于犯罪概念具有如此重要的功能,故正确地构建科学的犯罪概念就成为我们首先面临的重大课题。

犯罪概念主要是解决"什么是犯罪"的问题。关于这一问题在近代欧洲思想启蒙运动所导致的刑法改革运动之前,世界各国对于犯罪的一般概念都没有系统的研究。对于犯罪确定概念始于 18 世纪的欧洲思想启蒙运动。在这次声势浩大的刑法改革大潮中,资产阶级启蒙思想家们一反几千年以来罪刑擅断的封建刑法传统,高举罪刑法定主义的伟大旗帜,率先在刑事立法中明确了"什么是犯罪"的问题,自此之后,犯罪概念才成为世界各国刑事立法和刑法理论中面临的重大问题。

自从资产阶级启蒙思想家们将犯罪的概念由观念上升为刑事立法以后,世界各国的学者和刑事立法对于犯罪概念作过多种多样的表述,若将其归纳起来,大致可分为犯罪的形式概念、犯罪的实质概念和犯罪的混合概念三大类型。[①] 所谓犯罪的形式概念,是指从犯罪的法律特征上对犯罪进行的界定。这种类型的犯罪概念通常将犯罪定义为违反刑事法律并且应当受到刑罚处罚的行为。例如,1810 年的《法国刑法典》、西班牙现行刑法典以及意大利刑法典等均采用的是这种犯罪概念。所谓实质的犯罪概念,是指从犯罪现象的本质属性出发对犯罪进行的概括。这种类型的犯罪概念并不强调犯罪的法律特征,而只揭示了法律为何要将某种行为规定为犯罪的根据和理由。例如,英国法学家史蒂芬、德国著名哲学家康德、意大利刑法学家加罗伐洛等人所提出的犯罪概念均属这一类型。除刑法理论上的概括之外,1919 年的《苏俄刑法指导原则》、1922 年以及 1926 年的《苏俄刑法典》也在立法上采用了犯罪的实质概念。例如,1922 年的《苏俄刑法典》第 6 条规定:"威胁苏维埃制度基础及工农政权在向共产主义过渡时期所建立的法律秩序的一切危害社会的作为或不作为,都被认为是犯罪。"所谓犯罪的混合概念,是指将犯罪的形式概念和实质概念合而为一所形成的综合性概念,在这一类型的犯罪概念中既指出了犯罪的法律特征,又指出了犯

① 贾宇:《罪与刑的思辨》,法律出版社 2002 年版,第 43 页。

罪的本质特征。这种混合概念首先出现于20世纪30年代末全苏法律科学研究所集体编写的、供法律高等院校使用的《刑法总则》教科书中。另外,1958年颁布的《苏联和各加盟共和国刑事立法纲要》(以下简称《纲要》)也充分体现了犯罪的混合概念。根据《纲要》第7条的规定:"凡是刑事法律规定的危害苏维埃社会制度或国家制度,破坏社会主义经济体系和侵犯社会主义所有制,侵犯公民的人身、政治权利、劳动权利、财产权利和其他权利的危害社会的行为(作为或不作为),以及刑事法律规定的违反社会主义法律秩序的其他危害社会的行为,都是犯罪。"由于受苏联刑法理论和刑事立法的影响,世界上包括中国在内的其他社会主义国家在刑事立法和刑法理论研究的过程中,都基本上采纳了苏联的混合概念。

对于以上三种类型的犯罪概念,究竟孰是孰非,我国著名刑法学家贾宇教授作了这样的分析,他认为:"犯罪的形式概念说明犯罪是被刑法规定为应受刑罚处罚的行为,这对刑事司法而言是明确的、可遵循的。但对刑事立法者来说,它就远远不能解决问题了。"①因为刑事立法者制定刑法不能不考虑将某种行为规定为犯罪的根据和理由。他同时指出:"犯罪的实质概念是人类对犯罪认识的进步,对于刑事立法有着重要的指导意义。但不能以犯罪的实质概念否定犯罪的形式概念,否则极易导致法律虚无主义。"②除对犯罪的形式概念和实质概念作了精辟的分析之外,他对犯罪的混合概念也提出了自己的看法。他认为:"犯罪混合概念的逻辑缺陷,正在于它弄混了两个不同层次上的问题,使得本已清楚的实质概念和形式概念反而模糊起来。换言之,它无论对于立法者或者司法者来说,都不再是一个科学而明确的概念。"③基于以上认识,他认为,犯罪的形式概念和实质概念都具有十分重要的价值,它们应当分别在刑事立法和刑事司法领域中发挥指导性功能;将形式概念和实质概念统为一体的混合概念存在逻辑上的缺陷,欠缺明确性

① 贾宇:《罪与刑的思辨》,法律出版社2002年版,第46页。

② 贾宇:《罪与刑的思辨》,法律出版社2002年版,第46页。

③ 贾宇:《罪与刑的思辨》,法律出版社2002年版,第47页。

和可操作性;故主张在刑事立法和刑法理论中均采纳并立的形式概念和实质概念。具体表述方法如下。犯罪有实质与形式两层含义:在立法政策的意义上,犯罪是指应受刑罚惩罚的危害社会的行为;在司法准则的意义上,犯罪是指刑法规定为应受刑罚惩罚的行为。①

在采用并立的犯罪概念的基础上,我国有的学者从罪刑法定的角度指出了传统双重结构的犯罪概念与中国刑事法治发展新阶段不相适应的同时,提出了构建新的具有双重结构的由"立法概念"和"司法概念"组成的犯罪概念。他以犯罪的结构和功能为标准,将犯罪概念分为立法上的犯罪概念与司法上的犯罪概念。其中,立法上的犯罪概念,指具有严重的社会危害性、应当由刑法规定为犯罪、适用刑罚予以处罚的行为。司法上的犯罪概念,指符合刑法规定的构成要件、应当适用刑罚予以处罚的行为。② 在此基础上,有学者在基本赞同该观点的同时,认为若将犯罪概念区分为"作为事实概念的犯罪"和"作为法律概念的犯罪"就更为明了,并指出此二者应分别成为刑事立法学和刑法规范解释学的研究对象。③

鉴于上述研究的内容具有一定的概括性,我国刑法学者狄世深博士按时间先后顺序为标准,将犯罪概念划分为三个阶段(或称三个层次)。其具体内容为:第一个阶段为立法上的犯罪概念,可定义为犯罪是指严重危害社会、应当由刑法规定为犯罪的行为。第二个阶段为司法上的犯罪概念,可定义为犯罪是指刑法所禁止的,应当受刑事责任追究的行为。第三个阶段为执行上的犯罪概念,可表述为犯罪是指经过必要的刑事诉讼程序、由依法生效判决确认的、受刑事责任追究的行为。④

---

① 贾宇:《罪与刑的思辨》,法律出版社2002年版,第48页。

② 王世洲:《中国刑法理论中犯罪概念的双重结构和功能》,载《法学研究》1998年第5期。

③ 梁根林:《二十世纪的中国刑法学(中)——反思与展望》,载《中外法学》1999年第3期。

④ 狄世深:《我国犯罪概念的反思与重构》,载《湖南省政法管理干部学院学报》2002年第6期。

笔者认为,犯罪概念是一个具有多向性的问题,只有在对犯罪概念进行多向分析的基础上,然后对其进行综合比较,才能得出较为科学的结论。根据犯罪概念所涉及的领域不同,笔者将犯罪概念分为神学意义上的犯罪概念、政治学意义上的犯罪概念、伦理学意义上的犯罪概念、社会学意义上的犯罪概念、刑法学意义上的犯罪概念和犯罪学意义上的犯罪概念六个不同方面。通过对以上六个方面的犯罪概念的考察,我们不难发现,犯罪的概念在不同的时代,不同阶级的学者眼中,并非完全相同。但是,透过这些不同的犯罪概念,我们又可以看到,每一种犯罪概念都有其自身的特点。第一,就神学意义上的犯罪概念而言,虽然从今天的观点来看未免显得有点荒诞,但是,从神学意义上的犯罪概念中,我们却可以找到犯罪概念的起源,知晓最早的犯罪观念是来自人类对神意的违背。第二,就政治学意义上的犯罪概念而言,这一概念第一次打破了犯罪的法律表象,从而将隐藏于犯罪背后的统治阶级意志从幕后推到台前,实现了对犯罪概念研究的历史性突破。因此,其意义是非凡的。第三,就伦理学意义上的犯罪概念而言,虽然从法律规范的角度来考察,它无法对某种行为是否构成犯罪作具体而明确的评判,但是从其对犯罪概念所作的解释中,却给我们在对某种犯罪行为进行谴责与非难时找到了其道德基础。第四,就社会学意义上的犯罪概念而言,这一方面的概念虽然从社会本质上找到了犯罪行为之所以成为犯罪行为的理由,但是,任何犯罪概念一旦脱离了政治本质,对其社会本质的揭示就会显得苍白无力。因为,任何被认为是对社会秩序、社会安宁和公共规范有所破坏的行为,都不能不包含着统治阶级的国家意志的评判。因此,离开了犯罪的政治本质,我们对犯罪的社会危害性就无从评判。第五,就刑法学意义上的犯罪概念而言,这一方面的概念从罪刑法定主义的原则出发,通过揭示犯罪的法律特征,从而建立起真正规范意义上的犯罪概念。但是,与前所述,仅仅从法律表现形式上来界定犯罪的概念,尚缺乏应有的科学性。这是因为,脱离了犯罪的政治本质,任何形式上的犯罪概念都是残缺不全的。第六,就犯罪学意义上的犯罪概念而言,这一方面的概念通过对各种犯罪现象的研究,为刑法学意义上的犯罪概念的确立打下了坚实的基础,但是,由于犯罪学意义上的犯罪概念在犯罪概念的外延上毕竟有别于刑法学意义上的犯罪概念,因此,它们二者之间既不能相互等同,也不能互相取代。一般来讲,通过对犯罪学意义上的犯罪概念的研究,可以为刑事立法提供可资参考的基础。

通过以上分析,笔者认为,作为刑法智慧树内部构造之一的犯罪概念,当然不应当采纳神学意义上的犯罪概念,至于其他几种意义上的犯罪概念,则可以根据其所揭示的内容择而用之。一般来说,作为刑法学中的犯罪概念,应当以政治学意义上的犯罪概念为轴心,以刑法学意义上的犯罪概念为基础,同时兼采其他几种意义上的犯罪概念的合理成分来构建。这是因为,政治学意义上的犯罪概念揭示了犯罪的政治本质,指明了犯罪的实质之所在,它为犯罪概念的确立提供了明确的方向,是科学化的犯罪概念的建立必不可少的内容。而刑法学意义上的犯罪概念则揭示了犯罪的形式特征,指明了犯罪的法律属性,是罪刑法定主义原则在犯罪概念中的具体表现,也是犯罪概念的建立不可或缺的内容。至于犯罪学意义上的犯罪概念,虽然它所研究的犯罪概念的外延远远大于刑法学意义上的犯罪概念的外延,但是它们两者之间所具有的共同性却超过其差异性,因此,犯罪学意义上的犯罪概念可以为刑法学中的犯罪概念的建立提供可资参考的基础。而至于社会学意义上的犯罪概念与伦理学意义上的犯罪概念似乎与刑法学中的犯罪概念相去较远,但是我们不能忽视的是,刑法学中的犯罪概念实际上也隐含着社会性与伦理性的要求,虽然在刑法学犯罪概念中没有写明这两方面的内容,但是他们实际上已为犯罪的社会危害性所涵盖,从而成为刑法学中的犯罪概念建立的社会基础与伦理基础。如自然犯罪在很大程度上就包含着对行为人所实施的行为的伦理评价。因此,当我们对某种行为依法将其确定为犯罪并依法追究其刑事责任时,这里面实际上就已经包含了对这种行为的社会否定评价与道义谴责。综上所述,笔者认为,如果要给犯罪的概念下定义的话,一般应当将政治学意义上的犯罪概念与刑法学意义上的犯罪概念融为一体,将犯罪的社会政治本质与犯罪的法律形式特征紧密地结合起来,才能得出正确的结论。

(二)犯罪构成:刑法智慧树内部构造的体系展开之翼

犯罪构成与犯罪概念一样,是犯罪论体系乃至整个刑法学体系的灵魂和基石,是其他犯罪论理论得以展开的核心和基础。世界各国的刑法文化传统和法律规定上的差别,决定了犯罪论体系上的不同。大陆法系犯罪论体系、英美法系的犯罪论体系和苏联的犯罪构成体系,是三大具有代表性的犯罪成立理论体系。以德、日为代表的犯罪论体系,由构成要件该当性、违法性和有责性构成,由于这三个要件之间具有递进式的逻辑结构,我们称其为"递进式"的犯罪构成体系。其中,构成要件该当性,是指行为具有与刑法分则所规定的具体特征相符合的性质。违法性,是指行为对刑法所保护的合法权益的实质侵害。有责性,是指能够对行为人的犯罪行为进行非难与谴责。[①] 以英、美为代表的犯罪构成体系,具有双层次性的特点。英美刑法的犯罪构成分为实体意义上的犯罪要件和诉讼意义上的犯罪要件。实体意义上的犯罪要件是指犯罪行为和犯罪意图,它是犯罪的本体要件。要成立犯罪,除应具有犯罪本体要件外,还必须具有合法抗辩事由,即具备责任充足条件。在理论结构上,犯罪本体要件(行为和心态)为第一层次,责任充足条件为第二层次。由于这种犯罪论体系具有双层次的逻辑结构,因而我们称其为"双层次"的犯罪构成体系。[②] 以苏联及我国为代表的犯罪构成体系,由犯罪客体、犯罪客观方面、犯罪主体、犯罪主观方面构成。上述四个构成要件之间是一种共存关系,即一有俱有,一无俱无,只有四个要件全都具备了,才说得上是齐备犯罪构成的要件。由于这种构成要件之间具有封闭式、自我完结式逻辑结构,我们称之为"闭合式"的

---

① 陈兴良:《刑法学》(第 2 版),复旦大学出版社 2010 年版,第 30 ~ 31 页。

② 陈兴良:《刑法学》(第 2 版),复旦大学出版社 2010 年版,第 31 页。

犯罪构成体系。[①] 由于我国的犯罪构成理论通说是四要件的理论体系,因此在本文中探讨的犯罪论体系主要是我国的“耦合式”的犯罪构成理论体系。

在我国犯罪构成理论中,四要件理论体系是我国刑法的通说。但是在具体表述上又各有千秋。以高铭暄教授为代表的专家学者认为,任何犯罪的成立,都必须具备以下四个方面的要件,即犯罪客体、犯罪客观方面、犯罪主体、犯罪主观方面。[②] 这一观点后来成为我国一般教科书的写作范例,很多专家学者在对我国的犯罪构成理论体系进行表述时,都采纳了这一观点。[③] 另外,有的学者在坚持四要件理论的同时,对四要件的表述作了一定的修改,他们认为,犯罪构成的四要件应当分别是:犯罪客体、犯罪客观要件、犯罪主体、犯罪主观要件。[④] 还有的专家学者认为,犯罪构成的共同要件应当分别是犯罪客体、犯罪客观要件、犯罪主体要件、犯罪主观要件[⑤]或者分别是犯罪客体要件、犯罪客观要件、犯罪主体要件、犯罪主观要件。[⑥] 此外,有的专家学者认为,通过对各个具体犯罪构成要件的抽象和概括,可以发现各个犯罪都必须具备的共同要件,具体为以下四个方面的要件:犯罪客体要件、犯罪

① 陈兴良:《刑法学》(第 2 版),复旦大学出版社 2010 年版,第 32 页。

② 高铭暄:《刑法学》,法律出版社 1982 年版,第 99 ~ 100 页。

③ 在刑法理论上,采用这一观点的著述很多。例如,高铭暄:《中国刑法学》,中国人民大学出版社 1989 年版,第 80 页;高铭暄、王作富:《刑法总论》,中国人民大学出版社 2016 年版,第 92 页以下;王作富:《刑法》,中国人民大学出版社 2016 年版,第 37 页;马克昌:《犯罪通论》,武汉大学出版社 1999 年版,第 101 页以下;李永升:《刑法总论》,法律出版社 2016 年版,第 99 页以下;陈兴良:《刑法学》(第 2 版),复旦大学出版社 2010 年版,第 32 ~ 34 页;贾宇:《刑法学》(上册 · 总论),高等教育出版社 2019 年版,第 99 页以下。

④ 高格:《刑法教程》,吉林大学出版社 1987 年版,第 54 ~ 55 页;另参见苏惠渔:《刑法学》,中国政法大学出版社 1994 年版,第 85 页。

⑤ 陈忠林:《刑法总论》(第 5 版),中国人民大学出版社 2016 年版,第 73 页以下。

⑥ 参见张明楷:《刑法学》(上),法律出版社 1997 年版,第 113 页以下;冯军、肖中华:《刑法总论》(第 3 版),中国人民大学出版社 2016 年版,第 139 页以下。

客观方面要件、犯罪主体要件、犯罪主观方面要件。① 与此相类似的观点也认为,犯罪构成的共同内容或者基本内容有以下四个方面:犯罪客体、犯罪客观方面要件、犯罪主体要件、犯罪主观方面要件。② 最后,还有的专家学者认为,犯罪构成要件的体系按四个方面划分,可归纳为以下四个方面,即犯罪主体方面的构成要件、犯罪主观方面的构成要件、犯罪客观方面的构成要件、犯罪客体方面的构成要件。③ 在教材正文之中,将其表述为犯罪客体方面、犯罪客观方面、犯罪主体方面、犯罪主观方面④四个方面的内容。在四要件理论体系的基础上,有些专家学者突破传统的四要件排列顺序,对其进行了重新排列组合。其主要排序方式有以下几种观点。第一种观点认为,犯罪构成应当按犯罪主体、犯罪主观方面、犯罪客观方面和犯罪客体的顺序进行排列。其理由是,在这四个要件中,犯罪主体排列在首位,因为犯罪是人的一种行为,离开了人就谈不上犯罪行为,也就谈不上被行为所侵犯的客体,更谈不上人的主观罪过。因此,犯罪主体是其他犯罪构成要件成立的逻辑前提。在具备了犯罪主体要件以后,还必须具备犯罪主观方面。犯罪主观方面是犯罪主体的一定罪过内容。犯罪行为是犯罪主体的罪过心理的外化,因而在犯罪主观方面之下是犯罪客观方面。犯罪行为必然侵犯一定的客体,因而犯罪客体是犯罪构成的最后一个要件。⑤ 第二种观点认为,犯罪构成的排列顺序是犯罪主体、犯罪客体、犯罪的主观方面、犯罪的客观方面。这种排列顺序的理由是在犯罪构成的最高级层次结构中,犯罪主体是整个犯罪活动过程的发动者、驾驭者的控制者。犯罪主体和犯罪客体是犯罪构成这个系统结构的两极,客体的性质和特点决

---

① 齐文远:《刑法学》,北京大学出版社 2007 年版,第 65 页以下;韩玉胜:《刑法学原理与案例教程》,中国人民大学出版社 2009 年版,第 42 ~ 44 页。

② 阮齐林:《刑法学》,中国政法大学出版社 2008 年版,第 74 页。

③ 赵廷光:《中国刑法原理》(总论卷),武汉大学出版社 1992 年版,第 135 ~ 138 页。

④ 赵廷光:《中国刑法原理》(总论卷),武汉大学出版社 1992 年版,第 154 页以下。

⑤ 赵秉志、吴振兴:《刑法学通论》,高等教育出版社 1993 年版,第 84 ~ 85 页。

定了满足主体需求和欲望的范围和程度;而主体与客体是通过联结它们的中介即犯罪活动的主观方面和客观方面的相互联系相互作用完成的。[①] 第三种观点认为,为发挥犯罪构成理论和实践的双重功能,我国刑法中的构成要件应当按照犯罪的客观要件、犯罪客体、犯罪的主观要件、犯罪主体要件的顺序排列。[②] 第四种观点认为,以认定与处理犯罪的过程为标准,犯罪构成的排列顺序应为犯罪客观要件、犯罪主体要件、犯罪主观要件、犯罪客体要件;以行为自身形成过程与发展规律为依据,犯罪构成要件的排列顺序应为犯罪主体要件、犯罪主观要件、犯罪客观要件、犯罪客体要件。这两种排列顺序基于不同标准,从不同方面揭示了犯罪构成诸要件之间的逻辑关系,不能彼此替代。[③] 以上是对我国犯罪构成理论的结构体系与犯罪构成要件的排列顺序的学术之争的内容概览,笔者拟就这两个方面的问题提出自己的一管之见。

1. 关于犯罪构成理论的结构体系

关于犯罪构成理论的结构体系,从以上所介绍的各种观点来看,主要是弄混了犯罪构成方面、犯罪构成要件与犯罪构成要素三者之间的关系。正因如此,四要件理论体系变成了一个可以任人打扮的小姑娘,各种专著教材对其表述各不相同。那么,建立在犯罪概念基础之上的犯罪构成理论体系,究竟应当是个什么结构体系?笔者通过多年的研究发现,在犯罪构成这一整体框架下,应当分清犯罪构成方面、犯罪构成要件与犯罪构成要件的要素三者之间的关系,这也正如刑法智慧树图2对犯罪构成理论体系的结构与层次的展开,它可以使我们对我国的犯罪构成理论体系有一个全面而完整的认识。下文拟根据刑法智慧树图2对我国犯罪构成体系的结构与层次作逐一说明与论证。

---

① 何秉松:《犯罪构成系统论》,中国法制出版社1995年版,第117~119页。

② 王充:《从理论向实践的回归——论我国犯罪构成要件的排列顺序》,载《法制与社会发展》2003年第3期。

③ 赵秉志:《犯罪构成要件的逻辑顺序》,载《政法论坛》2003年第6期。

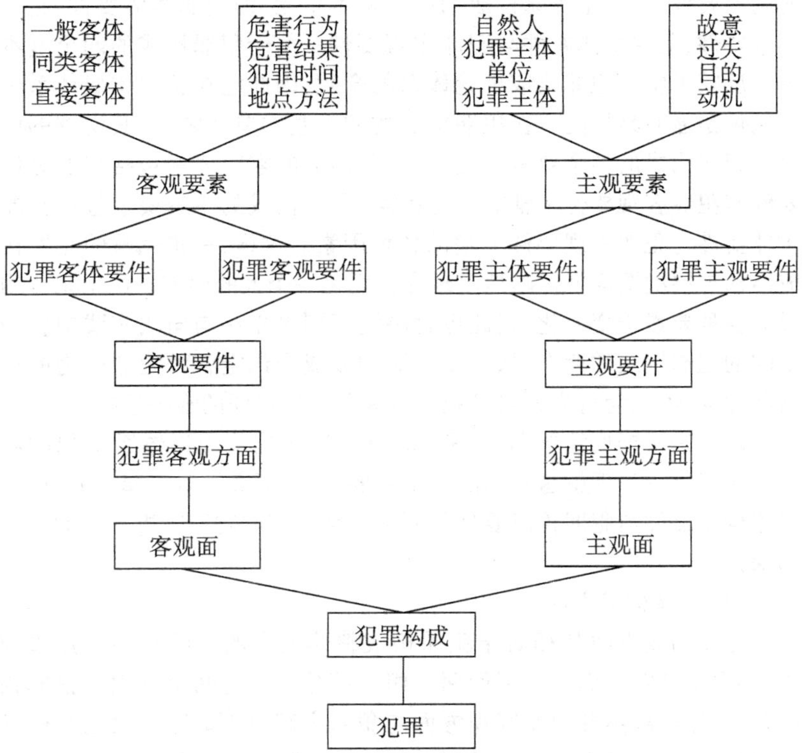

图 2 我国犯罪构成体系的结构与层次

根据刑法学界的通说,我国刑法中的犯罪构成是指刑法规定的,决定某一具体行为的社会危害性及其程度,而为该行为构成犯罪所必须具备的一切客观要件和主观要件的有机统一的整体。从我国刑法学界对犯罪构成概念的界定来看,将犯罪构成的整体进行划分,可以将其分为客观面与主观面两个方面。将其与犯罪结合起来,可以分为犯罪客观方面与犯罪主观方面两个大的方面。其中犯罪客观方面反映的是行为人构成犯罪的外在特征,犯罪主观方面反映的是行为人构成犯罪的内部特征。在犯罪构成这两个方面的寓所之下,是犯罪构成的两大要件,其中一个是客观上的要件,另一个是主观上的要件。而在犯罪构成的两大要件之下,是犯罪构成的四个基本单元,即犯罪客体要件、犯罪客观要件、犯罪主体要件与犯罪主观要件。由于犯罪构成的四个基本单元反映了整个犯罪构成理论体系的全貌,因此它在犯罪构成体系中的地位是显而易见的。在犯罪构成的四个基本单元之下,其所辖的内容是犯罪构成的各个要素。例如,犯罪构成的客观要素包括犯罪客体要件与犯罪客观要件下辖的各种因素,犯罪构成的主观要素包括犯罪主体要件与犯罪主观要件下辖的各种因素。这样,一张完整的犯罪构成结构与层次图像就清晰地呈现在我们每一个人的面前。由于犯罪构成的各种要素千变万化,因此也就决定了刑事立法与司法实践中各种不同的犯罪性质的存在,从而使犯罪构成成为认定各种犯罪行为的规格和标准,也成为行为人对其犯罪行为负刑事责任的唯一根据。

以上是根据刑法智慧树图 2 对整个犯罪构成理论体系全貌的解读。为了进一步理解这张图的各个主要环节,下文拟对犯罪构成方面、犯罪构成要件与犯罪构成要件的要素三个关键问题进行进一步的分析和探讨。

(1)犯罪构成方面

犯罪构成方面是相对于犯罪构成整体而言的。任何一个犯罪构成,都离不开客观面和主观面两大组成部分。将这两个方面与犯罪相结合,当然就离不开犯罪客观方面与犯罪主观方面。这两大犯罪构成方面相互依存、紧密结合,不可偏废。这是因为,任何犯罪都是犯罪主观方面与犯罪客观方面的有机统一体。如果缺少主观和客观中的任何一个方面,犯罪就不能成立,就不能令犯罪嫌疑人、被告人对其犯罪行为承担刑事责任。西方有些刑法学者在犯罪构成问题上,曾有“客观主义”和“主观主义”之争,前者注重行为给社会造成的实际损害,后者强调行为人的犯罪意识和人身危险性,均把主观和客观人为地割裂开来。我国刑法否定这种极端主义的刑法理论,主张只有同时具备主观要件和客观要件,才能构成犯罪,从而避免了主观归罪和客观归罪的错误。犯罪构成方面作为犯罪构成的最高层次,其上位概念是犯罪构成,下位概念是犯罪的四个构成要件,其本身体现着主客观相统一的原则,因而成为认定犯罪的基本依据。

（2）犯罪构成要件

犯罪构成要件是对犯罪客观方面与犯罪主观方面的进一步划分，特指揭示犯罪的社会危害性及其严重程度的犯罪客体要件、犯罪客观要件、犯罪主体要件、犯罪主观要件。这四个构成要件是有机联系的，每个要件的社会危害性及其严重程度，还需由若干构成要素来加以表明。国内外刑法学者对犯罪主体要件或犯罪客体要件是否纳入犯罪构成要件，存在“否定说”和“肯定说”两种观点。笔者坚持后者，因为某一行为要构成犯罪，其行为人必须符合刑法规定的犯罪主体要件，不侵犯一定直接客体的行为，就根本谈不上任何社会危害性的存在，自然也就谈不上构成刑法意义上的任何犯罪。所以犯罪构成的四个要件体现着各种具体犯罪构成的共同性，缺少其中的任何一个要件，犯罪就不能成立。犯罪构成四个要件的上位概念是犯罪客观方面和犯罪主观方面两大构成部分，下位概念则是说明各个犯罪构成要件的各种构成要素。

（3）犯罪构成要件的要素

犯罪构成要件的要素是指说明犯罪构成四个要件的社会危害性及其严重程度的，对于某一行为成立某种具体犯罪具有决定性意义的主客观因素。在我国刑法学界，有不少专家学者往往把犯罪构成方面、犯罪构成要件与犯罪构成要件的要素三者相互混在一起，从而引起犯罪构成结构与层次的严重混乱，以致在刑法理论上出现了“犯罪构成方面的要件”与“犯罪构成要件的要件”等不确切的说法。关于这一问题，笔者认为是需要认真加以区分的。因为任何一个犯罪构成要件的要素都包括若干具体的事实特征。例如，说明犯罪客观要件的事实特征，根据我国刑法的规定，从总体上来看有危害行为、行为对象、危害结果、因果关系、犯罪的时间、地点与方法、特定的犯罪前提等 8 个之多，但是，法律并不要求每一个犯罪构成在客观要件全都具备这些事实情况。如果任何具体犯罪都由相同的四个要件构成，这就抹杀了此罪与彼罪之间的基本界限，从而使犯罪构成丧失其提供具体犯罪的规格和标准的功能。但是，在我国刑法理论上很多专家学者却有意或者无意地弄混了犯罪构成要件与犯罪构成要件的要素这两个不同层次的概念。例如,有的学者指出:“犯罪客观方面的事实特征是多种多样的,从我国刑事立法来看,可以把它们分为必要要件与选择要件两大类。”①还有的学者指出:“在刑法理论中,以犯罪客观要件中的各种事实情况是否为构成任何犯罪所必需的标准,将其划分为必要要件与选择要件。”②以上各种观点将犯罪构成要件的客观要素表述为“犯罪客观方面的要件”与“犯罪客观要件的要件”等,显然混淆了上述不同层次的概念。笔者认为,从刑法理论上来讲,每个犯罪构成要件都有自己特定的构成要素。所谓犯罪构成要件的要素,是指成立某一构成要件必须具备的因素,它表明该要件的特有属性,是本要件同其他要件或事物相互区别的标志。缺少其中任何一个构成要素,就不能成立该种要件,进而影响某一行为符合犯罪构成。例如,一般主体就由刑事责任年龄,刑事责任能力和自然人三个要素构成,这就同特殊主体和犯罪法人区别开来了。每个构成要件除具有特定的若干要素之外,还有各不相同的具体内容和表现形式,例如故意的内容,行为的形式等,它们对于区别此罪与彼罪的界限,都具有十分重要的意义。

2. 关于犯罪构成要件的排列顺序

关于犯罪构成要件的排列顺序,在我国刑法学界也是争议较大的问题,各种观点如前所述。笔者认为,犯罪构成要件的排列不只是一个形式与逻辑顺序的问题,而是一个关系到人权保障、刑法学研究方向与犯罪构成理论深化的问题,从刑法学研究的科学性与合理性出发,我国刑法对犯罪构成要件的传统排序方式具有妥当性,因此,以犯罪主体打头的新的排列顺序是值得商榷的。

首先,坚持从客观到主观这一认定犯罪的顺序是保障公民权利免受侵害的迫切需要。有一著名的刑法格言是“无行为则无犯罪”,因此,行为作为犯罪构成的逻辑起点,在任何犯罪构成中都占据着十分重要的地位。自从“犯罪是行为”这一命题产生后,刑法理论便极力主张由客观到主观认定犯罪,因为“客观”指人的活动及结果,“主观”指人

① 高铭暄:《刑法学》,法律出版社 1982 年版,第 117 页。

② 陈忠林:《刑法总论》(第 5 版),中国人民大学出版社 2016 年版,第 85 页。

的主观心理；前者容易认定，后者不易认定；没有前者就不应“认定”后者，这便可以杜绝“先抓人，后找事实”的做法。正因如此，由客观到主观的排列顺序有利于保障公民自由权利，它能够使每一个公民在强大的国家公权力面前使自己的权力不受国家的非法追究。而由主观到客观的排列顺序则不利于保障公民自由权利。因为这种观点认为“犯罪构成其他三方面要件都是以犯罪主体要件为基础的”，[①]而社会上绝大多数人都具备犯罪主体“要件”，在“客观”之前查“主观”也是没有根据的，这隐含着侵犯公民自由权利的危险。

其次，犯罪客体要件、犯罪客观要件、犯罪主体要件、犯罪主观要件的传统顺序是按照司法机关认定犯罪的顺序、途径排列的，即首先是合法权益受到侵犯；然后查什么行为侵犯了合法权益，造成了何种具体结果；再查什么人实施了行为；最后查行为人在什么心理支配下实施了行为。犯罪主体要件、犯罪主观要件、犯罪客观要件、犯罪客体要件的顺序则是按犯罪发生的过程排列的。但是，刑法学不是犯罪学与犯罪心理学，它主要是从法律规范的角度来研究行为人的行为应当如何认定为犯罪，而犯罪学与犯罪心理学则主要是从犯罪事实的角度研究犯罪是怎样形成的。在司法实践中，司法机关不应当从具体研究犯罪发生的过程来认定行为人的行为是否构成犯罪，而应当按犯罪发生结果的逆溯过程去认定犯罪。因此，由主观到客观的排列顺序有使刑法学偏离其应有的研究方向的隐患。

最后，如果采取“四要件说”，将客体要件放在前面就有利于其他构成要件的确定，有利于犯罪构成理论的深化。刑法规定任何犯罪构成都是为了保护合法权益。首先明确刑法规定某犯罪构成的具体目的，其次才能确定犯罪构成的具体内容；对此具体目的的理解不同，所确定的犯罪构成的具体内容便不同。换言之，对客体的内容理解不同，对其他构成要件的解释就有所差异。例如，如果认为刑法规定非法侵入住宅罪是为了保护住宅权（客体），则凡是违反住宅权人的意志而进入的均属侵入住宅；如果认为刑法规定本罪是为了保护住宅人的安宁

---

① 赵秉志、吴振兴：《刑法学通论》，高等教育出版社 1993 年版，第 91 页。

(客体),则只有以危险方式或怀有恶意而进入的才是侵入住宅。正因为客体内容左右其他构成要件内容,故国外刑法理论总是在犯罪概念之后讨论保护法益是什么,然后探讨构成要件。既然我们采取"四要件说",就理应先确定犯罪客体要件,再据此确定其他要件内容,这也有利于犯罪构成理论深化。

总之,如果采取"四要件说",犯罪构成共同要件的顺序与表述就应当是:犯罪客体要件、犯罪客观要件、犯罪主体要件、犯罪主观要件。

五、犯罪的法律后果:刑法智慧树内部构造的实质展开

犯罪的法律后果是指行为人因其犯罪行为而应承担的、遭受国家定罪处刑的负担或后果。犯罪人实施犯罪行为导致的法律后果是犯罪人应承担的刑事责任。刑事责任是行为人因其犯罪行为所应承受的、由国家对犯罪人及其行为予以否定性评价或谴责的责任。国家追究犯罪人刑事责任的根据在于行为人的主观能动性和社会性,以及行为人的行为对社会造成的危害。有犯罪存在,就应当追究刑事责任,但在法定事由下,刑事责任也会归于消灭。刑事责任的实现需要一定的过程,其实现的方式也是多元的。其中,最主要的实现方式就是刑罚。"无犯罪即无刑罚",刑事处罚是犯罪人应承担的法律后果之一,非刑事处罚措施也是犯罪人应承担的法律后果之一。从刑法智慧树的内部构造图 3 中,我们可以清楚地看到,犯罪的法律后果是行为人应该承担的刑事责任。作为刑事责任实现方式之一的刑事处罚,根据我国《刑法》的规定,主要有主刑与附加刑两种刑罚方法。其中主刑,又称基本刑,是指只能独立适用的刑罚方法。主刑有两个特点:一是主刑只能独立适用,不能附加适用;二是对一个犯罪只能适用一个主刑,而不能适用两个以上的主刑。根据《刑法》第 33 条的规定,主刑有管制、拘役、有期徒刑、无期徒刑和死刑五种。附加刑,又称从刑,是补充主刑适用的刑罚方法。其特点是,既可以附加适用,也可以独立适用(没收财产除外)。在附加适用时,对于一个犯

罪还可以同时适用两个以上的附加刑。根据我国《刑法》第 34 条、第 35 条的规定,附加刑包括罚金、剥夺政治权利、没收财产和驱逐出境四种。除刑事处罚之外,作为刑事责任实现方式之一的非刑事处罚措施,也是犯罪的法律后果之一。根据《刑法》第 36 条、第 37 条的规定,它主要包括刑事财产罚、刑事申诫罚与刑事行政罚三种不同的处罚措施。其中刑事财产罚包括《刑法》第 36 条规定的判处赔偿经济损失和《刑法》第 37 条规定的责令赔偿损失两种。刑事申诫罚包括训诫、责令具结悔过、赔礼道歉三种。刑事行政罚,包括由主管部门给予行政处罚和行政处分两种。以上内容从刑法智慧树的内部构造图像中,可以一览无余,勿需赘言。下文拟从犯罪的法律后果溯源而上,对犯罪的本质特征进行一番考察。

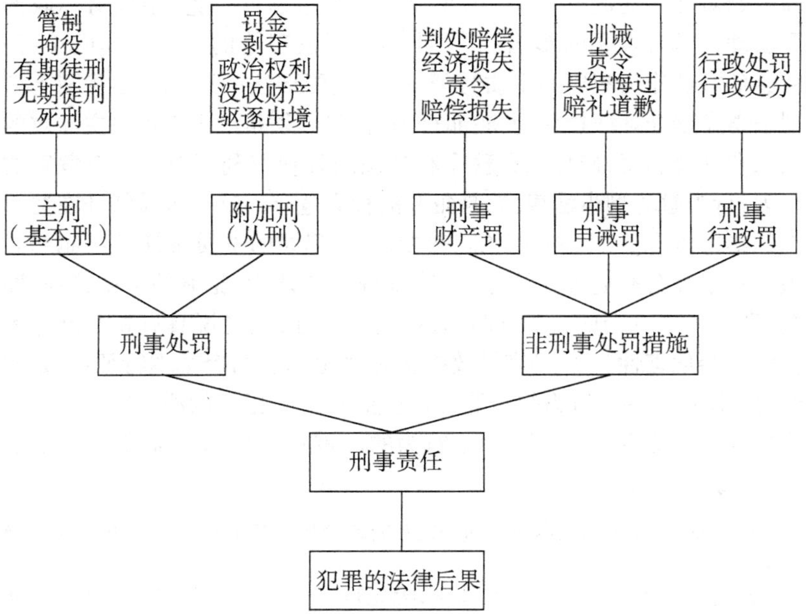

图 3　犯罪的法律后果溯源

(一)关于犯罪本质特征的理论聚讼

众所周知,刑事责任是犯罪的法律后果,而决定行为人是否应当承担刑事责任的前提是行为人所实施的行为是否构成犯罪,而行为人的行为是否构成犯罪是由犯罪的本质特征所决定的。那么犯罪的本质特征何在,关于这个问题在刑法理论界是一个有所争议的问题,概括起来,主要有以下几种不同观点的理论聚讼。

第一,社会危害性说。该说认为行为人的行为必须具有社会危害性才能构成犯罪,这是犯罪行为的前提条件,也是犯罪的本质特征。意大利刑法学家贝卡里亚曾明确地提出:“什么是衡量犯罪的真正标尺,即犯罪对社会的危害。”①贝卡里亚的社会危害性理论,不仅对苏联的刑法理论具有重要的影响,对于我国的刑法理论的影响也非同小可。社会危害性作为犯罪的本质特征,已是我国刑法的通说。如我国著名刑法学家李光灿教授认为,犯罪行为,首先必须是危害人民民主专政的国家和社会制度,破坏社会秩序和公民的各项权利等对社会有危害的行为;行为触犯刑事法律,它是犯罪的社会危害性这一本质特征在法律上的集中体现。② 另外,高铭暄教授认为,犯罪的本质特征是:“犯罪必须是对于社会有危害性的行为。”③此外他还认为,犯罪的本质特征,即“犯罪是危害社会的行为,即具有社会危害性,或者说具有相当严重程度的社会危害性”。④ 马克昌教授认为:“犯罪有两个基本特征:一是犯罪的本质特征——行为的严重社会危害性;二是犯罪的法律特征——行为的刑事违法性。”⑤由此可见,行为的严重社会危害性是犯罪的本质

---

① [意]贝卡里亚:《论犯罪与刑罚》,黄风译,中国大百科全书出版社 1993 年版,第 67 页,

② 参见李光灿:《中华人民共和国刑法论》(上),吉林人民出版社 1984 年版,第 108~113 页。

③ 高铭暄:《新中国刑法学研究综述》,河南人民出版社 1986 年版,第 89 页。

④ 高铭暄:《中国刑法学》,中国人民大学出版社 1989 年版,第 72 页。

⑤ 马克昌:《犯罪通论》,武汉大学出版社 1991 年版,第 16 页。

特征。其理由是:行为的严重社会危害性不仅是立法者用以指导刑事立法为何将某种行为规定为犯罪的立法缘由,也是司法者用以指导刑事司法如何认定某种行为是否构成犯罪以及罪行大小的司法依据。

第二,刑事违法性说。该说认为刑事违法性是犯罪的本质特征。原因如下。其一,这里的刑法是广义的刑法。其二,这里的刑事违法是主观和客观的统一,即客观上实施了刑法所禁止的行为,主观上又具有过错。也就是说,刑事违法性概括了犯罪构成的全部内容。据此,任何危害社会的行为,如果客观上没有达到法律所要求的程度,以及正当防卫、紧急避险等正当行为,都不具有刑事违法性。其三,这也是罪刑法定原则的要求。刑事违法性已经包容或承认了行为的社会危害性,又易于为人们所理解和掌握,刑事违法性就成为区分犯罪与一般违法的标志。因此,刑事违法性是犯罪的本质特征。① 另外,我国著名的刑法学家陈兴良教授亦认为,在犯罪的概念中,对于认定犯罪来说,刑事违法性是根本标准,社会危害性离开了刑事违法性就不能成为犯罪的特征。从注释刑法学的角度说,犯罪只是一种法律规定的行为。离了法律规定就没有犯罪可言。在这种情况下,必须始终把握犯罪的刑事违法性。社会危害性只有从刑法规定的构成条件中去寻找;人身危险性只有从刑法规定的犯罪情节中去认定。②

第三,应受刑罚惩罚性说。该说认为应受刑罚惩罚性是犯罪的本质特征。这是我国著名刑法学家陈忠林教授所提出的观点。其主要理由是:(1)应受刑罚惩罚性体现了犯罪和其他危害行为之间的内部联系。刑罚是组成国家的统治阶级所使用的最严厉的惩罚手段。统治阶级所认为应受最严厉惩罚方法惩罚的行为,不可能不是危害维护统治阶级利益的社会关系。由于统治阶级的利益总是通过一定的社会关系

① 沈柳兰:《刑事违法性是犯罪的本质特征》,载《江苏警官学院学报》1995年第2期。

② 陈兴良:《社会危害性理论——一个反思性检讨》,载《法学研究》2000年第1期。

内容体现出来,所以,应受惩罚的行为必然在一定程度上危害符合统治关系的社会关系。因此,犯罪的应受刑罚惩罚性体现了犯罪是危害统治阶级社会关系的行为这一本质。(2)应受刑罚惩罚性也表现了犯罪本身特有的内部联系——社会危害性已达到一定程度。国家认为某种行为应用刑罚方法来调整,这本身就表明了该行为的社会危害性已达到高于其他危害行为的程度。达到犯罪程度的社会危害性在这里就直接由应受刑罚惩罚性表现出来了。(3)应受刑罚惩罚性不仅直接地、全面地反映了犯罪的本质,能为人们的直觉所把握,而且也是区分犯罪与其他行为的科学标准。因此,它是犯罪的本质特征。①

第四,可罚的社会危害性说。该说认为可罚的社会危害性才是犯罪的本质特征。这是我国著名的刑法学家何秉松教授提出的观点。其主要理由是:其一,它揭示了犯罪的政治本质。统治阶级认为某种行为应动用刑罚来调整,这表明该行为的社会危害性达到了高于其他危害行为的程度,或者说达到了极端的程度。把可罚的社会危害性作为犯罪的本质特征完全符合马克思、恩格斯关于犯罪本质的论断。其二,它能作为划分罪与非罪的标准。只有当行为的社会危害性达到一定的量,超过一定的度,才能构成犯罪。这里的度就是刑罚的可罚性,于是,罪与非罪的标准问题就得到了解决。其三,它简明扼要地概括了犯罪的三个基本特征。从"可罚的社会危害性"这一提法的字面上就体现了社会危害性与应受惩罚性这两个基本特征。同时,如果立法者认为对某种危害社会的行为应当动用刑罚加以处罚就会对该行为在刑事法律上作禁止性的规定,从而赋予该行为以刑事违法性的特征。这里所讲的"可罚性",是指行为的社会危害性达到应受刑罚惩罚的程度,至于该行为是否受到实际的刑罚惩罚,那还要看行为人是否具备免除处罚的情节。②

第五,应受刑罚处罚的社会危害性说。该说认为应受刑罚处罚的社会危害性才是犯罪的本质特征。这是我国著名的刑法学家张明楷教

① 陈忠林:《应受刑罚处罚性是犯罪的本质特征》,载《法学季刊》1986 年第 2 期。

② 夏朝晖:《犯罪本质特征新探》,载《中南政法学院学报》1990 年第 2 期。

授提出的观点。其主要理由是：首先，刑法实行罪刑法定原则，司法机关不能直接根据行为的社会危害性认定犯罪。从法律上说，只有当某种行为被法律规定为犯罪，该行为才是犯罪。换言之，刑法并不禁止一切法益侵害行为，只禁止其以犯罪构成要件类型化的法益侵害行为。其次，危害社会的行为不是情节显著轻微危害不大的行为，换言之，根据《刑法》第 13 条的规定，情节显著轻微危害不大的行为，依法不受刑罚处罚。最后，国家有许多法律，并非被法律禁止的行为都是犯罪，只有当法律对某种行为规定了刑罚后果时，该行为才是犯罪。即根据《刑法》的规定，并不是任何危害社会的行为都是犯罪，只有"依照法律应当受刑罚处罚的"行为才是犯罪。据此，依照法律应当受刑罚处罚的危害社会的行为，就是犯罪。①

第六，法益侵害说。该说认为犯罪的本质在于法益侵害。这是我国著名的刑法学家张明楷教授所持的主张。他认为，在犯罪本质问题上，1997 年《刑法》从许多方面认同了法益侵害说，因此值得称赞。其所持法益侵害说的主要理由是：(1)以法益侵害说为根据确定刑法的处罚范围与界限，可以使处罚范围适当、使处罚界限明确。(2)采取法益侵害说有利于同时发挥刑法的法益保护机能与自由保障机能。(3)采取法益侵害说有利于合理区分刑法与道德。(4)采取法益侵害说有利于正确评价行为的社会危害性。(5)坚持法益侵害说有利于正确理解和适用刑法规范。②

从以上所介绍的各种不同观点来看，关于犯罪的本质特征，可以说是仁者见仁，智者见智。尽管不同的专家学者对犯罪的本质特征的认识互不一致，但是他们都有其各自所持的理由。因此，对于这些观点的是非与优劣，笔者将在下文进行逐一评论。根据笔者的观点，既然犯罪的概念应当是政治学意义上的犯罪概念与刑法学意义上的犯罪概念的有机统一，那么它同时就表明犯罪的基本特征有两个方面：一是犯罪的本质特征——应负刑事责任的社会危害性；二是犯罪的法律特征——

① 张明楷：《刑法原理》，商务印书馆 2011 年版，第 64 ~ 65 页。
② 张明楷：《新刑法与法益侵害说》，载《法学研究》2000 年第 1 期。

刑事违法性。任何犯罪都是这两个方面的特征的统一,若缺少其中之一,则不能对某种行为是否成立犯罪作出正确的评判。由上可知,笔者对于犯罪的本质特征倾向于犯罪的社会属性,即社会危害性说。但为了进一步科学地揭示犯罪的本质特征,笔者认为,应将其界定为应负刑事责任的社会危害性。

(二)关于犯罪本质特征的自我解析

在我国刑法学中,特征与属性是同一概念。任何事物都具有一定属性,犯罪也总有其特征。从哲学高度来考察,任何事物的特征或属性都有本质与非本质之分。特定的事物有其特定的本质,否定一事物的本质,也就否定了该事物的存在。犯罪作为一种社会现象也必然有其本质,犯罪本质不应当也不可能被任何一门研究犯罪现象的学科所抹杀。犯罪本质的既定存在,决定了包括刑法解释学在内的研究犯罪现象的各门学科都不能无视犯罪本质,更不可能将犯罪本质从各该门学科中"逐出"或加以"消解"。

从一般意义上来讲,本质特征是表明某一事物区别于其他事物的根本标志。从本质特征的这一含义出发,我们不难看出,所谓犯罪的本质特征就是指犯罪这一特殊的法律现象有别于其他法律现象的根本标志。既然要将犯罪这一特殊的法律现象与其他法律现象区别开来,那么就必须找到犯罪现象区别于其他法律现象的根本标志。那么,区别犯罪与一般违法行为的标志究竟是什么呢?关于这一问题目前在刑法理论界还是一个尚未达成共识的问题。在以往的刑法理论中,有很多专家学者将行为的社会危害性作为犯罪的本质特征,这一观点很快遭到了刑法学界其他专家学者的批评,提出异议的观点主要有,行为的社会危害性不仅在犯罪的行为中存在,在一般的违法行为与不道德行为中也同样存在,因此行为的社会危害性实际上是一般违法行为、不道德行为与犯罪行为共有的特征,它并不能直接将一般违法行为、不道德行为与犯罪行为区别开来,因而这种观点有失科学性。

由于行为的社会危害性这一观点遭否定后,为了寻求犯罪与一般违法行为相区别的根本标志,有的学者在社会危害性之前加上了“一定的”“严重的”“相当严重的”字样。即犯罪的本质特征是“行为具有一定的社会危害性”、“行为具有严重的社会危害性”或者是“行为具有相当严重的社会危害性”。那么在社会危害性之前加上这些限定词之后是否就可以将犯罪与一般违法行为之间的界限划清了呢?笔者认为,后几种表述相对于前一表述而言有一定的进步,然而由于“一定的”、“严重的”与“相当严重的”这几个词语的本身具有相当的模糊性,因此,在犯罪行为与一般违法行为的划分上,究竟应当如何来确定行为人所实施的行为有无达到“一定的”“严重的”“相当严重的”社会危害性,则不好严格加以划分。因为,在司法实践中,有些看似具有严重的社会危害性的违法行为,但在刑事立法当中却并未将其规定为犯罪,而有些在刑事立法中被确定为犯罪的行为,实际上却不一定比某些违法行为的社会危害性要大,关于这一方面的例证在 1979 年《刑法》适用期间可以找到很多。因此,用“行为具有一定的社会危害性”和“行为具有严重的社会危害性”以及“行为具有相当严重的社会危害性”作为区分犯罪与一般违法行为的根本标志,仍似有不妥之处。

鉴于以上几个方面的表述仍有不科学之处,有的学者在社会危害性之前加上了“应受刑罚惩罚”这样的限定词。主张用“应受刑罚处罚程度的社会危害性”来作为犯罪的本质特征。用“应受刑罚处罚程度的社会危害性”来代替“严重程度的社会危害性”“相当严重程度的社会危害性”,虽然就其程度而言,也并未达到几何般的精确度,但是相比较而言,“应受刑罚处罚的程度”较之“严重的程度”“相当严重程度”要更明确一些。正如提出这一主张的学者所指出的那样:“所谓‘严重’的相对性要更大一些,而‘应受刑罚处罚’的确定性要更大一些。严重的并不一定就达到了应受刑罚处罚的程度,而应受刑罚处罚的则一定已达到严重的程度。刑罚是最严厉的法律制裁手段,当一种行为的社会危害性严重到立法者认为非动用刑罚不可的程度,那么该种行为的社会危害程度应当说已经昭然若揭了。”①笔者认为,用“应受

① 赵秉志主编:《刑法争议问题研究》,河南人民出版社 1996 年版,第 171 页。

刑罚处罚程度的社会危害性”作为犯罪的实质特征,较之“严重程度的社会危害性”“相当严重程度的社会危害性”的确有相当大的进步。因为应受刑罚处罚既是犯罪的法律后果,也是犯罪行为区别于其他行为的一个重要标志,在行为的社会危害性之前冠以“应受刑罚处罚的程度”确实比使用“严重的程度”“相当严重的程度”更为明确。但是,这一观点的不足之处在于,刑罚处罚只是犯罪的法律后果中的一种,是刑事责任实现的方式之一,仅仅以应受刑罚惩罚作为某种具有社会危害性的行为成立犯罪的标志,还显得有的美中不足。因此,以应受刑罚处罚的社会危害性作为犯罪的实质特征,仍不尽如人意。

鉴于此,笔者认为,作为犯罪的本质特征,应当以“应负刑事责任的社会危害性”来表述则显得更为科学。其理由是:(1)根据哲学原理,事物的本质一方面反映的是其与他事物的之间共同性,另一方面也反映了其与他事物之间的特殊性。从这一原理出发,我们不难看出,犯罪与一般违法行为的共同之处在于其都具有“社会危害性”,它反映了犯罪本质的一个侧面;而犯罪与一般违法行为的不同之处在于其具有“应负刑事责任”这一特质,它反映了犯罪本质的另一侧面。如果我们将二者紧密地结合在一起,“应负刑事责任的社会危害性”作为犯罪的本质就是理所当然的。(2)依据我国刑法之规定,刑事责任是犯罪的法律后果,而刑事责任的实现方式包括刑罚处罚和非刑罚处理方法两种情况。对某种犯罪行为科处刑罚是刑事责任的实现方式,而对某种行为处以非刑罚处理方法,也同样是刑事责任的实现方式。因此,作为犯罪的法律后果的刑事责任,不仅包括刑罚处罚这一种情况,而且还包括非刑罚处罚这一种情况。因此,仅用“应受刑罚处罚”这一种法律后果作为犯罪本质特征的社会危害性的根本标志,并没有完全涵盖犯罪的法律后果的全部内容,而将其称为“应负刑事责任”则显得更加完备。(3)一般来说,刑事责任只是法律责任的实现方式之一,而在法律责任中,除刑事责任外,还包括民事责任、行政责任和经济责任等,与这些法律责任相对应的违法行为分别为民事违法行为、行政违法行为和经济违法行为等。而在以上这些违法行为中,也同样存在社会危害性,而这些违法行为的实质特征,如若依照犯罪的本质特征来表达,可以这样来表述:民事违法行为是应负民事责任的社会危害性行为;行政违法行为是应负行政责任的社会危害性的行为;而经济违法行为则是指应负经济责任的社会危害性的行为。根据以上这些表述方式,我们不难看出,将“应负刑事责任的社会危害性”作为犯罪的本质特征,是可以将犯罪行为与其他违法行为相互区别开来的,因此“应负刑事责任的社会危害性”就成为识别犯罪行为与其他违法行为的重要标志。

综上所述,关于应负刑事责任的社会危害性,为何能够作为犯罪的本质特征,本文已对其进行了详细的解读,就此打住。至于本文提到的其他各种观点,笔者在此一一进行回应。

首先,针对刑事违法性说,笔者认为,将行为的社会危害性作为犯罪概念的本质特征,为晚近刑法学界所诟病,主要在于有些专家学者担心社会危害性这一概念本身具有一定的模糊性,且不符合罪刑法定主义的立场,所以有些专家学者主张采取刑事违法性说。但是,否定社会危害性的观点或多或少地存在孤立地看待社会危害性标准,以致将其视为独立判断行为是否构成犯罪的标准的偏见。而实际上,肯定社会危害性标准的学界通说并不认为社会危害性标准可以用来独立判断行为是否构成犯罪,而是一再强调必须与刑事违法性结合起来。所以有学者认为,否定论者在一定程度上是在攻击一个并不存在的目标。① 笔者认为,有些专家学者对社会危害性存在的偏见关键在于对这一本质特征存在一些错误认识。主要考虑的是社会危害性只具有入罪的功能,而没有考虑社会危害性也具有出罪的功能,因为社会危害性的有无与大小,不仅是入罪的标准,同时是出罪的标准。尤其是将犯罪的本质特征作“应负刑事责任的社会危害性”理解之后,所有的疑问将会烟消云散,不复存在。

其次,关于应受刑罚惩罚性说,笔者也对此持反对态度。主要理由如下:第一,从犯罪与刑事责任的关系来看,犯罪是行为人应受刑罚处

---

① 储槐植、张永红:《善待社会危害性观念——从我国刑法第 13 条但书说起》,载《法学研究》2002 年第 3 期。

罚的前提,应受刑罚处罚性只是犯罪的法律后果,而不是犯罪的本质特征。这是因为,应受刑罚处罚,是确定行为构成犯罪之后才发生的问题,而不是犯罪行为本身的问题,所以它不可能成为犯罪的本质特征。第二,从刑法理论上来加以分析,只要行为人的行为具有应负刑事责任的社会危害性和刑事违法性,即表明行为人所实施的行为已构成犯罪,因而没有必要再将应受刑罚处罚性列为犯罪的基本特征。第三,不是应受刑罚处罚性制约犯罪,而是应负刑事责任的社会危害性决定行为是否构成犯罪,从而决定行为人是否应受刑罚处罚。因此,对于这一问题从存在论的角度来分析,应负刑事责任的社会危害性是决定行为人的行为是否构成犯罪的关键,只要抓住这个"牛鼻子",一切犯罪问题将迎刃而解。

最后,关于法益侵害性说,笔者也对此持反对态度。这是因为,在国外,刑法理论对法益侵害说存在诸多争议,我国专家学者对法益是什么也并没有达成共识。在没有深刻认识的情况下引入法益侵害说,并非明智之举。法益侵害是社会危害性表现的一种描述。"如同每一种不法行为一样,犯罪也是反社会的行为,即使犯罪行为直接针对某个特定的人,它也是对社会本身的侵犯。"①"在法益侵害中存在对共同关系的损害,此等损害表明将犯罪行为表述为'危害社会的行为'是正确的。""法益必须理解为受法律保护的社会秩序的抽象价值,维护该价值符合社会的共同利益,而无论该价值的主体是个人,还是社会"。②根据上述论述,我们所主张的社会危害性说与法益侵害说其实在本质上并没有显著的差异,只不过需要说明的是,将社会危害性作为犯罪的本质特征,它是一个总括性概念,它本身涵盖的内容与范畴较之法益侵害说更为广泛。因为它不仅包括刑法对犯罪行为的客观评价,同时包括刑法对犯罪行为的主观评价。而法益侵害说是一个具体性概念,其

① [德]弗兰茨·冯·李斯特:《德国刑法教科书》,徐久生译,法律出版社2000年版,第5页。

② [德]汉斯·海因里希·耶赛克、[德]托马斯·魏根特:《德国刑法教科书》,徐久生译,中国法制出版社2001年版,第288、316页。

内容与范围较窄，它所能反映和能够反映的只是刑法对犯罪行为的客观评价。故这一理论观点亦不足取。

The Internal Structure and Development of the Wisdom Tree of Criminal Law

Li Yongsheng

[**内容摘要**]刑法学是我国部门法学当中最为显赫的学科，也是研究成果浩如烟海的学科。但是以刑法智慧树的形式对其内部构造进行研究却寥若晨星。关于刑法智慧树的内部结构，首先必须弄清刑法智慧树内部构造的根基、重心与全貌，因为这些问题关乎刑法的基本含义、法律特征与基本范畴等基础性问题。除与刑法本体有关的内容之外，犯罪与刑事责任是刑法学研究不可或缺的核心问题。在当今世界各国虽然存在大陆法系、英美法系与苏俄法系三大犯罪论体系，但是犯罪构成的四要件理论是我国刑法理论的通说，因此如何把握我国刑法的中国特色，是我们每一个刑法理论研究工作者必须担负的历史使命。鉴于此，有关刑法智慧树的内部构造及其体系的展开，必须同时关注我国刑法中犯罪概念的基本内涵、犯罪构成的相关理论以及犯罪的法律后果并对其作出正确的解读。

[**关键词**]刑法智慧树；刑法的含义；刑法的性质；刑法的基本范畴；犯罪概念；犯罪论体系

Abstract: Criminal law is the most prominent subject in our country's departmental law, and it is also a subject with vast research results. However, there is very little research on its internal structure in the form of the criminal wisdom tree. Regarding the internal structure of the criminal wisdom tree, we must firstly clarify the foundation, focus and overall picture of the internal structure of the criminal wisdom tree, because these issues are related to the basic meaning, legal features and basic categories of criminal law. In addition to the issues related to the criminal law, crime and criminal liability are indispensable core issues in the study of criminal law. Nowadays, although there are three major criminal theories which are the civil law system, the common law system and the Soviet Russian law system in the world, the four elements of crime constitution are the general theory of China's criminal law theory. Therefore, how to grasp the Chinese characteristics of China's criminal law is a historical mission that every criminal law theoretical researcher must undertake. In view of this, regarding the internal structure of the wisdom tree of criminal law and the development of its system, we must pay attention to the basic connotation of the concept of crime, the related theories of crime constitution and the legal consequences of crime in the criminal law of our country, then make a correct interpretation of these.

Keywords: Criminal Wisdom Tree; The meaning of Criminal Law; The Nature of Criminal Law; Basic Categories of Criminal Law; Crime Concept; Criminology System

犯罪成立条件“情节严重”的解释规则

徐宗胜*

目　　次

一、评价对象——情节的确定
二、解释立场的差异与选择
三、解释目标的确立
四、解释方法的多元化
五、解释结论的检验

实证研究只能针对那些具有可检验性(可证实或可证伪)的研究对象才可以适用,价值问题不具有可检验性,其标准因人而异,与解释主体的价值取向、观念紧密相连。如果某种研究预先未设定理论假设,仅仅是对经验现象的归纳、罗列(归纳推理),那么它就属于经验研究方法,其所归纳的经验事实如果涉及数量问题,量化分析方法就会被应用,但这两种方法都不是实证研究方法,可能是解释性研究,也可能是描述性或思辨性研究。① 对于“情节严重”的价值判断,本质上仍属于对情节要素(或构成要件要素)及其社会危害性的判断,其对象涉及犯罪客观要件和主观要件两部分,我们可以说判断对象是纯客观范畴的内容,但不能说判断主体(评价者)也是脱离主观价值观念的纯客观

* 济南大学政法学院讲师,法学博士。

① 参见白建军:《罪刑均衡实证研究》,法律出版社 2004 年版,第 130 ~ 131 页。

“计量器”。对社会危害性的评价既有客观性,也有主观性,“它是事实、评价与人际关系的混合物,并非可观察到的事物或效果”。① 认定“情节严重”的过程,是刑法解释者综合运用各种理念、方法、标准等进行反复论证、细致推敲的系统性过程。正确的逻辑思路是:第一,确定评价的对象——情节的内容和范围,这是研究的素材和基础;第二,在形式解释论、实质解释论与功能主义刑法解释论之间作出选择,这是研究的立场;第三,确立解释的目标,这是研究的出发点;第四,选对解释方法,这是研究的工具;第五,根据法治目标和可接受性标准检验解释结论,这是研究的落脚点。

一、评价对象——情节的确定

规范条文所承载的情节要素是最直观、最常见的素材,不过,要归纳出所有的情节要素,实非立法或司法解释所能及,即使能够预见也要作冗长表述,使条文失去简短价值。情节犯之情节在多数情况下是以不特定的多个构成要件要素复合体的形式出现的,本质上有别于行为犯、结果犯等犯罪类型,即情节既不是行为、结果等一般要素的简单堆砌或组合,也不是特定几个要素的集合,它因不同个罪、不同犯罪情状与环节而流变。情节犯之情节的内涵和外延问题,集中反映在它与量刑情节之间的关系上。

关于定罪情节与量刑情节的关系(区分)问题,学界争论已久。许多学者认为,定罪情节就是量刑情节,或者至少与量刑情节之间存在交叉。也有学者严格区分犯罪构成中的情节与刑罚裁量中的情节,认为“能够影响刑事责任程度的所有事实,只要不属于犯罪构成要件,都属于量刑情节的范围”。② 还有学者从定罪机能意义上区分定罪情节和量刑情节,认为“定罪的过程是进行包括确定行为是否构成犯罪、构成

① 劳东燕:《风险社会中的刑法——社会转型与刑法理论的变迁》,北京大学出版社2015年版,第255页。

② 高铭暄、马克昌:《刑法学》,中国法制出版社1999年版,第471页。

何种犯罪、罪轻罪重等内容的过程……影响行为罪轻罪重的情节是行为在构成犯罪之后才考虑的情节，因此，与其说它是定罪情节还不如说是量刑情节更为恰当一些"。[①] 另有学者以情节对法定刑选择的影响为视角区分定罪情节与量刑情节，一种见解是，量刑情节是在确定了某种法定刑幅度的前提下，实现刑罚个别化所要考虑的因素，与宣告刑存在必然联系。[②] 另一种见解是，量刑情节是选择法定刑和决定宣告刑的依据，量刑包括法定刑的选择，影响法定刑选择的情节属于量刑情节。[③]

(一)基本情节犯之情节与量刑情节的区分

如果认为犯罪构成的意义只是判断犯罪成立与否或成立此罪与彼罪，所有要件(要素)的刑量都要在量刑阶段予以综合评价的话，定罪情节的确就是量刑情节，或者两者存在交叉。如果认为(基本)犯罪构成要件本身应当作为一个整体被独立地评价为一个刑罚量度，剩余的影响社会危害性和人身危险性的情节再被分别或综合评价的话，那么就要严格区分定罪情节与量刑情节，否则会产生重复评价问题。定罪过程是对罪与非罪、此罪与彼罪作出认定的过程，情节在其中扮演了重要的角色。与定罪情节不同的是，量刑情节是在确定行为已构成犯罪的前提下，对刑罚轻重起重要作用的事实。它不仅不能说明犯罪行为的基本性质，而且也与犯罪构成(事实)的联系相疏远，既不决定罪与非罪，也不影响此罪与彼罪，因此，它不具有犯罪成立条件的意义。尽管我国的审判模式将定罪与量刑一体共进，但从物本顺序上讲，是先有犯罪后有量刑，是先判断罪与非罪、此罪与彼罪，后判断罪轻与罪重。因此，在先定性后定量的审判逻辑中，定罪情节最直接的机能体现在定性上，即决定行为是否构成犯罪、构成何种犯罪，间接机能在于定量，即

---

① 王充：《定罪情节若干问题研究》，载《法学评论》2000 年第 6 期。

② 参见王志祥：《犯罪既遂新论》，北京师范大学出版社 2010 年版，第 316 页。

③ 参见张明楷：《刑法学》，法律出版社 2011 年版，第 502 ~ 503 页。

决定罪轻或罪重。前两种机能是定罪情节所独有的,后一种机能则由定罪情节和量刑情节所共有,只不过,这种定量机能在于定罪情节是次要的、间接的,而对于量刑情节则是最主要的、最直接的。

首先,从行为性质上讲,行为方法、手段、对象、时间、地点等是与行为存在密切联系的自然情状,对于行为的不法程度产生直接影响,如果行为人在实施行为之时或之前就已经认识到这些要素,那么它们就应当成为决定犯罪成立的要素。如果行为性质本身就比较严重,起主要作用的它完全可以充足基本要件的不法程度,那么起次要作用的这些要素再加功违法性就没有什么意义了,至少在不影响犯罪成立层面上是如此。把它们视为影响社会危害性的量刑情节是合适的。如果行为性质本身不那么严重,但又很难通过强调某一情节要素或某几个情节要素来补强违法程度,那么,与行为产生关联的所有要素都有可能成为定罪情节。

其次,从行为与结果的连接程度上讲,如果某种结果是违法行为的类型性实现,即结果是行为的通常"作品",它的出现是由行为制造的危险的相当或必然转化,那么它与行为的联系就非常紧密,符合罪过对行为与结果的共同认识要求。如果某种结果并非行为的当然作品,而是由行为和其他介入因素共同引起,或者不是行为制造的危险的必然实现,那么作为"近因"的介入因素就左右了违法性或社会危害性的判断,不过它可能处于行为人的认识范围之外或认识程度相当浅,与常态结果相比,该不典型结果的违法和故意征表机能几乎不存在,但它在一定程度上说明了犯罪对社会的间接危害,作为量刑情节是适格的。

最后,对犯罪起核心作用的因素是行为和结果,但行为引起结果的过程并非没有其他要素的参与,它们对行为不法和结果不法的填充起一定作用,尽管这种作用不是很大,却不可或缺。当无法区分或不容易区分哪些要素应当成为补足违法程度之后剩余的部分时,它们都有资格作为定罪情节。量刑规范化改革提出的"量刑起点"概念就是这种思路,即根据个罪的基本构成要件事实确定量刑的起点,这个起点不是由抽象犯罪概括而来的固定点,而是照顾了不同个罪的具体事实情况进而规定为幅度。从最高人民法院、最高人民检察院《关于常见犯罪的量刑指导意见》规定的轻罪幅度来看，量刑起点基本上是在几个月至一年的范围内确定，进一步说明某个(些)要素(或情节)无法或不易从基本构成要件(的不法程度)之中完全剥离出来时，与其费尽周折在基本情节犯中将定罪情节和量刑情节绝对区分，倒不如承认被罪过覆盖、影响违法程度的情节都是定罪情节。

(二)加重情节与量刑情节的区分

现行刑法理论并不区分加重的犯罪构成与量刑规则，致使犯罪形态的认定和量刑出现偏差。刑法分则单纯以情节(特别)严重、数额(特别)巨大、违法所得数额巨大、犯罪孳生物数量(数额)巨大、首要分子、多次等作为法定刑升格条件时，只能视为量刑规则；因行为、对象等加重要素的特殊性使行为类型发生改变，导致违法性增加并加重法定刑时，才属于加重的犯罪构成。加重的犯罪构成存在未遂犯，量刑规则不存在未遂犯。[①] 区分加重犯罪构成与量刑规则的意义在于解决情节(特别)严重、数额(特别)巨大、后果(特别)严重等犯罪类型的未遂形态以及法定刑的选择问题。如行为人盗窃数额巨大的财物未遂，但符合数额较大的情形，倘若认为这里的数额巨大属于加重的犯罪构成，那么就应当认定为数额加重犯的未遂，结果是可以比照数额加重犯既遂形态的法定刑从轻或减轻处罚；倘若认为这里的数额巨大是量刑规则，那么根本就不存在所谓的数额加重犯的未遂情况，即只要没有达到数额巨大的标准，就不适用升格的法定刑，只能按照数额较大的法定刑从轻或减轻处罚。这两种不同的认识，导致对数额巨大(未遂)犯罪形态的认定出现偏差，也造成刑罚裁量上的畸轻畸重。

对于加重构成要件与量刑规则的区分，我们不妨借鉴国外立法规定予以分析。如《意大利刑法典》(2006 年)第 625 条规定了加重盗窃罪的成立情形，“如果犯罪人对物采用暴力，或者使用任何欺诈手段”“如果犯罪人在身上携带着武器或麻醉品，但没有使用”“窃取成群之

---

① 参见张明楷:《加重构成与量刑规则的区分》，载《清华法学》2011 年第 1 期。

家畜三只以上……”意大利刑法中基本犯的成立并没有罪量的限制,“暴力”“欺诈手段”“携带武器”“三只以上”等使行为性质发生改变的加重构成要件要素或使构成要件结果数量提升的要素,只是法定刑升格的犯罪事实,不具有犯罪成立的意义。《日本改正刑法草案》(1974年)规定的加重盗窃情形是:①侵入他人住宅或他人看守的建筑物盗窃;②携带凶器盗窃或两人以上在现场共同盗窃。日本刑法在基本犯和加重犯的设置上同样只关注行为性质或类型,而不考虑罪量要素(数量、情节等)。《德国刑法典》(1999年)第12条规定,总则对加重处罚和减轻处罚、情节特别严重和情节严重的规定,不影响犯罪的分类。德国刑法也是在行为类型、性质角度把握此罪与彼罪,强调行为属性的改变对于犯罪构成而非量刑的根本意义。

在笔者看来,依据行为类型是否发生改变、有无未遂状态来区分加重构成与量刑规则的观念,是在承认(部分)量刑情节具有决定法定刑幅度作用的基础上,再根据某种标准将影响法定刑选择的犯罪事实进一步划分为加重的犯罪构成事实与量刑情节的。“量刑情节是在确定了某种法定刑幅度的前提下,影响宣告刑的因素”的观点显然不认为量刑情节对法定刑的选择有任何影响,因而,决定法定刑幅度的犯罪事实都属于犯罪构成事实(或定罪情节)。虽然两种观点就量刑情节(或量刑规则)的作用及范围存在不同理解,但都未透过现象探究其“对立面”——定罪情节的本质,即忽视了主观罪过对(客观)加重要素的覆盖。因为加重犯罪构成是在基本犯罪构成基础上通过增设加重要素提升违法程度的特殊犯罪类型,它不仅具有违法推定机能,同样具有故意规制机能。

首先,行为手段、(加重)结果、对象等都是需要行为人认识的基础事实,属于加重的犯罪构成要素(或情节)。如故意伤害致人死亡,行为人至少应当预见到死亡结果;行为人持枪抢劫,应当对其手段(持枪)有所认识;军用物资或者抢险、救灾、救济物资是(加重)抢劫罪的认识对象,认识不到只能按基本犯处理。

其次,犯罪孳生物、违法所得数额、首要分子、多次等都是不需要行为人认识的要素,属于量刑情节。获利多寡与犯罪结果是两码事,犯罪孳生物、违法所得数额与法益侵害程度没有直接关联性。较少的孳生物、违法所得不一定说明法益被侵害的程度低,较多的孳生物、违法所得也不一定说明法益被侵害的程度高,它们并不直接征表违法性。首要分子,是刑法根据犯罪主体在犯罪集团和聚众犯罪中的作用与地位而进行的规范评价,属于评价事实,而非基础事实,事后评价当然不需要行为人认识。而且,让行为人认识到自己在犯罪中的作用大小,如同让正犯认识到自己的主犯地位一样,既不现实也无必要。就多次而言,只要行为人对每次行为有认识(故意)即可,不要求认识到次数,否则便会得出"记忆力强弱影响定罪(或刑罚轻重)"的荒谬结论。

再次,作为犯罪结果的数额也是需要行为人认识的要素,应当归属加重的犯罪构成。刑法并不处罚过失造成财产损失的行为,如果行为人在故意盗窃数额较大的财物时,过失窃取了数额巨大的财物进而适用升格的法定刑,实际上就间接处罚了过失盗窃财物的行为,间接处罚违反罪刑法定原则。因此,作为法定刑升格条件的加重数额,不仅需要行为人认识,而且也要持故意的态度。①

最后,实行行为未遂与"情节(特别)严重"之间不存在必然的因果联系,不应当简单地以"不存在情节加重犯未遂"为由遮蔽整体评价要素的特殊性,有必要分类讨论。在通过强调单一(加重)要素使基本犯发生违法程度质变的场合,根据单一要素是否需要罪过涵摄,区分加重构成与量刑规则(情节)是简单易行的。对于复合要素引起的"(特别)严重",根据行为类型(或性质)的变化认定加重构成与量刑规则是合理的,即基本情节犯通常以"行为 + 情节严重"为立法模式,其犯罪构成的定型性立足于"行为类型",不使行为类型或性质发生改变的要素,对于犯罪构成的个别化机能没有影响,仅有"严重"程度之别。

综上可见,定罪情节和量刑情节具有相对性,两者之间不存在绝对的界限,应当具体情形具体分析。本文尝试在一般意义上给出两者的定义:所谓定罪情节,就是犯罪构成共同要件之外的,对于犯罪(包括基本犯和加重犯)成立不可或缺的被罪过涵摄的某些(个)构成要件事

① 参见张明楷:《法定刑升格条件的认识》,载《政法论坛》2009 年第 5 期。

实。量刑情节,是指对犯罪的成立不发生实质影响,反映行为的社会危害性或行为人的人身危险性的事实情况。

二、解释立场的差异与选择

早在 18 世纪,德国著名哲学家、诠释学之父施莱尔马赫就立足于西方古典哲学范式主、客体二分(主体决定客体或客体决定主体、唯物论或唯心论)的视角,提出了对宗教教义的理解不能仅依附于语义学,这会与传统宗教信仰产生矛盾,应当通过探寻教义作者的创作原意来解决教义与文本之间的矛盾问题,即"作者中心论"的观点。与此同时,他认为教义的受众或读者(主体)应当摒弃主观意念、成见或心情,去发现早已客观存在的作者内心意思(客体)。① 不过,完全排除解释主体的主观性进行纯客观的解读,不仅不现实,而且违背了主客观互动的规律。鉴于此,胡塞尔、海德格尔等人提出了"主体间性"的诠释学新范式,认为客观世界是因人的理解才获得存在的意义,主客观、主客体是共融的,而非决定与被决定的关系。② 哲学诠释学的创立者伽达默尔认为,对文本的理解过程实际上就是读者(解释者)与文本的对话过程,解释者总会根据自己的"前理解"(经验、过往认知等构成的读者视域)来理解文本,而文本自身也有其视域,只有读者与文本在平等对话中实现视域融合,解释才告完成。③

从主客观性到主体间性的解释转向,即承认解释主体的主观性参与解释过程和解释结论,并不等于完全包容一切主观性的活动和内容,尤其是谬误、偏见、臆断、片面、不理性等都应当被诠释学所排斥。此外,刑法解释的主观性还受规范的法定性、语义的"射程"、解释说服力

① 参见[德]狄尔泰:《诠释学的起源》,载洪汉鼎主编:《诠释学经典文选》,东方出版社 2001 年版,第 55、90 页。

② 参见[德]马丁·海德格尔:《存在与时间》,陈嘉映、王庆节译,三联书店 1999 年版,第 49 页。

③ 参见聂立泽、庄劲:《从"主客观间性"到"主体间性"的刑法解释观》,载《法学》2011 年第 9 期。

等的限制。例如,无论如何也不能将"违法所得数额在十万元以上的"解释为"违法所得数额在五万元以上或十万元以下",否则就公然违反了罪刑法定原则、远远超出了规范文本的语义射程。再如,将"欺骗"解释为"暴力"或"盗窃"也是超出语义范畴的解释,不符合历史形成的社会公众公认的常识、常理(一般人的认知),当然也不能得到同行的认可,不具有说服力。刑法解释是将具体生活事实与抽象规范相互对应、匹配的过程,是"在案件事实与有关规范之间,眼光往返流转"①的过程,其论证工艺十分复杂。当前刑法解释学在承认解释者的主观价值观念左右判断过程和判断结论的同时,力主多元解释方法的运用,如文义解释与目的解释、体系解释的结合,历史解释与目的解释、限缩解释的结合等。同时,注重解释位阶和方法论的研究与应用。

(一)形式解释论与实质解释论之争

以往学界有将形式解释与主观解释、实质解释与客观解释等同视之②的论调,也有将形式解释理解为不要实质标准、实质正义(实质判断)③的观点。不过,近十年来的研究也基本上达成共识,即以探究立法原意为目的的主观解释论不同于强调罪刑法定的形式侧面、拒绝将实质上可罚却无形式规定(依据)的行为解释成犯罪的形式解释论。以发现规范现在应有的客观意思为目标的客观解释论不同于强调罪刑法定的实质侧面、认同将实质上值得科处刑罚却不具有形式规定的行为入罪的实质解释论。形式解释论并非不进行实质判断(不要实质标准或实质正义),它与实质解释论的根本性区别在于是否先进行形式判断,然后再进行实质判断。④ 形式解释论遵循严格的罪刑法定,坚决

---

① [德]卡尔·拉伦茨:《法学方法论》,陈爱娥译,商务印书馆2003年版,第15页。

② 参见梁根林:《罪刑法定视域中的刑法适用解释》,载《中国法学》2004年第3期。

③ 参见苏彩霞:《实质的刑法解释论之确立与展开》,载《法学研究》2007年第2期。

④ 参见陈兴良:《形式解释论的再宣示》,载《中国法学》2010年第4期。

反对“法外解释”和类推解释,但并不否定形式上符合构成要件或法律规定却无实质处罚必要性的行为予以出罪的解释。实质解释论以罪刑法定原则具有形式侧面和实质侧面为由,主张以规范文本为依据的扩大解释(实质上可罚却无形式规定的行为入罪)并不违反罪刑法定原则,也赞成将符合形式规定但又没有处罚必要性的行为出罪化。以张明楷教授为代表的实质解释论者主张,对构成要件的解释不能仅停留在法条的字面含义上,而应以法益保护为指导,在法条用语的“射程”之内确定构成要件的内容。当具有处罚必要性和合理性的行为处于用语的核心含义之外的边缘地带时,应当在罪刑法定原则的限制下,对其作扩大解释。① 发端于大陆法系构成要件理论(之争)的形式解释论与实质解释论,属于阶层犯罪构成体系之构成要件该当性判断范畴内的对立理论,能否在平面四要件理论中展开不无疑问。对此,有学者曾旗帜鲜明地指出,“当下我国形式解释论与实质解释论的争论焦点与其说是对‘构成要件符合性’的解释之争,不如说是对‘罪刑法定原则符合性’的理解之争”。② 也有学者认为,两种解释论并非解释方法,而是两种不同的解释立场,在方法论上没有本质分歧,只是理论根基不同——认识论与“认识论 + 本体论”的分歧。③ 还有学者认为,两种解释论之间并不真正对立,两者在解释目标和解释结论上不存在根本冲突,其形式根据(用语的可能含义)和实质根据(规范文字的真实含义)应当实现统一。④

在笔者看来,形式解释论与实质解释论之争,不仅是构成要件理论的解释性问题,而且涉及人权保障与法益保护两种理念的协调、刑法规范之正义性与刑事政策之功利性之间的紧张关系问题,同样涉及对罪

① 参见张明楷:《实质解释论的再提倡》,载《中国法学》2010 年第 4 期。

② 程红:《形式解释论与实质解释论对立的深度解读》,载《法律科学》2012 年第 5 期。

③ 参见欧阳本祺:《走出刑法形式解释与实质解释的迷思》,载《环球法律评论》2010 年第 5 期。

④ 参见李运才:《形式解释论与实质解释论的关系》,载《国家检察官学院学报》2015 年第 5 期。

刑法定原则、社会危害性理论之内涵与外延的理解问题，以及应否将两种解释论的争锋场域扩展至违法性和有责性阶层或四要件整体之中讨论的问题。事实上，我国“传统的刑法解释方法中，并无形式解释与实质解释之分”①，解释者通常采用一种或几种传统解释方法，在罪刑法定原则的指引下，对规范文本作出合理的解释。两种解释论的出现，显然是将三段论演绎推理中的“大前提”——罪刑法定原则视为可争论的原理，进而对“小前提”——刑法条文的真实含义产生分歧，最后得出不同的解释结论。一般来说，本体三段论中的大前提应当是无歧义的，否则该逻辑推理就存在根源（定理、公式、定义等）上的障碍或错误，致使推理过程的不顺畅和严重纰漏，当然也不具有说服力。正如“钱包在兜里”这一模糊大前提，必须限定在“我的钱包在你兜里”这一特定范畴内，否则“我钱包里有钱”这一小前提便无法和大前提准确对接，“我的钱在你兜里”这一结论便无法推断得出。在此意义上讲，只有对大前提达成共识性理解，才能展开对小前提和结论的真正辩论。传统刑法解释学就是这种思维定式，即先奉罪刑法定原则为确证的真理或定理，然后再于小前提与结论之间进行事实判断和价值判断。后一过程才会涉及文义解释、目的解释、体系解释、扩大解释等具体解释方法的运用。可见，与传统刑法解释学相比，形式解释论与实质解释论出现并形成对立，更多的是解释立场的不同，而非真正解释方法上的差别。换言之，正是由于两种解释论就罪刑法定原则的理解有别，才导致判断方法或判断层次（位阶）上出现认识差异，但这种认识差异并非形式解释和实质解释交锋后才出现的产物，传统解释学中早就存在（只不过未形成明面对抗而已）。因此，将两大解释论作为两种解释立场更为合适，即对罪刑法定原则“形式派”和“实质派”作出选择后，再将传统解释方法置于各支派中适用。与先选定座位再使用筷子、勺子、叉子等吃饭的道理是一样的。当然，选座位和吃饭的过程中也会涉及其他一些方法，但是它们与如何选择和使用吃饭工具大不相同。

---

① 陈兴良：《形式与实质的关系——刑法学的反思性检讨》，载《法学研究》2008 年第 6 期。

形式解释论和实质解释论对待"情节严重"的解释态度可能存在异同。下面以《刑法》第222条虚假广告罪①为例予以说明。首先,在形式解释论看来,违法所得数额不满十万元、致使多人上当受骗,违法所得数额不满三万元的、给多人造成直接经济损失不满二十万元的,根据罪刑法定原则当然不能视为犯罪,三项规定只能择一适用,不能相加或综合考虑。实质解释论会认为,违法所得数额多少不能直接征表法益侵害程度,"违法所得数额不满十万元"也可能造成严重的法益侵害,需要结合经济损失、次数、人数等方面综合判断是否值得科处刑罚。或者对"违法所得数额"作扩大解释,即"能够直接体现法益侵害程度的违法所得数额"或"与法益侵害呈正相关的违法所得数额"。其次,两种解释论可能都认可"为多人的商品或者服务作虚假宣传""多次作虚假宣传""造成恶劣社会影响"等属于"其他情节严重的情形",在基本立场上都坚持对开放的犯罪构成作"扩大"解释,只不过在传统解释方法的运用上可能存在认识差异。再次,针对第二项规定,形式解释论和实质解释论可能都认为不合理,即"给个人造成经济损失五万元以上"应该与"给多人(三人以上)造成经济损失十五万元以上"对应,如果以后者为基准,那么形式上符合前者规定的情况可能在实质上不构成犯罪(没有处罚必要性)。最后,"致使多个老年人上当受骗,严重影响其生活""造成多人慢性中毒或轻微伤"等能否被解释为"其他情节严重的情形",可能存在争议。形式解释论或许会认为,在法律没有明确规定特定对象、轻微伤是构成要件要素的情况下,不能进行扩大解释或类推解释。实质解释论则可能认为,该两种情形都直接反映法益侵害程度,尽管超出了"情节严重"的核心语义范围,但具有处罚的必要

---

① 最高人民检察院、公安部《关于公安机关管辖的刑事案件立案追诉标准的规定》(2010)第75条规定,广告主、经营者、发布者违反国家规定,利用广告作虚假宣传,涉嫌下列情形之一的,应予立案追诉:(一)违法所得数额十万元以上的;(二)给消费者个人造成直接经济损失五万元以上,或者给多人造成直接经济损失累积数额二十万元以上的;(三)致使多人上当受骗,违法所得数额三万元以上的;(四)虽未达到上述数额标准,但两年内受过二次行政处罚后又实施的;(五)造成人身伤残的;(六)其他情节严重的情形。

性和合理性，应当作扩大解释。总之，在某些情况下，持不同的解释立场会出现不同或相同的论证过程，也会得出不同或相同的解释结论，自然影响“情节严重”的认定。

（二）功能主义刑法解释论

受德国功能主义刑法观或目的理性犯罪论体系思想的启发，劳东燕教授在《能动司法与功能主义的刑法解释论》一文中提出了“功能主义刑法解释论”一词。她认为，刑法解释本质上是利益衡量和价值选择的活动，刑事政策是国家回应社会变迁的规范化产物，对刑法规范的理解和适用都会产生一定程度的影响，有必要将其纳入刑法解释的考虑范围。这种刑法解释论以实用性和功能性为价值追求，强调司法的能动性和对社会效果的评估。[①] 目的理性犯罪论体系先验性地假定传统犯罪论体系是以“李斯特鸿沟”为基石的构建，试图在传统犯罪论体系中融入社会效果（预防必要性）、刑事政策的价值指向以及实质理性，以此表明其与众不同的创造性和与其他犯罪论体系泾渭分明的严格界限。罗克辛教授显然认为，传统犯罪论体系坚持形式理性、形式的罪刑法定，其功能性难以实现，依据刑法体系内的教条容易忽视“法外”社会效果的考量和刑事政策的价值指引，具有片面性或不周延性，导致个案正义不能得到兼顾。如果说传统犯罪论体系具有强大的入罪解释功能，而出罪解释功能羸弱或不周延的话，那么将预防必要性前置化为构成要件的审查内容，以及全面考虑社会效果和刑事政策的目标，确实能够更好地解决出罪问题，克服形式理性的缺陷。但是，如果其他犯罪论体系借由刑事政策、社会效果之外的刑法体系内思想、内容以及程序法法理也能较好地阐释出罪问题的话，那么目的理性犯罪论体系以及由此衍生的功能主义刑法解释论就不能算作真正的创新。此外，相比刑法规范体系内相对固定的概念、内容和思想，刑事政策的不明确

① 参见劳东燕：《能动司法与功能主义的刑法解释论》，载《法学家》2016 年第 6 期。

性和不稳定性缺陷也是显而易见的，是否会造成刑法解释和适用上的肆意也是个问题，如实质上不可罚却又有预防必要性或刑事政策要求严打的行为，应否以实质理性为由入罪。

可以肯定的是，在当今刑法理论、刑事立法和刑事司法中，并没有严格或绝对的"李斯特鸿沟"。传统刑法理论和刑法解释学并非不考虑刑事政策对刑法规范体系或刑法教义学的影响，而是在承认刑事政策对刑法适用存在指导性意义的基础上，从刑法体系内"从宽"或"从严"把握入罪或出罪条件。

司法实践普遍接受的某些酌定(或法定)量刑情节，如年龄、认罪、悔罪、被害人谅解等，也被少数立法或司法解释前置性地当作不起诉或不认为是犯罪的法定情节。如最高人民法院《关于审理未成年人刑事案件具体应用法律若干问题的解释》(2006)第6条、第7条、第9条、第10条对犯罪主体的年龄影响出罪的情形作出了明确规定；《刑事诉讼法》第282条规定了对未成年人附条件不起诉的情形，第290条规定了达成刑事和解案件的不起诉条件；"两高三部"《关于适用认罪认罚从宽制度的指导意见》(2019)第30条规定了认罪认罚不起诉的条件等。以上规定都是宽严相济的刑事政策(少年犯罪从宽、恢复性司法)影响立法或司法解释出台的结果，即刑事政策的刑法化。也有刑法与刑事政策相互影响的体现，如中共中央、国务院《关于开展扫黑除恶专项斗争的通知》(2018)指出，要聚焦重点行业、重点地区、重点领域，严惩人民群众反映最强烈、最深恶痛绝的黑恶势力违法犯罪。该通知的出台回应了社会变迁(保障人民群众更加安居乐业、国家更加长治久安)的需要，对刑法规范的解释和适用会产生较大的影响，同时，它的存在也并非"无法无据"的设想，而是以刑法规定的黑恶势力犯罪为规范依托或参照的论证。此外，刑法规定的有些行为，处于不同的社会历史阶段可能有不同的评价，如在社会秩序动荡、混乱的时期，"治乱世用重典"的刑事政策理念就会促使刑法降低入罪门槛。在治安形势良好的情况下，"法不责众"的"从宽"刑事政策就会要求刑法抬高该行为的入罪门槛。由此可见，目的理性犯罪论体系、功能主义刑法解释论与传统犯罪论体系、传统刑法解释学的主要争歧(或区别)不在于能否跨越"李斯特鸿沟”,而在于多大程度上跨越、在何种层次上跨越。即刑事政策与刑法规范体系是在同一平面内融合,还是存在上下位阶的指导与被指导或限制与被限制的关系;是坚守形式理性、形式罪刑法定的不可突破性,还是在构成要件的价值判断中纳入实质理性、实质罪刑法定的内容。

在确认了刑事政策对刑法教义学有隐性(传统刑法解释论)和显性(功能主义刑法解释论)影响之分,且并无“不可逾越的屏障”之外,再来分析传统刑法理论中是否存在容纳了社会效果、预防必要性的理念或思想。在笔者看来,刑法的谦抑性原理、“犯罪本质二元论”中蕴含了对社会效果、预防必要性的部分考量,只是司法适用阶段的刑法谦抑性并未得到充分阐释,当然,也有部分社会效果可能超越了谦抑性的范畴。

刑法的谦抑性概念源于日本学者提出的“谦抑主义”,平野龙一将其内容概括为补充性、不完整(全)性和宽容性三个方面。刑法的谦抑性是指,当民事或行政手段能够妥善解决问题时,刑罚就不应当发动。只有不得不依靠刑罚才能抑制或制裁法益侵害(或威胁)时,将该行为作为犯罪处理才算妥当。[①] 补充性,即侵害或威胁法益的行为不必然直接引起刑罚发动的后果,应当优先考虑其他社会控制手段。当其他手段不充分或过于强烈时,才有必要动用刑罚。[②] 不完整性是指,刑法是社会治理手段的一种,其调控范围具有局限性,不宜将管辖权伸触至各个社会生活领域。宽容性,即违法行为不一定都交由刑法处置,刑法没有必要无遗漏地全部予以处罚。刑法谦抑性原理与犯罪圈的扩张和刑罚程度“趋重”相对,在立法阶段,未成年人、悔罪表现、认罪认罚、和解、自诉等规定都属于刑法谦抑性考虑社会效果或预防必要性的体现。在司法适用阶段,尽管传统犯罪论体系通常是在达到入罪条件的前提下考虑预防必要性,但酌定不起诉、(法定)微罪不起诉、公安机关不移送等制度的适用都或多或少地体现了司法裁判者对预防必要性或惩罚

① 参见黎宏:《日本刑法精义》,法律出版社2008年版,第36页。

② 参见简爱:《一个标签理论的现实化进路:刑法谦抑性的司法适用》,载《法制与社会发展》2017年第3期。

效果的关注,即其他社会控制手段的适用比刑罚更为理想。一元论认为但书是社会危害性不足的表征,二元论则认为其中包含了人身危险性不足的内容。二元论者普遍认同预防必要性或其背后的社会效果是出罪的考虑因素,这一点与功能主义刑法解释论的观点一脉相承,只是后者主张的惩罚效果之外的社会效果还有其他内容和含义。如论者指出,以目的性解释为导向的功能主义刑法解释论所说的目的,是一个涵盖了刑法目的乃至整个法秩序目的、政治或经济目标的极具包容性的概念。①

传统解释论中的大多数学者,尤其是一元论者更倾向于将特定法的效果纳入刑法体系内考量,即赞成刑法谦抑性或刑事政策背后隐含的社会效果对构成要件的间接指导。它在入罪和出罪机制上既坚持形式理性、形式的罪刑法定,也坚持实质理性、实质的罪刑法定。那种认为传统犯罪论体系仅关注形式理性、不考虑刑事政策的价值指引和社会效果的观点,显然不能被传统解释论所接受。功能主义刑法解释论认同社会效果、预防必要性的超法规普适性,将刑事政策与刑法规范并列至犯罪构成体系内考察,极大地延展了刑法体系的解释张力,但其仍然存在由精巧的理论设计向现实可操作性的转化问题。目前来看,功能主义刑法解释论尚未解决其解释弹性过大、具有高度抽象性和具体实施标准缺失等问题。

三、解释目标的确立

解释目标的确立与解释立场的选择密切相关,但两者也存在一定的区别。“法律解释的目标,就是指解释者通过法律解释所要探求和阐明的法律意旨”。② 刑法解释的立场,从形式解释论和实质解释论之争可以看出,主要是针对刑法的安定性(实现规则之治)和正义性(妥

---

① 参见劳东燕:《能动司法与功能主义的刑法解释论》,载《法学家》2016 年第 6 期。

② 沈宗灵:《法理学》,北京大学出版社 2000 年版,第 432 页。

当性)两种价值取向之间的选择性问题。强调规则之治、人权保障,必然会重视文义解释、历史解释、体系解释、当然解释的绝对重要性。倡导刑法适用的妥当性,则会侧重以法益保护为目的的扩大解释、目的解释的决定性作用。尽管解释目标也在追求法的价值的实现,但它同时包含了对刑法条文真实含义的渴望,后者(解释结论的正当)才是解释目标的直接目的,前者通过后者间接达成。解释立场自始至终都存在着分化,这是它们严格对立的属性(设置了有争议的大前提——罪刑法定)决定的,而解释目标并不完全分立,主张形式解释论和实质解释论的学者可能都想通过解释结论的正当性追求法的价值的不冲突实现。解释目标的设定应当与国家的法治目标一致,应当在保障自由、秩序和正义的基础上妥善服务于解释过程。不过,在有些情况下,法的价值和目标并不总是对称或不抵触的,正如概念法学、利益法学和自由法学之间的论战一样,一个关注法的安定性和自由保障,一个倾向法益保护与实质正义,其中"利益法学、自由法运动(自由法学)更强调运用目的来解释法律"。[①] 不可否认,过于追求概念法学所倡导的形式理性,便会削弱或牺牲实质正义、法益保护和秩序维护的部分法价值,而过于突出利益法学或自由法学的实质理性,又会破坏法的稳定性,难保自由不被侵犯、裁量权不被滥用。如同报应正义与预防功利之间的"背反"关系一样,解释目标之间也存在一个终极对抗和协调问题,即如何最大限度地保障法的价值的共同实现。当然,这样的"不偏不倚"状态可能也只是一种美好的设想,更多时候的解释目标需要在法的价值中间进行权衡,侧重考虑某一个方面,又能兼顾其他方面。

对于刑法条文真实含义的揭示,理论上存在主观解释论和客观解释论之争。主观解释论即"作者中心论",以探寻立法原意为目标。客观解释论即"文本中心论"或"读者中心论",追求刑法条文呈现的客观现实意思。本文赞同客观解释论的观点[②]:其一,"立法原意"只有立法

① 苏彩霞:《刑法解释方法的位阶与运用》,载《中国法学》2008 年第 5 期。

② 参见张明楷:《刑法分则的解释原理》,中国人民大学出版社 2011 年版,第 25 ~ 33 页。

者自己知道,至于它是什么,并不是一个明确的问题;其二,立法原意是否存在也值得商榷,即便存在也不一定具有现实妥当性,立法原意也可能存在缺陷;其三,刑法的制定是以过去发生的案件为模型的,不可能预见到未来社会的变迁,也难以想象其适用过程中会出现哪些争议案件,立法者不可能对此类案件有立法原意;其四,立法者不是一个人,众多立法者的意思并不总是一致的,以谁的意思为准,是否需要探究所有立法者的意思、如何探究,都是重大的理论难题。

四、解释方法的多元化

我国传统刑法理论将解释方法分为文理解释(对用语、概念、词汇等文字的解释)和论理解释(包括当然解释、扩大解释和限缩解释)。[①]近年来,受大陆法系刑法理论的影响,学界逐步扩展了刑法解释方法的范围,在文理解释和论理解释的基础上,增添了目的解释、体系解释、类推解释、反对解释、历史解释、比较解释、补正解释、合宪性解释等解释方法。任何解释方法的提出都并非空穴来风,它们是从不同的解释视角、价值取向、内容和逻辑思维等方面进行创新的结果,具有相当的科学性和合理性。这些约定俗成的解释方法是刑法解释学适用较多、较常见的方法。但是,在解释具体个案(例)时,它们基本上不会被全部适用。有人可能会选择A、B两种解释方法,也有人会选择A、B、C三种解释方法,还有人会选择A、B、C、D四种解释方法或A、C、E或A、B、D或A、C、D以及B、D、F等解释方法。这需要结合待解释的事项、解释者的习惯、认知等因素综合把握,由解释者作出理性抉择。事实上,并非解释方法适用得越多越好,而应当选对、选准,如比较解释、历史解释、扩大解释不是在任何解释场合都适用。刑法解释过程是相当复杂的论证过程,解释者凭借经验预先选择的解释方法可能并不充分或准确,在这个过程中,解释者需要反复进行比较、检验和取舍,直至确

① 参见高铭暄、马克昌:《刑法学》,北京大学出版社、高等教育出版社2010年版,第25页。

定一个最为合适的解释方法集合。需要说明的是,除明显形成对立的解释方法之外,其他解释方法之间也并非完全独立、共融,而是存在某种交织、补充、制约关系,不同解释方法的运用可能会得出不同的解释结论。

(一)解释方法的位阶

多种解释方法的适用并非肆意的,它是解释者通过发挥实践理性进行系统化选择的产物,应当按照先后判断序位和层次性形成排列组合。传统刑法解释学对解释位阶问题并未给予充分关注,相关的研究也比较匮乏,导致刑法解释学一直停留在理念和方法层面的抽象论述,在具体应用上则会陷入"公说公有理婆说婆有理"的怪圈之中,面对这样的旋涡几乎无力挣扎出来。德国学者茨威格特准确地指出了问题的症结:"法律解释学的缺陷具体在于,在各种解释标准中并未找到一个'确定的次序'"[①]。上文提到的形式解释论与实质解释论针对形式判断与实质判断的序位之争,实际上就是解释位阶问题在解释立场中的现实反映。形式解释论主张形式判断优先,强调形式的罪刑法定对实质判断的约束,有利于人权保障和法安定性的实现。实质解释论坚持实质判断统领解释全局,追求客观目的性解释,注重法益保护和法的正义性的实现。由此看来,倾向文义解释优先还是目的解释优先的不同解释位阶,不仅会造成法的价值及目标在理论和实践中的不同走向,还会引起解释结论的差异。"应当承认各种解释方法之间存在一定的位阶关系,尽管它并非固定不变。如果这种解释方法之间的位阶关系得不到遵守,可能会影响解释结论的合理性"。[②] 解释位阶不是具体的解释标准,更不是固定的解释公式,它只是一种解释理念。遵守解释方法

① [德]卡尔·恩吉施:《法律思维导论》,郑永流译,法律出版社 2004 年版,第 95 页。

② 陈兴良、周光权:《刑法学的现代展开》,中国人民大学出版社 2006 年版,第 78 页。

之间的位阶关系,主要目的在于为解释者提供相对明确的思维指引,限制解释者的肆意、片面、不周延解释。解释位阶倡导解释方法适用上的全面性、层次性和明确性,“很明显将使‘检验’、监督以及关于法律适用结果的讨论更加容易”。①

关于刑法解释方法的位阶,学界主要有如下几种观点:①文理解释优先;条文明确、无歧义时,单一适用文理解释;文理解释与论理解释并用;两种解释结论冲突时,取论理解释结论。② ②文义解释→体系解释→历史解释→目的解释→合宪性解释。③ ③文义解释→逻辑解释→体系解释→历史解释→比较解释→目的解释。④ ④文理解释→体系解释→目的解释。⑤ ⑤在文义解释的基础上,进一步借助体系性思考对功能主义解释进行制约。⑥ 主张刑法解释存在位阶关系的学者基本都赞同文义解释的优先适用。即使不认同“位阶说”的学者,大多也强调对文义解释的优先考虑。如张明楷教授认为,刑法的解释应当始于文义,且不能超出用语可能具有的含义,否则就违反了罪刑法定原则。超出用语“射程”范围的解释,即便符合刑法条文的目的,也不能被接受。只有同时符合文义和目的标准的解释才是正确的解释。⑦ 周光权教授也认为,尽管文义解释不具有决定性或优先性,但它“处于解释的起点位置”。⑧ 法律条文(文字)是法的内容、价值和精神的载体,它以最直观、最朴素的形式向社会公众宣示法的要求,为整个社会提供行动指

---

① [德]伯恩·魏德士:《法理学》,丁晓春、吴越译,法律出版社2003年版,第314页。

② 参见李希慧:《刑法解释论》,中国人民公安大学出版社1995年版,第132~133页。

③ 参见梁根林:《罪刑法定视域中的刑法适用解释》,载《中国法学》2004年第3期;苏彩霞:《刑法解释方法的位阶与运用》,载《中国法学》2008年第5期。

④ 参见陈兴良:《刑法方法论研究》,清华大学出版社2006年版,第187页。

⑤ 参见程红:《论刑法解释方法的位阶》,载《法学》2011年第1期。

⑥ 参见劳东燕:《功能主义刑法解释的体系性控制》,载《清华法学》2020年第2期。

⑦ 参见张明楷:《刑法学》,法律出版社2011年版,第40页。

⑧ 参见周光权:《刑法解释方法位阶性的质疑》,载《法学研究》2014年第5期。

引。法律概念、用语应当是最容易被一般人所理解的法律符号,如果它们只能被法律专业人士掌握,那么法的指引功能就会大打折扣。立法用语不是凭空的设想,它是在历史形成的公共生活、文化语境中诞生的,应用于现实社会中更容易达成理解上的共识,通过文义解释得出的解释结论也更具说服力。

不过,文义解释也具有片面性和局限性,因为条文的真实含义往往需要借助其他(多种)解释方法才能获得完整揭示。如新法出台导致的文字变化,通常需要结合立法时的资料、新旧法的对比发现其内涵。随着社会的变迁,文义有时也需要置于整个法体系内考察,或通过比较解释、目的解释、类推解释等补充和发现。上述解释位阶的具体设想不具有合理性和现实可操作性,且不说文义解释没有独立适用性(极少数情况下可能会),单就各种解释方法之间存在天然的相互牵制、相互补充关系而言,固定解释顺序就是不合适的。而且,除文义解释之外的其他解释方法之间的位阶该如何形成和固定也不是没有疑问的,"位阶论"内部之争就是很好的例证。在笔者看来,真正的解释位阶不在于抽象理论层面的设想或构建,而在于具体个例分析时对若干种解释方法的取舍、先后适用和反复检验,并经最合理解释结论逆向推导而得出的最优解释序位。换言之,解释者在面对待解释事项时,一般不能确定解释位阶,他会通过(多种)解释方法的若干种排列组合来获取多个解释结论,反复论证得出的最合理结论所对应的那种排列组合就是解释位阶。

(二)先客观后主观的解释(认定)方法

客观主义重视客观要素对于犯罪认定的作用,主观主义强调主观要素对于犯罪成立的意义。我国刑法理论坚持的主客观相统一原则并非客观主义和主观主义的结合体,它同样需要面对选择,即应当以客观构成要件事实为基础,还是以主观构成要件事实为基础。[①] 重视客观

① 参见张明楷:《刑法的基本立场》,中国法制出版社 2002 年版,第 59 ~ 60 页。

要素,具有如下几个方面的意义。

1. 有利于刑法人权保障机能的发挥

刑法是行为规范,它以相对明确的宣言形式告诉人们什么是犯罪行为、什么是合法行为,什么是当为行为、什么是不当为行为,为一般社会公众选择行动方向提供指引。任何行为构成犯罪都需满足刑法分则罪状所描述的条件,即符合构成要件的规定。这既是罪刑法定原则的明确要求,也是各国刑法理论和司法实践的立场。强调客观要素的基础地位,有利于罪刑法定原则的实现和对自由裁量权的限制,进而保障公民的权利和自由。过于关注行为人的内心世界,会极大地限制行动自由,导致人人自危、生活在紧张、恐惧之中,生怕自己因人格危险性、主观态度而一不小心构成犯罪。

2. 有利于刑法法益保护机能的发挥

犯罪最直观的表现就是对法律所保护的利益造成了侵害或威胁,没有侵害或威胁法益的行为,不论行为人的内心如何邪恶、思想如何反动、人格如何危险,都不能作为犯罪处罚。而按照主观主义的危险人格理论,只要行为人主观上想杀人并付诸行动,那么他就有再次实施犯罪的危险性或主观上的恶性,应当以犯罪论处。这样一来,司法裁判者的心情、道德评价、主观偏见等就成了左右犯罪成立的关键因素,在对某些犯罪尤其是法定犯的认定中,根本无法期待同案同判、同罪同罚公正目标的实现。另外,有些具有严重社会危害性的犯罪并不征表危险人格、主观恶性,如果不按犯罪处理又不能充分保护国家、社会利益,会造成秩序维护上的不周延或法律适用上的不统一,更会形成处罚漏洞。重视行为、结果等客观要素的基础地位,无疑可以弥补上述缺陷。

3. 符合司法证据规则和认知规律

"客观要件容易检验,不像行为人认识、意志等内容存在于行为人的内心,且易于变化"①。客观要素是不以任何人的意志为转移的客观真实存在,如伤亡结果、盗窃数额、经济损失、手段、时间、地点等可以被人们直接观察感受到,且作为证据把握也更确实、充分。客观要素所反

① 周光权:《刑法客观主义与方法论》,法律出版社 2013 年版,第 25 页。

映的社会危害程度更为明显,其评判尺度也能达成统一。注重主观要素容易引起“重口供、轻物证”的司法错误观念。主观要素存在于行为人的内心,只有通过表现于外的行为、结果等客观要素才能发现,这既是司法证据规则,也是人类探寻主观世界的规律。主观要素在罪前、罪中和罪后的表现并不总是一致的,哪怕在同一犯罪过程中也可能是处于变化之中的,如行为实施时希望结果发生、结果出现前又否定结果发生,这种情况下,如何认定主观要素及其作用大小也是相当困难的,而且很可能判断不准确。以行为、结果等客观要素为基础,可以有效避免因证据问题而产生冤假错案,也使得犯罪的认定更为容易。

4. 有利于犯罪构成出罪功能的实现

犯罪的实体是客观不法和主观罪责,围绕这两条主线构建的犯罪认定标准“违法可罚、罪责可罚”可以无例外地适用于情节犯。在主客观相统一原理的制约下,情节犯的补强规则不适用“平均分配”法,即主观罪责再大也不能补强违法程度,反之亦然。依此思路,情节犯的成立可以分两步、两个范畴来考察:如果由客观构成要件要素决定的违法程度达不到“可罚”的要求,那么就无须再追问行为人的主观罪责,这不仅简化了犯罪认定程序,而且保障行为人不受单纯的主观恶性、内心意思而被处罚,也是对实质犯罪概念所具有的强大入罪功能的一种救济和纠偏。①

先客观后主观的犯罪认定思路在大陆法系三阶层犯罪构成体系中表现得尤为明显,而在我国的四要件犯罪构成体系中则相当模糊。

根据三阶层理论,对于犯罪成立与否的判断,应当从以下三个方面逐层次进行。首先,是构成要件该当性的判断。构成要件是刑法规定的犯罪类型或犯罪轮廓的观念形象,作为初步筛选、过滤一般生活行为、反伦理或道德行为、行政不法行为、犯罪学中的行为以及刑法学意义上的行为等行为类型的标准,处于三阶层中的第一阶层,是犯罪成立的基础。其次,是违法性判断。在过滤掉不属于犯罪构成要件事实的因素之后,剩余的内容会进入第二层筛选程序,即违法性判断。通常情

① 参见张永红:《我国刑法第 13 条但书研究》,法律出版社 2004 年版,第 98 页。

况下,判断某种事实是否符合抽象个罪的构成要件,只需以犯罪构成要件类型所描述的要素是否具备为标准即可,不必再考虑违法性的内容。因为,构成要件是违法行为的类型化,符合构成要件的行为,原则上就具备违法性。只是在例外的场合——具有违法阻却事由时,才否定行为的违法性。最后,是有责性判断,即非难可能性或主观的归责可能性判断。犯罪的成立,必须能就符合构成要件的违法行为对行为人进行非难。有责性作为犯罪构成的最后一道检验程序,决定了行为人的内心意思能否被发现以及犯罪成立与否的走向。三阶层犯罪构成体系严格按照先客观后主观的犯罪认定逻辑,是典型的受刑法客观主义立场影响的理论设计,"依此三阶段之顺序,乃最合经济,最为合理,且错误亦少"。[①]

我国刑法学界对犯罪构成要件的排列顺序存在争议,归纳起来主要有以下四种观点:①犯罪客体—犯罪客观方面(客观要件)—犯罪主体—犯罪主观方面(主观要件);[②]②犯罪主体—犯罪客体—主观要件—客观要件;[③]③犯罪主体—主观要件—犯罪客体—客观要件;[④]④犯罪客观方面—犯罪客体—犯罪主观方面—犯罪主体。[⑤] 排列顺序上的差异,归根结底是对四要件犯罪构成体系认知上的不同造成的,或者说是观察问题的角度不同所致。但是,闭合、耦合式犯罪成立模型的属性,决定了在理论研究层面排列顺序已成为"不是问题的问题",这是因为四要件结构对于犯罪的认定存在"一存俱存,一损俱

① 陈子平:《刑法总论》,台北,元照出版有限公司2008年版,第106页。

② 参见高铭暄:《论四要件犯罪构成理论的合理性暨对中国刑法学体系的坚持》,载《中国法学》2009年第2期;马克昌:《犯罪通论》,武汉大学出版社2015年版,目录部分;王作富:《刑法学》,中国人民大学出版社2004年版,第38页。

③ 参见何秉松:《刑法教科书》,中国法制出版社1995年版,第98页;何秉松:《犯罪构成系统论》,中国法制出版社1995年版,第112~119页。

④ 参见赵秉志、吴振兴:《刑法学通论》,高等教育出版社1993年版,第84~85页;赵秉志:《论犯罪构成要件的逻辑顺序》,载《政法论坛》2003年第6期。

⑤ 王充:《从理论向实践的回归——论我国犯罪构成中构成要件的排列顺序》,载《法制与社会发展》2003年第3期。

损”的天然连带关系,任何一个要件的不齐备都会从根本上否定犯罪成立。据此,不管采取哪种顺序结构,都不可能使罪或非罪的导向发生任何改变。

排列顺序问题,于司法实践认定犯罪的价值或影响远远大于理论研究的意义。在刑事侦查阶段,侦查人员接到报案后,首先,是对犯罪现场的勘验、检查、取证,判断财物是否被盗、被盗的是什么财物、谁的财物被盗、是谁偷的、怎么偷的、行为与财产损害之间有无刑法意义上的关联等,这是犯罪客观方面的内容。如果无法查明这些事项,自然无法认定行为人有盗窃的事实,更谈不上追究刑事责任。其次,是对犯罪客体的考察。如果财物不是被盗而是遗失或被盗之物价值低廉,那么盗窃罪的客体根本就没有受到侵害或侵害程度尚不可罚,也就不必再浪费精力去考察其他要件的符合性问题。再次,是考察行为主体是否适格的问题。未达到刑事责任年龄的人、精神病人都不是刑罚追诉的对象,当然也就不存在主观罪过方面的判断。将犯罪主体置于最后一个要件进行探讨,不论从犯罪认定的逻辑顺序上(没有刑事责任能力的人无主观罪过,而不是相反),还是诉讼程序上(无刑事责任能力的人不被公诉),都不符合认知规律和现实需要。最后,才是犯罪主观要件的考察,追问行为人对于财物的占有是否具有社会危害性认识、是否出于故意和非法占有目的以及盗窃的动机是什么。如此方能合乎规律地递进评价犯罪的所有要件及过程。

“当然,重视客观构成要件,并不等于轻视主观构成要件,只不过是承认其判断必须滞后于客观判断;同时,重视客观构成要件,也不是要全然否定客观判断过程中对主观要素的考虑”①。例如,犯罪行为是由体素和心素构成的,其中的心素(主观意思)就是主观要素,对意志自由的判断也是伴随客观要素的出现而进行的,构成要件理论中的“违法有责类型说”在构成要件该当性判断层面就考虑责任要素,主观违法要素理论在违法性阶层考虑故意、过失、目的、内心倾向、表现等主观要素,等等。即便认为违法是客观的,与之相关的客观要素得到重

① 周光权:《刑法客观主义与方法论》,法律出版社 2013 年版,第 28 页。

视,也不能认为主观要素不重要或容易认定。实际上,主观要素的认定是非常复杂的,尽管对责任能力、违法性认识、期待可能性采取消极判断的原则,但对故意、过失则是积极判断,单就认识因素或意志因素的认定而言,就是一件相当困难的事情。此外,优先判断主观要素存在主观归罪的危险。

对于“情节严重”的认定,在坚持“违法可罚、罪责可罚”标准的基础上,也应当优先考虑客观构成要件。首先,选定影响违法程度的客观构成要件要素,如果这些情节要素无法满足违法可罚的要求,那么根本就不需要再判断主观要素,只有达到违法可罚程度时,才有必要继续考察主观要素;其次,根据罪状的描述确定所要考察的主观构成要件要素,即该罪的成立除要求行为人具备故意的罪过要件之外,是否还包含目的或动机的内容;最后,根据客观要素与主观要素之间的对应关系,推导主观要件的符合性。

(三)先形式后实质的解释(认定)方法

四要件犯罪构成理论在犯罪认定过程中同时进行形式判断与实质判断,不符合一般的思维规律,容易造成认定偏差,助长司法裁量的恣意。例如,在犯罪客观方面之前对犯罪客体进行判断,只要司法裁判者认为该行为侵害了刑法所保护的社会关系,该行为通常就会被认定为刑法上的行为,如果形式上再符合其他犯罪客观方面的要求,那么客观要件的判断就算完成,已被确认的行为性质将很难再发生改变。事实上,对犯罪客体的判断,应当通过犯罪客观方面的要件来推导,先入为主的判断必然导致逻辑上的错误和漏洞,即先定性再寻找理由和根据。对于行为性质的判断,正确的逻辑思路是先考察行为及其附随情况,之后再依此作出实质认定。再如,对主观的超过要素目的、动机的认定,也需要优先进行形式判断。由于主观的超过要素没有与之相对应的客观构成要件事实,需要结合犯罪构成要件事实和非构成要件事实予以综合推定,而推定的前提是确定构成要件和非构成要件的内容(基础事实),这些都是形式判断的内容。通过形式判断找寻出相关素材之后，方可进行实质判断，最终确定目的、动机是否存在。

形式解释论遵循严格的罪刑法定，反对类推解释和法外解释，主张形式判断优先。实质解释论以罪刑法定原则具有形式侧面和实质侧面为由，主张以规范文本为依据的扩大解释并不违反罪刑法定原则，也赞成将符合形式规定但又没有处罚必要性的行为作出罪解释。形式解释论和实质解释论都不反对有利于行为人的实质（出罪）解释，这一共识点的基础是形式上符合构成要件，即先进行形式判断再进行实质判断。而对于实质上可罚却无形式规定的行为的入罪解释，实质解释论是采用了先形式后实质，还是先实质后形式的判断方法，在本文看来，从实质解释论坚持对所有的行为都进行实质判断的做法来看，它仍然是以形式判断为基础的，即先确定符合罪刑法定原则形式侧面的行为的出入罪问题，再探讨不符合形式侧面的行为的入罪问题。这是因为，形式内容是最直观、也是最容易把握的客观事实，实质判断夹杂了情感、价值等隐含性、不稳定性主观因素，超脱形式直接进行实质判断容易造成判断上的肆意、片面和错误，先易后难、先观察后评价是人们认识客观世界的普遍规律。对于形式上符合构成要件、实质上可罚的行为的解释，形式解释论和实质解释论都采用了先形式后实质的判断方法，即实质以形式为内容和基础。尽管两种解释立场对罪刑法定原则的理解存在认识上的差异，但在判断方法上却高度一致，反映出两种立场都是建构在科学的方法论前提下的，这为它们在中国刑法理论中展开并形成争锋提供了有力支撑。认为实质解释论不进行形式判断、形式解释论不进行实质判断的观点，显然是错误地将形式解释论中的“形式”等同于形式判断方法中的“形式”、实质解释论中的“实质”等同于实质判断方法中的“实质”。

针对实质解释论提出的扩大解释的限度问题，笔者在此一并发表看法。“实质上可罚”涉及违法可罚和罪责可罚两个方面，违法和责任的内容受刑法基本立场的影响而具有不同的内涵。如犯罪本质“一元论”主张犯罪是具有严重社会危害性的行为，反映人身危险性的事实不应成为“情节严重”之情节的内容。与之相反，“二元论”则认为征表社会危害性和人身危险性的事实都是情节的内容,“受过行政处罚或刑事追究”当然影响“情节严重”。法益侵害说主张违法的实质是对法益的侵害或威胁,不能说明法益状态被改变的事实不是违法要素,“拒不交代赃款去向”不是情节的要素。规范违反说则认为违法的本质是对法规范或法秩序的违反,“拒不交代赃款去向”是对法规范要求的公然对抗,应当成为情节的内容。心理责任论否认期待可能性是责任的要素,规范责任论则认为“将违法所得用于非法活动”是不能被期待、不能被非难的责任要素,不影响“情节严重”。基于不同的立场解释“实质上可罚”,首先要择一选定立场,而不应在不同立场间游移;其次要根据形式判断和实质判断确定该立场下的违法和责任的内容;最后是实质判断可罚与否。对“情节严重”兜底条款的解释也是如此,解释者应当根据所持的刑法基本立场,结合司法解释明确列举的“情节严重”的其他情形,通过形式判断确定影响违法和责任的情节要素,之后再实质判断违法可罚(与否)和罪责可罚(与否)。

五、解释结论的检验

选对解释方法不一定代表解释结论就是准确的,解释结论具有可检验性,如与预先设定的解释目标是否一致、能否被一般人及同行接受等。刑法解释从理念(立场、目标)选择到过程(方法、论证)行进再到结论得出(比较、检验),都没有固定的程式,需要解释者始终围绕解释理念有层次性地展开,通过反复论证、交互检验,得出最优解释结论。解释理念和解释过程通常只存在于解释者的内心,外人一般无从发现,只有解释结论才具有外部直观性,更容易被其他人感知和理解。或者说,外人更关心解释结论的正当与否,而不会介入(或不关心)解释者的内心世界。评价解释结论是否妥当的两个重要标准是:符合法治的目标和具有可接受性。

(一)法治的目标:正义优先

法治的目标之间并不总是统一的,而是存在着某种博弈。如追求法的稳定性,可能会影响公平正义,反之亦然。如何在法的价值或法治目标之间进行权衡,不仅是一个重大的理论议题,而且具有现实紧迫性。目前,理论和实践比较认可的解决方案是:侧重某一个价值或目标,同时要兼顾其他价值或目标。赵某华非法持有枪支一案①就是很好的例证。天津市河北区人民法院根据《公安机关涉案枪支弹药性能鉴定工作规定》第 3 条(发射弹丸的枪口比动能大于 1.8 焦耳/平方厘米)、最高人民法院《关于审理非法制造、买卖、运输枪支、弹药、爆炸物等刑事案件具体应用法律若干问题的解释》第 5 条(非法持有枪支 5 支以上)、《刑法》第 128 条第 1 款("情节严重"),认定赵某华构成非法持有枪支罪,适用三年以上七年以下有期徒刑的法定刑档,从实现规则之治的角度来讲,并无不当。然而,如此处理又难以满足社会对公平正义的要求(很多人认为本案具有社会相当性,不构成犯罪,或处罚过重),基于此,二审法院选择了相对折中的路径,即在维护(侧重)刑法稳定性的同时,最大可能地兼顾刑法的妥当性(改判三年有期徒刑,并适用缓刑)。关于本案的正确处理思路,从学界的争论情况来看,主要有如下几种观点:"一审正当说"(全面保障刑法安定性的实现)、"二审正当说"(法的安定性为主、兼顾正义)、"无罪说"(全面保障刑法正义性的落实)、"减轻处罚说"(正义为主、兼顾法的稳定性)。其中,"一审

① 2016 年 10 月 12 日,赵某华在天津市河北区李公祠大街附近摆设射击摊位进行营利活动。公安机关在巡查过程中将赵某华抓获归案,当场查获涉案枪形物 9 支及相关枪支配件、塑料弹,经天津市公安局物证鉴定中心鉴定,涉案 9 支枪形物中的 6 支被鉴定为以压缩气体为动力的能正常发射的枪支。2016 年 12 月 27 日,天津市河北区法院作出一审判决,认为赵某华违反国家对枪支的管理制度,非法持有枪支,情节严重,已构成非法持有枪支罪,判处其有期徒刑三年六个月。随后,该案引起了社会舆论和法律界的广泛关注与巨大争议,2017 年 1 月 26 日(春节前一天),天津市第一中级人民法院改判赵某华有期徒刑三年,缓刑三年。

正当说”和“无罪说”都倾向于法治目标(在本案中)的单一化、绝对化立场,其他法价值不易被兼顾。“二审正当说”和“减轻处罚说”尽管同时考虑不同法价值的实现,但在以哪种价值为主、哪种价值为辅的问题上则产生了较大分歧。在笔者看来,解决法治目标或法价值之间冲突的正确方案是:普遍正义的实现优于法的安定性,甚至可以突破法的安定性。

“由于所有人的处境都是相似的,无人能够设计有利于他的特殊情况的原则,正义的原则是一种公平的协议或契约的结果”。也就是说“正义原则得到证明,是因为它们将在一种平等的原初状态中被一致同意”①。罗尔斯所主张的普遍正义是建立在民主基础上的、公众通过理性检验所普遍认可的价值理念,这种正义观的基点是“原始状态”,即个人权利及选择都得到承认和尊重的自由、平等状态。在这种状态下所生成的正义原则适用于现代社会的各个规范领域,法律也不例外。普遍正义原则作为超法规的公共理性共识(道德标准),本质上应当归属于自然法范畴,它“适用于评价所有人类社会,可以看作是具有超越性和普遍性的”。② 拉德布鲁赫指出,当实在法与自然法的冲突达到不相容的程度时,实在法就失去了法的本性和效力。据此,我们可以说,普遍正义原则在效力上高于部门法规范,法律只有与该原则保持步调一致,才不至于失效或被抵触。法律的制定是民主参与、达成共识的结果,规范的内涵必须契合普遍正义的要求。法律与其他社会规范都属于公共意识形态,普遍正义原则贯穿于所有的社会规范之中,它是从抽象的社会规范中提炼出来的朴素标准。法律要得到信仰,不能脱离这些朴素标准,应尽量使法律与伦理、道德、公众的价值观念等规范相契合。正如哈贝马斯所言,“法律的合法性根据,如果不想导致认知矛盾,就必须同普遍正义和团结的道德原则和个体及集体层次上自觉

① [美]约翰·罗尔斯:《正义论》,何怀宏、何包钢、廖申白译,中国社会科学出版社2001年版,第10页。

② 龚群:《罗尔斯与社群主义:普遍正义与特殊正义》,载《哲学研究》2011年第3期。

筹划的、负责的生活形式的伦理原则协调一致"。[①] 刑法是全体国民意志的体现、民主协商的产物，代表着普遍正义，作为社会至高价值——正义和自由的反映，具有被普遍认同的理性根基。刑法的犯罪控制力在相当大的程度上依赖于其是否遵循了大众共有的正义直观以及遵循程度如何。[②] 刑法的制定与运行均应符合普遍正义，否则便违背了刑法设置的初衷，难以被公众认同，刑法的信仰也会沦为空谈。

（二）可接受性：一个经验共识性标准

"在实证主义和自然法思想之间存在着一个相同的地方，即法律制度的形成是有一个共同的标准的，这个标准即社会的认可，只要某些规则符合这个标准，至少可以推测出，它们作为该制度的有效规则的存在就是充分的"[③]。解释结论与其先验命题一样，都存在正当、合理与否的问题。依据社会认可的规则或制度本身对解释结论进行验证，无法真正实现效果检验，这是因为"法律从来也不是固定的，而总是在流变的"，[④]循环论证实际上仍没有外在标准可参照。法的不确定性并不代表解释结论的不确定性或不可证实（伪），判断解释结论优劣的受众是解释者的同行和一般社会公众，他们完全可以按照规则之外的某些共识性标准进行理性评判。正如霍姆斯所说，"对时代需要的感知，流行的道德和政治理论，对公共政策的直觉，不管你承认与否……所起的作用都远远大于三段论"。道德、政治、公共政策等因素综合影响受众的价值观，而不同价值观的最大公约数，即达成共识的结果就是"普遍认同或普遍接受"。

---

① ［德］哈贝马斯：《在事实与规范之间——关于法律和民主法治国的商谈理论》，童世骏译，三联书店 2011 年版，第 122 页。

② 参见［美］保罗·H. 罗宾逊：《进行中的刑罚理论革命：犯罪控制意义上的公正追求》，王志远译，载《当代法学》2012 年第 2 期。

③ ［英］尼尔·麦考密克：《法律推理与法律理论》，姜峰译，法律出版社 2005 年版，第 58 页。

④ ［美］卡多佐：《司法过程的性质》，苏力译，商务印书馆 1998 年版，第 78 页。

具体到罪与非罪的判断,即情节是否"严重",可接受性的另一种表述就是"经验应得惩罚"。① 根据罗宾逊教授的观点,公众(或法律职业共同体)的正义直观是检验当罚与不当罚以及反证解释结论正当与否的标尺,例如,一般人不会认为"摆设打气球摊"这一常见的娱乐经营行为属于违法或犯罪,也不会将射击塑料子弹的"玩具枪"认定为"真枪"。明显偏离"经验应得惩罚"天平的解释结论显然不能被社会公众普遍接受,"情节显著轻微"无论如何也不等同于"情节特别严重",中间状态——"情节严重"是无法直接跨越的台阶。而使天平发生轻微倾斜的情况总是存在的,"情节显著轻微"与"情节轻微"或"情节严重"之间的界限,从经验直观上讲,不是那么泾渭分明的,模糊的交织使得受众或解释者也无法准确分辨,正如入海口的海水和江水的分界线不易被划定一样。此时,若没有标明精确刻度的参照系标榜,经验认定难免会出现偏差。不过,这种偏差却不会引起持对立观点一方的强烈反感,因为他们自己也不清楚具体的分水岭在哪里,更没有确凿的理由、客观依据来反驳对方。可接受性标准的核心支撑是正义直观、内心经验等主观感受,其不明确性是不言而喻的,不宜苛求"精准无误",只须获得概率上的优势即可。

On the Interpretation Rules of "Serious Circumstances" of the Conditions for the Establishment of a Crime

Xu Zongsheng

[**内容摘要**]刑法解释从理念(立场、目标)选择到过程(方法、论证)行进再到结论得出(比较、检验),都没有固定的程式,需要解释者

① 美国著名刑法学家罗宾逊用了二十年的时间研究刑法背后的道德直觉,发现人们对哪些人和什么行为应该受到惩罚有一种非常准确的、普遍的直觉。如果立法者、法官和执法者忽视了这种直觉,则会对刑事司法系统造成巨大的打击,降低其合法性。在此基础上,罗宾逊教授指出,在刑法改革中适当考虑大众的刑法直觉,有助于制定一部对全社会都有益的刑法典。参见孙道萃:《罪责刑关系论》,法律出版社 2015 年版,第 307 ~ 308 页。

始终围绕解释理念有层次性地展开,通过反复论证、交互检验,得出最优解释结论。“情节严重”的解释规则是:第一,确定评价的对象——情节的内容和范围,这是研究的素材和基础;第二,在形式解释论、实质解释论与功能主义刑法解释论之间作出选择,这是研究的立场;第三,确立解释的目标,这是研究的出发点;第四,选对解释方法,这是研究的工具;第五,根据法治目标和可接受性标准检验解释结论,这是研究的落脚点。

[**关键词**]定罪情节;解释立场;解释方法;解释目标;解释结论

Abstract:There is no fixed procedure for criminal law interpretation from concept (position and goal) selection to process (method and demonstration) and then to conclusion (comparison and test). Therefore, the interpreter should always focus on the concept of interpretation, and get the optimal conclusion through repeated demonstration and interactive test "the interpretation rules of 'serious plot'" are as follows: first, determine the object of evaluation—the content and scope of the plot, which is the material and basis of the research; second, it is the standpoint of the research to choose between formal interpretation, substantive interpretation and functionalist interpretation of criminal law; third, establishing the goal of interpretation is the starting point of the study; fourth, choose the right interpretation method, which is the research tool; fifth, according to the goal of the rule of law and acceptability standard test interpretation conclusion, this is the research foothold.

Keywords: Plot; Explanation of Position; Methods of Interpretation; Explain the Objectives; Explain the Conclusion

罪量要素出罪机能的理论廓清与实践改良

张馨文*

目　　次

一、罪量要素的概念与范畴
二、罪量要素的区分机能与出罪机能
三、罪量要素中的理论争议问题
四、罪量要素出罪机能对争议问题的解决
五、罪量要素出罪机能的实践改良
六、结语

我国刑事立法中大量存在关于罪量要素的表达。例如,在关于数额这一罪量要素表达中,就有"数额较大""销售金额数额较大""违法所得数额较大"这几种变形;在关于情节这一罪量要素表达中,除了"情节严重"这样的一般性概括性表达外,还有"多次""携带凶器""情节恶劣"等表达。在关于后果这一罪量要素表达中,变形的种类就更为多样了:"造成严重后果""致使发生重大伤亡事故""使国家利益遭受重大损失",等等。在同一犯罪中,这三种类型的罪量要素也会进行组合,从而产生更多的变形。此外,除了刑法明文规定的罪量要素,还有大量的刑法尚未明示而通过司法解释设定的罪量要素,在某些犯罪

* 北京师范大学法学院博士研究生。

的行为模式中也包含了表征罪量程度的内容。由此可见,在我国刑法分则中,除个别犯罪由于行为本身极为严重恶劣而完全不涉及罪量要素外,基本上所有犯罪都会牵涉对罪量要素的考察。

因此,对罪量要素相关问题进行深入研究有助于统一刑法理论界与实务界对刑法总则及分则的认识及理解。本文需要在明确罪量要素的概念及范畴的前提下,探寻罪量要素在刑法中的机能,并以罪量要素的机能为视角对相关争议问题进行统一的理解与把握。最后,为了完善罪量要素的机能还需要进行立法与司法实践上的改良。

一、罪量要素的概念与范畴

何为罪量要素？顾名思义,即表征犯罪危害程度的量的因素。学者们将这一影响因素称为"定量因素""罪量因素""罪量要素"。[①] 由于我国刑事立法中将表征犯罪危害程度的定量的因素分成了不同等级,这些不同等级的定量因素分别承担着影响犯罪成立与加重或减轻刑罚等不同功能,而本文仅对影响犯罪成立的位于第一等级的定量因素进行探究,因此为了表述的准确、连贯与清晰,本文统一采用"罪量要素"这一称呼。罪量要素是指影响犯罪成立的表征犯罪危害程度大小的量的要求。罪量要素在我国《刑法》的总则与分则部分都有体现。其中,《刑法》第13条"但书"集中表述了罪量要素,即"但是情节显著轻微危害不大的,不认为是犯罪";而分则中一般为"数额较大""情节严重""后果严重"等表达。上述表述也会针对不同犯罪产生不同的变体,但基本上可以归纳为"数额""情节""后果"这三大类。这些表达散见于《刑法》分则各个章节条文中,在我国的487个刑法罪名中,刑

① 参见储槐植:《我国刑法中犯罪概念的定量因素》,载《法学研究》1988年第2期,采用"定量因素"这一名称;王强:《罪量因素:构成要素抑或处罚条件》,载《法学家》2012年第5期,采用"罪量因素"这一名称;陈兴良:《作为犯罪构成要件的罪量要素——立足于中国刑法的探讨》,载《环球法律评论》2003年第3期,采用"罪量要素"这一名称。

法明示罪量要素的罪名为 250 个左右,占总罪名的一半以上。① 可见,我国刑法中罪量要素的规定非常普遍。

在明确了罪量要素的基本概念后,还需要明晰罪量要素所涵盖的范围,以便对本文所研究的对象有更为清晰的认识。关于罪量要素的"量",不同的学者理解的范围不尽相同。有的学者认为凡是在基本构成要件之外另外增加一个和几个条件就属于"罪量"的范畴。例如,一些学者就将我国《刑法》第 129 条的"丢失枪支不报罪"中的"造成严重后果"作为罪量要素来分析。② 此外一些罪名中增加的行政责令性前置程序也被学者们视为一种罪量。③ 但是本文认为,罪量要素中"量"的变化应该指的是犯罪基本行为模式中的程度变化,而不是将基本行为模式之外增加的一些条件也作为"量"来考察,此时新增的条件即使包含一定的程度表达字眼,也不能认为是"罪量要素"。换言之,罪量要素仅是指对行为模式中包含的要素程度上的提升,而不是指在基本行为模式之外再新增一些条件。那么,何为基本行为模式呢?首先,该行为模式具有类型化的作用,能将该危害行为同其他犯罪行为区分开来,因此除了客观上的外在表现外,具有区分罪与非罪功能的主观要素也属于该行为的一部分;其次,该行为所引发的直接结果也包含在行为模式中,是行为的"附随之物";最后,实施该行为时的手段,以及该行为所存在的情节也是行为模式的内容,而罪量要素就是行为模式中这些具体要素程度变化的体现。

罪量要素的产生并非我国之独创,换言之,罪量要素并非一个建构性的刑法概念,而是客观存在的一种真实状况。正所谓凡是有规定犯罪的地方就存在对于罪量要素抑或是对"微罪"出罪的考量。犯罪成立有罪量要求,乃法治国家的共识。④ 这一状况产生的原因有二:其

① 罪名数目已包含了《刑法修正案(十一)》新增的罪名。

② 王彦强:《犯罪成立罪量因素研究》,南京师范大学 2013 年博士学位论文,第 128 页。

③ 赖早兴、董丽君:《论行政犯立法中的行政前置》,载《法学杂志》2021 年第 4 期。

④ 王彦强:《犯罪成立罪量因素研究》,中国法制出版社 2018 年版,第 1 页。

一,由于事物都会经历一个从量变到质变的过程,违法行为也不例外,有的违法行为积累到一定程度后才会转化成犯罪行为,达到了犯罪行为的严重程度以及发动刑罚程度。正是这种事物发展的最本质的属性决定了任何国家都不可避免地要去讨论危害行为的程度,并通过区分这些不同严重程度的行为以达到分流目的。而本文就将这种真实存在的、能够区分违法与犯罪的严重程度大小因素称为罪量要素。其二,现代法治国家要求刑法具有谦抑性,刑法是万不得已所采取的最后手段,是保障法。因此刑法只处理那些危害程度严重、其他法律难以发挥作用、能与刑罚的严厉性相匹配的行为。正是上述两个原因的共同作用,在刑法运行的过程中罪量要素是不可绕过的大山。如何恰当界定某一危害行为的罪量要素是刑事立法所要考虑的问题,而如何准确地反映立法原意并兼顾当前社会发展的变化则是刑事司法需要考虑的问题。

二、罪量要素的区分机能与出罪机能

(一)历史沿革下罪量要素的区分机能

从域外历史沿革的角度来看,我国的罪量要素概括体现为《刑法》第 13 条但书的规定,这种从正反两方面定义犯罪的方式并非我国首创,而是学习与借鉴苏俄刑法的结果。1926 年《苏俄刑法典》第 6 条犯罪定义的附则规定:“对于形式上虽然符合本法典分则某一条文所规定的要件,但因为显著轻微,并且缺乏损害结果,而失去危害社会的性质的行为,不认为是犯罪行为。”[①]接下来,1960 年的《苏俄刑法典》第 7 条第 2 款犯罪概念的规定基本沿袭了上述内容。我国但书规定第一次出现是在 1954 年的《中华人民共和国刑法指导原则草案(初稿)》中,但书规定的内容几乎与《苏俄刑法典》一致。此时但书关于显著轻微的危害行为仍然要求“缺乏危害结果”以及“不能对社会有危险性”。

---

① 参见[俄]H. Ø. 库兹涅佐娃、[俄]N. M. 佳日科娃主编:《俄罗斯刑法教程总论》,黄道秀译,中国法制出版社 2002 年版,第 34 页。

直到1957年公布的《中华人民共和国刑法草案(草稿)》(第21次稿)才作出了不要求绝对没有任何危害结果与危险性,而是只要"危害不大"即可,我国现行刑法的但书内容基本沿袭了该规定。[①] 对比我国现行《刑法》第13条但书的规定("但是情节显著危害不大的,不认为是犯罪"),可以看出,同《苏俄刑法典》相比二者有异曲同工之处,都是从反面来定义犯罪,从而起到限制刑罚发动,缩小犯罪圈的效果。然而,仔细研读不难发现,我国《刑法》第13条但书同《苏俄刑法典》的规定并不完全一致,区别在于对"危害"的要求不同,苏俄刑法中要求没有危害性,而我国刑法则要求危害不大即可。相应地,在刑法典分则中,苏俄刑法较少出现罪量要素规定,而我国刑法则大规模使用罪量要素。相比较而言,我国刑法的规定更容易发挥出其限制刑罚权保障人权的效果。

从国内历史沿革来看,罪量要素中法不治众的文化传统发挥着潜在的影响力。法不治众即法律不会去惩处众多违法之人,法不治众思想的根源并不是要削弱法的权威,而是旨在缩小法律的打击面。只不过古代是以实施违法行为的人数多寡来区分违法的严重程度,而随着立法技术的不断发展,我们逐渐认识到这种以人数多寡来区分违法严重程度是一个不科学的做法,然而隐藏在慎刑意识之下的法不治众思想却被完整地保留了下来,并且逐渐转变成以行为人个人为对象、以客观事实为依据来认定行为严重程度的评判标准。如此一来,罪量要素就替代了法不治众而成为现代法治国家限制刑法适用范围的方法。此外,古代中国地方的刑罚权直接由行政机关行使,而现代法治国家要求行政权与司法权互相独立,刑事案件应当交由司法机关处理,但是我国的行政权仍然保留了一些与社会稳定和治理相关联的处罚权力。在社会治理体系中,一元制裁体系与二元制裁体系也正在呈现出融合趋势。这种趋势决定了刑法并不是惩治违法犯罪的唯一手段,甚至不是最佳手段。因此,罪量要素的设定就成了这种发展趋势中的关键一环。罪

---

① 参见黄云波:《中国刑法犯罪成立的立法定量模式之历史渊源考》,载《刑法论丛》2017年第3卷。

量要素承担着分类标准的作用,尤其是在面临违法行为与犯罪行为共用同一行为模式的情况下,采用罪量要素这一方法合理地将该行为分流给行政机关与司法机关,保障了二者在受案量、公信力上的平衡。

无论是站在域外渊源还是国内文化的角度,罪量要素的历史演进都体现出了立法者的“慎刑”思想,是在现有刑法规定的范围内进一步缩小犯罪圈的重要举措。因此,罪量要素承担着区分犯罪与无罪、犯罪与违法的功能,也是唯一有效的区分标准。罪量要素的这种区分机能并不等同于其他构成要件要素,因为如果欠缺其他的构成要件要素,则该行为既有可能是违法行为,也有可能是合法行为,但是,如果仅仅是欠缺罪量要素,那么这就说明该行为的行为模式仍然是受到整个法秩序的否定性评价,因此,除非该行为具备违法阻却事由或责任阻却事由,则该行为无论如何也不可能成为合法行为。综上所述,我们可以将行为区分为三大类:合法行为、违法及违规行为、犯罪行为,构成要件要素是在这三类行为的任何两类之间起到区分作用,而罪量要素仅在后两种行为之间起到区分作用。

(二)现实需求下罪量要素的出罪机能

随着城市化与工业化的发展,传统社会的风险已不复存在,而科技发展与功利至上的社会更多面临的是来自技术本身以及制度的风险,此时,法定犯就成了犯罪的主流。随着法定犯数量的增加,立法与司法上也会出现新的问题:立法上,何种行为有必要规定为法定犯?这种行为的罪量要素需要达到何种标准?罪量要素的标准需要参考现行的哪些法律法规的规定?司法上,对于法定犯的罪量要素应采取何种解释方法?司法者应该达到何种专业化程度?是否需要掌握特定领域的法律法规?由于法定犯在本质上并不具有同自然犯相当的邪恶性,因此,法定犯更注重通过其所造成的严重结果来表征其危害程度,这种严重结果在罪量要素上就表现为数额、情节、后果三大类。随着社会的发展,法定犯的罪量要素设置会更加地严密,然而罪量要素毕竟会具体化为“数量”,一旦出现数量就会不可避免地出现“僵化”的局面。这种

"僵化"体现为在某些案件中虽然数值上已经达到了罪量要求,但是当结合案件实际情况整体评价时就会出现失衡,王某军收购玉米案就是适例。王某军的行为实际上为农民与收购站的联系提供了便捷,若不考虑粮食流通管理秩序,则本案并没有直接的受害方,最终本案也是因为社会危害性较低而宣判王某军无罪。[①] 随着法定犯时代的到来,类似上述案件的情况会越来越多。"罪量要素"的运用既要标准化,又要灵活化,如何平衡这二者的关系,当务之急应该构建出一套解释体系,在这一体系中需要不断结合案件实际情况来调试罪量要素的作用,从而使罪量要素真正发挥出价值。

涉及罪量要素的个案中出现不正义的原因主要有两个:一是危害行为确实达到了罪量要素的要求,但是从整体上评价并不具有相当程度的社会危害性;二是危害行为确实达到了罪量要素的要求,但是行为人对此没有认识。这两种情况都是已经满足了罪量要素要求,但是由于其他原因而需要予以出罪的情况。由于罪量要素适用的僵化,导致越是被司法解释具体化的罪量要素,越是不容易出罪;反而那些具有模糊性的罪量要素,甚至是法条中没有出现罪量要素的罪名都有机会通过《刑法》第 13 条但书予以出罪处理,这显然已经背离了最初的立法目的。

可见,无论是法定犯时代的到来还是个案正义的呼唤,都要求赋予罪量要素以新的机能,从而平衡标准化与灵活化之间的紧张关系。然而,若言"新"并不准确,因为出罪机能本身就是包含在罪量要素区分机能中的,入罪与出罪是区分机能的两个侧面,只是由于当前的现状导致我们需要更多地把侧重点放在罪量要素区分机能的出罪作用上。

三、罪量要素中的理论争议问题

无论是在过去还是在当前,对于罪量要素的争议从未停止。自罪量要素被规定在刑法规范中开始,围绕其如何发挥作用的各种问题就

---

① 参见《最高人民法院第 19 批指导性案例》,法〔2018〕338 号,指导案例 97 号。

随之展开，并且随着一些热点案例的出现，对罪量要素的争论又会迸发出新的高潮。

（一）罪量要素的体系地位问题

体系地位问题是罪量要素争议中的核心问题，因为体系地位一旦确定意味着罪量要素发挥作用的范围得以确定，也意味着与之相关的认识问题、未遂形态问题也能基本上得到确定。在本文的话语体系中，体系专指犯罪论体系，即基于一定的原理和方法（价值取向），将犯罪成立的要素加以系统化，使其能够达到一定的目的而形成的知识理论体系。① 随着德日三阶层犯罪论体系的引入，越来越多的学者在三阶层的犯罪论体系下讨论罪量要素的体系地位，但是由于德国在刑事立法上并不存在罪量要素，因此如何通过三阶层犯罪论体系对中国特有的立法定性又定量的模式进行解读就成为争议问题。对此，主要的争议观点有如下三种。

1."客观处罚条件"说

"客观处罚条件"是一个舶来概念，是指与犯罪成立与否没有关联的情节，这些情节仅作为刑罚发动事由使用，不需要有故意、过失，与违法性、有责性没有关系。② 目前，认为罪量要素是"客观处罚条件"的学者主要有：赵秉志教授、肖中华教授、陈兴良教授、熊琦博士等人，③虽然他们是在不同的犯罪论体系讨"论客观处罚条件"，但是都认为罪量要素是与犯罪成立与否无关的因素，而是在刑罚发动时才发挥作用，持

① 马克昌、卢建平主编：《外国刑法学总论（大陆法系）》，中国人民大学出版社2016年版，第53页。

② 参见前田雅英：《刑法总论讲义》（第6版），曾文科译，北京大学出版社2017年版，第37页。

③ 参见赵秉志、肖中华：《数额较大在盗窃罪认定中的作用》，载《人民法院报》2003年5月19日，第3版；陈兴良：《刑法的明确性问题：以〈刑法〉第225条第4项为例的分析》，载《中国法学》2011年第4期；熊琦：《论我国刑法的一个体系性困境——以中德刑法比较为视角》，载《武汉大学学报（哲学社会科学版）》2008年第4期。

这一观点的学者们把罪量要素的判断置于定罪量刑的最后一步,且无须贯彻责任主义的要求,只须考察客观上具备与否。

2. 客观超过要素说

客观超过要素是相对于主观超过要素而言的,它是由我国学者结合我国的立法现状所创设的一个概念。该说为张明楷教授、王昭振教授所提倡。他们认为客观超过要素属于构成要件的一部分,但是无须行为人具有认识、希望或放任态度,只需要具备认识可能性即可。① 这一主观上的要求明显低于一般的构成要件要素,主要是为了解决上述"客观处罚条件"与我国立法规定不相适应的情况。

3. 构成要件要素说

持该说的学者主要有梁根林教授、王彦强教授、阎二鹏教授等人。该说认为罪量要素作为一个影响犯罪成立的因素同其他构成要件相比没有任何区别,该说主要是在批判客观处罚条件与客观超过要素对行为人认识的忽视上而建立起来的。构成要件要素说主张刑法中虽然有个别情况无须行为人认识,只须考察客观上具备与否,但是这种情况只占极少部分,大部分情况下的罪量要素可以转化成构成要件的其他要素,如主观的不法要素、身份要素、行为要素与结果要素。②

概括总结上述不同观点,可以看出分歧主要集中在以下三个方面。

首先,对罪量要素的定性不同。换言之,罪量要素是影响犯罪成立的因素,还是影响刑罚发动的因素?这两者确实是迥然不同的。客观的超过要素说与构成要件要素说都主张罪量要素是影响犯罪成立的因素,此时,罪量要素的有无直接决定了犯罪能否成立。相应地,其在刑事诉讼中的处理也会有所不同,在审判阶段,如果确定无罪时,应宣告无罪,而不能终止审理;"客观处罚条件"说主张罪量要素是一种刑罚发动事由,在不具备罪量要素的场合,犯罪仍然成立,但是不能判处刑罚。那么,在审判阶段如果认定欠缺罪量要素,则应该裁定终止审理。

其次,上述争议观点将罪量要素的判断置于不同的阶段。"客观

① 参见张明楷:《"客观的超过要素"概念之提倡》,载《法学研究》1999 年第 3 期。

② 参见王强:《罪量因素:构成要素抑或处罚条件?》,载《法学家》2012 年第 5 期。

处罚条件”说将罪量要素置于犯罪论体系的最后，当行为完全符合了构成要件该当性、违法性、有责性之后才进行罪量要素的判断；客观超过要素说和构成要件要素说则把罪量要素的判断置于构成要件该当性阶层进行判断，二者的区分在于对客观超过要素而言不需要存在主观上的认识，简言之，罪量要素无须考察主观认识的有无。然而，罪量要素的判断不应置于最后位置，主要理由如下：倘若将罪量要素的判断置于最后，那么意味着在详细分析完构成要件符合性、违法性、有责性之后才能进行罪量要素的判断，最后如果罪量要素不符合则仍然无法进入刑事诉讼程序，这意味着前述的判断徒劳无功，因为罪量要素在此时起到了“一票否决权”的作用，这意味着如果在客观上不具有罪量要素，则无论如何也不能进入犯罪圈。

最后，上述争议观点的本质或根源的分歧是对罪量要素是否需要贯彻责任主义的要求存在不同的认识与理解。因此，对主观认识问题的探讨自然就成了学界争议的焦点。对此，有必要予以专门阐释。

（二）罪量要素的主观认识问题

对于一般的构成要件当然需要主观认识从而贯彻责任主义，然而，罪量要素是否需要贯彻责任主义的要求呢？学者们主要分成了两派观点：肯定说与否定说。① 采肯定说的学者认为罪量要素需要行为人认识，实务中也确实会发生行为人完全没有认识到的情况，这种情况下对行为人科以刑罚并不会起到特殊预防的目的，也不符合罪责刑相适应原则。采否定说的学者认为罪量要素的主观认识会与危害结果的主观认识产生矛盾，导致该犯罪的故意过失难以认定之困境。比如行为人对其行为模式本身及其所伴随的结果存在认识，但是最终符合罪量要素程度的结果却超出了行为人的预见范畴，此时对于该犯罪而言行为

① 采肯定说的学者有陈少青：《罪量与可罚性》，载《中国刑事法杂志》2017 年第 1 期；梁根林：《但书、罪量与扒窃入罪》，载《法学研究》2013 年第 2 期。采否定说的学者与上述采客观处罚条件的学者相同。

人到底是故意还是过失就会产生争议与混乱。为了避免认定上的复杂,这些学者不提倡罪量要素的主观认识。但是认定上的复杂并不能成为排除罪量要素主观认识必要性的坚实依据,即使是一些纯客观的第三人所为的介入因素也需要行为人至少能够认识到,否则这种介入因素与本罪的联系就微乎其微。

如果承认罪量要素需要行为人的主观认识则会不可避免地产生新的问题,即罪量要素的认识错误问题:行为人本来设想的结果仅是无法达到刑法入罪条件的一些结果,但是客观上却造成了符合罪量要素的结果。例如,行为人看到一人手中的鲜花很是漂亮,于是拿走这株鲜花供自己欣赏,案发后认定这株鲜花属于稀有的珍贵品种,价值连城。对于此案,行为人对盗窃对象的价值这一罪量要素产生了认识错误,且这一认识错误是不可避免的,那么这种认识错误是否可以阻却故意而使行为人予以出罪就成为了值得讨论的问题。事实上,虽然该行为人对罪量要素存在认识错误,但是对其盗窃行为、盗窃对象以及结果并没有发生错误,行为人仍然具有盗窃的故意,如果说行为人不具备盗窃故意似乎与事实相悖。但如果不去考虑对于罪量要素的认识错误问题则又会导致判决有失公允,不利于保障行为人的人权,在这种两难境地下,如何能妥善地处理这一问题就成了重中之重。

(三)罪量要素的停止形态问题

在实务中还会发生这样一种情况,即行为人以符合罪量要素条件的对象为目标实施犯罪行为,但是最终并未实现罪量要素。这种情况经常发生在数额犯中。例如,在盗窃时以数额较大的财物为目标,但是尚未转移占有就已经被抓获,此时是否构成盗窃罪,还是已经构成盗窃罪但未遂,这就成为了需要讨论的问题。

本文仅研究影响犯罪成立的罪量要素,因此,在讨论停止形态时也仅讨论以该种罪量要素的对象为目标的行为。对于这一问题,学界主要存在两种观点:量刑规则说与既遂条件说。持量刑规则说的学者认为,无论是作为第一位阶的数额较大,还是作为升格位阶的数额巨大、数额特别巨大，在本质上来说都仅是一种量刑规则，即以客观上确实达到这些标准为考察理由，如果没有达到就直接在达到的范围内进行量刑；持既遂条件说的学者认为我国刑法分则的个罪规定，都是以既遂为原点的，是单独犯的既遂形态，其他特殊形态都以此为基础进行变化。盗窃罪数额犯之类的各种以"数额较大"或者明确地规定有具体数额的犯罪类型，属于各类数额犯的既遂形态，均存在与之对应的未遂形态。[①] 但是持这种观点的学者还要求在处罚未遂犯时需要考虑是否符合《刑法》第13条但书的要求。

两方的观点都具有各自的合理性，但是他们也存在共通的问题，那就是没有区分影响犯罪成立的罪量要素与作为法定刑升格条件的罪量因素，二者无论是在性质上还是在机能上都存在明显的差异，虽然二者在文字表述形式上类似，但是本质上却是不同的，在讨论是否存在未遂形态时也应分别进行，不能完全糅合在一起，否则，最后的结论一定会出现满足一方却难以适应另一方的局面。

四、罪量要素出罪机能对争议问题的解决

通过上文的分析可以看出，当前中国的刑事司法发展要求罪量要素承担起出罪的机能。我们不妨以罪量要素的这一出罪机能为核心或目的来审视上述争议问题，这样就可以得出内部逻辑统一的结论。

（一）体系地位问题的解决：违法性阶层的判断

三阶层的犯罪论体系认为，构成要件符合性阶段起到入罪作用，满足这一阶层要求的行为基本上可以认定为是犯罪行为，外观上也具有相当程度的法益侵害性。而违法性阶层与有责性阶层则是从这些形式上符合犯罪外观的行为进行挑选，将实质上不具有违法性或者不应受到刑法谴责的行为予以排除，起到出罪作用。因此，三阶层的犯罪论体

---

① 黎宏：《论盗窃罪数额犯的未遂》，载《环球法律评论》2018年第1期。

系是一个从抽象到具体、形式到实质的判断过程。上文分析了罪量要素应当具备出罪机能,而出罪机能则由违法性与有责性两个阶层承担,因此,将罪量要素置于出罪阶层是比较合理的。此外,通过对法条及司法解释的整理发现,大部分的罪量要素内容都是客观性的,即使是情节型的罪量要素也基本规定了客观发生的结果。因此,从机能发挥的角度来看,将罪量要素置于违法性阶层是合适的。下文将通过几个方面来论证这一结论的正确性。

1. 罪量要素表征着法益侵害性程度,但不具有类型化功能

构成要件是违法性的定型,是立法者以违法性为标准而抽象出的一系列具有相当法益侵害程度的行为模式。罪量要素可以表征法益侵害性程度,在这一点上与构成要件的作用相同;同时,罪量要素也可以区分罪与非罪,在这些方面罪量要素都可以同构成要件保持一致。然而,罪量要素却与构成要件存在诸多差异。

首先,罪量要素虽然可以区分罪与非罪,但在具体区分上却与一般的构成要件要素不同。一般的构成要件要素不仅具有区分罪与非罪的功能,同时在很大程度上可以发挥区分犯罪与合法的功能。这是因为在非罪中还包含了违法与合法两种不同类型,一般的构成要件要素能同时涵盖这两种不同的类型。但是罪量要素只能区分犯罪与违法,不存在罪量要素的行为也是符合了构成要件的基本行为模式,因此该行为无论如何是受法律否定性评价的,这也是法秩序同一性的要求。不符合罪量要素要求的规定可以出罪,但是这并不意味着法律肯定这一行为。

其次,罪量要素不能区分此罪与彼罪,因而不具有构成要件的定型功能。构成要件是指值得处罚的违法且有责的行为的类型。[①] 但在不同个罪中,罪量要素的表述可以完全相同,这种现象在我国立法中非常常见。罪量要素的有无虽然可以影响犯罪的成立,但是并不会影响一个犯罪的定型,即确定一个行为应当匹配何种罪名时并不需要考虑罪

① [日]前田雅英:《刑法总论讲义》(第6版),曾文科译,北京大学出版社2017年版,第34页。

量要素。此外,只有在确定罪名后才能明确此罪所需的罪量要素,因此为了确保在这一判断过程的顺序性,不应将罪量要素置于构成要件阶层与其他一般构成要件混杂,而应当明确区分出二者的先后顺序,将罪量要素与构成要件置于不同的阶层考虑。

最后,罪量要素判断是一种具体的、特殊的判断,而构成要件的判断则是一种抽象的、一般的判断。在构成要件的判断中只需要提炼出案件中的行为、对象、因果关系、结果等要素,只要符合了个罪规定便可以进入下一阶层,因此,构成要件本身不会涉及实质判断与整体性判断,对于案件具体发生的情节、特殊性的考虑并不是构成要件符合性阶层的任务。但是罪量要素与之不同。在罪量要素判断时,尤其是在涉及情节型的罪量要素判断时,需要结合案件的具体情况。

综上所述,罪量要素同构成要件相比有着很大的不同,无论是在具体功能、适用顺序、判断规则上都存在较大的差异。简单地将罪量要素置于构成要件之中并不能解决当下罪量要素适用的过度形式化、过度僵化的问题,不利于其出罪机能的发挥。

2. 罪量要素是可罚的违法性的具体化

可罚的违法性是一个被日本学者广泛讨论的概念,指刑法上的违法性必须达到值得处罚的程度,作为犯罪论的要件之一的违法性应当将刑事政策的考量包含在内。① 日本刑法中没有规定罪量要素,因此需要在违法性判断中引入对于犯罪严重程度的考察,将轻微违法排除在外,这一目标同罪量要素并无不同。因此,将罪量要素置于违法性中并不会引发体系性矛盾。此外,也有学者质疑可罚的违法性会架空构成要件,导致构成要件失去其定型作用,是一个不必要的概念。② 然而,由于我国刑法在个罪中规定了具体的罪量要素,这意味着在判断时可以尽量减少过度的主观化。就我国的司法现状而言,罪量要素的适用并非过于恣意,相反是过于形式化,因此,我国的这一立法特色恰恰

① 参见[日]前田雅英:《刑法总论讲义》(第6版),曾文科译,北京大学出版社2017年版,第24页。

② 参见张明楷:《刑法学》(上),法律出版社2016年版,第114页。

可以弥补可罚的违法性之不足。此外,关于架空构成要件这一批判,如果将罪量要素置于违法性阶层也可避免这种问题。罪量要素处在违法性阶层意味着在进入罪量要素判断前一定会首先完成构成要件符合性的判断,在构成要件符合性判断中不需要考虑行为是否值得处罚以及是否达到了罪量要素要求,这样就可以保证对构成要件进行完整的判断使得其功能不被架空。

3. 将罪量要素置于法违法性阶层有利于区分行为规范与裁判规范

行为规范指的是刑法通过禁止或命令的形式来指导人的行为;裁判规范指的是刑法为法官适用该规范进行定罪量刑提供规范。毋庸置疑刑法既是行为规范,也是裁判规范。但是问题在于应当区分刑法中的哪些表述是行为规范,哪些表述是裁判规范。通过上文分析可知罪量要素只能用来区分违法行为与犯罪行为,因此,罪量要素显然不是一种行为规范。例如,刑法并不鼓励人们去实施盗窃数额较小的财物的行为。有些犯罪分子为了避重就轻,会关注法定刑的具体设置,但是这种关注与刑法规范的主旨已相去甚远;而作为法官必须仔细研究法定刑的具体设置,这是量刑的依据。① 可见,罪量要素仅仅是一种裁判规范,是法官在定罪量刑时需要关注的内容。而构成要件则同时属于行为规范与裁判规范,构成要件通过将行为模式抽象,使人们了解到被刑法予以否定性评价的行为类型,进而指导人们避免去实施这样的行为。将罪量要素与构成要件明显区分可以表明刑法的态度,即对罪量要素的考察并不是国民需要关注的,国民只需要按照构成要件阶层的内容行事,而罪量要素虽然不可避免地需要明示在法条中,也仅作为法官适用的裁判规范以及对罪刑法定原则的明确性要求的彰显。

但是,值得说明的是,将罪量要素作为裁判规范并不意味着不需要行为人认识到罪量要素,这属于两个层面的问题。罪量要素不属于行为规范所表达的意思是不能以罪量要素作为刑法肯定与否定评价的界分

---

① 柏浪涛:《罪量要素的属性与评价》,载《上海政法学院学报(法治论丛)》2017 年第 1 期。

指标,罪量要素无法指引国民去实施正确的行为。但是具体到个案的行为人身上也仍然需要考察其当时的认识,因为行为人的认识决定了其主观恶性与人身危险性,最终会对特殊预防必要性及手段产生影响。

(二)主观认识问题的统一:责任主义的要求

在德国,刑事处罚只能建立在下列确定的基础上,即基于导致犯罪决意的意志形成,可对行为人进行非难,而且,对行为人的刑事处罚,不得重于行为人根据其责任所应当承担的刑罚。[①] 就罪量要素而言,如果行为人在主观上对该罪量要素没有认识,而最终仍然按照该罪量要素处罚时,就会超出行为人的责任范围,这显然不符合责任主义的要求。为什么需要在罪量要素中贯彻责任主义?这是因为如果行为人在主观上并没有违反刑法的故意,甚至是认为自己的行为即使算不上合法也不至于违反刑法,那么,此时仅仅依据发生的结果而对行为人予以刑事处罚就是不合适的。因为,这样不仅起不到刑罚特殊预防的目的,反而会适得其反,表明在定罪时没有做到主客观相统一,行为人在主观方面是有所欠缺的。我国《刑法》第 14 条关于犯罪故意的规定也能证明,行为人必须明知自己的行为会发生危害社会的结果。这里的危害社会的结果并不是自身行为所引起的任何结果,而是能达到刑法规制程度的严重的社会危害性结果。这里的"严重"在具体个罪中就被细化为不同类型的罪量要素。因此,对于罪量要素或是该罪量要素所表征的严重的社会危害程度行为人应该具有认识。

将责任主义贯彻到罪量要素的意义主要有以下几点。首先,有利于保障人权的实现。在社会纷繁复杂的活动中无法保障每个人都实施完全合法有益的行为,仅仅实施轻微违法行为不能直接动用刑罚来处理,这已经成为现代法治国家的共识。针对轻微违法行为或是在当时环境下看似平常的行为予以刑事处罚会违背大众的正义直觉,不利于

① [德]汉斯·海因里希·耶塞克、[德]托马斯·魏根特:《德国刑法教科书》(上册),徐久生译,中国法制出版社 2016 年版,第 550 页。

保障行为人的人权,最终导致刑法在国民心中的信仰力与威慑力减弱。其次,有利于刑罚效果的发挥。刑罚可以产生特殊预防与一般预防的效果,但是如果当刑罚的严厉手段远远超过其所打击的犯罪行为时,这样的效果就无法实现,此时使用刑罚不仅无意义也无必要,不仅浪费了司法资源,同时反而会对引导公民行为产生负面影响。

在明确了罪量要素需要行为人的主观认识后,首先会面临另一个问题,即对于罪量要素的认识需要达到何种程度。罪量要素的具体内容一般情况下由司法解释具体规定,这并不是说国民在作出任何行为之前都需要查阅司法解释或者相关的行政法律法规,也就是说,任何人都是依照内心之法行事的,而不是在理解掌握法律条文之后才作出行动,否则这样的社会将毫无效率可言。因此,既然是“内心之法”就允许与法律条文不一致,对于罪量要素而言并不需要行为人有绝对确切的认识,而是只要大致接近或超过罪量要素的具体内容即可。其次是认识的程度问题。对罪量要素的认识并不要求有明确指向性,也可以是一种概括的、放任的、模糊的认识,只要在认识中包含了达到罪量要素程度的内容即可。

在发生罪量要素认识错误的场合,首先需要承认的是这种认识错误可以阻却故意。同上文所述,我国刑法中的故意要求明知自己的行为会发生危害社会的结果,而在罪量要素的认识错误的场合,行为人明知的是自己的行为会造成一定的结果,但该结果的“程度”不足以达到刑法所要求的严重的社会危害性,这样就不符合了故意的要求,所以行为人在罪量要素认识错误的场合不具有故意,但是可以在能够认定过失的范围内成立过失犯。这种处理方式被称为“事实的错误说”,一些学者在正当化事由的错误中持该主张。① 上文已经确定了罪量要素应处在违法性阶层进行考察,因此,罪量要素与正当化事由同处一个阶层,在认识错误的处理上也应该保持一致。

---

① 日本学者团藤重光、曾根威彦持此观点。参见[日]前田雅英:《刑法总论讲义》(第 6 版),曾文科译,北京大学出版社 2017 年版,第 278 页。

(三)停止形态问题的厘清:未遂形态的否定

首先,需要厘清的一组概念是“罪量要素”与“危害结果”。在故意犯罪中一般情况下,危害结果是选择性构成要件要素,而非犯罪成立要素,即危害结果的实现并不影响犯罪的成立与否,而只影响犯罪既遂与否。但是某些危害结果也决定着犯罪的成立,如过失犯罪中的结果(除了过失危险犯这种情况)。在这一意义上,危害结果与罪量要素的作用似有重合之处。此外,从表现形式上来看,二者也存在相似之处。例如,在某些数额犯或后果犯中,危害结果与数额要求、后果要求指向的是同一对象。但是,罪量要素与危害结果也存在明显的不同:作为罪量要素具体内容的数额、情节、后果往往是对危害结果施加的额外限制,而非结果本身。换言之,在犯罪行为所造成的各种危害结果中,刑法只选取部分较为严重的结果进行规制,罪量要素在这种情况下作为对结果的修饰与限制发挥缩小打击面的作用。

其次,还需要区分“行为未遂”与“犯罪未遂”这两个概念。行为未遂是一种事实状态,只要行为人在着手实行后基于意志以外原因而未得逞都属于行为未遂;犯罪未遂则是在行为未遂的诸多事实中择取出能够并值得评价为构成犯罪的那部分内容。① 而本文所讨论的罪量要素是否存在未遂形态则指的是犯罪未遂。行为未遂具有犯罪学、刑法立法学意义,但是并不具有刑法教义学上的意义。此外,犯罪未遂也必须要满足我国《刑法》第 13 条但书对于罪量要素的总括性要求,如果某一未遂的事实属于“情节显著轻微,危害不大”的情形,则也不能纳入犯罪未遂的范畴。可见,犯罪未遂是一个比行为未遂狭窄的概念,在从行为未遂中筛选犯罪未遂时有个罪自身特殊的选择标准。就罪量要素而言,其表示的是值得刑法处罚的程度,那么当行为人以达到该罪量为目标但未得逞时就意味着尚未达到刑法处罚的程度,也就是说行为难以达到犯罪未遂的程度。

① 参见王彦强:《犯罪成立罪量因素研究》,中国法制出版社 2018 年版,第 277 页。

最后,还需要说明“罪量要素”与“法定刑升格条件”未遂形态问题的区别。在本文的前言部分已经对罪量要素的概念进行了界定,罪量要素指的是影响犯罪成立的表征犯罪危害程度大小的量的要求。经常与罪量要素相伴而生的是“法定刑升格条件”。如果说罪量要素是犯罪规定中第一位阶的内容,那么,法定刑升格条件就是第二位阶的内容,法定刑升格条件往往与罪量要素具有相同的表现形式,如数额、情节、后果,但是其在程度要求上则比罪量要素更高一层。这一部分讨论的是罪量要素是否存在未遂形态的问题,而不是法定刑升格条件是否存在未遂形态的问题。也就是说,如果行为人是以法定刑升格条件的内容为目标实施行为,最终未得逞,则不是涉及罪量要素未遂形态的问题,而是法定刑升格条件未遂形态的问题。学界长期以来的有力学说认为,罪量要素属于犯罪成立的基本条件,既然没有达到就不构成犯罪,但是如果行为人以法定刑升格条件为目标最终没有达到则可以认定为构成犯罪但未遂,这是因为以法定刑升格条件为目标的场合会引起作为基本成立条件的罪量要素的危险。①

通过上述概念与问题的厘清就可以基本确定对于罪量要素是否存在未遂形态的统一答案。

首先,就罪量要素与危害结果的区别而言,罪量要素在犯罪认定中的作用显然不同于危害结果,罪量要素往往是经过限定的结果,有的罪量要素甚至只是一种结果的征表。② 这一限定或征表包含了立法者的价值衡量与选择,只将值得刑法规制的结果纳入到规定中,一个犯罪的既遂结果与未遂结果或许有时能与罪量要素重合,但是在大部分情况下是不同的,因此,罪量要素只有成立与否,而没有未遂与否的问题。

其次,就行为未遂与犯罪未遂的区别而言,罪量要素具有行为未遂,但并不具有犯罪未遂。因为,犯罪未遂与罪量要素都是立法者对

---

① 参见马克昌主编:《百罪通论》,北京大学出版社2016年版,第768、752页。

② “征表说”由陈少青博士提出。陈少青博士从新的视角分析了罪量要素与结果的区别。参见《罪量与可罚性》,载《中国刑事法杂志》2017年第1期。

违法事实进行选择的结果，在同一内容上二者不可能一致。罪量要素已经是立法者评价危害行为时将程度添加进去以反映该行为达到了可罚的程度，如果立法者又承认不达到该程度也可以未遂进行处罚，则就会前后矛盾。换言之，立法者不可能一方面承认只有达到该程度才具有可罚性，另一方面又允许对没有达到该程度的行为进行刑事处罚。可见，罪量要素与犯罪未遂在价值选择上是互斥的，针对同一内容或程度二者不可能同时存在，因此，罪量要素没有犯罪未遂形态。

再次，就罪量要素与法定刑升格条件的未遂形态而言，法定刑升格条件的未遂引起对罪量要素的危险，因此法定刑升格条件的未遂有可能处罚，但是罪量要素由于只有客观上实现才能达到刑法所设定的处罚条件，才具有了可罚性与刑事违法性，因此，如果行为目标就是罪量要素的内容但是客观上没有实现，则不能处罚。此外，还需要说明的一个问题是：司法解释存在一些没有达到罪量要素的情况下进行处罚的适例。例如，2001 年 4 月 9 日《最高人民法院、最高人民检察院关于办理生产、销售伪劣商品刑事案件具体应用法律若干问题的解释》第 2 条第 2 款规定："伪劣产品尚未销售，货值金额达到刑法第一百四十条规定的销售金额三倍以上的，以生产、销售伪劣产品罪（未遂）定罪处罚。"这种处罚罪量要素未遂犯场合并不多见，并且罪量要素的内容也有了明显的变化，即不再以销售金额衡量犯罪的危害程度，而是借助货值金额的大小来反映行为的社会危害性大小，因此这种司法解释并不是严格意义上的处罚罪量要素的未遂，而是另行引入了一种与罪量要素并列的衡量标准。所以，不能以这类司法解释为由承认罪量要素存在未遂，因为这种司法解释毕竟是特例，且在罪量要素之外引入了新的评价标准。

最后，从罪量要素出罪机能的充分发挥角度来看，也不提倡罪量要素具有未遂形态。若承认罪量要素具有未遂形态，则大量的没有达到罪量要素的行为都会被纳入犯罪圈，如此一来罪量要素的限制功能就形同虚设了。此外，如果在司法实务中承认罪量要素具有未遂形态，则哪些行为入罪以未遂论处，哪些行为可以直接出罪就具有很大的恣意性,罪量要素原本可以统一司法适用的优点也就无从谈起。综上所述,应当否定罪量要素的犯罪未遂形态。

五、罪量要素出罪机能的实践改良

虽然在理论层面上可以借助罪量要素的出罪机能廓清相关争议问题,然而,由于我国目前罪量要素规定的繁杂与模糊,导致在实际适用的过程中仍然存在障碍。换言之,罪量要素出罪机能的充分发挥不仅需要依赖于理论认识的统一,还需要依赖于其内部规定的明确。这是一个从宏观到微观的问题,同时也是从理论到实践的过程。因此,罪量要素出罪机能最终能否按照理论的预设发挥其价值,还需要以其自身内容的明晰为条件。这一部分将从立法实践与司法实践两个层面对罪量要素进行改良,从而为其出罪机能的发挥扫清障碍。

(一)立法实践:提升立法技术,统一适用规则

出罪是决定罪与非罪的关键环节,对于这一界限的把握需要更加科学与精准。下文将分别对刑法规范中的数额犯、情节犯、后果犯的罪量要素问题进行阐述,并针对这些问题提出改良建议。

1. 数额犯

首先,在刑法分则的同一节中,数额较大、数额巨大所指代的数额各不相同,这不仅不利于国民了解罪与罪之间的严重程度差异,也为司法适用徒增了烦琐。例如,在刑法分则第三章“破坏社会主义市场经济秩序罪”第七节“侵犯知识产权罪”中,同为侵犯知识产权的行为,但对于成立犯罪的数额规定却参差不齐,即使知识产权内部商标权、专利权、著作权的实务现状存在差异。作为入罪门槛的数额却分别代表着不同的含义是不合理的。此外,在盗伐林木罪与滥伐林木罪中,二者的罪量要素均为“数量较大”,但是在林业部、公安部 2001 年发布的《关于森林和陆生野生动物刑事案件管辖及立案标准》中“数量较大”却指

代着不同的含义，[①]两罪同属林木类犯罪且规定在同一条文中，这种区别规定不仅不利于把握两罪严重程度的差异，也会造成适用时的烦琐。建议在今后的立法中，针对同一节或同一类罪名的罪量规定应尽量保持一致；在司法解释中，同一层级的数额也应代表相同的含义。这不仅有利于区分各个犯罪的严重程度，保证国民理解的准确性，也能为司法实务中的处理提供极大的便利。此外，对于"数额型"罪量要素的具体内容，不仅相似罪名之间无法实现统一，而且对于同一犯罪各地方根据其居民收入水平的高低不同也存在差异，因此涉及金额的"数额型"罪量要素可以直接以当地同期居民平均年收入作为基本单位，以该收入的百分比或倍数来描述"数额"大小，这一标准从形式上来看达到了统一与简化的效果，从实质上来看又可以满足各地区、各时期在收入水平上的差异性。

其次，在相似类型的犯罪中，有的犯罪规定了罪量门槛，而有的犯罪则未予以规定，抑或是两种犯罪规定了不同类型的罪量要素，但是在司法适用中这些相似类型的犯罪并没有太大的差异。例如，《刑法》第227条第1款的"伪造、倒卖伪造的有价票证罪"与第2款的"倒卖车票、船票罪"分别采用了数额型与情节型的罪量要素进行规定，但是2008年发布的《最高人民检察院、公安部关于公安机关管辖的刑事案件立案追诉标准的规定（一）》（以下简称《立案追诉标准（一）》）对两种不同类型的罪量要素内容的解释却非常类似，"情节严重"的具体内容同样是票面数额与非法获利金额，与"数额较大"并无明显差别，这说明刑事立法中的区别规定在司法过程中并没有得到特殊的对待，或许立法本身也并没有特殊的用意与价值追求，这种立法用语的随意性需要在今后的立法活动中尽量根除。

再次，立法规范与司法解释中存在错位，司法解释中的罪量要素规

---

① 《关于森林和陆生野生动物刑事案件管辖及立案标准》中规定：盗伐林木案的立案起点为2立方米至5立方米或者幼树100株至200株；滥伐林木案的立案起点为10平方米至20平方米或者幼树500株至1000株。此处的立案起点可以理解为是对刑法条文中"数量较大"的解释。

定欠缺立法上的依据。一些犯罪在立法规范中没有注明存在罪量要素,但是司法解释却规定了相应的立案标准。这当然可以理解为司法解释对犯罪的成立范围进行了限缩,并没有违反罪刑法定原则,但是倘若立法中增加相关罪量规定,则司法解释会更有合法性与说服力。对较为严重的犯罪规定了罪量要素,却对较为轻缓的犯罪没有规定罪量要素,从形式上来看并不合适,也不协调。例如,同属于贪污贿赂罪一章,立法者对贪污罪、贿赂罪都明示了罪量要素,但是对有影响力的人行贿罪、对单位行贿罪等罪中却没有明示罪量要素,这种立法缺陷极易造成误解,引来麻烦,同时也是立法技术还不成熟的表现。

最后,在一些规定罪量要素的条文中,由于标点符号或用语的问题,难以区分不同类型的罪量要素是择一关系还是需要同时满足的关系。例如,在《刑法》第395条的隐瞒境外存款罪中的表述,"数额较大、隐瞒不报的",此时数额较大与隐瞒不报到底是何种关系容易产生争议,建议立法者规范立法用语及标点符号的使用,从而尽可能减少理解上的歧义。此外,还有一些罪名在规定中将表征情节的罪量要素与表征后果的罪量要素用逗号隔开,那么在具体适用时只要满足其中一项罪量要素即可,还是需要二者皆有,存在疑问。这些立法上的标点使用不规范问题给学界与实务界的解释造成了很大的困扰。

2. 情节犯

从语义角度来看,"情节型"罪量要素涵盖的范围最为广泛,可以将"数额"与"后果"统统包含在内,这也就是为什么《刑法》第13条但书规定采用"情节显著轻微"这一用语表述。然而"情节型"罪量要素的这一特点既是优点也是一种缺点。优点在于采用"情节型"罪量要素规定可以简化立法语言,使其能够包含各类特殊情况,从而使犯罪规范具有较大的弹性与较强的适应性;但是缺点也非常明显,"情节型"罪量要素的具体内容很模糊,即使有司法解释予以具体化,但司法解释通常会补充一句"其他情节严重的情形"作为周延规定,从而导致司法恣意性较大,国民难以预测,有时甚至会成为任意出入人罪的"帮凶"。因此,对于"情节型"罪量要素立法用语问题需要予以特别说明。

首先,为了解决"情节型"罪量要素过于模糊这一问题,需要在刑法规范中尽可能列举决定个罪情节严重程度的影响因素，司法解释再进一步将这些影响因素予以具体化、标准化处理。这一做法也可以回应某些学者对于情节型罪量要素违背罪刑法定原则明确性要求的责难。① 例如，对于《刑法》第 228 条的“非法转让、倒卖土地使用权罪”，当前立法仅采用“情节严重”予以笼统规定，但其实在具体个罪中影响该情节的因素是可以进行列举的，具体到本罪就是土地种类、土地面积、违法所得数额、行为次数，立法规定可以将这些影响因素明示，这样司法解释在该范围内进行具体化规定，有效防止司法解释权的过度膨胀。

其次，为了解决“其他情节严重的情形”的兜底表述问题，需要对表述的内涵加以严格限制并进行同类解释，严格按照法律条文或司法解释内具体列举的影响因素进行说明。解释者应当以法律条文已经列举事项的基本特征作为基础和参照，只有与其基本相当的情形才能够被解释到兜底语或兜底条款之内。② 例如，如果法条列举的影响因素都是客观判断，那么主观上的“目的、动机”就不能成为“其他情节严重的情形”的内容。

最后，关于“情节严重”与“情节恶劣”两类程度不同的罪量要素表述，需要在立法上明示二者的区别。按照一般国民的理解，“情节恶劣”比“情节严重”的危害程度更高，也就是说以“情节恶劣”作为罪量要素的行为入罪门槛应当高于以“情节严重”作为罪量要素的行为入罪门槛，也就同时意味着以“情节恶劣”为其罪量要素的行为本身的危害程度要低于以“情节严重”为其罪量要素的行为本身的危害程度。简言之，可以用等式来表达：

行为 1 + 情节恶劣 = 值得刑法处罚的严重程度

行为 2 + 情节严重 = 值得刑法处罚的严重程度

∵ 情节恶劣 > 情节严重，∴ 行为 1 的严重程度 < 行为 2 的严重程度

---

① 参见陈兴良：《刑法的明确性问题：以〈刑法〉第 225 条第 4 项为例的分析》，载《中国法学》2011 年第 4 期。

② 余文唐：《法律文本：标点、但书及同类规则》，载《法律适用》2017 年第 17 期。

然而,我国刑法的规定却没有遵循上述推导,并且对于情节恶劣与情节严重所代表的具体内容虽然存在一些差异,但是并没有程度上的明显区别。以我国《刑法》第293条的“寻衅滋事罪”为例,对于该条第1款第1项和第2项侵犯公民人身权利的行为,规定使用的是“情节恶劣”这一罪量要素,但对于第3项侵犯财产权的行为,规定使用的是“情节严重”这一罪量要素。但是,根据公认的法益排序,一般情况下侵犯人身权利的行为显然要比侵犯财产权的行为严重,因此,该罪中的罪量要素规定与行为本身的严重程度相矛盾,需要进行修正。此外,《立案追诉标准(一)》第37条对上述两种罪量要素作出了具体规定,在具体规定中除了由于上述两种行为对象不同而引起内容不同外,对于严重程度的要求并不存在差异。[①] 因此,无法判断立法者究竟为何要在规定该罪时采用程度不同的两种罪量要素表述。针对上述情况,在立法中应当尽量统一罪量要素的表述,注意罪量要素的程度与行为程度的逻辑统一,避免造成理解上的混乱。

3.后果犯

首先,后果型罪量要素在法条中的表述相较于前两种而言更为复杂与多样,这种立法方式利弊皆具。好处在于多样化的语言可以使得对个罪严重后果的要求更为具体也更为贴合个罪的要求;弊端则在于多样化的语言无法体现出程度上的差别顺序,从外观上来看也比较混乱。因此,可以对后果型罪量要素的表述进行归纳整理。例如,涉及破坏秩序内容的后果,法条可以统一表述为“严重破坏了相关领域秩序”,具体的秩序内容由司法解释予以明确规定,这样的表述不会违反罪刑法定原则,也不会过于模糊,因为在规定行为的构成要件时,这一相关领域的范围基本上就可以确定了,因此采用“相关领域”这种表述仍然是满足明确性要求的;涉及责任事故类的后果可以统一表述为“造成相关安全事故或人员伤亡等严重后果”;涉及公共财产利益的后果则可以统一表述为“致使公共财产、国家和人民利益遭受重大损

① 对于这几种行为模式均要求“造成恶劣的社会影响”“严重影响他人的工作、生活、生产、经营”。

失”;涉及公共安全的后果则可以统一表述为“致人重伤、死亡或者使公私财产遭受重大损失”;涉及具体被害人利益的则可以统一表述为“使相关人利益遭受重大损失”。虽然这样整合出来的后果型罪量要素表述仍然很复杂,但是相对而言已经更加简化明了,从后果的表述中可以基本区分犯罪的类型、波及范围与严重程度。

其次,后果型的罪量要素多涉及有无未遂的问题,如上文所言,在承认罪量要素具有出罪机能的前提下要求否定其犯罪未遂的存在,因此,在后果犯的场合需要注意如果行为最终没有达到严重后果的要求需要直接予以出罪处理,除非刑法分则明确将未遂犯纳入处罚范围中。例如,《刑法典》第 114 条中进行了反向的罪量要素规定“尚未造成严重后果的”,这一条款可以看作刑法条文直接将该罪的未遂形态予以明确规定,此时在定罪量刑上直接适用该条规定即可,不需要再适用刑法总则关于未遂犯的规定。

(二)司法实践:司法解释的整合与指导性案例的引领

由于立法具有稳定性与滞后性,因而对于罪量要素相关规定的修正难以迅速展开,此时就亟待司法领域率先弥补这一不足。同时,我国也有利用司法解释与指导性案例推动立法改革的传统,因此,司法实践中对罪量要素具体内容的明确也是不容忽视的重要途径。

1. 司法解释的整合与修正

首先,需要确定整合后的文件应当包含哪些内容。由于影响犯罪成立的罪量要素与影响法定刑升格的罪量因素在本质上承担着不同的机能,但是二者在内容上却具有天然的相似性与递进性,所以二者不可能分别规定在不同文件中。在整合后的文件中,需要包含所有刑法中涉及的罪量规定。

其次,需要确定整合后的文件章节的划分及排序。虽然罪量要素具有自己的类型和特点,但是如果按罪量要素的“数额”“情节”“后果”来划分章节的话会带来很多问题,有大量的犯罪是这三种类型的结合,并且这样的划分也并不具有很明显的意义。为了给司法人员查阅带来便利,整合后的文件仍然应当严格按照刑法的章节进行划分,由于刑法的章节划分目前已经被实务界与理论界的专家学者所接受,并没有太大争议,并且罪量要素的规定本来就紧紧依附于刑法分则的个罪规定,因此,整合后的文件还是按照分则顺序排列比较合适。这样也可以做到在罪量要素的规定中尽量减少遗漏。

最后,需要确定整合后的文件中各条内容中有哪些要素。这需要明示出刑法的罪名,如果罪量要素的内容相同,可以将这些罪名整合统一规定。一般而言,罪量要素内容相同的罪名基本上位于刑法中的相同位置,因此这种整合并不会打乱个罪之间的顺序。如果个罪中的行为模式不仅仅在刑法中被规定时,还需要列举出规定了类似行为的其他法律的名称,常见的行为一般会出现在《治安管理处罚法》中,需要具体到条文编号从而方便司法工作人员查阅。

2. 指导性案例功能的发挥

我国虽然不是判例法国家,但是最高人民法院发布的指导性案例却具有不容小觑的作用。2010年颁布的《最高人民法院关于案例指导工作的规定》正式确立了带有中国特色的案例指导制度。① 目前案例指导制度在中国刑事司法实务中已经趋于成熟与稳定,因此,对罪量要素的理解与适用离不开指导性案例的推动。在司法实践中出现了两种现象:一种是不敢在规范之外寻找原因,僵化地按照规定来执行,罪量要素沦为了简单的计算;另一种是在规范之外乱找原因,将与案件事实无关的因素纳入考察范围内,最终违背了法院独立行使职权原则,这两种现象的解决都需要依赖于指导性案例的指引。

从宏观来看,在指导性案例中,不仅可以开辟出利用罪量要素进行出罪的这一途径,还可以更细致地展现论证与逻辑过程,从而使得司法人员能在案件审理中灵活运用罪量要素。从微观来看,指导性案例在个案罪量要素内容的界定中也可以起到补充作用。当案件情况超出了司法解释的范围时,指导性案例可以快速灵活地弥补司法解释的不足,

---

① 第7条具体规定为:"最高人民法院发布的指导性案例,各级人民法院审判类似案例时应当参照。"

将极为特殊的情况补充进个罪的罪量要素具体内容中,这些特殊情况由于比较罕见因而也不需要另行写进司法解释,这样对于罪量要素的细化任务就会实现司法解释与指导性案例并行不悖的局面。

此外,指导性案例影响与适用的主体与阶段也并不限于法官及审判阶段。从严格意义上来讲,法官在裁判文书中引述指导性案例只是指导性案例参照适用的一个方面,除此之外还应适用于审委会讨论、检察官、律师、当事人法庭辩论、起诉、上诉、申诉等各个阶段各个主体中,只有这样才能真正激活指导性案例的作用,使其受到多方的共同认可与运用。[①] 2020 年 7 月 27 日,发布了《最高人民法院关于统一法律适用加强类案检索的指导意见(试行)》,该意见的出台势必会让指导性案例迸发出新的生机。事实上,罪量要素的刑法出罪机制也并非专门为司法者设计的思考与解释体系,同犯罪论体系的作用相同,它适用于任何主体与任何阶段,其目的是能较大程度地规范思考与解释的逻辑,最终能够促进问题的有效解决,尽最大可能地弥补由于主体不同所造成的理解上的偏差。

六、结　　语

罪量要素作为我国刑事立法中特有的长期存在的内容理应受到高度重视,在其内容的制定以及机能的发挥上都应当有一定的条理性与统一性,在我国刑法条文中有将近 2/3 的犯罪存在罪量要素,这些罪量要素一方面连接着不同法律之间的要求,另一方面也彰显着刑法的"底线与原则"。本文正是希望能对这一"底线与原则"进行细致研究,从而形成相对一致的理解和把握,最终激活罪量要素的区分机能与出罪机能。然而,对于罪量要素的研究工作还任重而道远,尤其是围绕其机能的发挥过程以及罪量要素司法解释的整合问题应当继续进行深入探析。

---

① 参见付玉明、汪萨日乃:《刑事指导性案例的效力证成与司法适用——以最高人民法院的刑事指导性案例为分析进路》,载《法学》2018 年第 9 期。

The Discussion about the Solution and Practical Improvement of the Dispute on the Quantity of Crime from the Perspective of Function

Zhang Xinwen

[**内容摘要**]罪量要素作为犯罪成立条件的量的因素,在我国刑事立法中占据着重要的位置,我国刑法典中规定了数额、情节、后果三类罪量要素,针对这些罪量要素的体系地位问题、主观认识问题及停止形态问题在学界有颇多争议,但从罪量要素区分机能与出罪机能的视角来看,罪量要素应当置于违法性阶层判断,应当贯彻责任主义的要求对犯罪人的主观认识进行考察,此外罪量要素不同于犯罪结果,前者直接决定了罪与非罪,因此罪量要素不存在未遂形态。在立法实践中,应统一罪量要素的语言表述,并尽快修改或补充逻辑混乱及规定缺失的条文。在司法实践中,应当将现有司法解释进行整合,并充分发挥指导性案例对个案的引领作用。

[**关键词**]罪量要素;出罪;犯罪论体系;违法性;责任主义

Abstract: As the quantitative factor of the conditions for the establishment of a crime, the element of the crime occupies an important position in the criminal legislation of our country. The criminal code of our country stipulates three types of elements of the amount of crime, the plot and the consequence. There are many disputes in the academic circles about the system status, subjective understanding and stop form of these elements of the amount of crime. However, from the perspective of the function of distinguishing between the elements of quantity of crime and the function of producing a crime, the elements of quantity of crime should be placed in the judgment of the illegality class, and the requirements of responsibility doctrine should be implemented to investigate the subjective understanding of the offender. In addition, the elements of quantity of crime are different from the results of crime, the former directly determines the crime and non crime, so there is no attempt form in the elements of quantity of crime. In the legislative practice, we should unify the language expression of the elements of the amount of crime, and amend or supplement the provisions with confused logic and missing provisions as soon as possible. In judicial practice, we should integrate the existing judicial interpretation, and give full play to the leading role of guiding cases.

Keywords: Criminal Quantitative Elements; Decriminalization; Criminal Theory System; Illegality; Responsibility Doctrine

监察时效与追诉时效的衔接问题研究*

王登辉**

目　　次

一、《监察法》未规定时效不是立法疏漏
二、对监察时效的体系解释
三、一元双轨式监察时效的正当性
四、余论

2016 年 11 月 7 日，中共中央办公厅印发《关于在北京市、山西省、浙江省开展国家监察体制改革试点方案》，现代意义上的监察委员会（以下简称监察委）自此设立。2018 年 1 月前后，各地监察委密集成立。2018 年 3 月 11 日，在第十三届全国人民代表大会第一次会议上，《宪法修正案》获得高票通过，《宪法》第三章“国家机构”中增加一节，作为第七节“监察委员会”；3 月 20 日，举世瞩目的《中华人民共和国监察法》（以下简称《监察法》）公布并施行。综观全部条文，均未提及

* 基金项目：重庆市新型犯罪研究中心 2022 年度规划项目《监察时效问题研究》（项目号：22XXFZ11）；西南政法大学 2021 年度校级青年项目《中国追诉时效制度研究》（项目号：2021XZNDQN－03）；第 64 批面上资助西部地区博士后人才资助计划的课题《毒品犯罪优化治理：规范、规训与借鉴》（项目号：43XB3785XB）。

** 西南政法大学法学院讲师、法学博士，国家毒品问题治理研究中心研究员、博士后。

“时效”“监察时效”“追诉时效”字样。2021年1月，国家监委与最高人民法院、最高人民检察院、公安部联合印发了《关于加强和完善监察执法与刑事司法衔接机制的意见（试行）》，涉及诸多内容，也未提及时效。对此，不少学者作出了自己的解读，或认为未规定时效制度是立法疏漏，或提出各种对策建议，亦不乏激烈批判者。兹事体大，不可不认真探究。

一、《监察法》未规定时效不是立法疏漏

监察法是中国特色社会主义法律体系中的一个全新法律部门。[①]从我国立法历程来看，出台一部法律却未规定某项重要制度，主要有四种可能性：一是条件不成熟；二是立法水平和立法技术方面的不足；三是因争议过大而搁置；四是立法机关认为无必要或不应当规定，包括其他法律已有规定，援引即可。

其实，早在1979年，《刑法》和《刑事诉讼法》已经规定了追诉时效。1986年《民法通则》、2018年《民法总则》和2020年《民法典》均规定了诉讼时效制度。1996年《行政处罚法》规定行政机关对相对人科以行政处罚的时效为二年，[②]2001年修订的《税收征收管理法》规定对违反税收法律、行政法规应当给予行政处罚的行为的处罚时效为5年，

① 邱霈恩、李天昊：《监察法的法律属性及相关法理论析》，载《法治研究》2020年第6期。

② 2009年修改《行政处罚法》时予以保留，2021年修改的《行政处罚法》第36条规定：“违法行为在二年内未被发现的，不再给予行政处罚；涉及公民生命健康安全、金融安全且有危害后果的，上述期限延长至五年。法律另有规定的除外。……”对此，正确的解释是，起算点是违法行为成立之日，延续满二年则为时效停止之日，行政机关在这段时间内发现并“立案”的，有权予以行政处罚，并不要求行政机关在这段时间内作出行政处罚决定，更不要求行政处罚决定生效。同理，对于违反税收法律、行政法规应受行政处罚的行为，在五年内被发现是税务机关科以行政处罚的条件，并不要求截至作出行政处罚决定之日系在五年以内。易言之，处罚时效的终点是某种具有“行政立案”意义的具体行政行为作出之日（已发现）或者自然完成之日（未发现），而不是行政处罚决定作出之日或生效之日。

2005 年《治安管理处罚法》规定对违反治安管理行为的处罚时效为六个月。可见,立法机关对于时效制度是相当熟悉的,第一、二种可能性可以排除。在《监察法(草案)》公布并征求意见之前及期间,鲜闻有人建议规定时效或有很多人反对规定时效,则第三种可能性可以忽略不计。1997 年《行政监察法》(2018 年废止)、2005 年《公务员法》、2007 年《行政机关公务员处分条例》均未规定对职务违法犯罪的公职人员进行处罚的时效。① 2018 年《公职人员政务处分暂行规定》、2020 年《公职人员政务处分法》均未规定对违纪违法的公职人员进行政务处分的时效。由此观之,对公职人员的违纪违法行为的处分不存在时效限制的逻辑是一以贯之的。值得注意的是,《中国共产党纪律处分条例》《中国共产党纪律检查机关监督执纪工作规则》也未规定党组织对违纪党员进行纪律处分的时效。那么,第四种可能性最大。可以合理推断:《监察法》未规定监察时效,《公职人员政务处分法》未规定政务处分时效,最大的可能性是立法机关认为无须专门规定,是有意为之,不是一时疏忽所致。

《监察法》第 4 条第 2 款规定:"监察机关办理职务违法和职务犯罪案件,应当与审判机关、检察机关、执法部门互相配合,互相制约。"目前来看,监察委在行使立案调查权的过程中几乎不需要检察院、法院配合,检察院、法院也无从制约监察委;只有到了审查起诉、审判阶段,才存在检察院、法院制约监察委的制度空间。立案调查权、处置权由监

① 有学者认为,《公务员法》《行政机关公务员处分条例》均未规定行政处分的时效问题,理由在于处分者与被处分者是内部行政法律关系,属于行政机关自身建设问题,外部制度不宜加以干预,行政处分不属于行政诉讼的受案范围,不存在时效问题。参见钱小平:《监察追诉时效问题的再思考——兼与刘练军教授商榷》,载《法学论坛》2019 年第 5 期。这明显是不成立的。既然"外部制度不宜干预职务违法",为何监察、检察、审判等外部制度可以"干预"职务犯罪呢?尽管行政机关对其工作人员的奖惩、任免等决定不在行政诉讼的受案范围内,但这与行政机关工作人员(系公职人员的下位概念)的职务违法行为不受时效限制、可以一直追究无关,不是未明确规定监察时效的原因、理由。处分者与被处分者是不是内部行政法律关系,与可否适用时效无关。立法机关认为公务员的职务违法行为应当无限期追究,才是未规定时效的原因。其实,若规定"职务违法经过若干年未立案调查的,不能再追究",亦无违和感。

察委行使，应当遵守监察法；公诉权、审判权仍由检察院、法院行使，应当遵守刑法和刑事诉讼法等，无疑也应当遵从其中关于追诉时效的规定。不能因为侦查权（现为立案调查权）从检察机关职务犯罪侦查部门改由监察委行使，就认为不受追诉时效的限制；也不能因为《监察法》未出现时效字样，就认为不能或者无法适用时效制度。《监察法》第66条规定，“违反本法规定，构成犯罪的，依法追究刑事责任”。该条规定了监察人员违法行使权力的法律责任，将“依法追究刑事责任”解释为“依照监察法、刑事诉讼法、刑法从程序、实体两个方面予以追究”，是可以成立的。即使无该条规定，仍应当“依法追究刑事责任”，不会因“无法可依”而无法追究刑事责任，或者恣意追究刑事责任。只不过有此条规定，可以减少很多不必要的争议罢了，故该条是注意规定。《监察法》未明确规定时效制度，并不是法律空白或法律漏洞。

二、对监察时效的体系解释

（一）正确理解追诉时效制度的基本原理

一个法律概念在中国法语境下的内涵及如何适用，由相关法律条文共同决定。追诉、时效、追诉时效三个术语在中国法语境下如何解释与其历史渊源关系不大，其在中国法的意思与在外国法中的意思不必完全相同。对追诉时效相关条文进行体系解释，[①]探究其原理和适用规则，既符合法条文义又符合立法目的，才是正确的、可取的解释，对于时效制度在监察法中的适用、正确界定监察时效的内涵大有裨益。

现有关于追诉时效的解释大多无视犯罪与刑事案件的重大区别，

---

① 有学者指出：体系解释应当确保同一条文内部的逻辑自洽；解释结论与所在章节相协调；解释结论不能与其他条文相矛盾，不能与刑法基本原则等一般规范以及刑法的基本目的相抵触；解释结论不能与民法、行政法等法律相冲突或违背刑民界分、刑行界分基本理念；解释结论必须与社会共同体价值体系相融洽。参见高维俭、王东海：《刑法体系解释层次论——兼以“赵春华案”为实践检验样本》，载《现代法学》2019年第3期。本文亦力求符合这五条标准。

忽视了刑事侦查和司法证明的特点,有随意添加要素、不当限缩之嫌,而且过于烦琐、徒增纷扰。错误认识主要表现为四个方面。一是潜意识里把追诉时效等同于有限期追诉,以为适用了追诉时效就不能再追诉。二是将追诉时效混同于办案期限,未理清二者的关系,经常探讨办案期限是否计入追诉时效等伪问题。三是对追诉时效的适用对象和范围有错误认识,以为只适用于存在追诉时效争议的刑事案件,极大地缩小了其适用范围,还担心其被架空。四是未掌握适用追诉时效的正确方法,尤其是对追诉时效终点如何确定存在错误认识。这些广泛流传的认识误区也极大地干扰了对监察时效的认识,需要较长篇幅方能澄清。

1.《刑法》第88条第1款是关于追诉时效终止的规定

我国《刑法》第87条规定了四种追诉期限,5年、10年、15年、20年,以及最高人民检察院的核准追诉权。《刑法》第88条的两处“不受追诉期限的限制”,只能理解为不受相应的五年、十年、十五年、二十年期限的限制,即时效不必继续计算、不会完成(追诉时效不会届满),可以无限期追诉。只要在追诉时效期限内刑事立案或者法院受理自诉的,就可以无限期追诉,但自首、被当场抓获、扭送司法机关后才立案且未再逃避的除外。《刑法》第88条第1款规定的不是追诉时效延长,而是追诉时效终止,[①]这是理解追诉时效的关键。

2.追诉时效的适用范围、判断基准与终点确定

《刑法》第89条规定:“追诉期限从犯罪之日起计算……在追诉期限以内又犯罪的,前罪追诉的期限从犯后罪之日起计算。”通常认为,该条的“犯罪之日”是指犯罪成立之日;第2款规定了追诉时效中断,毋庸赘述。实际上,该条还规定了追诉时效的适用对象不是刑事案件,绝不是只适用于存在追诉时效争议的案件,而是犯罪,适用范围是一切犯罪——是否因立案而成为刑事案件在所不问,不可能被架空。其实,仅依《刑法》第87条亦可得出这一论断。

---

① 王登辉:《追诉时效延长抑或终止——〈刑法〉第88条之教义学解释及其展开》,载《当代法学》2016年第2期。

2018 年《刑事诉讼法》第 16 条规定,“有下列情形之一的,不追究刑事责任,已经追究的,应当撤销案件,或者不起诉,或者终止审理,或者宣告无罪:……(二)犯罪已过追诉时效期限的;……(六)其他法律规定免予追究刑事责任的。”可见,已过追诉时效期限是免予追究刑事责任的法定情形。而很多犯罪未刑事立案,刑事立案后即使努力侦查却长期未破案,均是很正常的、普遍的情况。法律不可能、也从未规定立案后必须在多长时间内破案(若这样规定,意味着这段时间经过后,即使犯罪嫌疑人到案,也不能追究刑事责任),仅规定了犯罪嫌疑人到案后的侦查期限、强制措施的期限、审查起诉期限、审判期限等,这些属于办案期限,与追诉时效无关。鉴于侦破案件耗费的时间难以控制,侦查机关移送审查起诉、检察院审查起诉和法院审判的时间较为灵活,不能将该条解释为:立案后、移送审查起诉前追诉时效完成的,侦查机关应当撤销案件;在审查起诉阶段追诉时效完成的,检察院应当决定不起诉;在审判阶段追诉时效完成的,法院应当终止审理或者宣告无罪。否则,司法机关便具有随意出入罪的权力。而应当将该条解释为:侦查机关立案之日已过追诉时效的,应当撤销案件;检察院在审查起诉阶段发现侦查机关立案之日已过追诉时效的,应当决定不起诉;法院在审判阶段发现侦查机关立案或者受理自诉案件之日已过追诉时效的,如果现有证据不足以证明被告人有罪,应当作出无罪判决,如果现有证据能够证明被告人有罪,应当终止审理。①

可见,《刑事诉讼法》第 16 条实际上规定了追诉时效的判断基准时——侦查机关刑事立案之日,少数情况下是法院受理自诉案件之日。也即,只要刑事立案或受理自诉之日在追诉时效期限内,均可以无限期追诉,不会追诉时效完成,也不会因此而不能追究刑事责任。只有两个例外,被最高人民检察院核准追诉,或者具有《刑法》第 88 条第 2 款的情形——追诉时效完成后才刑事立案却可以追诉,系必要的补充。如果认为某个犯罪虽然在追诉时效期限内刑事立案却因“追诉时效完

① 王登辉:《追诉时效延长抑或终止——〈刑法〉第88 条之教义学解释及其展开》,载《当代法学》2016 年第 2 期。

成”而不能追诉,显然是曲意释法、误用了追诉时效制度。在追诉时效期限内则追诉时效终止,追诉时效不会完成,不可能因追诉时效完成而不能追诉;不在追诉时效期限内,即追诉时效完成后才刑事立案,不能追究刑事责任,一直未刑事立案亦同。在绝大多数犯罪中适用追诉时效制度,只需要以年、月为单位判断刑事立案之日是否在追诉时效期限内即可。仅在犯罪之日至刑事立案之日的时间比较接近追诉时效期限的情况下,以日为单位的精确计算才是有必要的,只不过人们往往在发现犯罪事实后甚至查清犯罪事实后才能够、不是在立案之日就能够以日为单位精确计算时效而已。

若犯罪之日距起诉或审判之日的时间长于对应的追诉时效期限,会发生追诉时效争议,以日为单位的精确计算也是有必要的,但这是追诉时效适用错误的一种表现;若将此解释为“追诉时效已过”,从而不追究其刑事责任,是错误的,根源在于错误地认定了追诉时效的终点。关于追诉时效终点的确定,存在“立案时说”“起诉时说”“审判时说”等诸多缺陷颇多的观点。对此,笔者提出“二分法说”,认为追诉时效终点是追诉时效停止之日,包括追诉时效终止之日和完成之日,因各个犯罪不同而异。对于在相应的追诉时效期限内已经刑事立案的犯罪,无论犯罪嫌疑人是否到案、是否破案,也无论何时起诉、审判、判决,追诉时效终点均是刑事立案之日;犯罪黑数因未被刑事立案而不会产生终止的效果,其追诉时效终点是相应的5年、10年、15年、20年追诉时效完成之日——这才是适用追诉时效的主体部分;如果存在追诉时效中断的情形,则前罪的追诉时效从后罪成立之日起延至(时效期限内刑事立案)终止或(未刑事立案)追诉时效完成为止。相应的追诉时效完成后才刑事立案(或受理自诉)的犯罪,原则上不能再追诉,除非最高人民检察院核准追诉,或者具有《刑法》第88条第2款的情形。“二分法说”比现有学说更符合法条文义、刑法目的及司法规律,也更具合理性、可操作性。

3. 追诉时效制度的主要意义是“赦免”犯罪黑数

追诉时效具有丰富的内容,包括追诉时效完成、终止、中断和无限期追诉、核准追诉等。追诉时效制度适用于某一具体犯罪的法律效果可能是“时效已过,不能再追诉”,也可能是“时效停止计算,不会完成,可以无限期追诉”。就本质而言,追诉时效是制约追诉权行使的诸多因素之一,是衡量办案合法性的尺度之一。“时效未过”只是追究刑事责任的必要条件之一,远非充分条件。如果不顾证据条件、入罪标准、《刑法》第 13 条但书,强行推进至审判阶段、作出有罪判决,则不是“依法追究刑事责任”,而是涉嫌滥用职权、徇私枉法。实践中,可能有的办案人员坚持某犯罪“时效未过”的理由,不顾未达到证明标准等现实条件而强行追诉,但这不是时效制度本身的问题。

学界主流观点认为,追诉时效(已过)是刑罚消灭的一种法定事由,其本质是“刑事责任消灭”,而不是“犯罪消灭”。在此意义上讲,追诉时效与“赦免”有一定的共通之处。很多人在潜意识里误以为时效制度“赦免”的对象是刑事立案后长久未到案以致“追诉时效完成”的犯罪分子,其实不然。一般而言,刑事立案越早就越接近犯罪真相,愈晚则愈难查清犯罪事实。若犯罪后在“黄金时间”内未案发、未立案、未取证,之后再刑事立案的可能性很小,在追诉时效完成后再刑事立案的可能性可以说微乎其微。那么,这些未刑事立案的犯罪都会成为犯罪黑数,因相应的时间经过而完成时效,不能追诉。由于这些犯罪未刑事立案,不存在时效终止的法定事由,犯罪成立之日起经过相应的四种期限则追诉时效完成,也即如果刑事立案或受理自诉之日在追诉时效完成之后,就不能再追究其刑事责任了。此即追诉时效制度适用于未被刑事立案的犯罪的原理。鉴于犯罪黑数远远大于刑事案件数的事实,①可以说:追诉时效制度的主要受益者是成为犯罪黑数的犯罪分子,其主要意义是对追诉时效已过的犯罪黑数不再追诉,而非其他。对于在追诉时效期限内已经刑事立案却久侦未破的大量犯罪,此制度并无“赦免”之意,仍保留着追诉的权力及调查追究的可能性——距离现实地行使追诉权、破案、定罪相去甚远,其间存在诸多难以克服的障碍,甚至可能永远未侦破。某个犯罪在追诉时效期限内,只意味着追诉权

---

① 王登辉:《犯罪黑数的原因与对策研究》,载《公安学刊(浙江警察学院学报)》2017 年第 3 期。

的行使具有合法性,不等于发现犯罪事实的难度小,也不等于大概率将被立案侦查(或调查),更不等于嫌疑人会到案、破案难度小。很多犯罪必然成为黑数、逍遥法外——认定其时效未过并不能改变这一点。不能因为实际行使管辖权存在诸多困难,就主动放弃《刑法》第8条规定的保护管辖权;同理,不能因办案难度大而主动放弃追诉权。这些同样适用于监察时效。

(二)监察法的性质:反腐败调查特别程序法+公职人员政务处分法

《监察法》第3条规定,各级监察委员会是行使国家监察职能的专责机关,依照本法对所有行使公权力的公职人员(以下称公职人员)进行监察,调查职务违法和职务犯罪,开展廉政建设和反腐败工作,维护宪法和法律的尊严。此条规定了监察委的性质,监察对象的范围、主要职责、(部分)立法目的。

《监察法》第11条规定,监察委的职责是监督、调查、处置。其中,监督是指对所有行使公权力的人员依法履职、秉公用权、廉洁从政从业、道德操守情况进行监督检查,可见监督的重点是腐败问题。监察委可以采取12种调查措施:谈话、讯问、询问、查询、冻结、调取、查封、扣押、搜查、勘验检查、鉴定和留置。除了"留置"系新事物但颇似指定居所监视居住以外,其他措施均是公安司法机关常用的侦查措施。对公职人员相应的职务犯罪案件的调查依照监察法,而不依照刑事诉讼法,但审查起诉、审判、刑罚执行仍应当依照刑事诉讼法。有学者认为,监察权的基本构造呈复合型,即监督权、调查权与处置权"三权"一体,执纪权与执法权"两权"融合,教育权与惩戒权"两权"交融。① 可以说,《监察法》在很大程度上是一部"反腐败调查特别程序法"。

依据《监察法》第45条,针对具体情况的不同,监察机关有权作出如下处置:(1)进行谈话提醒、批评教育、责令检查,或者予以诫勉;

① 彭超:《国家监察权的法教义学阐释》,载《中州学刊》2020年第5期。

(2)作出警告、记过、记大过、降级、撤职、开除等政务处分决定；(3)作出问责决定,或者向有权作出问责决定的机关提出问责建议；(4)监察机关经调查认为犯罪事实清楚,证据确实、充分的,制作起诉意见书,连同案卷材料、证据一并移送人民检察院依法审查、提起公诉;(5)提出监察建议;(6)撤销案件。可见,处置权具有鲜明的"惩前毖后、治病救人,宽严相济、刚柔并济"的特点,是党的优良传统与现代法治精神的完美结合。以应用最为广泛的"谈话"为例(至少有 17 种),其既可以是一种调查措施,也可以是一种处置行为(如谈话提醒),因所处阶段、目的和内容不同而具有不同属性。监察委依法享有较大的终局性的实体裁决权,因调查结果的不同而有所区别,只有第(4)种可以认为是追究刑事责任。在此意义上可以说,《监察法》兼有"公职人员政务处分法"的属性,2020 年《公职人员政务处分法》是《监察法》这一部门法的重要组成部分。鉴于大多数公职人员也是党员的事实,在某种程度上可以说《监察法》具有国家法律和党内法规的双重属性。

(三)监察时效的内涵

追诉时效当然可以适用于一切职务犯罪。时效制度适用于监察委立案调查的职务犯罪案件有一定的特点。职务违法和职务犯罪的界限并非泾渭分明,有时还有一个从量变到质变的过程,监察委在立案调查之初,未必能确知调查对象的行为性质,不清楚究竟是职务违法抑或职务犯罪,完全能够预料到职务违法犯罪行为可能客观上不存在或者因证据不足而不能认定其存在。因不知道犯罪的准确日期而难以判断某个职务犯罪是否在追诉时效期限内,是很正常的。将对职务违法犯罪的调查权归于监察委"一元",能够减少"错误立案"、降低制度成本、提高查处率、增强监督合力,通过"依托纪检、拓展监察、衔接司法",实现"1 +1 >2"的效果。此前一般将"立案侦查"作为追究刑事责任的第一个阶段,《监察法》施行后,"立案调查"后认为构成犯罪的,则可将立案调查理解为追究刑事责任的第一个阶段,若不构成犯罪,则不宜认为是追究刑事责任的环节。《刑法》第 88 条的"立案侦查"在《监察法》施行前应解释为"刑事立案",在《监察法》施行后解释为还包含了"监察委立案调查",并无不可。监察委对职务犯罪的立案调查无一例外都是对人立案,少数情况下可能不清楚共同犯罪人有多少而已,完全没有必要区分对人立案与对事立案,更不应区别对待。监察委对职务违法犯罪行为立案调查结束的走向分为两种情况:对职务违法以及时效已完成的职务犯罪有独立的、终局的处置权,对时效未完成的职务犯罪则应当移送检察院审查起诉。可见,监察委行使的权力实际上是"一元双轨"结构。在立案调查、审查起诉、审判三个阶段,刑法修改或司法解释颁行以致相应罪名的法定刑或量刑标准变动的,只要"在追诉期限内刑事立案的,不可能完成追诉时效,也不因后来法律修改而超过追诉时效。"[①]将其中的"立案"解释为包含"监察委立案调查",亦可成立。确定犯罪的追诉期限一般应当适用犯罪时的法律,除非适用立案时的法律对犯罪嫌疑人更有利,解决定罪量刑问题一般也应适用犯罪时的法律,除非适用审判时的法律对被告人更有利。

监察时效,是指公职人员的职务违法犯罪行为成立后监察机关有权予以立案调查的期限。仅指在此期限内正式启动立案调查程序,并不要求完成全部调查活动、终局处理。监察委的立案调查之日在相应的监察时效内,则立案调查具有合法性,是之后的处置行为具有合法性的前提;若监察委的立案调查之日不在相应的监察时效内,即监察时效完成后才立案调查,则立案调查、后续处置等行为均不具有合法性。由体系解释可知,在我国职务违法犯罪成立后,无论多久监察委均可立案调查,不存在超过监察时效的问题。监察委立案调查——无论对职务违法抑或职务犯罪,均不需要考虑时效是否完成和《刑法》第 88 条之规定。可以说,即使监察委明知该职务犯罪的追诉时效已经完成,也有权立案调查,只是不能移送审查起诉而只能以其他处置措施终局罢了。

---

① 王登辉:《论法定刑修改对追诉时效的影响——以贪污受贿犯罪为例》,载《政治与法律》2017 年第 7 期。

综上，我们可以得出以下结论：监察委在任何时候发现公职人员的职务违法犯罪行为，均可行使监督、调查、处置权，不受时效的限制，①不可能因时效完成而不能行使这三项权力。公职人员的职务违法行为不会时效完成，也不会因此而无法追究责任，可以无限期追究。对公职人员的职务犯罪行为，若监察委决定立案调查之日在追诉时效期限内，则主要处置措施是开除并依法移送检察院审查起诉，不能采取其他处置措施；若决定立案调查之日已经超过追诉时效期限，即公职人员的职务犯罪对应的追诉时效完成了，则不能对这些职务犯罪追究刑事责任，但仍可以对其进行调查并采取移送审查起诉之外的处置措施。如此，监察时效和追诉时效得以有效衔接。（见表1）

表1 职务违法、职务犯罪行为处置与时效

职务行为	时间点	立案调查	处置	移送审查起诉	与时效的关系
职务违法	任何时间	可以	可以	不可以	不受时效限制
职务犯罪	立案调查之日在追诉时效期限内	可以	可以	可以	立案则追诉时效终止
	立案调查之日在追诉时效期限后	可以	可以	不可以	追诉时效完成不能追诉

需要注意的是，2015年《最高人民法院、最高人民检察院关于办理刑事赔偿案件适用法律若干问题的解释》第2条规定，“解除、撤销拘留或者逮捕措施后虽尚未撤销案件、作出不起诉决定或者判决宣告无罪，但是符合下列情形之一的，属于国家赔偿法第十七条第一项、第二项规定的终止追究刑事责任：（一）办案机关决定对犯罪嫌疑人终止侦

① “不受时效的限制”，相当于可以无限期追究，不会追诉时效完成，不会不能追究刑事责任，不能理解为“不适用时效制度”。若理解为“职务违法行为的时效自始不起算，任何时候发现均可追究其责任”，似无不可，但不适用于职务犯罪行为，故本文的表述更全面、准确。

查的;(二)解除、撤销取保候审、监视居住、拘留、逮捕措施后,办案机关超过一年未移送起诉、作出不起诉决定或者撤销案件的;(三)取保候审、监视居住法定期限届满后,办案机关超过一年未移送起诉、作出不起诉决定或者撤销案件的……"该条第二、三项既是关于错案标准的规定,也是关于办案期限的规定,且可以提炼出如下司法规则:强制措施期限届满或被解除后一年内,办案机关未送移审查起诉的,即使未撤销案件,也视为错案,应当予以国家赔偿。如果监察委办案参照适用这条规定,则可以得出:监察委作出移送审查起诉或其他处置措施的决定最晚不能超过对被调查人采取的留置措施解除后一年;认为构成犯罪的,应当在解除留置措施后一年内移送检察院审查起诉。借此,监察委立案调查结束后应当在什么期间内将职务犯罪移送审查起诉的问题,如何避免"留置措施解除后很长时间没有结论"的问题,亦可得到较好解决。

(四)对几个错误认识的澄清

有学者认为:现有刑法在刑事时效制度上并没有明确规定监察委员会这一权力行使主体。(原文中"刑事时效"一词似应修改为"追诉时效")其意思大概是,"监察委不能行使时效权力,时效制度无法作用于监察制度"。其实,追诉时效制度在很大程度上是约束司法权、限制处罚范围、衡量办案合法性的重要制度,也是办案时应当考虑的重要方面,存在正确适用和不正确适用之别,但不是一项权力,谈不上哪个主体有权行使这一权力(或者说属于哪一机构的职责)。监察委对任何时候发生的职务违法犯罪均有权立案调查,仍然是时效制度作用于监察制度的一种表现形式,并非不适用时效制度。假设某职务犯罪达到了相应的立案追诉标准,监察委立案调查之日未过追诉时效,则可以移送审查起诉;若监察委立案调查之日已过追诉时效,则只能采取移送审查起诉以外的其他处置措施——这些当然属于追诉时效作用于监察制度。

有学者认为,“由于监察立案与刑事立案的标准和条件不同,监察立案能否适用《刑法》第88条的规定,存在一定的法理障碍。”[①]本文认为这是不成立的。监察委针对公职人员的职务违法犯罪行为立案,往往因为检举揭发的内容、初查所得的证据达到了一定的可信度,主要依据是监察法;(普通)刑事立案的条件是发现犯罪事实或者犯罪嫌疑人,主要依据是刑事诉讼法,但这些差别不足以成为监察委立案适用《刑法》第88条的法理障碍。监察委立案后还需要做大量的调查工作,证据、事实可能发生变化,当然应当以查实的事实为处置根据。监察委立案调查终结,则必然知道立案调查之日是否在某职务犯罪的追诉时效期限内,若系追诉时效完成后才立案调查,则不能移送审查起诉而只能采用其他处置措施——这正是适用《刑法》第88条和《刑事诉讼法》第16条的体现。有学者认为:由于监察委员会的职务犯罪调查并不等同于传统的刑事侦查,也不受制于刑事诉讼法的规定。这句话前半句基本成立,后半句在一定程度上割裂了监察法与刑法、刑事诉讼法之间的内在联系。监察委立案调查固然不等于侦查机关立案侦查,但如果纠缠于“侦查”与“调查”的用语不同而夸大二者有重大差别、本质不同,诚不可取。如果监察委决定移送审查起诉,则其行使立案调查权的活动及“成果”不可避免地会受到刑事诉讼法、刑法的检验;如果因追诉时效已过而予以其他处置,正符合了这两条的规定。

有学者认为,针对公职人员犯罪且又超过一般追诉期限需要特别延长情形的,是否一律由最高人民检察院来进行核准就不无疑问。这一疑问显然是多余的。其一,“一般追诉期限”是不存在的。各个职务犯罪的情节和数额决定了对应的法定刑,继而决定了追诉期限是五年、十年、十五年、二十年中的某一个,不能说哪一种期限是“一般追诉期限”。其二,追诉期限不存在“延长”“特别延长”之说,并不“需要特别

① 王秀梅、黄玲林:《监察法与刑事诉讼法衔接若干问题研究》,载《法学论坛》2019年第2期。

延长”,也无此法定情形。其三,最高人民检察院行使核准追诉权是有条件的。结合现有公职人员部分职务犯罪的量刑标准,仅在少数情况下需要最高人民检察院核准追诉。例如,贪污或受贿数额特别巨大或者有其他特别严重情节,对应的法定最高刑是无期徒刑或者死刑(追诉时效是 20 年),且未实施其他犯罪行为以致时效中断,犯罪成立之日起 20 年后才立案调查的;依此类推。若职务犯罪对应的追诉时效不是 20 年,而是短于或等于 15 年,则明显不符合层报最高人民检察院核准追诉的条件。无论犯罪数额和情节如何、犯罪分子多久到案,只要立案调查之日在追诉时效期限内,就不可能追诉时效完成,均可追诉,且无需最高人民检察院核准追诉。对于追诉时效已过的犯罪,不能追究其刑事责任,只能放弃追诉,不能通过最高人民检察院核准追诉予以合法化。

三、一元双轨式监察时效的正当性

(一)建立监察制度是全面从严治党、强力反腐的必然要求

中国共产党是我国的执政党,是中国特色社会主义事业的领导核心、最高政治领导力量,是最广大人民群众根本利益的代表,发挥着总揽全局、协调各方的作用。面对四大危险、四大考验,欲加强党的建设、巩固党的领导,强党兴党,就必须维护党的先进性、纯洁性,全面净化党内政治生态,保证党永葆生机活力,就必须不断自我净化、自我完善、自我革新、自我提高,永不自满、永不懈怠。党的第十八届六中全会提出,“监督是权力正确运行的根本保证,这是加强和规范党内政治生活的重要举措”。2017 年修订的《中国共产党章程》规定,深入推进党风廉政建设和反腐败斗争,以零容忍态度惩治腐败,构建不敢腐、不能腐、不想腐的有效机制。2019 年《中共中央关于加强党的政治建设的意见》要求,严明党的政治纪律和政治规矩,

永葆清正廉洁的政治本色。关于反腐败斗争、建立监察制度的必然性和重大意义，相关论述汗牛充栋。其中，最具代表性、说服力的莫过于中央领导的精辟论断。

习近平总书记指出，要坚持党纪国法面前没有例外，不管涉及谁，都要一查到底，决不姑息。全党同志要深刻认识反腐败斗争的长期性、复杂性、艰巨性，以猛药去疴、重典治乱的决心，以刮骨疗毒、壮士断腕的勇气，坚决把党风廉政建设和反腐败斗争进行到底。[①] 查处腐败问题，必须坚持零容忍的态度不变、猛药去疴的决心不减、刮骨疗毒的勇气不泄、严厉惩处的尺度不松，发现一起查处一起，发现多少查处多少，不定指标、上不封顶，让那些想搞腐败的人断了念头、搞了腐败的人付出代价。[②] 必须坚持无禁区、全覆盖、零容忍，坚持重遏制、强高压、长震慑，有力削减存量、有效遏制增量。[③]

习近平总书记指出，国家监察体制改革是事关全局的重大政治体制改革，是强化党和国家自我监督的重要决策部署。[④] 国家监察体制改革，有利于党对反腐败工作的集中统一领导，有利于对公权力监督的全覆盖，有利于坚持标本兼治、巩固扩大反腐败斗争成果。[⑤] “制定监察法是贯彻落实党中央关于深化国家监察体制改革决策部署的重大举措；是坚持和加强党对反腐败工作的领导，构建集中统一、权威高效的国家监察体系的必然要求；是总结党的十八大以来反腐败实践经验，为新形势下反腐败斗争提供坚强法治保障的现实需要；是坚持党内监督

---

① 参见习近平：《科学有效防治腐败　坚定不移把反腐倡廉建设引向深入》，载《人民日报》2013 年 1 月 23 日，第 1 版。

② 参见习近平：《习近平在十八届中央纪委五次全会上发表重要讲话》，载《人民日报》2015 年 1 月 14 日，第 1 版。

③ 参见中共中央宣传部：《习近平新时代中国特色社会主义思想学习纲要》，学习出版社、人民出版社 2019 年版，第 240 页。

④ 参见中共中央宣传部：《习近平新时代中国特色社会主义思想三十讲》，学习出版社 2018 年版，第 322 页。

⑤ 参见习近平：《在新的起点上深化国家监察体制改革》，载《求是》2019 年第 5 期。

与国家监察有机统一,坚持走中国特色监察道路的创制之举;是加强宪法实施,丰富和发展人民代表大会制度,推进国家治理体系和治理能力现代化的战略举措。"[①]这些精辟论述充分揭示了设立监察委的由来和重大意义。

(二)一元双轨式监察的现实意义

1. 一元双轨式监察是反腐败斗争的客观需要

现实中,边腐边升、二十多年腐败、结构性腐败、塌方式腐败、家族式腐败、官黑勾结等频频出现,触目惊心、令人震惊,也说明"九龙治水"式的分散反腐模式并未达到预期目标。腐败行为的主要社会危害性不在于受贿了多少财物、贪污了多少公共财产、滥用职权行为造成多少经济损失,也不是对职务廉洁性、廉洁制度的破坏,而是极大地侵蚀了党的执政合法性的根基。反腐败斗争,是关系到党的生死存亡、民心向背的艰巨斗争。建立和完善监察制度,把反腐败力量整合起来,完善执纪执法体系,深入开展党风廉政建设,强力反对和惩治腐败现象,是党要管党、全面从严治党的客观要求,是提高治理腐败效能和执政能力、实现国家治理体系和治理能力现代化的重要举措;既有利于保持党同人民群众的血肉联系,也有利于净化党内政治生态、维护党的权威性。把腐败分子从党的肌体中清理出去,是为人民服务的宗旨、党管干部原则的必然逻辑;使腐败分子脱离公职岗位、追究其法纪责任,是依法执政、依法治国的必然要求。监察委是党领导下的重要政治机关,是行使国家监察职能的专责机关,也是反腐败专门机关。监察委查处职务违法犯罪,没有理由不严格,不能任性解释以致大开轻松规避、架空制度的方便之门。

2. 一元双轨式监察符合查办职务违法犯罪案件的规律

腐败犯罪具有如下特点。其一,腐败黑数巨大。胡星斗教授等人

---

① 李建国:《关于〈中华人民共和国监察法(草案)〉的说明》,载《人民日报》2018年3月14日,第5版。

对此已有详尽的研究,[①]兹不赘述。从贪污贿赂犯罪的数额、人数、行为数等与案发数相比较,不难形成较符合现实的估计。其二,潜伏期长。职务违法犯罪后10余年、20余年才案发的相当常见,收到100余封举报信才立案调查并非罕见,一直未案发亦颇为普遍。其三,争议大。在事实查明前后,对程序启动、证明标准、行为定性究竟属于犯罪还是违法、情节是否严重等方面分歧颇大。其中是否对某个职务犯罪嫌疑人启动立案调查,是角力的关键,也是争议最大的。其四,办案难度大。公职人员大多受过高等教育,不少系高智商犯罪,反侦查能力强,关系网时有干扰,办案阻力较大;客观证据较少,对言词证据的依赖较大,证据收集的难度较大。

如果监察委过于主动地行使权力,则可能影响公职人员的工作积极性、有损政治秩序,造成不佳的法律效果和政治效果,可以说其行使具有一定的被动性(并不是否认其可以主动行使),多种法律价值的平衡也是需要考量的重要方面。德才兼备、选贤任能是党选才用才的重要标尺。不过,“无才”“无德”“不贤”“庸碌”的含义过于模糊,缺乏可操作性,故需要依法处置——这在很大程度上是正当程序原则的必然产物,也是法治文明的社会成本。而职务违法犯罪,作为类型化的危害行为,正是这样的“实锤”。如果不顾现行法律、有法不依,还要千方百计帮助其逃脱责任,实在是匪夷所思。假设客观事实是某公职人员受贿10次、金额共计300万元,但在案证据只能证明其受贿一次、金额为10万元,那么“实锤”只是受贿10万元这一法律事实,唯此可以成为处置的对象。这是反腐败法治化、规范和正确行使国家监察权的必然要求。

3. 对公职人员的职务违法行为无限期追究的正当性

“国法高于党纪,党纪严于国法。”对党员干部、公职人员的要求高

---

① 2009年中国的GDP约为33.5万亿多元人民币,按照中等腐败国家的腐败额占3%计算,中国的腐败金额约1万亿元,实际查处100余亿元,腐败黑数是99%。参见胡星斗:《中国贪官的查处率只有1%》,载胡星斗的博客2010年7月5日,http://huxingdou.blogchina.com/965445.html。

于普通群众,是理所当然的。加入公职人员队伍,意味着接受党纪国法的约束,理应"高标准、严要求、模范地遵守法律";如果不愿意受此约束,完全可以主动放弃公职人员身份。公职人员实施违纪违法行为乃至犯罪行为,主要出于贪利心理和侥幸心理,前者主要指信奉"有权不用,过期作废",认为收益大于成本,值得去做;后者主要指认为东窗事发的可能性不大,风险可控。实施违纪违法犯罪行为后,往往有充足的时间去自首,其主要原因是存在侥幸心理而不去自首——不能站在违法犯罪分子的立场认为"对其投案自首没有期待可能性"。如果案发前已经悔改了,为何不去自首?如果其无自首这一法定从轻处罚情节,就不能使之"享受自首的待遇",不能脱离基础事实去幻想其有悔改表现。剥夺其继续实施职务违法犯罪行为的机会,是远远不够的。若因立案调查会给腐败分子带来不利益,就认为这是一种恶,还过度保护腐败分子的"人权"和"幸福生活",是糊涂的。从学术上看,这是形式正义和实质正义之争、秩序本位和私权本位之争;从政治上看,这是腐败分子立场和人民立场之争。

很多职务违法犯罪行为并未案发以致成为黑数,虽然理论上监察委有权立案调查,但受种种主客观因素的制约,实际行使这一权力并非易事。反腐败的客观需要、职务违法犯罪的特点共同决定了监察时效宜长不宜短——若不作规定,则监察委在任何时候发现职务违法犯罪均可立案调查,同样可以体现反腐败的坚强决心和零容忍立场。

(三)对几个代表性观点的批判

1."过去不究说"

有学者认为,在第一时间对腐败分子依法惩治,对腐败行为查处得越早、对腐败分子惩罚得越及时,预防效果就越佳。相反,在腐败行为早已成为被人遗忘的"过去时",而腐败分子亦已退休经年,此时再对其反腐,不但预防效果甚是了了,而且给人留下做秀的不良感观。……监察委员会与其分散力量去追诉陈年的漏网腐败案件,毋宁集中精力调查现行的腐败案件;不禁止无期限的追诉,只会给国民带来巨额的财政负担。① 稍加推敲,便不难发现这一观点值得商榷。

其一,尽早查处腐败分子,及时案发、及时追究,是可遇不可求的理想状态,不是制定法律的出发点。腐败行为被查处则再腐败的机会将减小(如降级)乃至于无机会(如开除、办理退休手续),查处太晚则其有更多的腐败机会,会实施更多的腐败行为,在此意义上可以说:发现越早、处罚越早,预防效果越佳,晚查处的效果不及早查处。然而,办案的前提是案发,未案发则无法查处。若无知情人、利害关系人检举以及自动投案,“尽早查处”就是无源之水。受多种因素的影响,检举人时隔多年才举报、监察委才知悉,实属正常。“现行的腐败案件”往往深藏不露,若无人检举,监察委很可能根本不知道其存在,如何做到“集中精力调查现行的腐败案件”?若以“处罚晚了效果不佳”为由不予追究,显然不妥。

其二,一切案件都是“过去时”,办案的第一步就是尽量查明过去的事实真相。没有哪个办案人员喜欢舍近求远,也没有几个办案人员对办理陈年旧案的热情高于办理新近案件的积极性。把既成事实当作值得保护的法秩序,是幼稚的、有害的。如果认同了“退休就是平安着陆、不再追究刑事责任”的“潜规则”,不仅会放纵大量的职务犯罪,也会架空追诉时效,引起社会的巨大不满。除了少数明目张胆的腐败犯罪以外,大多数腐败行为的知情人极少——即使有多名行贿人也只知道自己的行贿事实,也就谈不上“腐败行为被(世)人遗忘”。腐败分子可能忘记了自己的某些职务违法犯罪行为,但办案机关不会因此而不追究。从现实来看,无论职务违法犯罪的潜伏期多长,一旦事发监察委迅速展开立案调查,并无不可,亦无不当。其他公职人员见反腐败斗争如此坚决、高效,亦会颇感震慑。2018 年后从省部级官员至乡科级公职人员“成批投案”“扎堆自首”的新闻频见报端,十九大以来主动找党组织、找纪检监察机关投案的有 4.2 万人,②其中 2020 年全国有 1.6 万

---

① 刘练军:《监察追诉的时效问题》,载《法学论坛》2019 年第 1 期。

② 《重磅反腐数据公布》,载微信公众号“人民日报”2021 年 6 月 29 日,https://mp.weixin.qq.com/s/K2QxHw9rlsEKSg8l6C4AFA。

人向纪检监察机关主动投案,[①]何来“预防效果甚是了了”？这种严谨作风赢得的民心并不逊于及时查处,何来“不良感观”？以下事例可以印证这样做具有合法性和合理性。

【例一】曾任绍兴市政协副主席的陈某设因 2003 年 4 月至 2004 年 7 月受贿 625 万元(追诉时效为 20 年),在退休 14 年 6 个月后,于 2019 年初自首,同年 9 月衢州市中级人民法院判决:陈某设犯受贿罪,判处有期徒刑 4 年,并处罚金 60 万元。

【例二】2002 年 7 月后,何某华任浙江省建设厅住宅与房地产业处处长,2008 年 11 月辞去公职。2004 年至 2008 年,何某华利用负责全省住宅与房地产行业管理的职务便利,非法收受他人价值 2,963,803 元的财物,为他人谋取利益。2019 年 6 月 14 日,何某华因涉嫌职务犯罪被监察委立案调查。2020 年 1 月 22 日,桐乡市法院判决:被告人何某华犯受贿罪,判处有期徒刑 7 年 6 个月,并处罚金 60 万元。何某华上诉。2020 年 5 月 18 日,嘉兴市中级人民法院裁定:驳回上诉,维持原判。

【例三】曾任吉林省委政法委副书记、长春市中级人民法院党组书记、院长的宋某菲退休 5 年 10 个月后,于 2018 年 6 月被接受纪律审查和监察调查,2018 年 11 月被提起公诉。2019 年 3 月,法院判决宋某菲犯受贿罪,处有期徒刑 12 年,并处罚金人民币 1220 万元。将此事描述为“对退休已久的年迈老人开展调查”,存在偷换概念、煽情之嫌。

【例四】2020 年 2 月 28 日,内蒙古自治区纪委监委发布《关于在自治区煤炭资源领域违规违法问题专项整治工作中受理信访举报的公告》,全面受理反映党组织和党员、干部以及监察对象自 2000 年以来在煤炭资源领域涉嫌违纪或者职务违法、职务犯罪问题的信访举报。“一年来,全区各级纪检监察机关累计立案查处涉煤腐败案件 599 件 869 人,给予党纪政务处分 503 人,组织处理 687 人,移送司法机关 78

---

① 张胜军、王卓:《去年 1.6 万人向纪检监察机关主动投案》,载《中国纪检监察报》2021 年 2 月 1 日,第 4 版。

人。……截至目前,已追缴挽回经济损失 337.91 亿元。”[①]其中,曾任鄂尔多斯市煤炭局副局长的李某强于 2011 年辞去公职、于 2020 年 9 月被监察委立案调查,曾任内蒙古自治区煤田地质局原局长王某林于 2006 年 8 月退休、于 2021 年 1 月被监察委立案调查,均是合法的。

其实,若有人举报 2000 年之前其他领域的职务违法犯罪,监察委也应当依法受理。考虑到潜在的举报人因担心时效已过而放弃举报的可能性,以及举报人提供的初步证据可能难以达到启动调查的程度而作如此规定罢了。实践证明,这一举措是得力的、成效显著的。

【例五】2020 年 7 月,山东省纪委监委发布《关于苟晶反映被冒名顶替上学等问题调查处理情况的通报》,15 名相关人员实施违法行为的时间是 1997 年,案发后,时任兖州市公安局小孟派出所户籍警的栾某民被给予撤销党内职务、政务撤职的处分,时任济宁市公安局任城区分局北湖派出所户籍警的李某芳被给予留党察看一年、政务撤职处分,其他人员因无公职故无法给予政务处分。可见,即使已经过去 23 年,监察委仍有权进行政务处分(监察处置),不存在时效已过的问题。

2. “追诉成本高昂说”

有学者认为,超过一定期限再予以监察追诉具有非道德性;及时开展监察追诉才能达到预防腐败效果,逾期追诉效果不佳;逾期追诉成本高昂,浪费公帑现象势所难免;如监察委员会可以逾期追诉,则对反腐人员同样适用逾期追诉,这势必导致追诉无止境。故应当设立监察时效。[②](原文中的“监察追诉”包括了对职务违法和职务犯罪的追究,而不是仅指追究职务犯罪)其结论和理由均不能成立。

其一,认为不存在监察时效制度的观点实属误读。如前文所述,尽管《监察法》未出现时效、监察时效字样,但并不代表时效制度对监察

---

① 付金泉、何晶:《内蒙古涉煤领域腐败倒查 20 年 立案查处 869 人 挽回损失 337 亿余元》,载《中国纪检监察报》2021 年 1 月 21 日,第 2 版。又报道,“3413 人主动报告存在相关问题,其中厅级 27 人,涉及获利金额 75.7 亿元”。钟纪言:《倒查涉煤腐败 推动净化政治生态 内蒙古自治区系列涉煤腐败案以案促改工作启示》,载《中国纪检监察报》2021 年 2 月 24 日,第 6 版。

② 刘练军:《监察追诉的时效问题》,载《法学论坛》2019 年第 1 期。

权行使无影响。监察时效的内涵完全可以合理合法地界定,那么抽象出“监察时效”这一概念并不无妥,在此意义上完全可以说监察时效制度是存在的。那么,设立监察时效的建议可谓叠床架屋。

其二,“逾期”的前提是“存在明确的期限”或可以合乎逻辑地推导出的合理期限,否则不存在逾期。如果《监察法》的立法初衷是在任何时候发现公职人员的职务违法犯罪行为均可调查处置,则逾期追诉无从谈起。反腐人员——若表述为监察委工作人员似乎更准确,也是公职人员,其职务违法犯罪行为当然也应当依照《监察法》进行追究,这是“刀刃向内”“防治灯下黑”的必然要求。笔者认为,监察委在职务犯罪的追诉时效完成后才立案调查的,有权依法处置,只是不能移送审查起诉而已,并不属于逾期追究(追诉)。只有追诉时效完成后才立案调查却提起公诉、判决有罪,且不属于两种例外之一的,才可以说存在非道德性、违法性。其他情况,皆不属于逾期追诉,不存在“非道德性”。对“及时追诉才有好效果”观点的商榷意见,上文已论及,兹不赘述。

其三,追诉成本相差不大,不存在“浪费公帑”。(1)一个职务犯罪案件的办理难度在很大程度上是固有的,较晚办结的制度成本、工作量同较早办结相差不大。办理职务违法犯罪案件通常对言词证据的依赖性较大,与何时立案调查关系不大。一般而言,立案离违法犯罪越近,越易于收集证据。因案发较晚、立案较晚而想当然地认为办案难度大、成本高、浪费司法资源、效果不佳,是不能成立的。(2)若依法办结并处置某个职务犯罪,显然不能认为是“浪费公帑”。受多种条件的限制,因证据不足而不能移送审查起诉,或不起诉,或宣告无罪的情况肯定会存在,徒劳无功情况也属难免——这是程序正义、疑罪从无原则的要求,不能认为这是“浪费公帑”。职务违法犯罪黑数巨大,仅在理论上认为监察委在任何时候均有权立案调查,实际上可能毫不知情、永远未立案调查,更谈不上“浪费公帑”。反而强求“箭无虚发”、追求“完美”,会造成“浪费公帑”乃至错案。(3)就职务违法犯罪案件而言,立案调查后经过一段时间——最长为解除留置措施后一年(上文已论证),无论证据情况如何,均有相应的处置措施,理论上不会存在“悬案”。监察机关、司法机关办案追求的是合法证据证明的法律事实,并不是客观事实（尽管力求二者一致），更不是要消灭犯罪黑数，这就决定了在已知犯罪嫌疑人身份的情况下不可能没完没了，不可能持续消耗办案资源，不会导致追诉成本高企。在追诉时效期限内立案调查则时效终止、不会完成，可以无限期追诉，但不会是在一个案件上无限投入监察资源、司法资源，并不会“给国民带来巨额的财政负担”。假设客观事实是某公职人员受贿 10 次、金额共计 300 万元，但在案证据只能证明受贿一次、金额为 10 万元，那么办案人员几乎都会放弃深挖犯罪的想法、接受客观不能的现实，不会执着地一定要把主观认为的“他受贿 300 万元”做成“铁案”。所谓“追诉无止境”，是不存在的。

【例六】震惊全国的湖南省新晃县“操场埋尸案”相关人员的违法犯罪行为主要发生在 2003 年，但监察委于 2019 年立案调查，并给予黄某松等 19 名公职人员政务处分，将黄某松等 10 人移送审查起诉，同年 12 月法院判决 10 人犯徇私枉法罪、玩忽职守罪等，予以重判。

【例七】震惊全国的孙某果案牵出来的罗某、梁某、田某等 19 名公职人员违法犯罪一案中，有的职务犯罪行为发生在 2004 年，但监察委于 2019 年立案调查、移送审查起诉，法院于同年 12 月判决上述人员犯徇私枉法罪、徇私舞弊减刑罪、受贿罪、行贿罪等。

不难想见，如果例六、例七在犯罪发生后 3 年内及时立案侦查，相关的司法成本和 2019 年办案相比相差无几，无人认为办案成本过高而不应追究相关人员的法律责任，也无人认为这是“浪费公帑”。无人认为超过 3 年（或时间过了很久）就不应追究，更无人认为这是“残暴报复”“残忍之至”，反而皆认为是正义终于到来。

3. “残忍说”

有学者认为：“抛弃刑法时效制度的本质就是抽掉刑事处罚中的道德理性，使之重返前法治时代的残暴报复状态。超越刑事处罚的时间规定性，必将使作为公权力的刑事处罚权退化至原始的私力救济形态，其后果残忍之至。”①（原文中“刑法时效”一词似应修改为“追诉时效”）

---

① 刘练军：《监察追诉的时效问题》，载《法学论坛》2019 年第 1 期。

这一观点犯了“稻草人”的逻辑谬误,[①]可谓危言耸听。我国是社会主义法治国家,中国特色社会主义法律体系已经基本建成,罪刑法定原则、程序正当原则和法治精神在法律及司法解释中已经得到全面贯彻落实,良法美治在规范层面已经基本实现,且“有法不依”一直是被批判的。《监察法》立足国情,充分体现了重典治权、集中统一、权威高效、监察法治四项原则,[②]对新时代中国法治建设必将起到重要推动作用。对职务犯罪的追诉仍遵循刑法的基本原则和具体规则,时效制度可以作用于《监察法》,监察时效和追诉时效可以有序衔接,并没有“抛弃时效制度”。如果因不能移送审查起诉而未予刑事处罚,当然不属于“超越刑事处罚的时间规定性”,何来“抽掉刑事处罚中的道德理性”?职务犯罪的被害人不是自然人,谈不上“私力救济”,即使有人以私刑惩处腐败分子,也是涉嫌犯罪的行为,不是“私力救济”,何来“残忍报复”?合法暴力由国家垄断的情势并未发生任何改变,依法行使追诉权,打击犯罪、保护人民,何来“退化、残忍之至”?何来“重返前法治时代的残暴报复状态”?至于“超越刑事处罚的时间规定性”之语,可能是不知所云。

4.“救赎说”

有学者认为:“构成职务犯罪的,尚且有最低五年的追诉时效规定,犯罪人尚且可以通过时效制度自我救赎,基于举重以明轻的当然解释,对于比职务犯罪更轻的职务违法,更应当给予违法人获得宽恕的时效机会。”[③]这种似是而非的观点明显欠缺说服力,且新创的“时效机会”一词令人费解。理由如下:(1)所谓“自我救赎”,人们一般理解为赔偿被害人的损失、消除影响、行善济困之类。犯罪人若“自我救赎”,并不需要通过时效制度。时效制度含有“过期不究”的内容,但这在很

---

① “稻草人”逻辑谬误是指,歪曲别人的观点,使自己能够更加轻松地攻击别人。

② 封利强教授指出,这是监察法学的四项原则。参见封利强:《监察法学的学科定位与理论体系》,载《法治研究》2020 年第 6 期。笔者认为,这四项原则在我国监察法中也有充分体现。

③ 钱小平:《监察追诉时效问题的再思考——兼与刘练军教授商榷》,载《法学论坛》2019 年第 5 期。

大程度上是对犯罪人的宽大,根本不是犯罪人的“自我救赎”。监察机关、司法机关依法办案,贯彻宽严相济的刑事政策,便蕴含了宽恕的因子,不需要打着“宽恕”的旗号给予法外优待。让犯罪分子承担应有的不利后果,便是最好的救赎。应当无条件地、不分青红皂白地给一切职务犯罪人救赎的机会、宽恕的待遇——我国立法、司法并无体现,也没有哪个法学专家公开如此主张。(2)一般而言,职务违法的社会危害性小于职务犯罪,但很多职务违法行为的社会危害性并不小于常见的普通刑事犯罪。这些行为的社会危害性通常远远大于在道路上醉酒驾驶机动车或者盗窃2000元的社会危害性,而很多并不构成犯罪、无法追究其刑事责任——这是罪刑法定原则决定的,但可以无限期追究其法纪责任。即使某个职务犯罪因已过追诉时效而不能追究其刑事责任,监察委依法仍有权处置。(3)监察委对公职人员的职务违法行为立案调查不受时效的限制,相当于“终身追责制”,是一种政治考量,不是简单的“举重以明轻”所能解释的。其实,“终身追责制”是顺应现实需要而产生的,普遍存在、大量适用。从一些规范性文件来看,政府重大行政决策失职失责、领导干部任期生态严重破坏、环境事故、警察重大过失造成错案、建筑质量、擅改文物保护单位用途、冒名顶替入学担任公职等,都实行终身追责制。2019年《中国共产党问责条例》第16条也规定了“实行终身问责”。稍作比较可知,如此规定并非过于严苛,也未违背法治精神,而是值得肯定的。

5.“三年时效说”

有学者将监察时效分为监察立案时效、监察移送时效,建议规定监察时效为三年。[①] 然而,恶行对法益的侵害不会因为时间流逝而自动愈合,不会自动变成正常状态或者善。公职人员的职务违法犯罪行为显然也是恶,若认为经过一段时间(如3年)便会自动愈合、不值得追究,显然难以令人信服。

职务违法犯罪行为实施后,监察委何时立案受多种主客观因素的影响,在很大程度上依赖于知情人、利害关系人的检举揭发(时间、线

① 刘练军:《监察追诉的时效问题》,载《法学论坛》2019年第1期。

索、具体程度、初步证据、可信度等),而知情人、利害关系人何时检举,不以监察委的意志为转移。职务违法犯罪行为实施完毕很快就“东窗事发”,开展监察追究,只是理想状态,完全脱离现实。通过对腐败分子贪污贿赂犯罪案件裁判文书的随机抽样调查,不难发现:职务犯罪行为往往不止一次,经常延续多年;职务犯罪行为只有一次且离刑事立案不足3年的,并不多见。实施职务违法犯罪行为后3年内即案发被查办的比例并不高,3年后才案发是很常见的,10余年或20余年才案发追责的总量巨大,甚至永远未案发,均属可能。

若规定监察立案时效为3年,意味着公职人员实施职务违法犯罪行为3年后,监察委就不能立案调查、更不能处置了,也无法追责,则会放纵大量职务违法犯罪。某公职人员的职务犯罪犹在追诉时效期限内,却因3年的监察时效已过而不能立案调查,显然会架空追诉时效。这对反腐败斗争极为不利,弊端甚大,实属错误判断形势、违背规律的荒唐建议。若追求“三年内查处”的目标,实际上是不合理的自我设限,明显与党的先进性、纯洁性的要求相悖。退一步讲,如果一定要规定监察时效为多少年,也绝不能罔顾罪行轻重而“一刀切”地规定为3年,只能长于或等于相应的追诉时效期限。若规定监察移送时效为3年,则意味着监察委立案调查结束后应当在3年内移送检察院审查起诉,或者立案调查后的办案期限为3年,其合理性反而不及当前规定。后一种理解又会引发其他问题:立案调查结束的标志是什么?难道不是移送审查起诉或其他处置措施吗?如果不是,则3年明显过长,违反了及时受审原则,不符合程序正当原则的精神。监察委立案调查结束后,实体处置或移送审查起诉的期间固然有必要进一步明确,但这属于办案期限,与时效无关。如此分类,说明其把时效混同于办案期限,是错误的,其“规定监察移送时效”的建议也是没有意义的。

四、余　论

监察委作为行使国家监察职能的专责机关、反腐败专门机关,其权制呈现“一元双轨”结构。监察委在任何时候发现公职人员的职务违法犯罪行为，均可以行使监督、调查、处置权，不受时效的限制，不会因时效完成而不能行使这三项权力；监察委对公职人员的职务违法行为有终局的处置权，对公职人员的职务犯罪行为应当依法移送检察机关审查起诉；如果监察委决定立案调查之日已超过追诉时效，则不能追究该公职人员的职务犯罪的刑事责任，但可以对其采取其他处置措施。可见，监察时效与追诉时效能够有效衔接。

应当注意到，对监察权过大以致侵犯公民权利的担忧并非空穴来风。在监察权行使过程中，应当防范的问题主要有：随意扩大监察对象的范围；压案不查、选择性执法、超期羁押、以罚代刑、应移送审查起诉而不移送等滥用权力的行为；过分追求有罪判决、监诉判完全一致。而这些可能的弊病，不是因为解释为"时效未过"导致的，而是监察权过大且缺少有力制约导致的。对这些可能出现和已经出现的问题，解决方向是真正落实罪刑法定原则、证据裁判原则、疑罪从无原则，依法排除非法证据、严格把握证明标准，以审判为中心，依法独立行使检察权、审判权，切实履行制约职能，而非一开始就不合理地限制追诉权、主动放弃追诉的可能性。

On the Connection Between the Limitation of Supervisor and the Limitation of Prosecution

Wang Denghui

[**内容摘要**] 监察时效，是指公职人员的职务违法犯罪行为成立后监察机关有权予以立案调查的期限。《监察法》未明确规定时效制度，不等于时效制度无法作用于《监察法》。《监察法》第 66 条是监察时效与追诉时效衔接的法律依据。对于公职人员的职务违法犯罪行为，监察委在任何时候发现均有权立案调查，享有终局的处置权，不会因为时效完成而不能行使这些权力；若立案调查之日在该职务犯罪的追诉时效期限内，可以追究其刑事责任，则处置权主要表现为移送审查起诉；若立案调查之日已经超过追诉时效期限，则不能追究其刑事责任，可以对其采取移送审查起诉以外的处置措施。这样解释是党要管党、全面

从严治党、自我革命的必然要求,也是反腐败斗争的客观需要,具有充分的正当性。

[**关键词**]监察法;监察时效;追诉时效;反腐败

Abstract: The term "limitation of supervisor" refers to the period during which a supervisory organ puts on file the case for investigation after a public official commits a crime against the law in his duty. The Supervision Law does not stipulate the limitation of supervisor clearly, but it is not a legislative omission. Article 66 of the Supervision Law is the legal basis of the limitation of supervisor and the time limit of prosecution. As for any illegal or criminal acts committed by public officials, the Supervisory Committees have the power to file a case for investigation at any time, and the power of final disposal as well. These three powers are not subject to the limitation of prosecution, and will not be unable to exercise due to the passing of the limitation of prosecution. If the date of filing the investigation is within the limitation of prosecution of the crime, the power to disposition is to transfer for examination before prosecution. If the date of filing the investigation has exceeded the limitation of prosecution, one's criminal liability cannot be pursued, but disposing measures can be taken except transferring for examination before prosecution. This is inevitable for the party to govern the party, supervising the party strictly, and self-revolution. It is also desirable of the fight against corruption. So there is of enough legitimacy.

Keywords: Supervision Law; Limitation of Supervisor; Limitation of Prosecution; Fight Against Corruption

涉表见代理刑事案件的法律认定*

敖　博**

目　　次

一、涉表见代理刑事案件裁判分歧的具体展开与问题归结
二、对“外部关系说”支持观点的梳理与回应
三、涉表见代理刑事案件的实体认定:“内部关系说”的理论依据
四、涉表见代理刑事案件的实体认定:“内部关系说”的现实优势
五、涉表见代理刑事案件的程序抉择:“先民后刑”之提倡
六、结语

表见代理,是指因无权代理人具有被授予代理权的外观,致相对人信无权代理人有代理权,并与其为法律行为的代理。① 根据《民法典》第172条的规定,②成立表见代理后的私法效果是代理行为有效,表见代理人所从事的代理行为归属于被代理人。当然,在被代理人向相对人承担责任后,代理人仍须向被代理人承担损害赔偿责任。③

* 中国人民大学2020年度拔尖创新人才培育资助计划成果。

** 中国人民大学刑事法律科学研究中心博士研究生。

① 梁慧星:《民法总论》(第5版),法律出版社2017年版,第243页。

② 《民法典》第172条规定:“行为人没有代理权、超越代理权或者代理权终止后,仍然实施代理行为,相对人有理由相信行为人有代理权的,代理行为有效。”

③ 王利明等:《民法学》(第5版),法律出版社2017年版,第229页。

表见代理涉及三方:代理人、被代理人、相对人(如图 1),代理人与相对人实施了法律行为(①),该法律行为的效果归属于被代理人(②),代理人须向被代理人承担损害赔偿责任(③)。单纯从民法角度出发,表见代理行为引发的三方法律关系无疑是清晰、明了的;但倘若增加了刑法角度的考量,问题便会复杂许多。一方面,在规范评价上,代理人(行为人)的行为,依其与相对人间关系(①),是否存在被认定为诈骗罪等犯罪之可能;依其与被代理人间关系(③),又应否被评价为职务侵占罪等犯罪。另一方面,在法律效果上,当因表见代理所引发的民法上的履行合同、承担赔偿责任等义务,与刑事犯罪所引发的、依据《刑法》第 64 条产生的退赔义务共同回旋于三者之间时,案件的处理便更加棘手。

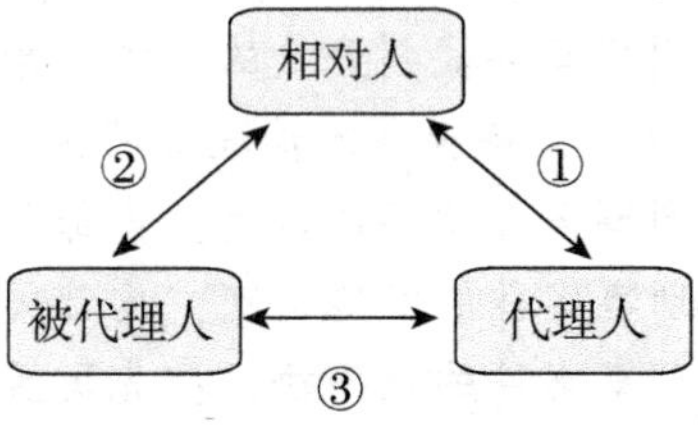

图 1　表见代理中三方法律关系

正因为刑法与民法同处于这三方法律关系之中,司法实践对涉表见代理刑事案件的法律认定产生了重大分歧。如何弥合这一分歧,是本文研究的方向。

一、涉表见代理刑事案件裁判分歧的具体展开与问题归结

为更好地识别与分析涉表见代理刑事案件的裁判分歧与特点,笔者于 2019 年 9 月 8 日,在“威科先行”裁判文书网,以“高级检索”方式,输入关键词“表见代理”,选取“裁判理由及依据”作为范围,勾选“常规”模式,并选择“刑事”为案件类型,共检索到案件 52 例,其中包

括有效案件 26 例,无效案件 26 例。①

(一)涉表见代理刑事案件裁判分歧的具体展开

26 例有效案件形成的裁判分歧可具体分为三种认定模式:一是"外部关系说",即认定成立表见代理,并依相对人与代理人间关系(前述①)认定犯罪;二是"内部关系说",即认定成立表见代理,并依被代理人与代理人间关系(前述③)认定犯罪;三是"犯罪阻却说",即认定成立表见代理,并认为无论依相对人与代理人间关系(前述①),还是依被代理人与代理人间关系(前述③),都属无罪。

认定模式一:"外部关系说"②

在 26 例有效案件中,此类案件共 12 例,涉及罪名包括合同诈骗罪(4 例)、诈骗罪(8 例)。③ 就其裁判逻辑,也即依相对人与代理人间关系认定犯罪的理由,主要是从刑事判断独立性的角度切入。如在刘某某合同诈骗一案中,行为人利用其某公司业务员身份,虚构公司营销活

① 被归为"无效案例"的原因主要包括:(1)刑事案件判决书明确表示不成立表见代理,如湖北省高级人民法院刑事裁定书,(2016)鄂刑终 244 号;(2)表见代理属于附带民事诉讼中的内容,与涉表见代理刑事案件的裁判分歧无关,如河南省焦作市中级人民法院刑事附带民事裁定书,(2014)焦刑一终字第 00018 号。

② 具体参见:上海市浦东新区人民法院刑事判决书,(2013)浦刑初字第 1992 号;河南省获嘉县人民法院刑事判决书,(2018)豫 0724 刑初 83 号;河南省通许县人民法院刑事判决书,(2015)通刑初字第 376 号;湖北省宜都市人民法院刑事判决书,(2018)鄂 0581 刑初 21 号;湖北省武汉市江夏区人民法院刑事判决书,(2018)鄂 0115 刑初 52 号;广东省东莞市第二人民法院刑事判决书,(2015)东二法刑初字第 174 号;贵州省遵义市汇川区人民法院刑事判决书,(2017)黔 0303 刑初 32 号;青海省民和回族土族自治县人民法院刑事判决书,(2017)青 0222 刑初 2 号;云南省易门县人民法院刑事判决书,(2018)云 0425 刑初 8 号;福建省石狮市人民法院刑事判决书,(2018)闽 0581 刑初 841 号;河南省许昌市中级人民法院刑事裁定书,(2018)豫 10 刑终 437 号;河南省禹州市人民法院刑事判决书,(2017)豫 1081 刑初 653 号。

③ 基于相对人与代理人间关系对涉表见代理刑事案件进行认定,在理论上还可能涉及贷款诈骗等犯罪,但其认定路径与采集到的样本案例实质上无异(均是基于①的认定)。

动,以“低于市场价格”“赠送旅游”“垫付货款”等方式,骗取若干客户人民币33万余元。公诉机关以合同诈骗罪提起公诉,而辩护人则认为行为人的行为成立表见代理,受害人系被代理人(刘某某所在公司),刘某某仅成立职务侵占罪。对此,法院认为,刘某某是否构成民法上的表见代理并不影响对其的定罪,即便刘某某可能构成表见代理,其所在公司可能承担相应的民事责任,但该民事责任的承担也仅仅是民事法律规范适用的结果。① 可见,该种裁判逻辑认为:即使成立表见代理(或无论是否成立表见代理),刑法判断都是独立的,只要符合诈骗罪(或合同诈骗罪)的成立要件,便不影响诈骗罪(或合同诈骗罪)的成立。

认定模式二:“内部关系说”②

在26例有效案件中,此类案件共10例,涉及罪名包括职务侵占罪(6例)、挪用资金罪(2例)③、贪污罪(1例)、伪造公司印章罪(1例)。④其裁判逻辑主要结合受害人的认定展开。如在马某某职务侵占一案中,行为人在被临时雇用负责安装燃气表时,利用其身份便利谎称是加气站工作人员,向小区住户收取天然气初装费和报警器费。公诉人以

① 参见湖北省宜都市人民法院刑事判决书,(2018)鄂0581刑初21号。

② 具体参见:重庆市永川区人民法院刑事判决书,(2014)永法刑初字第00549号;浙江省杭州市上城区人民法院刑事判决书,(2015)杭上刑初字第780号;湖北省阳新县人民法院刑事判决书,(2017)鄂0222刑初283号;广东省深圳市南山区人民法院刑事判决书,(2016)粤0305刑初1218号;广西壮族自治区南宁市兴宁区人民法院刑事判决书,(2017)桂0102刑初237号;广西壮族自治区柳州市中级人民法院刑事裁定书,(2014)柳市刑二终字第3号;广西壮族自治区柳州市鱼峰区人民法院刑事判决书,(2013)鱼刑初字第304号;云南省文山壮族苗族自治州中级人民法院刑事判决书,(2016)云26刑终75号;新疆生产建设兵团喀什垦区人民法院刑事判决书,(2017)兵0301刑初21号;重庆市沙坪坝区人民法院刑事判决书,(2015)沙法刑初字第00496号。

③ 该两起案件分别见广西壮族自治区柳州市中级人民法院刑事裁定书,(2014)柳市刑二终字第3号;以及广西壮族自治区柳州市鱼峰区人民法院刑事判决书,(2013)鱼刑初字第304号。前者为后者的二审,但由于其仍然体现了两个不同法院均依循“类型二”的思路进行裁判,故仍将其作为两例案件。

④ 同样地,基于被代理人与代理人间关系对涉表见代理刑事案件进行认定,在理论上还可能涉及侵占罪等犯罪,但其认定路径与采集到的样本案例实质上无异。

诈骗罪提起公诉,被告人对案件事实与适用法律没有异议(无辩护人)。但法院认为,马某某向小区住户收费的行为系表见代理,行为后果由加气站承担,故用户向被告人缴费行为系向加气站履行了合同缴费义务,加气站不得拒绝向用户供气或重复收费,故权益受损的不是天然气用户,而是加气站。最终,人民法院确认了公诉机关指控的犯罪事实,但将罪名改为职务侵占罪。[①] 可见,该种裁判逻辑认为,由于最终的受害人系被代理人,排除了"外部关系说"依相对人与代理人间关系认定犯罪的裁判路径。

值得一提的是,在此类型的6例最终被认定为职务侵占罪的案件中,有5例公诉机关指控的罪名均为诈骗罪,最终被人民法院依据《关于适用〈中华人民共和国刑事诉讼法〉的解释》第241条第1款第2项依法调整了罪名。实务机关在涉表见代理刑事案件罪名认定上的困惑以及部分法院对"外部关系说"认定模式的反对可见一斑。

认定模式三:"犯罪阻却说"[②]

在26例有效案件中,此类案件共4例。[③] 其裁判逻辑主要在于受有财产损失的被害人有民事救济途径主张权利。如在徐某侵占一案中,其利用被代理人(刑事案件自诉人)委托其催促债务人偿还欠款之机,收取债务人偿还给自诉人的部分欠款。对此,法院根据生效的民事判决(认定成立表见代理),认为自诉人与被告人之间系民事法律争议,可通过民事诉讼途径解决,故裁定不予受理。

值得一提的是,在此类型的4例案件中,除江苏省南京市六合区人

---

① 参见新疆生产建设兵团喀什垦区人民法院刑事判决书,(2017)兵0301刑初21号。

② 河北省张家口市桥东区人民法院刑事裁定书,(2017)冀0702刑初86号;江苏省南京市六合区人民法院刑事判决书,(2016)苏0116刑初449号;广东省深圳市福田区人民法院刑事裁定书,(2014)深福法立刑初字第6号;云南省楚雄彝族自治州中级人民法院刑事裁定书,(2017)云23刑终60号。

③ 其中,江苏省南京市六合区人民法院(2016)苏0116刑初449号刑事判决书最终并非认定行为人无罪,但将表见代理项下获利及被代理人的财产损失从犯罪数额中扣除,故笔者在整理时仍将其归为第三类。

民法院审理的案件存在特殊情况,其余3起案件均系被代理人以侵占罪提起的刑事自诉。样本中未发现因可通过民事法律解决争议否认刑事犯罪成立的公诉案件。

(二)问题的归结

综合上述分析,涉表见代理刑事案件在认定模式上具体地分为"外部关系说""内部关系说""犯罪阻却说"三种观点。笔者认为,上述三种认定模式实际指向了涉表见代理刑事案件在处理过程中的以下两个方面。

一是涉表见代理刑事案件的实体认定问题。上述"外部关系说""内部关系说"二者与"犯罪阻却说"间的冲突本质,实际上是能否因表见代理的成立而否认犯罪的成立,是涉表见代理刑事案件"罪与非罪"的问题;上述"外部关系说"与"内部关系说"间的冲突本质,实际上是在成立表见代理且应予入罪的前提下,认定何罪更符合法理要求与实践需要,是涉表见代理刑事案件"此罪与彼罪"的问题。

二是涉表见代理刑事案件的程序选择问题。上述三种类型都有一个共同的前提:"成立表见代理"。那么,此处表见代理的成立与否应由谁来判断呢?依循"先刑后民"的做法,似乎应由刑事案件法官作出是否成立表见代理的判断,并依此进一步做实体认定。可问题在于,刑事案件法官关于表见代理成立与否的判断是否正确、是否具有法律效力、是否及于之后可能发生的民事裁判?若答案为否定,是否需要在涉表见代理刑事案件的处理过程中对"先刑后民"的做法进行新一轮的检视与调整?

当然,对于前一个问题中的"犯罪阻却说",认为"凡可经由表见代理的认定、通过民事程序救济的案件,都可予以出罪",显然并不可取。(1)从法律规定上看,《刑法》第3条为我们认定犯罪的成立提供了基本遵循:应否认定为犯罪,在形式上应以《刑法》的明文规定为依据,可否通过民事程序救济,并不当然影响犯罪的成立。(2)从法理上看,无论是依据《刑法》第13条衍生而来的传统的社会危害性理论,还是依据德国刑法中的“量的区别说”，均认可民事不法、行政不法行为在达到一定程度后可能升格为刑事犯罪，而这也完全契合我国“定性+定量”之立法模式。由于可以通过民事途径救济的行为显然是民事不法行为，刑法在其前置法的不法性达到一定程度后介入理所应当。(3)之所以产生“民事救济途径的存在可以阻却犯罪成立”的误解，或许是基于刑法后置性、谦抑性、经济性的考量，即使是极力“推销”刑法后置性、谦抑性、经济性的学者，也不会认可将有民事救济途径一律作为违法或责任阻却事由的主张。这是因为，如果仅从化解私人间争议的角度看，以具有民事救济途径作为不予刑罚处罚的理由可能是合理的，但这种理解具有明显的日耳曼法时期将刑法理解为私法的痕迹。[①] 然而，今天的刑法被整体归入了公法范畴，“尽管犯罪的直接受害者常常是私主体，但犯罪却并非一种私法上的侵害，还包括了对公共权利义务的一种社会性破坏”，[②] 是一种公法意义上的错误（a public wrong）。[③] 在此背景下，“民事救济途径的存在可以阻却犯罪成立”的观点便难有市场。(4)应当认为，上述采“犯罪阻却说”的四份判决实际上是法官基于侵占罪的成立要件（要求对“遗忘物、埋藏物、保管物”予以侵吞），结合具体的案件事实、经由《刑法》第13条但书的规定与刑事政策等层面的综合评估，得出的无罪结论。[④] 至于其“可以通过民事途径解决，故不认定为犯罪”的裁判理由，应理解为仅是根据具体案情作出的判断而不具有普适意义，否则，伤害行为因属侵权便没有了成立故意伤害罪之空间，侵占行为因属不当得利便失去了成立侵占罪之可能。

---

① 相关讨论参见马克昌主编、莫洪宪副主编：《近代西方刑法学说史》，中国人民公安大学出版社2016年版，第26~36页。

② See Joshua Dressler, *Understanding Criminal Law*, Carolina Academic Press, 2018, p. 44.

③ See David Ormerod & Karl Laird, *Smith and Hogan's Criminal Law*, Oxford University Press, 2015, p. 5-8.

④ 如广东省深圳市福田区人民法院(2014)深福法立刑初字第6号刑事裁定书指出：自诉人指控被告人犯侵占罪，依据不足，本案不符合侵占罪的犯罪构成要件。

可见,在涉表见代理刑事案件的实体认定问题中,真正需要我们讨论的,是在实践中呈"分庭抗礼"之势的"外部关系说"与"内部关系说",何者更为合理?笔者支持"内部关系说",将在对"外部关系说"的支持观点进行梳理与回应的基础上,从理论与实践两个层面具体论证"内部关系说"的合理性,并进一步对涉表见代理刑事案件的程序选择问题进行论述。

二、对"外部关系说"支持观点的梳理与回应

在涉表见代理刑事案件"内部关系说"与"外部关系说"的争议中,学界不乏后者的坚定支持者。[①] 而支持者所持理由主要包括:(1)代理行为有效并不意味着代理行为合法;(2)合同诈骗等犯罪与表见代理规范目的一致;(3)相对人与被代理人均是受害人,或三者间成立新型"三角诈骗"关系;(4)表见代理是民法层面的价值判断,而对于是否构成诈骗罪应作事实判断;(5)职务侵占罪处罚较诈骗罪低,仅认定职务侵占罪不符合罪刑相适应原则;(6)涉表见代理刑事案件不符合职务侵占罪的成立要件。对于上述理由,笔者回应如下。

第一,认为代理行为有效并不意味着代理行为合法,这可谓是对"内部关系说"最为主流反驳意见,并具体地沿着两个方向展开:一是认为"有效无效是对法律行为的评价,旨在发生私法效果,而合法与违法则是公法评价",[②]这一观点的底层逻辑在于,民法领域根本不存在不法这一概念。二是认为表见代理是一种不法行为,但出于维护交易

---

① 学界支持"外部关系说"的学者有游成婧:《表见代理与诈骗罪的民刑并行分析》,载《法学杂志》2019年第5期;吴加明:《合同诈骗罪与表见代理之共存及其释论——一起盗卖房屋案引发的刑民冲突及释论》,载《政治与法律》2011年第11期;蔡荣:《表见代理与合同诈骗罪的平行适用——从"刑民互斥"到"刑民互动"的思维转型》,载《江西警察学院学报》2018年第6期。支持"内部关系说"的学者如郭立锋:《表见代理与合同诈骗罪》,载《中国刑事法杂志》2004年第5期;陈灿平:《刑民实体法关系初探》,法律出版社2009年版,第214~223页。

② 游成婧:《表见代理与诈骗罪的民刑并行分析》,载《法学杂志》2019年第5期。

安全的考虑将合同有效化了，[①]这一观点的底层逻辑则在于，民法领域同样存在不法的概念，但合法与有效具有本质不同。对此，笔者认为：(1)对于前一种观点，首先，无论是相关词典的释义，还是一些经典的法哲学著作，都没有将不法限定为公法评价；[②]其次，如果认为私法领域不存在不法，则无法解释为什么民法要对一个不存在不法的领域规定返还财产、赔偿损失等法律后果，更无法解释为什么刑法要对一个不存在不法的领域提供后置性保障；[③]再次，至少就民事侵权领域而言，侵权的成立要件与犯罪的成立要件具有极大的相似性，《民法典》中部分侵权责任的一般规定与刑法理论和总则规定大同小异，[④]一些特定侵权行为也可以在刑法分则中找到对应的罪名；[⑤]最后，认为民法领域不存在"不法""违法"的概念，或许是刑法的研究者们天然地认为不法、违法带有着国家对行为乃至行为人的一种否定或者非难，这种将刑法视域下对特定概念的理解先入为主地带入整个法秩序之内的做法难言客观。(2)对于后一种理解，首先，表见代理案件中合同(或者说订立合同

① 蔡荣：《表见代理与合同诈骗罪的平行适用——从"刑民互斥"到"刑民互动"的思维转型》，载《江西警察学院学报》2018年第6期。

② 如《元照英美法词典》中对于 illegal 和 unlawful 的定义，都并不限于刑事犯罪，其核心在于未受到法律的肯定评价。参见薛波主编：《元照英美法词典》，法律出版社2003年版，第691、1416页。又如黑格尔将不法分为无犯意的不法(权利冲突)、诈欺、强制和犯罪，显然，其中多不属于刑法规制的范畴。参见[德]黑格尔：《法哲学原理》，范扬、张企泰译，商务印书馆2011年版，第105~126页。

③ 通常认为，刑法是在采用民事或行政措施不足以制裁某种行为时进行的一种特殊制裁方式。[意]杜里奥·帕多瓦尼：《意大利刑法学原理》(评注版)，陈忠林译评，中国人民大学出版社2004年版，第5页；高铭暄、马克昌主编：《刑法学》(第8版)，北京大学出版社2017年版，第53页。这样的理解也与我国《刑法》第13条相契合。可是，如果民事领域不存在不法的概念，便无法解释为什么民法要对一个不存在不法的行为予以规制，更无法解释为什么刑法作为最严厉的法律，要进一步对这个不存在不法的行为提供保障。

④ 如《民法典》第七编第一章中有关共同侵权的一般规定，与《刑法》第二章第三节关于共同犯罪的规定及其项下的有关刑法理论，具有一定的相似性。

⑤ 如《民法典》第七编第四章部分可对应于《刑法》第三章第一节"生产、销售伪劣商品罪"中的一些罪名；第五章部分可对应《刑法》第133条交通肇事罪；第六章部分可对应《刑法》第335条医疗事故罪；第七章部分可对应《刑法》第338条污染环境罪等。

的民事法律行为)并非当然有效,成立表见代理仅仅肯定了代理行为本身的效力,对于合同的效力或者说订立合同的行为的效力,还需要判断有无其他效力瑕疵,如是否存在欺诈、胁迫、乘人之危、法律禁令、公序良俗等多种情形。[①] 据此,认为表见代理案件中基于交易安全考虑将合同有效化的观点,本身就是不符合民法基本理论的。其次,就相关论者的表述,笔者完全可以径直改为"表见代理是一种不法行为,但出于维护交易安全的考虑将行为合法化了",进而以论者的逻辑支持笔者的结论,可见,深入的讨论必须建立在对"不法"的理解之上。(3)"不法行为是作为行为后果的制裁所针对的那个人的行为",[②]依循这样的思路从法律后果的角度理解民事不法是准确的,因为只有当行为人的行为不为法律所完全认可时(如权利冲突、欺诈等情形),国家动用司法权对权利义务关系进行二次调整并课以某种权利负担(如恢复原状、返还财产等)才具有充分的正当性,从此意义上讲,由于表见代理行为有效,代理人对相对人不负任何消极法律后果,因而不可能对相对人成立不法,而由于代理人须对被代理人承担损害赔偿责任,因此只可能对被代理人成立不法。

第二,认为合同诈骗等犯罪与表见代理规范目的一致,是对刑法规范目的的误读。有学者提出,"法秩序的统一性还应当表现在规范目的一致性的基础之上","表见代理制度和合同诈骗罪都是以保护市场秩序稳定以及公私财物的所有权而形成的法律规范,其具有目标指向的一致性"。[③] 对此,笔者认为:(1)法秩序的统一性的确是法治国家的应有之义,但必须承认,不同法律在规范目的上有所区别,如《宪法》主要是为了限制公权、保障私权,《民法典》主要是为了调整公民、法人与其他组织间的权利义务关系,《刑法》主要是为了打击犯罪、保障人权,由此铺开,各部门法在基本原则、作用范围与侧重点等方面均有所不同,因此,各

① 参见朱庆育:《民法总论》(第 2 版),北京大学出版社 2016 年版,第 237 页。

② [奥]凯尔森:《法与国家的一般理论》,沈宗灵译,商务印书馆 2013 年版,第 98 ~ 101 页。当然,凯尔森在书中所说的"制裁"也远不限于刑事制裁。

③ 蔡荣:《表见代理与合同诈骗罪的平行适用——从"刑民互斥"到"刑民互动"的思维转型》,载《江西警察学院学报》2018 年第 6 期。

部门法才能相互协作,共同规制社会共同体中人的行为。在此前提下,执意寻找各部门法一致的规范目的,往往只会是炊沙作糜。(2)仅从保护市场秩序与公私财物这一点来看,合同诈骗罪等犯罪与表见代理似有相似之处,但仔细思考,二者背后的基底则是完全不同的。合同诈骗罪的规范目的,由《刑法》第1条、第2条、第13条衍生而来,以"惩罚犯罪、保护人民""用刑罚同一切犯罪行为作斗争""处罚危害社会的行为"为目的和任务,具有明显的公法色彩;表见代理的规范目的,则由《民法典》第一编及第三编第一章衍生而来,具有明显的私法色彩。因此,合同诈骗等犯罪与表见代理的规范目的具有本质差别。(3)按照上述论者的逻辑进行类比,会发现包括合同诈骗罪在内的所有涉财产犯罪,无论被归入破坏社会主义市场经济秩序罪还是侵犯财产罪之下,都可以或多或少发挥保护市场秩序稳定和公私财产所有权的作用,包括依"内部关系说"认定的职务侵占罪等,因此并不能从规范目的的角度出发证伪"内部关系说"。

第三,有学者试图将相对人作为程序上的被害人,将被代理人作为实体上的被害人;①有学者试图将涉表见代理刑事案件归为新型三角诈骗,②笔者不认同这样的理解。(1)传统的"三角诈骗"已然开始面临理论的质疑,③在此背景下,强行为了对涉表见代理刑事案件采"外部关系说",创设一种新的三角诈骗形式,④既不合理,也不经济。(2)将相对人作为程序上的被害人,本质上还是认为其受到了欺骗,可

① 吴加明:《合同诈骗罪与表见代理之共存及其释论——一起盗卖房屋案引发的刑民冲突及释论》,载《政治与法律》2011年第11期。

② 蔡荣:《表见代理与合同诈骗罪的平行适用——从"刑民互斥"到"刑民互动"的思维转型》,载《江西警察学院学报》2018年第6期。

③ 参见杨兴培:《"三角诈骗"的法理质疑与实践批判》,载《东方法学》2019年第4期。

④ 之所以说这是创设了一种"新的三角诈骗形式",是由于一般认为,三角诈骗要求受骗人"具有处分被害人财产的权限或者处于可以处分被害人财产的地位"。张明楷:《刑法学》(第5版),法律出版社2016年版,第1006页。可是,在涉表见代理刑事案件中,一方面,相对人并非处分了被代理人的财产;另一方面,相对人也并不具有处分被代理人财产的地位或者权限。

能引发民事法律行为可撤销(根据《民法典》第148条)或合同可撤销(根据《民法典》第508条)的私法效果。(3)基于民法对表见代理的制度设计,对相对人来说相当于进行了一次正常的交易。在此前提下,与其脱离朴素直觉和现实情形进行概念的创设,不如索性大方地从存在论的角度,承认真正受有损失的是被代理人,进而保证刑法与民法评价的协调。

第四,有学者认为,表见代理是民法层面的价值判断,而对于是否构成诈骗罪应立足于行为时作事实判断,刑法上的事实判断不应加入民法上已然结束的价值判断,[①]这样的观点可谓令人耳目一新,但仔细推敲便会发现:(1)从不同阶段来看,价值判断在法律制度中所起的主要作用在于它们被整合进了作为审判客观渊源的宪法规定、法规以及其他种类的规范之中。[②] 在立法阶段,刑法从形形色色的"涉他"行为中选择了具有严重社会危害的行为入刑,民法为了保障交易安全和相对人的信赖利益将表见代理与狭义无权代理相分离并单独予以规定,本质上都是一种价值判断与选择的结果。在司法阶段,法官应严格按照已然经由价值判断的法律规定进行三段论推理,这主要是一种事实判断,并在规范的核心含义清晰明了时表现得尤为明显,[③]就这一点而言,民法与刑法并无差别,因此不存在民法的价值判断融入刑法的事实判断的问题。(2)从判断资料上看,无论是采"内部关系说"还是"外部关系说",判断资料均是行为时的主客观证据,并通过这些证据形成证据链去证明犯罪的构成要件,这在上述样本案件的具体判决书中表现得十分明显,因此也不存在论者所质疑的"内部关系说"没有站在行为时依据客观的因果法则去认定犯罪的批判。(3)该学者质疑的核心或

① 游成婧:《表见代理与诈骗罪的民刑并行分析》,载《法学杂志》2019年第5期。

② [美]博登海默:《法理学:法律哲学与法律方法》,邓正来译,中国政法大学出版社1999年版,第504页。

③ "当一核心含义清晰明了的规范可明确适用于某个案件的事实时,司法审判就不再需要价值判断了……法院得出结论乃是用三段论演绎逻辑法得出的。"[美]博登海默:《法理学:法律哲学与法律方法》,邓正来译,中国政法大学出版社1999年版,第502页。

许在于民法的判断结论不宜进入刑法，但从理论上看，刑法判断具有实质从属性或救济性；从现实上看，如果不考虑民法、行政法的法律规定与判断结论，一些刑法规定便无从理解，[①]许多犯罪（尤其是行政犯罪）也无从认定。

第五，认为仅认定职务侵占罪不符合罪刑相适应原则的观点，是未经实证研究得出的偏颇的结论。有学者认为，由于职务侵占罪的起点数额高于诈骗罪，且《刑法》为诈骗罪配置了无期徒刑，因此职务侵占罪处罚较诈骗罪轻，仅认定职务侵占罪有违罪刑适应原则。[②] 但是，何为涉表见代理刑事案件中与所犯之罪“相适应”的刑罚，究竟是认定职务侵占罪会导致处罚过轻，还是认定诈骗罪会导致过重，似乎难有定论。此外，从实证层面来看，在前述样本中，结合平均犯罪数额，依“外部关系说”平均判处的刑期并非当然地较依“内部关系说”平均判处的刑期高（具体数据见表1）。[③] 笔者认为，之所以会出现这样的情况，原因如下。其一，虽然从规范本身来看，职务侵占罪的起点数额高于诈骗罪，但涉表见代理刑事案件在行为人已经取得权利外观的情况下犯罪成本极低，因此往往会反复实施代理行为，不仅会轻易达到诈骗罪的起点数额，也会达到甚至远超职务侵占罪的起点数额。其二，虽然从规范本身来看，《刑法》为诈骗罪配置了无期徒刑，但一方面，毕竟表见代理在民法上被认定为合法有效的行为，即使认定为诈骗罪，裁判者在实践中基于这一层考虑也基本不会选择适用无期徒刑；另一方面，在大多数类似案件中，行为人及其亲属在审判前都有一定的赔偿情节以获得较轻的处罚，由此基本排除了无期徒刑的适用可能。因此，依“内部关系说”认定犯罪不会违反罪刑适应原则。

---

① 如《刑法》第238条第3款“为索取债务非法扣押、拘禁他人的，依照前两款的规定处罚”。

② 游成婧：《表见代理与诈骗罪的民刑并行分析》，载《法学杂志》2019年第5期。

③ “外部关系说”项下的平均犯罪数额是“内部关系说”的3倍，但前者平均判处的刑期仅为后者的两倍。可见，同等数额下，依“外部关系说”认定为诈骗罪等判处的刑罚不仅不会高于依“内部关系说”认定为职务侵占罪等判处的刑罚，反而有较之更低的“嫌疑”。

表 1 内部关系说、外部关系说之比较

学说	犯罪数额/元	判处刑期/年	平均犯罪数额/元	平均判处刑期/年
外部关系说	10, 741, 246. 9	77	976, 477	7
内部关系说	2, 363, 606	23. 25	337, 658	3. 3

注:笔者在计算过程中排除了不涉及犯罪数额认定(如被认定为伪造公司印章罪)、因部分数额不涉及表见代理故无法确定涉表见代理犯罪数额对应刑期(如职务侵占共计200 余万元,其中涉表见代理的仅 6 万元,无法确定其对应的刑期),以及被判处缓刑(在一起诈骗案中,行为人被判处有期徒刑三年,缓期三年、四年执行)的 4 起案件,计算了其余 18 起案件的情况。

第六,对于有学者认为涉表见代理刑事案件不符合职务侵占罪的成立要件,因为职务侵占罪以不转移占有为前提。[①] 笔者认为,这事实上混淆了职务侵占罪与侵占罪的成立要件,职务侵占罪并不以行为人已经合法占有财物为前提。[②] 需要特别指出的是,相关论者以美国司法实践将行为人合法占有(lawful possession)财物作为侵占罪(embezzlement)的成立要件论证我国职务侵占罪应采单一行为说,[③]这是有待商榷的。(1)仅从美国学界通常认为的该罪的定义及构成要件上看,其更像是我国《刑法》第 270 条规定的保管物侵占,[④]我国刑法

① 游成婧:《表见代理与诈骗罪的民刑并行分析》,载《法学杂志》2019 年第 5 期。

② 相关讨论参见敖博、于慧雯:《围绕职务侵占罪的“争议”与辨析——刑民融合视野下的职务侵占与盗窃研讨会述要》,载《检察日报》2019 年 6 月 12 日,第 3 版。

③ 游成婧:《表见代理与诈骗罪的民刑并行分析》,载《法学杂志》2019 年第 5 期。

④ 首先,该罪的定义是“将合法占有的他人财物非法地化为己用”,这种非法转化(unlawful conversion)是该罪的认定核心。See Joel Samaha, *Criminal Law 12th Edition*, Cengage Learning Press, 2015, p. 433. 其次,该罪的最低成立要件仅包括:(1)D 合法地占有他人财物;(2)D 后来不诚信地转化了该财物;(3)侵占罪的成立还常常要求 D 合法占有财物是基于委托(as the result of entrustment)。See Joshua Dressler, *Understanding Criminal Law*, Carolina Academic Press, 2018, p. 752. 可见,职务相关性并非该罪的基本成立要件。当然,美国的侵占罪仅仅只是类似于我国《刑法》中的保管物侵占,对于遗忘物侵占的情形(lost or mislaid property),其是作为盗窃罪(larceny)加以理解的。

学界在翻译该罪时也选择了将其译为侵占罪而非职务侵占罪。[①](2)虽然实践中该罪一度被称为白领犯罪(white-collar crime)或背信犯罪(abuse-of-trust crime),[②]但其与我国《刑法》第271条规定的"将本单位财物非法占为己有"具有明显差别。对于雇员利用职务上的便利侵占在雇佣关系中雇主给其的财物的情形,由于雇员对财物仅具有监护权(custody)而不成立该罪,[③]但这种情形在我国完全可能被认定为职务侵占罪。

因此,基于上述理由认为应当采"外部关系说",不无疑问。对"内部关系说"与"外部关系说"进行比较,需要我们重新分析其分歧的核心,并在此基础上审视孰优孰劣的问题。

三、涉表见代理刑事案件的实体认定:"内部关系说"的理论依据

正本清源,涉表见代理刑事案件属刑民交叉情形,须经由民法与刑法两种不同法规范的评价。就民法领域内的评价而言,代理人对相对人实施的表见代理行为合法有效,而其对被代理人则须承担赔偿责任。在此前提下,不难发现内部关系说与外部关系说在理论层面分歧的根结在于:一个民法上合法有效的行为,是否可能成立犯罪?由此展开,我们便可找到问题的答案。

---

① 例如,[美]约书亚·德雷斯勒:《美国刑法纲要》,姜敏译,中国法制出版社2016年版,第98页;[美]约书亚·德雷斯勒:《美国刑法精解》,王秀梅译,北京大学出版社2009年版,第524~526、569页。

② See Joel Samaha, *Criminal Law 12th Edition*, Cengage Learning Press, 2015, p. 434.

③ See Joshua Dressler, *Understanding Criminal Law*, Carolina Academic Press, 2018, p. 752.

(一)逻辑起点:一项前置法上合法有效的行为,不是犯罪

学界主流观点认为,一个前置法上合法有效的行为,不可能成立犯罪。德国著名刑法学家罗克辛教授指出:“当在任何一个法律领域中得到许可的一种举止行为,仍然要受到刑事惩罚时,那将会是一种令人难以忍受的价值矛盾,并且也将违背刑法作为社会政策的最后手段的这种辅助性特征。”[①]日本学者山口厚教授的观点也与之遥相呼应:“刑法上处罚在其他的法域、特别是民事法上被允许的行为,从刑法的补充性的见地来看,是不妥当的。”[②]对此,中国刑法学者们也多认为,“在法秩序统一原理的指引下,处理刑民关系的时候,要看某一行为在民事上是否合法。如果民事上是合法的,则可以排除犯罪的成立”,[③]“在民法上认为合法的行为,在刑法的判断上不能认为具有刑事违法性”,[④]“民法或行政法允许的行为,必然不具有刑事违法性”。[⑤]

上述观点之所以成为主流,在笔者看来,主要是基于两个方面的理由。

一方面,刑法具有补充性、后置性的特征。早在 18 世纪,法国启蒙运动的杰出代表卢梭便曾将法律分为政治法律(根本法)、调

① [德]克劳斯·罗克辛:《德国刑法学·总论》(第 1 卷),王世洲译,法律出版社 2005 年版,第 397 页。

② [日]山口厚:《刑法总论》,付立庆译,中国人民大学出版社 2018 年版,第 188 页。

③ 陈兴良:《刑民交叉案件程序与实体处理规则》,载《检察日报》2019 年 8 月 19 日,第 3 版。

④ 时延安:《论刑事违法性判断与民事不法判断的关系》,载《法学杂志》2010 年第 1 期。

⑤ 王昭武:《法秩序统一性视野下违法判断的相对性》,载《中外法学》2015 年第 1 期。

整成员与共同体间关系的法（民法）、调整不服从于惩处之间关系的法（刑法）和印在公民心底的法（法治信仰）四种，并专门提出："从根本上说，刑法不是一种具体类别的法律，而是对其余法律的制裁措施。"①从这个意义上去理解刑法，已然能够得出前置法中的合法行为当然不具有刑事违法性的结论，因为如果其他部门法并不否定某一行为，并不给予其相应的法律后果，刑法并无必要在其他部门法力所不逮时为其提供补充和制裁。在此基础上，一些学者近年来进一步从刑法规范的结构属性出发，对刑法与其他部门法的关系加以论证，②并有学者提出了"前置法之调整型规则的调整—前置法之保护型规则的调整—刑法的调整"的判断公式，③有力地推动了这一观点的深入。

另一方面，法规范具有可预测性的特征。"调整行为的各项规范如果要保障行为导向的确定性以及法律和平的话，就不可以是自相矛盾的，并且各项规范之间要能够互相协调。"④试想，若成文的民法、行政法认为某行为合法，根据当然解释，社会共同体中的人会朴素地、当然地认为自己的行为不可能违反刑法。若此时悍然启动刑罚权，无疑是对自由与人权的不当侵害。因此，法规范可预测性还要求不同法规范对同一行为合法与否的指向应当是一致的，唯有如此，社会共同体中的人才能够真正预测自己行为的后果，并决定日常生活中的"有所为而有所不为"。

可见，一个前置法上合法有效的行为，一定也是刑法上的合法行为。这是后文进一步展开的逻辑起点。

---

① ［法］让－雅克·卢梭著：《社会契约论》，黄卫锋译，台海出版社 2016 年版，第 69～70 页。

② 参见时延安：《刑法规范的结构、属性及其在解释论上的意义》，载《中国法学》2011 年第 2 期。

③ 参见田宏杰：《行政犯的法律属性及其责任——兼及定罪机制的重构》，载《法学家》2013 年第 3 期。

④ ［德］齐佩利乌斯：《法学方法论》，金振豹译，法律出版社 2009 年版，第 52 页。

(二)逻辑的拓展:在刑民交叉案件中,一项犯罪行为,也是民事义务违反的行为

如果我们将上述结论聚焦于刑民交叉的特定场域并排除行政不法的情形,便可以得出"公式Ⅰ",即"一个民法上合法有效的行为,不应认定为犯罪",简洁地表示,就是:

Ⅰ.民法上的合法行为——刑法上的合法行为

根据"原命题与逆否命题具有等价性"这一基本的逻辑判断常识,[①]我们可以进一步得出"公式Ⅱ",即一个刑法上的不法行为,也是民法上的不法行为。当然,在原命题到逆否命题的转化中,需要明确"公式Ⅰ"中的合法与"公式Ⅱ"中的不法之间是否存在中间概念,只有在不存在的情况下,才能做如此转化。根据朴素的生活经验,似乎有一些行为是难以为"合法""不法"所评价的,比如人在睡梦中的行为或者单纯打碎花瓶的行为,[②]但是,由于法律规制的是具有社会意义的行为,且要想评价一个行为的社会意义,必须有足够的背景信息加以填充,因此,当我们进入法秩序中合法与不法的评价阶段的时候,事实上已经去除了合法与不法的中间概念。[③] 因此,对于"公式Ⅱ",简洁地表示,就是:

Ⅱ.刑法上的不法行为——民法上的不法行为

在"公式Ⅱ"的基础上,进一步地,民法将各种社会现象,还原为权利义务的法律概念,[④]因此,民事不法事实上都可以转化为对民事权利

---

① 即"若P则Q"若能成立,则"若非Q则非P"也能够成立。

② 一个单纯打碎花瓶的行为,在没有其他背景信息填充的情况下,是难以定位于合法或者不法中的,这是因为其既有可能是打碎了自己不喜欢的花瓶,也可能是打碎了别人的花瓶;即使是打碎别人的花瓶,也可能是基于过错或者无过错。

③ 为此,还有学者专门区分了"行为"与"举动",并将"举动"置于了法规范的评价之外。[德]乌尔斯·金德霍伊泽尔:《因果主义与目的主义》,2018年9月18日在中国人民大学刑事法律科学研究中心所作的报告。

④ 梁慧星:《民法总论》(第5版),法律出版社2017年版,第7页。

的侵害和对民事义务的违反,而不侵害正当权利本身事实上就是一项义务,基于此,我们可以得出"公式Ⅲ",即一个刑法上的不法行为,一定表现为对民事义务的违反。简洁地表示,就是:

Ⅲ.刑法上的不法行为——(民法上的不法行为——)违反民事义务的行为

于是我们可以得出结论:在刑民交叉案件中,任何刑法上的不法行为,都一定表现为对民事义务的违反。进一步地,这里的民事义务违反至少存在着以下两个功能。(1)界定功能,即界定行为罪与非罪的功能,如果不存在民事义务违反,则不可能具有刑事不法。我国《刑法》中的一些规定,如《刑法》第238条,①已然体现了这样的立场;而一些学者在分析刑民交叉具体案件时,实际上也是基于这样的角度。②(2)筛选功能,即筛选分析刑事责任的基础的功能。在一些复杂的刑民交叉案件中,行为人往往与多人具有民事法律关系,涉表见代理刑事案件便是如此。在此种情形下,当行为人的行为存在定罪之虞时,应当在不同的民事法律关系中思考行为人对民事义务的违反,并将完全不具有民事义务违反的部分置于犯罪的讨论之外,以具有民事义务违反的部分作为分析刑事责任的基础。

(三)涉表见代理刑事案件中的民事义务违反

由于民事义务违反具有筛选功能和界定功能,我们不妨从代理人

---

① 《刑法》第238条第3款规定:"为索取债务非法扣押、拘禁他人的,依照前两款的规定(即非法拘禁罪、故意伤害罪、故意杀人罪)处罚。"之所以如此规定,是因为索取债务本身系正当行使债权的行为,不涉及民事义务违反,因此在刑法上应评价为合法行为。

② 比如时延安教授在分析帅某骗保案时,便认为其实施的是基于有效的保险合同请求保险赔偿的行为,是一项正当行使权利的行为。显然,时延安教授在文中提到的正当行使权利的行为,无论如何也不可能是一个违反民事义务的行为,因此不可能成立犯罪。这便是民事义务违反的"界定功能"。参见时延安:《论刑事违法性判断与民事不法判断的关系》,载《法学杂志》2010年第1期。

与相对人、代理人与被代理人间关系出发,思考代理人是否违反了民事义务、违反了何种民事义务。

从代理人与相对人间的关系出发,代理人并未违反任何义务。民事法律关系从本质上讲是民事权利义务关系,义务违反的核心正是在于其对权利的侵害。可是,在涉表见代理刑事案件中,相对人的权利并未受到任何损害。(1)从代理行为本身来看,由于法律明确规定表见代理的法律后果是"代理行为有效",于是,"对于合同的第三方而言,就等于进行了一次正常的合同交易",①并无任何权利受到侵害。(2)从代理行为之后可能的情况来看,一方面,即使被代理人不履行合同,实际上也只是相对人与被代理人之间的违约争议的处理问题,与代理人并无直接关系;另一方面,由于被代理人是否履行合同十分"随机",以这一与代理人并无关联的随机事件去判断相对人的民事权利是否受害、代理人的民事义务是否违反,并以此影响罪与非罪的判断(民事义务违反的界定功能),不尽合理。

从代理人与被代理人的关系出发,代理人则存在着民事义务违反。根据《最高人民法院关于适用〈中华人民共和国合同法〉若干问题的解释(二)》第 13 条,被代理人可以向无权代理人追偿因代理行为而遭受的损失。对于这一责任的请求权基础,民法理论界认为:"无权代理人和被代理人之间存在委托合同、合伙合同、劳动合同等基础关系的,无权代理行为构成违约,行为人应负违约责任;无权代理人和被代理人之间不存在基础关系的,行为人明知或应知自己无代理权而实施代理行为,构成侵权行为,被代理人可依《侵权责任法》第 6 条(《民法典》第 1165 条)之规定请求行为人承担侵权责任。"②上述请求权的存在证明了代理人具有对被代理人的义务违反。就义务违反的具体内容而言,既可以理解为对诚实信用原则的违反,也可以理解为对被代理人财产权利的不当侵害等。当然,结合上述审判实践中的案例进行观察,会发

① 郭立锋:《表见代理与合同诈骗罪》,载《中国刑事法杂志》2004 年第 5 期。

② 李宇:《民法总则要义:规范释论与判解集注》,法律出版社 2017 年版,第 833 页。

现许多现实中的案件,还表现为代理人对被代理人的一种“背信”。

综合上述分析,由于刑事犯罪行为一定同时表现为对民事义务违反,而在涉表见代理刑事案件中,代理人并未对相对人违反任何义务,而是对被代理人存在义务违反。因此,以“内部关系说”而非“外部关系说”为基础探讨代理人的罪名认定问题,在法理上是准确的。

四、涉表见代理刑事案件的实体认定:“内部关系说”的现实优势

在“内部关系说”与“外部关系说”的抉择中,何者更具有现实优势也是必须考虑的一个维度。对此,笔者将从以下四个方面加以展开。

第一,“内部关系说”较“外部关系说”更符合受害人及犯罪数额认定的需要。众所周知,我国《刑法》的一大特色在于不仅为分则各罪规定了具有定型性的行为模式,还通过立法及司法解释等方式,为入罪门槛及不同的法定刑幅度,规定了不同的“量”的要求,这在财产型犯罪中表现得尤为明显,并使财产犯罪当然地面临受害人及犯罪数额认定的问题。那么,在涉表见代理刑事案件中的受害人是谁、犯罪数额又具体是多少呢?对此,笔者认为,表见代理中代理行为的效力归属于被代理人,因此被代理人与相对人间已然形成“法锁”,在没有其他合同效力否定规则的前提下,被代理人与相对人互负履行合同的义务。由于相对人本意便是订立和履行合同,实际上也往往订立和履行了合同,如果被代理人不履行其合同项下义务,相对人可依法向被代理人追究违约责任。如此看来,相对人并不会因代理人的代理行为本身受有任何财产损失;进一步地,一旦被代理人履行合同,相对人在整个交易过程中也不会受有任何损失。鉴于此,只有依内部关系说将行为人的行为认定为侵占罪等,才能准确认定受害人的受害数额。

实践中,一些支持“外部关系说”的裁判者意识到了相对人并未受到损失的事实,在数额认定方面采取了较为“务实”的办法,但存在有悖法理之嫌。如在广东省东莞市第二人民法院审结的一起案件中,法院以被代理人已向相对人赔偿部分损失为由,对该部分已由被代理人

赔偿的损失在代理人犯罪数额的认定上予以了核减。[①] 可是,既然支持"外部关系说"的裁判者认为民事法律关系与刑事犯罪认定无关,又因何依据民法上被代理人对相对人的赔偿行为,对代理人的犯罪数额予以核减呢?既然合同诈骗罪完全是一种行骗方与受骗方的"两端式"犯罪,那么与合同诈骗行为完全无涉的被代理人的行为,又因何影响了代理人罪责的大小呢?显然,裁判者已经认识到了"外部关系说"在数额认定上的问题。对此,化解的路径不是选择有悖法理的数额核减,而是对涉表见代理刑事案件采"内部关系说"。

第二,"内部关系说"较"外部关系说"更符合退赔对象确定的需要。涉表见代理刑事案件往往关系到依《刑法》第64条责令退赔的问题,在样本中采"外部关系说"及"内部关系说"的22例案件里有超过一半案件(13例)的行为人被法院责令退赔便是例证。由于退赔的对象是受害人,而"外部关系说"确定的受害人是相对人,那么,法院显然只能责令行为人向相对人退赔。可实践中,由于表见代理的私法效果是被代理人对相对人负有赔偿责任,若被代理人已经向相对人赔偿全部或部分损失,应如何处理?一些法官选择了"共同退赔"模式,如在前述青海省海东市民和回族土族自治县人民法院审结的案件中,法院责令行为人向被代理人退赔200余万元,向相对人退赔5万元。[②] 如此一来,无疑是对罪名认定层面确定的退赔对象(只能是相对人)的"篡改"。相较而言,依"内部关系说",在刑事层面责令行为人向被代理人退赔,在民事层面要求被代理人向相对人履行赔偿义务,显然是更为合理的选择。

第三,"内部关系说"较"外部关系说"更符合维护裁判效力的需要。不妨设想这样一个情形:法院判定了表见代理的成立并进入执行阶段,被代理人负有履行合同的义务。此时,被代理人因对代理人表见代理行为的法律效果归于自己心存不满或者无力偿还所有赔偿款项,

---

① 参见广东省东莞市第二人民法院刑事判决书,(2015)东二法刑初字第174号。

② 参见青海省民和回族土族自治县人民法院刑事判决书,(2017)青0222刑初2号。

向公安机关报案。经过刑事诉讼程序,若最终代理人的行为被认定为诈骗罪,显然,此时代理人对相对人负有退赔的义务。那么,对于相对人可依民事判决书要求被代理人履行合同的权利,我们要如何处理?如果允许相对人继续申请执行生效民事判决,无疑违反了民法上基本的"填平原则"。那么,是否需要中止、终结在先民事判决的执行,中止、终结执行的法律依据为何,是否需要启动再审程序并撤销在先的民事判决?如此一来,无疑是对裁判效力、法院权威和司法效率的损害。相比之下,依内部关系说将代理人的行为认定为职务侵占罪等内部犯罪无疑是顺畅的:在民事判决要求被代理人履行合同的情况下,相对人无任何损失,而被代理人受到的损失可以依据职务侵占罪等认定后的退赔程序得到补偿。可见,"内部关系说"最大程度地维护了生效判决的既判力。

第四,"内部关系说"较"外部关系说"更符合合同效力认定的需要。如前所述,代理行为本身的效力与合同效力(或者说订立合同的民事法律行为的效力)具有本质区别,那么:(1)如果将表见代理人的代理行为认定为诈骗罪等犯罪,其代理行为当然地构成欺诈,如此一来,其订立的合同便存在依据《民法典》第148条被认定为可撤销的可能。表见代理制度本就是一项为了保障交易安全设立的、有利于相对人的代理行为效力认定制度,如今又在合同效力认定阶段给予相对人合同的撤销权,使得相对人权利过大。[①] (2)若将其代理行为认定为诈骗罪等犯罪,其订立的合同可能依《民法典》第153条,以"违反法律、行政法规的强制性规定"为由被认定无效,如此一来,即使肯定了代理行为的效力,也会因合同本身效力被否定,使得表见代理制度项下

① 比如,表见代理人向相对人出售钻石,相对人支付了价款但表见代理人未提供该商品。若被代理人实际上也迫切地希望出售钻石,其仅需要向相对人提供钻石并依内部关系说获取代理人的退赔款即可。但若依外部关系说赋予相对人基于欺诈的合同撤销权,相当于给予了相对人一次"反言"的机会,使其可以因为价格太高等原因而不进行交易,使得被代理人的交易期待落空。无疑在代理行为效力认定的基础上又一次扩大了相对人的权利、限缩了被代理人的权利。

代理人的代理行为效果归属于被代理人的设计沦为一纸空文。[①] 相较而言,依"内部关系说"将行为人的行为认定为职务侵占罪等是合理的。

综合上述分析,对涉表见代理刑事案件而言,"内部关系说"较"外部关系说"更具现实优势。

五、涉表见代理刑事案件的程序抉择:"先民后刑"之提倡

与涉表见代理刑事案件实体认定相联系的是,对于此类案件,应当依循何种诉讼程序进行审理。对此,《全国法院民商事审判工作会议纪要》(法〔2019〕254 号)第 128 条明确了对于涉表见代理刑事案件应采分别审理原则("刑民并行")。笔者认为,这样的程序设计存在诸多问题,对涉表见代理刑事案件的处理,在程序上宜"先民后刑"。

(一)对"刑民并行"路径的检讨

《全国法院民商事审判工作会议纪要》规定,对涉表见代理刑事案件应采分别审理的做法,笔者对此持否定态度,理由如下。

一方面,不应以不属于"同一事实"为由选择"刑民并行"路径。《全国法院民商事审判工作会议纪要》第 128 条之所以对涉表见代理刑事案件采分别审理原则,理由在于其系不同主体因不同事实分别发生民商事纠纷和涉嫌刑事犯罪,不符合"先刑后民"等规则项下的"同一事实"标准。[②] 笔者

---

① 当然,对于构成犯罪是否当然地属于"违反法律、行政法规的强制性规定",民法理论界多持否定态度,并出于维护交易稳定的考虑将这里的强制性规定具体地分为管理性强制性规定和效力性强制性规定。参见叶名怡:《涉合同诈骗的民法规制》,载《中国法学》2012 年第 1 期;王轶:《合同效力认定的若干问题》,载《国家检察官学院学报》2010 年第 5 期。但仅从《民法典》第 153 条的条文本身来看,依然有将诈骗行为解释为违反法律、行政法规强制性规定之可能。

② 最高人民法院民事审判第二庭编著:《〈全国法院民商事审判工作会议纪要〉理解与适用》,人民法院出版社 2019 年版,第 652 页。

对这样的理解抱有疑问:如果认为“先刑后民”规则项下的“同一事实”系指法律事实或民事法律关系,上述理解或许是正确的,因为表见代理成立后的民事纠纷系相对人和被代理人间的合同纠纷,而可能涉及的刑事犯罪则是基于被代理人与代理人间的“内部关系”。但正如有学者所说,民事法律关系与刑事法律关系是不同的法律关系,不可能在法律关系上存在“同一”;“同一事实”实际上是指民、刑案件在自然事实上的同一。①依循这样的理解,涉表见代理刑事案件在刑事与民事认定上都是基于无权代理人实施表见代理行为、使得合同效力及于被代理人这一自然事实。从这个角度来看,以不属于“同一事实”为由主张对涉表见代理刑事案件采“刑民并行”的路径,理由并不充分。

另一方面,由刑事审判独立审查表见代理的成立与否存在明显的缺陷。由于表见代理的成立与否将直接影响对行为人的罪名选择,因此是否成立表见代理,显然属于刑事案件审理时无法回避的一个问题。在此背景下,《全国法院民商事审判工作会议纪要》对此类案件采“刑民并行”的立场,将导致刑事案件法官不得不对表见代理的成立与否进行独立审查。对此,且不论刑事审判与民事审判在表见代理认定中可能出现的冲突,仅从既有的审判实践来看,刑事审判对表见代理的认定已然存在诸多问题。

首先,部分刑事审判缺乏对基本民法知识的了解,致使表见代理的认定出现基本性的错误。如在内蒙古自治区某基层法院审理的一起案件中,法官认为被告人“在合同成立要件上缺乏表见代理的形式要求”,这样的分析显然是混淆了合同效力(或者说订立合同的民事法律行为的效力)与代理行为效力的关系。② 其次,部分刑事审判缺乏对表见代理的成立要件的了解,致使本可能被认定为表见代理的案件未被

① 张卫平:《民刑交叉诉讼关系处理的规则与法理》,载《法学研究》2018 年第 3 期。类似观点如王家永、原楠楠:《刑民交叉案件中同一事实的认定》,载《人民司法(案例)》2018 年第 29 期。

② 参见内蒙古自治区呼和浩特市回民区人民法院刑事判决书,(2016)内 0103 刑初 199 号。

认定为表见代理。如在湖北省高级人民法院审理的一起案件中,法官认为被告人"以某名义与九名被害人签订购房合同使用的合同文本均为公司交由其掌管,其与被害人签订购房合同的目的是骗取被害人的财物并用于赌博及个人消费,与民法活动中的表见代理具有本质的区别",可是,仅从表述上看,该说理部分清晰地呈现了被告人的行为符合表见代理中代理人无代理权但具有权利外观等内容,也未表明被害人存在恶意或具有过失,笔者不知法官如何依此得出了"与民法活动中的表见代理具有本质的区别"这一结论。① 最后,部分刑事审判存在对表见代理恣意认定的可能。表见代理的认定,应当是依据《民法典》第 172 条的规定,结合证据,对成立要件进行一一审视的结果。但在笔者整理的判决中,大多刑事审判仅仅是对表见代理的成立与否"一句带过",难免让人产生刑事审判对表见代理恣意认定的怀疑。

之所以产生上述问题,是由多个原因共同导致的。第一,刑事法官在民法问题上并不具备专业性,要求刑事法官充分了解民法知识,似有强人所难之嫌。第二,刑事法官与民事法官的裁判侧重点不同——前者更注重打击犯罪、强调社会秩序,后者更注重保障交易安全、强调效率与意思自治。正是因为民事法律关系在刑事法官看来有时并不重要,所以在多数情况下,法官对表见代理的判断也只是基于辩护意见的提出进行的"简单"回应,并未审慎分析代理行为效力。所以才出现了刑事法官疏于对民事问题的判断,以及对民事问题判断恣意的问题。第三,刑事法官与民事法官据以判断的资料有所不同。在刑事案件中,据以定案的证据必须符合《刑事诉讼法》第 55 条的规定,经由非法证据排除程序,达到"确实充分"程度。因此,仅从判断资料上看,刑事法官据以判断是否成立表见代理的资料,理论上可能少于民事法官。第四,表见代理成立要件在民事理论与审判中都尚未统一,更加难以要求作为"外行人"的刑事审判在判断时精准划一。比如,关于是否要求表见代理的成立以被代理人具有过错为要件,全国人大常委会法工委民

① 参见湖北省高级人民法院刑事裁定书,(2016)鄂刑终 244 号。

法室的回答是否定的,[①]可在民事审判实践中,有法院将被代理人是否具有过错融入对表见代理的审查;[②]关于是否要求表见代理的成立以被代理人具有可归责性为要件,这基本只是理论上的主张,没有任何的实定法依据,但最高人民法院存在判决将被代理人具有可归责性作为表见代理成立的要件。[③] 一个在民法领域都没有达成共识的制度,要求刑事案件法官来加以判断,实在是"强人所难"了。

可见,以不属于"同一事实"为由主张对涉表见代理刑事案件"刑民并行",理由并不充分;通过"刑民并行"的路径要求刑事案件法官独立审查表见代理成立与否,这一做法也并不可取。

(二)对"先民后刑"路径的肯定

在否定"刑民并行"这一路径的基础之上,考虑到刑事案件法官独立审查表见代理成立与否的困难,理想的状态显然应当是先进行表见代理的民事认定,再根据表见代理的认定结果确定相应的罪名。可问题在于,这种"先民后刑"的理想化处理路径,是否与"先刑后民"的一般做法相悖呢?这便需要我们对"先刑后民"的做法予以探讨。

在处理刑民交叉案件的程序性规则中,"先刑后民"无疑占据一席之地。其形成主要是源于20世纪八九十年代最高法、最高检出台的多个文件,[④]并对之后的司法实践产生深远影响。时至今日,一方面,包括最高人民法院在内的各级人民法院仍有不少判决沿用"先刑

① 全国人大常委会法工委民法室认为,"设立表见代理制度的目的是保护交易的安全,不至于使没有过失的相对人劳而不获……至于被代理人在行为人实施民事法律行为时是否有过失,相对人有时难以证明",因此未将被代理人具有过错作为表见代理的成立要件。张荣顺主编:《中华人民共和国民法总则解读》,中国法制出版社2017年版,第574~576页。

② 如福建省福州市中级人民法院民事判决书,(2017)闽01民终5613号。

③ 参见最高人民法院民事判决书,(2017)最高法民再209号;参见最高人民法院民事判决书,(2014)民四终字第48号。

④ 参见肖建国、宋春龙:《责任聚合下民刑交叉案件的诉讼程序——对"先刑后民"的反思》,载《法学杂志》2017年第3期。

后民”的思路进行裁判；[①]另一方面，“先刑后民”仍被多数人认为是处理刑民交叉案件的一项原则。[②] 但与此同时，“先刑后民”的原则也遇到了理论与现实上的“瓶颈”。理论上对“先刑后民”的质疑包括：(1)从法理上看，该原则体现了“重刑轻民”“刑事优于民事”的思想，体现了刑事审判权的广泛性与扩张性，正当性基础有所欠缺；(2)从现实上看，该原则体现的“事实揭示刑事优越论”忽略了刑事诉讼证据规则导致的事实揭示的不充分；(3)从结果上看，该原则可能导致受害人在民法上的选择权等权利被剥夺，或严重阻碍被害人的利益保护。[③] 而在实践中，实务机关对“先刑后民”也相对审慎，具体体现以下两点。(1)最高人民法院审判委员会副部级专职委员刘贵祥大法官于 2019 年 7 月在全国法院民商事审判工作会议上的讲话指出，仅刑事案件与民事案件涉及“同一事实”的，才能在原则上通过刑事诉讼方式解决。[④] 与此相似，部分上级

---

① 如在“海南楚湘建设工程有限公司、湖南建邦建筑劳务有限公司与海南楚湘建设工程有限公司、湖南建邦建筑劳务有限公司劳务合同纠纷申请再审民事裁定书”中，法院认为“在本案审理期间，长沙市公安局开福分局对楚湘公司长沙分公司的负责人施某某、蔡某某、周某某三人以涉嫌挪用资金罪刑事拘留，楚湘公司以此为由要求本案‘先刑后民’中止审理。根据法律规定，挪用资金罪是指公司、企业或者其他单位的工作人员，利用职务上的便利，挪用本单位资金归个人使用或者借贷给他人。即使施某某、蔡某某、周某某三人挪用资金罪成立，其侵害的是楚湘公司的财产权，与本案审理的建邦公司和楚湘公司之间的劳务承包合同不是同一法律关系，本案中止审理没有法律依据”。如此说理，显然是认为如果刑事案件与民事案件涉同一法律关系，则应依“先刑后民”的中止审理。参见最高人民法院民事裁定书，(2015)民申字第 1760 号。

② 参见张卫平：《民刑交叉诉讼关系处理的规则与法理》，载《法学研究》2018 年第 3 期。在该文中，张卫平教授做了一项统计，结果显示当事人认为“先刑后民”是“原则”的案件占案件总数的 75.3%。

③ 相关讨论参见张卫平：《民刑交叉诉讼关系处理的规则与法理》，载《法学研究》2018 年第 3 期；张永泉：《法秩序统一视野下的诉讼程序与法律效果的多元性——以竞合型刑民交叉案件为视角》，载《法学杂志》2017 年第 3 期；江伟、范跃如：《刑民交叉案件处理机制研究》，载《法商研究》2005 年第 4 期。

④ 参见刘贵祥：《在全国法院民商事审判工作会议上的讲话》，载最高人民法院民事审判第二庭编著：《〈全国法院民商事审判工作会议纪要〉理解与适用》，人民法院出版社 2019 年版，第 80 ~ 81 页。

法院也专门指出“先刑后民”并非处理刑民交叉案件的基本原则。[①](2)各级法院在审判实践中也主张“先刑后民”不应绝对化,仅适用于“刑事案件与民事案件涉及同一事实”的情形。[②] 可见,对于“先刑后民”的处理思路,其发展趋势可以概括为“理论上予以否定,实践中加以限缩”。

那么,对于非“刑民并行”型刑民交叉案件在程序上应如何处理呢？对此,多数学者主张以民事判断与刑事判断之间是否存在一方对另一方的“先决关系”,作为孰先孰后的判断依据。如江伟教授指出:只有当民事诉讼(或刑事诉讼)的处理必须以刑事诉讼(或民事诉讼)的处理为前提时,才可“先民后刑”(或“先刑后民”),否则应“刑民并行”;[③]肖建国教授也认为,若刑事案件审理以民事案件为前提,则应适用“先民后刑”原则;[④]张卫平教授亦提出,应将“先决关系”作为处理刑民交叉案件的基本原则;[⑤]与此相似,纪格非教授建议将“必要性”作为应否“先刑后民”的判断标准。[⑥] 从世界范围内看,这样的做法也有着广泛的比较法层面的依据。[⑦]

笔者赞同这一标准,理由在于:(1)刑法与民法侧重不同,且刑事

---

① 如《陕西省高级人民法院民二庭关于公司纠纷、企业改制、不良资产处置及刑民交叉等民商事疑难问题的处理意见》就专门指出:先刑后民并非审理民刑交叉案件的基本原则,而只是审理民刑交叉案件的一种处理方式。为保护当事人的民事诉权和实体权益,在涉及刑事案件的民商事案件审理过程中不应随便中止审理,应当慎用驳回起诉。在先刑后民的情形下,也应注意解决因刑事案件久拖不决,民商事纠纷案件当事人的合法权益无法得到保护的问题。

② 如最高人民法院民事判决书,(2015)民二终字第335号,最高人民法院民事裁定书,(2018)最高法民申3298号等。

③ 江伟、范跃如:《刑民交叉案件处理机制研究》,载《法商研究》2005年第4期。

④ 参见肖建国、宋春龙:《责任聚合下民刑交叉案件的诉讼程序——对“先刑后民”的反思》,载《法学杂志》2017年第3期。

⑤ 参见张卫平:《民刑交叉诉讼关系处理的规则与法理》,载《法学研究》2018年第3期。

⑥ 参见纪格非:《论刑民交叉案件的审理顺序》,载《法学家》2018年第6期。

⑦ 参见张卫平:《民刑交叉诉讼关系处理的规则与法理》,载《法学研究》2018年第3期。

案件法官与民事案件法官在知识背景、运用不同法律的熟练程度、价值判断结果等方面亦有所差别,甚至思维方式也可能不尽相同,[①]不同案件法官在另一领域并无优势,加之先刑后民的做法在实践中可能导致私权救济的乏力,因此,刑事案件与民事案件在程序上的理想状态,本该是各尽其责。(2)实务机关近年来采取"同一事实"的标准对"先刑后民"的适用予以限定,可谓一种折中而务实的办法,一方面保证了在许多案件中"刑民并行"的处理模式,另一方面也减少了刑事案件与民事案件的裁判分歧。但问题在于,"同一事实"的认定标准有时是模糊的。一方面,自然状态下的事实往往是一连串行为综合作用的结果,而行为起点与终点的选取并无可供援引和参考的标准,存在不确定性;另一方面,规范意义上的事实则是对自然状态下事实的抽象,而民法抽象出的事实与刑法抽象出的事实常常是不同的,更何况如前所述,将"同一事实"理解为规范层面或法律关系层面的"同一"本身就存在不当之处。正是基于这样的原因,涉表见代理刑事案件中对代理行为的刑法判断与民法判断究竟是否基于"同一事实"就很难说。(3)"先刑后民"或"先民后刑"的提出,更大程度上应当是为了保证刑法与民法在特定问题上判断的一致,以维系法秩序的统一性。那么,前述以"先决关系"作为处理刑民交叉案件基本原则的主张便具有正当性:若在程序上,刑法(或民法)处理必须以民法(或刑法)处理为前提,当然需要"先民后刑"(或"先刑后民"),否则既无助于争议的解决,也会引发既判力、执行回转、启动再审程序等问题;若相反,则显然并无分清先后之必要。

可见,"先刑后民"的做法并非绝对,在刑事认定必须以民事认定为前提的情况下,"先民后刑"具有合理性。据此,当表见代理成立时,宜依代理人与相对人间关系,认定被告人成立职务侵占等犯罪;当表见代理不成立时,宜依代理人与被代理人间关系,认定被告人成立诈骗等犯罪。可见,罪名的认定必须依赖于对表见代理成立与否的专业性民事判断,涉表见代理

---

① 如陈兴良教授认为,民法强调形式思维和法律关系,刑法判断则是形式思维与实质思维并存。参见陈兴良:《刑民交叉案件的刑法适用》,载《法律科学(西北政法大学学报)》2019 年第 2 期。

刑事案件在程序上应“先民后刑”。当然,考虑到民事诉讼“不告不理”等因素,如何实现“先民后刑”的程序构建,囿于篇幅所限,有待另行撰文分析。①

六、结　　语

涉表见代理刑事案件是刑民交叉案件中一种较为复杂的类型,其不仅涉及刑法与民法两个不同的实体部门法,还与刑事诉讼、民事诉讼等程序性问题息息相关。为给该类问题的处理提出建议,在前文中,笔者试图从裁判分歧出发,架构起涉表见代理刑事案件的法律认定模式。首先,应由民事法官对表见代理的成立与否作民事认定。其次,若成立表见代理,应依代理人与被代理人间关系认定代理人的行为成立职务侵占等犯罪;若不成立表见代理,则应依代理人与相对人间关系认定代理人的行为成立诈骗、合同诈骗等犯罪(上述模式见图2),以此弥合涉表见代理刑事案件的裁判分歧。

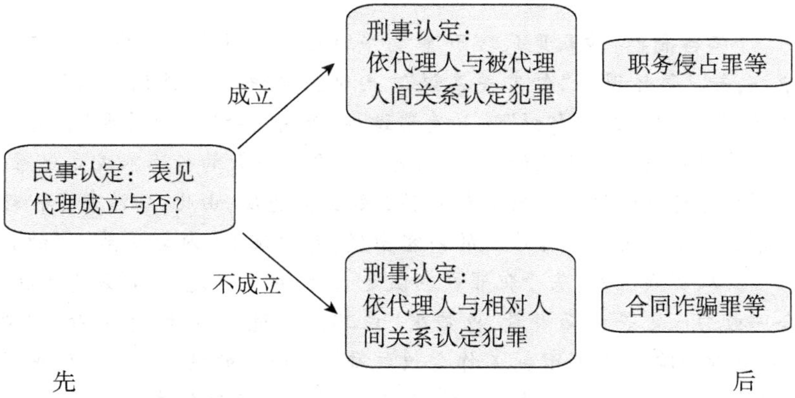

图2　表见代理成立与否的刑事认定

身处民法学高度活跃的“民法典时代”,刑法学也应相应地在刑民

① 一个可能的思路是,让民事案件法官作为专家证人出席刑事诉讼。

交叉的问题上有所作为。在对刑民交叉案件进行研究的过程中,"刑法与民法的对话""实体法与程序法的对话",这样的主张无疑是富有道理的。毕竟,如果相互关联的部门法始终沉湎于自己的理论疆域与实践场合"自说自话",就必然会忽视法秩序统一性的应然要求,也将影响司法实践对刑民交叉案件的具体处理。当然,对话的前提是双方要有共同的话语体系和交流基础,从此意义上讲,不仅是特定要件的实体与程序处理需要得到充分的讨论,甚至对于一些存在争议的基本理论范畴,如微观而言的"表见代理的成立要件"、宏观而言的"先刑后民""先民后刑"的程序设计等,或许也需要交叉学科的共同分析,需要融合不同视域的综合考量。

Legal Cognizance on Criminal Cases Involving Apparent Agency

Ao Bo

[**内容摘要**]涉表见代理刑事案件的处理在司法实践中存在重大分歧,并具体体现为"外部关系说""内部关系说""犯罪阻却说"三种主张,其中,"犯罪阻却说"不具有普适性,既有支持"外部关系说"的理由也均难以成立。从理论上看,前置法上合法有效的行为不成立犯罪,刑事犯罪行为必然体现出前置法层面的义务违反,由此,从涉表见代理刑事案件中行为人义务违反的内容出发,可以证成"内部关系说"的正当性。从实践上看,基于犯罪数额认定、退赔对象确定、裁判效力维护、合同效力认定等方面考量,也应采"内部关系说"。从程序上看,需要对《全国法院民商事审判工作会议纪要》所确定的该类案件"刑民并行"的处理模式进行检讨,基于民事认定对刑事认定的先决关系,涉表见代理刑事案件的处理应"先民后刑"。

[**关键词**]表见代理;刑民交叉;实体与程序;先民后刑

Abstract:There are significant differences in judicial practice in the handling of criminal cases involving apparent agency, which are specifically embodied in the controversy among "external relationship theory", "internal relationship theory", and "criminal resistance theory". Among them, the "criminal resistance theory" is not universal, and the reasons supporting the "external relationship theory" cannot be trusted. From a theoretical point of view, a legal behavior under the protected law can never be regarded as a crime, and the criminal act inevitably reflects the violation of the obligation under the protected law. Therefore, starting from the content of the violation of obligation in the criminal cases involving apparent agency, the "internal relationship theory" can be justified. From a practical point of view, in order to facilitate the determination of criminal proceeds, determine the object of compensation, maintain the effectiveness of the judgment, and determine the effectiveness of the contract, the "internal relationship theory" should also be adopted. From the procedural point of view, the principle of civil procedure prior to criminal procedure should be applied when handling criminal cases involving the apparent agency.

Keywords: Apparent Agency; Different Natured Cases; Substances and Procedures; Civil Procedure Prior to Criminal Procedure

法益的私权属性：侵犯著作权罪的应然归属

——以《民法典》第123条为切入点

利子平* 周树娟**

目 次

一、问题的提出
二、著作权的私权属性
三、侵犯著作权罪的法益是著作权
四、侵犯著作权罪的应然归属
五、结语

一、问题的提出

信息网络技术的发展使得作品传播发生了巨变，作品传播的主要途径不再是复制、发行，而是与网络技术紧密结合的信息网络传播行为和提供技术帮助的网络服务行为。公众可以在自己选择的地点和时间按需获取作品，“点对点”交互式传播成为平等主体之间的主流传播方式。特别是“点对点”交互式传播使得著作权关系主体发生重大变化，著作权的私权属性进一步凸显出来。在此背景下，《民法典》第123条

* 南昌大学法学院教授、博士生导师。
** 南昌大学法学院博士研究生；景德镇学院马克思主义学院副教授。

规定民事主体依法享有知识产权。直接将知识产权与人身权、财产权等一同列为重要的民事权利,从权利客体的角度对知识产权予以概括性的规定。2020 年 11 月 11 日新修正的《著作权法》,重新界定了复制权、发行权和信息网络传播权的含义,在权利保护方面进一步完善了故意避开或者破坏技术措施等侵害著作权行为的规制措施。面对因网络技术发展给著作权保护带来的挑战,《刑法修正案(十一)》第 20 条对侵犯著作权罪进行了修正,包括侵犯著作权犯罪的犯罪圈和刑罚的幅度两个方面,将“信息网络传播行为”、“故意避开或者规避技术措施行为”和侵犯表演者权的行为纳入了规制范围,在相当程度上解决了数字化时代著作权刑法保护的棘手问题,同时也更好地与《民法典》和《著作权法》衔接。也有学者认为,《刑法修正案(十一)》虽然对侵犯著作权罪作出了上述修正,但还有一些不足。[①] 如何更好地完善对著作权犯罪行为的规制,笔者认为,“完善”并不是重新设置新罪名来适应著作权犯罪的新样态,而是完善现有的罪名使刑法保护著作权体系化、完整化。刑法保护著作权的体系化、完整化需要解决侵犯著作权罪的归属问题。侵犯著作权罪的归属问题,首先应界定侵犯著作权罪的法益。众所周知,著作权首要的属性是私权属性,这是《民法典》所确认的,也得到学界一致肯定。特别是“点对点”交互式传播使得著作权关系主体的利益发生了重大变化,著作权的私权属性进一步凸显出来。随着现代私权观念的深入人心,针对著作权,刑法固守“公共利益优先”的价值理念已经不合时宜,而应当确立著作权人权利优位考虑的价值取向。[②] 侵犯著作权罪法益的界定应遵循刑民一体的思维,从著

① 王剑强在《浅议刑法修正案(十一)对侵犯著作权有关条款的修改》一文中认为,《刑法修正案(十一)》新增加的“通过信息网络向公众传播”规定仅适用于录音录像制作者、表演者,而且在增加表演者有关规定的同时,广播电台、电视台却仍然没有规定在其中。这有可能导致在广播电台、电视台权利的刑事司法保护方面产生盲区;阮开欣在《新刑法修正案对侵犯著作权有关条款进行了哪些修改》一文中认为侵犯表演者权的入罪行为没有很大的独立意义。

② 周国强、胡良荣:《中国版权刑法的构建》,载《内蒙古社会科学(汉文版)》2011 年第 2 期。

作权的私权属性的视角考量侵犯著作权罪的法益,并在此基础上重新审视侵犯著作权罪的归属问题。

二、著作权的私权属性

《与贸易有关的知识产权协议》(Trips 协议)在其前言部分声明并要求各成员国“认识到知识产权属私权”,以条约的形式明确了知识产权的私权属性。著作权是一项重要的知识产权,因此,著作权同样也具有私权属性。著作权,是指自然人、法人或者其他组织对文学、艺术和科学作品依法享有的财产权利和精神权利的总称。[①] 其反映了作品作者的人格利益和财产利益,属于民事权利的范畴,这是我国学界已达成的共识,同时也被我国相关立法所确认。我国 1986 年的《民法通则》第 94 条规定,公民、法人享有著作权(版权),依法有署名、发表、出版、获得报酬等权利,首次奠定了著作权的私权属性。2020 年的《民法典》第 123 条规定民事主体依法享有知识产权,直接将知识产权、人身权利和财产权利一同列为重要的民事权利,进一步明确了知识产权的私权属性。权利主体的私权属性是著作权归类于民事权利范畴的基本依据,著作权的产生、行使和保护,适用民法的基本原则和基本制度。从著作权的演变历史进程来看,著作权是一项随着传播技术的发展而逐渐产生、发展起来的民事权利。正如郑成思教授所言:“版权,是随着印刷技术的发展才产生的,又随着其后不断开发的录音、录像、广播等新技术的发展逐步发展的。”[②]网络环境下,著作权的私权属性向深度和广度上有所延伸。目前,我国已进入信息网络技术时期,信息网络技术的发展,给作品的创作、传播、保护带来了前所未有的变化,[③]信息网

① 吴汉东主编:《知识产权法》,法律出版社 2017 年版,第 33 页。

② 郑成思:《信息、知识产权与中国知识产权战略若干问题》,载《法律适用》2004 年第 7 期。

③ 王永兴、孙青青:《网络环境下侵犯著作权罪的若干问题探究》,载《东南传播》2010 年第 11 期。

络传播成为作品的主要传播方式,其主要特征是点对点的交互方式,这种作品传播方式,相关商业机构难以介入其中,使得平等私人主体之间的交互传播方式逐步成为主流。① 这种平等私人主体间的交互式传播更加突出作品所有人的主体产权,更加体现出著作权所反映和调整的社会关系是平等主体的自然人、法人之间的财产关系。② 我国2001年修订的《著作权法》采用WCT第8条后面一部分内容,规定著作权人享有信息网络传播权,第一次将信息网络传播权纳入著作权的财产权内容中。至此,著作权的内容向深度、广度上延伸,著作权的私人属性也进一步凸显出来。

进一步厘清著作权的私权属性,需要正确认识私权和公权力之间的关系以及二者地位。进入21世纪之后,随着网络技术的发展、著作权制度的发展和变革,国家公权力介入著作权领域越来越多。我国在著作权登记、计算机软件著作权、信息网络传播权和互联网技术著作权、出版方面都有国家公权力介入。特别是在信息网络传播著作权和互联网著作权方面国家公权力介入非常多,③使得著作权的私权属性越来越受到质疑。有的学者提出"知识产权私权的公权化"问题,随着国家介入因素的增强,知识产权已经不是一种纯粹的私权,而是一种具有公权力因素的私权。④ 笔者认为,这个观点值得商榷。

著作权与民事权利中其他的权利不同,著作权从确立之初就一直在个人利益与社会利益之间寻求平衡。世界上首部著作权法,1709年

---

① 熊琦:《互联网产业驱动下的著作权规则变革》,载《中国法学》2013年第6期。

② 刘春田:《知识产权为第一财产权利是民法学上的一个发现》,载《知识产权》2015年第10期;刘春田:《新中国知识产权法学学科的开拓者》,载《法学家》第2010年8期。

③ 我国在信息网络传播权与互联网著作权领域的行政立法包括:《互联网著作权行政保护办法》(2005.4.30)、《信息网络传播权保护条例》(2006.5.18颁布,2013.1.30修改)、《国家版权局办公厅关于规范网络转载版权秩序的通知》(2015.4.17)、《国家版权局关于规范网盘服务版权秩序的通知》(2015.10.14)、《国家版权局办公厅关于加强网络文学作品版权管理的通知》(2016.11.4)、《网络出版服务管理规定》(2016.2.4)。

④ 冯晓青、刘淑华:《试论知识产权的私权属性及其公权化趋向》,载《中国法学》2004年第1期。

的《安娜女王法令》专门设立“艺术公共领域”,以此来平衡著作权人个人利益。各国有关著作权的立法始终都是围绕着个人利益的需要和社会公共利益的需要,我国《著作权法》也不例外。我国《著作权法》在1990 年制定之后历经几次修改,始终都是在作品创作者私权的保护和公众利益需求之间寻找平衡。《著作权法》中对著作权时间期限、使用限制范围的规定也正是利益平衡的体现。有论者认为,这种平衡需要用公权力适时介入进行调整,这种国家公权力大量的干预,在权利的取得、行使和救济等方面设置了诸多公法规范,体现了公法和私法一定程度上的融合。[①] 公权力对著作权的干预主要表现在对著作权人意思自治的限制,更多地表现为行政管理。在著作权的确权、著作权的行使和著作权保护方面,都不同程度地有国家行政管理参与。例如,计算机软件版权登记,这种登记行为主要是为了保障公平合理、有效充分地维护民事主体的利益,对可能发生的利益冲突,对正当合理的权利要求和主张进行审查、甄别、确认和公示的必要的行政行为。这些行政行为其本质并非将本属于政府的私权授予申请人,这种“要式行为”不能改变知识产权的固有属性。[②] 不应将国家公权力的干预内化为著作权的公权属性。权利的产生方式无法决定权利的属性,权利的属性只能由权利的内容决定,作为私权的知识产权由国家授予而产生。国家授予私人享有知识产权,并不能使这种私权形态就显现出公权的特征。[③] 同理,以著作权的产生原因来界定著作权的属性,不具有合理性。何况,根据《著作权法》规定,著作权产生于作品创作完成之时,并没有相关法律规定著作权的产生需要登记。在我国,登记并不是著作权产生的法律依据,《作品自愿登记办法》明确规定,作品登记实行自愿原则。并且作品登记仅是作为著作权纠纷确权的初步证据,如果进入诉讼阶段,对

---

① 冯晓青、刘淑华:《试论知识产权的私权属性及其公权化趋向》,载《中国法学》2004 年第 1 期。

② 刘春田:《知识财产权解析》,载《中国社会科学》2003 年第 4 期。

③ 吴汉东:《关于知识产权私权属性的再认识——兼评知识产权公权化理论》,载《社会科学》2005 年第 10 期。

方依然可以对该作品的登记提出异议,并通过举证来推翻登记证书的效力。因此,公权力中的登记并不是著作权产生的依据,著作权私权公权化的理论观点并不能成立。

也有论者认为,著作权的权利属性中,私权和公权力是对立统一的关系,这种观点有待商榷。在法治国家,私权是公权的基础,在私权的运行机制中,离不开公权力的辅助。在私法体系中,在私权和公权力之间,私权始终居于目的、实体、主体、第一性的地位,公权力则居于手段、程序、辅助、第二性的地位。为保障私权秩序的合理、公平,经常需要借助于公权力的介入,须有公法规范。① 在著作权法的运行机制中,公权力介入的依据依然是著作权法,如国务院 2006 年 5 月 18 日公布的《信息网络传播权保护条例》第 1 条规定,为保护著作权人、表演者、录音录像制作者的信息网络传播权,鼓励有益于社会主义精神文明、物质文明建设的作品的创作和传播,根据《著作权法》制定本条例。由此可以说明,国家公权力对信息网络传播行为的管理以及规范,建立在私权的基础之上。这种公权力的介入并没有致使著作权私权属性出现私权公权化,而是进一步强化和保护著作权人的人身和财产利益。

三、侵犯著作权罪的法益是著作权

在侵犯著作权罪法益的问题上,我国刑法学界主要存在两种不同的观点。其一是国家的著作权管理秩序和他人的著作权;②其二是他人著作权。③ 在传统环境下,侵犯著作权罪的法益以国家的著作权管理秩序为主,并无太多争议。但在网络环境下,国家的著作权管理秩序

① 刘春田:《知识产权为第一财产权利是民法学上的一个发现》,载《知识产权》2015 年第 10 期。

② 高铭暄、马克昌主编:《刑法学》,北京大学出版社、高等教育出版社 2016 年版,第 438 页。

③ 张明楷:《刑法学》,法律出版社 2016 年版,第 823 页。

和他人的著作权双重法益,存在导致侵犯著作权罪行为被去罪化,刑法规制侵犯著作权罪行为被限缩的可能性。网络技术的发展改变了传播方式,使得版权产业的商业模式发生空前改变,[①]由"作者—出版商—读者"变为"作者—读者",出版商不再是必须的中介,[②]私人间的交互式传播逐步成为主流信息传播方式,使得著作权的私人属性更加凸显,著作权人的利益需要也随之发生改变。此时,侵犯著作权罪"法益"的考量路径应具有新视角,应以著作权私人属性为视角,在法教义学范式下重新考量侵犯著作权罪法益是为必要。在法教义学范式下,法益的界定应以刑法规范为基础,侵犯著作权罪的法益应能涵盖于本罪所有的法律条文,且条文之间应具有融惯性。但不仅于此,侵犯著作权罪的法益界定还需要符合法秩序的基本价值诉求。

(一)著作权法益能够涵盖本罪的构成要件要素,具有融惯性

1. 从危害行为分析,我国《刑法》第 217 条规定了侵犯著作权罪的客观行为,包括复制发行行为、信息网络传播行为、故意避开或者破坏技术措施行为、出版行为和制作出售假冒他人署名的美术作品行为。传统环境下,国家对著作权的复制发行已经形成了稳定的管理秩序,国家制定了完善的关于著作权登记、复制、出版以及集体管理与付酬法律规范。但在网络环境下,因立法技术的滞后性,国家对信息网络传播行为难以有着完善稳定的管理秩序,信息网络传播行为主要是依赖高科技技术,如 P2P 技术、深度链接技术是目前信息网络向大众传播作品的主要传播技术手段,这些网络技术使得作品传播的时间和成本得以缩小,但同时也加大了认定著作权违法行为的难度和困惑。特别是立法技术和术语表达的局限性,信息网络传播本应有的在传播途径和技术上的本质特征难以在立法上体现,致使"信息网络传播"的立法和其

① 吴汉东主编:《知识产权法》,法律出版社 2017 年版,第 37 页。

② 孙昊亮:《网络环境下著作权的边界问题》,法律出版社 2017 年版,第 42 页。

赖以存在的技术脱节。[①] 特别是P2P技术,目前尚未有针对其行为责任专门规定的法律规范。国家版权局、信息产业部2005年4月30日公布的《互联网著作权行政保护办法》仅针对内容提供者直接侵权行为和提供链接与搜索服务的间接侵权行为作了规定。国务院2006年制定并于2013年修改的《信息网络传播权保护条例》也未规定P2P技术行为的责任,导致司法实践中,利用P2P技术侵犯著作权罪的法律适用出现空白。[②] 这在一定层面上说明国家缺乏对信息网络传播技术的监管,传统刑法理论体系难以做到侵犯著作权罪的网络异形化代际转型的自洽与衔接。国家的著作权管理秩序法益难以涵盖信息网络传播领域。

侵犯著作权罪保护著作权人的复制权、发行权,其作用并不在于确认权利人本人有积极从事复制、发行的自由,而是赋予著作权人阻止他人未经许可对作品进行复制发行和信息网络传播行为的权利,这是著作权私权属性的表现。《最高人民法院、最高人民检察院关于办理侵犯知识产权刑事案件具体应用法律若干问题的解释》第11条第2款规定,"未经著作权人许可",是指没有得到著作权人授权或伪造、涂改著作权人授权许可文件或者超出授权许可范围的情形。更加强调了著作权的私权属性,作品只有在经过著作权人许可才有可能进入市场内,才会受国家出版市场的管理。因此,"未经著作权人许可的复制发行"行为直接侵犯著作权人的利益。"制作、出售假冒他人署名的美术作品"中的"假冒他人署名"行为侵犯的是著作权人的署名权,署名权是著作权的人身权,属于作者的人格权。按照现行法律规范,国家仅对著作权的财产权和邻接权行使行政管理权,人身权不在国家的行政管理范围之内。根据《出版物市场管理规定》,美术作品不属于出版物范畴,不

① 于志强:《信息网络传播权的立法缺憾与完善方向——以我国〈著作权法〉第三次修改为视角》,载《青海社会科学》2014年第1期。

② 《信息网络传播与互联网著作权》第12条、第14条、第20条、第21条、第22条、第23条具体规定了破坏、规避技术措施、提供信息储存空间、提供搜索、链接服务的责任,但没有规定P2P技术的相关责任。

在出版市场的管理范围之内。因此,该项并没有侵犯国家的著作权管理秩序,而是侵犯他人的著作权。

2. 从犯罪对象分析,根据《刑法》第 217 条第 1 款第 1 项规定,侵犯著作权罪的犯罪对象包括:文字作品、音乐、美术、视听作品、计算机软件及其他作品,这里的作品包含了网络作品。从国家对网络作品的监管来看,国家的著作权管理并没有覆盖全部的网络作品。国家新闻出版广电总局、工业和信息化部 2016 年 2 月 4 日公布的《网络出版服务管理规定》规定国家对网络出版服务实行许可制度,网络服务商从事网络出版服务,必须依法经过出版行政主管部门批准,取得网络出版服务许可证。但同时,国家新闻出版广电总局解读《网络出版服务管理规定》中的热点问题时,明确只有当网络信息服务具有明显的出版属性时,才由出版行政部门负责监管。按照现行标准,信息内容的创作者和生产者,如开设微博、微信公众号的个人或者机构,不纳入国家行政许可之列。[①] 微信公众平台属于腾讯微信推出的一项服务,腾讯公司给出的相关协议中有关知识产权声明"腾讯在本服务中提供的内容(包括但不限于网页、文字、图片、音频、视频、图表等)的知识产权归腾讯所有,用户在使用本服务中所产生内容的知识产权归用户或相关权利人所有"。[②] 腾讯不享有微信公众号文章的著作权,侵权行为人侵犯的法益仅是微信公众号持有人的著作权而不涉及国家的著作权管理秩序。

我国国家版权局 1994 年 12 月 31 日发布《作品自愿登记试行办法》的第 2 条规定,作品实行自愿登记。作品不论是否登记,作者或者其他著作权人依法取得的著作权不受影响。同时,《计算机软件保护条例》规定,计算机软件著作权自软件开发完成之日起产生。由此可

---

① 尹琨:《国家新闻出版广电总局解读〈网络出版服务管理规定〉热点问题》,载中华人民共和国中央人民政府网,http://www.gov.cn/xinwen/2016-03/10/content_5051667.htm。

② 微信公众平台知识产权声明,载百度百科网,https://baike.baidu.com/item/%E5%BE%AE%E4%BF%A1%E5%85%AC%E4%BC%97%E5%B9%B3%E5%8F%B0/1488140?fr=aladdin,2021 年 6 月 8 日访问。

知,计算机软件开发完成后,即便未向软件登记管理部门办理软件著作权登记,该软件仍属于侵犯著作权罪的对象,未经著作权人许可,非法复制发行计算机软件的行为,情节严重的构成侵犯著作权罪,如王某涛侵犯著作权案。1998 年上半年,被告人王某涛从天利公司技术员严某民处取得了非法拷贝的天利公司开发的“天丽鸟自来水智能系统”软件,并让原天利公司程序员肖某勇将软件源代码稍作修改并更名为“泓瀚自来水智能调度、信息发布、热线服务系统”。嗣后,王某涛即以杭州泓瀚软件系统有限公司的名义,将“泓瀚软件”销售给青岛市自来水公司和大同市自来水公司,获利 16 万元。[①] 本案中,天利公司开发的天丽鸟软件没有向中国版权保护中心提出申请并登记,但并不影响天利公司作为天丽鸟软件的开发者而依法享有的软件著作权。任何人未经天利公司许可非法复制发行其软件,均侵犯了天利公司对天丽鸟软件享有的著作权。

由此可知,无论是在传统环境下还是在网络环境下,国家的著作权管理秩序法益不能涵盖侵犯著作权罪所有的构成要件要素,而恰恰他人的著作权法益则可以涵盖侵犯著作权罪所有的构成要件要素,且具有融惯性。

(二)著作权法益能满足法秩序的基本价值诉求

一国法秩序的基本诉求凝结于该国的宪法之中,因为宪法构成的一种“客观的价值秩序”是根本性价值判断的实在法基础与客观标准。[②] 评价法益是否满足于法秩序的基本价值诉求,关键看该法益类型下的禁止性规定是否与宪法追求的基本价值有关联。我国《宪法》第 13 条规定,公民的合法的私有财产不受侵犯。以宪法的形式明确了国家对私人财产的保护。该规范的背后所欲追求的目的在于“财产安全”。作为私权的著作权是私人财产的一部分,自然也受到国家的保

① 《中华人民共和国人民法院公报》1999 年第 5 期。

② 雷磊:《法教义学能为立法贡献什么?》,载《现代法学》2018 年第 2 期。

护。著作权法禁止的"未经著作权人许可复制发行"行为,是保护著作权人基于复制权、发行权以及信息网络传播权而获得的财产上的利益,刑法的终极目标便是在合乎宪法至上秩序的价值评价基础上,通过对法益的确定性保护来保障公共、集体、个人的全方面利益。① 著作权法益类型能够满足法秩序的基本价值诉求。

信息网络传播的高效率、无载体和低成本的特征,使得每个人都可以成为出版者。网络为大众传播自己创作的作品提供了广阔的空间和平台,使作品脱离商业出版商,直接与读者点对点交互式传播成为可能。目前,国家虽然要求从事网络出版的网络服务提供者获得网络出版许可证,但对微博、微信公众号自媒体传播作品不作要求。个人在微博、微信公众号上发表自己创作的作品,无须出版商的介入。信息网络传播使得公众可以在自己选定的时间和地点按需获取作品,即使在没有出版商参与的情况下公众也可以获得作品。信息网络传播技术改变了作品传播中的参与主体,著作权利益关系主体发生了改变。作品的作者在没有出版商参与的情况下也可以获得商业利益。微信公众号是以个人或者商家名义向微信公众平台上申请账号,通过发布文字、图片、视频、语音等方式输出内容,分享给不特定的受众,是一种类似于报刊的新式信息载体。微信公众号作为较具影响力的自媒体之一,成为品牌营销、广告投放的新渠道。一些高流量的"自媒体",推广费用报价高达数万元甚至十余万元,而估值更是动辄千万元。上海市静安区人民法院开庭审理了全国第一起微信公众号合伙运营团队退伙财产分配案件,该案中四人经营的以原创内容为主的消费和生活类公众号,年收入达 300 多万元。在该案中法院明确了微信公众号是"具有独立性、支配性、价值性的网络虚拟财产,具有商业价值"。② 微信公众号具有虚拟财产的法律属性,并对该微信公众号作出 400 万元的估值。由此

① 熊波:《侵犯公民个人信息罪法益要素的法教义学分析——基于"泛云端化"信息特征》,载《西北民族大学学报》2019 年第 5 期。

② 《广州日报:微信公众号"分割首案"的启示》,载人民网,http://m.people.cn/n4/2019/1203/c3351-13460696.html。

可见，微信公众号的商业价值不容小觑。上文提到，目前微信公众号自媒体创作作品不需要国家行政管理机关的审批，也意味着微信公众号发表作品行为不在国家对著作权行政管理范围之内。侵权人转载他人公众号原创文章并没有侵犯到国家的著作权管理秩序，倘若以国家的著作权管理秩序为侵犯著作权罪法益，就会限缩刑法规制的范围，不利于对著作权人利益的保护，自然就不能切合宪法对公民的合法私有财产的保护，不能满足法秩序的基本价值诉求。

网络环境下作品的传播技术和表现形式发生了变化，著作权人维护自身利益的需求随之发生变化，国家对著作权利益的保护已经不能适应网络环境中著作权人的利益需求，刑法理应转变理论观念，正如学者所言"随着现代私权观念的深入人心，在版权刑法上固守'公共利益优先'的价值理念已经不合时宜，而应当确立版权人权利优位考虑的价值取向"。①

四、侵犯著作权罪的应然归属

（一）著作权法益保护下，侵犯著作权罪应归入刑法分则侵犯财产罪

1.从法益归类看，将侵犯著作权罪归入侵犯财产罪更切合我国刑法立法体系。侵犯财产罪，是指以非法占有为目的，非法取得、挪用、故意毁坏公私财物的行为。总体说来，侵犯财产罪的法益是财产。② 侵犯著作权罪保护的法益是著作权，实质是保护著作权人的财产。根据法益分类，原则上每个大章的法益应该具有同类性。刑法分则第三章破坏社会主义经济秩序罪的法益是我国社会主义市场经济秩序。社会主义市场经济秩序，是国家通过法律对由市场资源配置的经济运行过

① 周国强、胡良荣：《中国版权刑法的构建》，载《内蒙古社会科学（汉文版）》2011年第2期。

② 张明楷：《刑法学》，法律出版社2016年版，第930页。

程进行调节和实行管理所形成的正常、有序的状态。产品质量管理秩序,进出口管理秩序,对公司、企业管理秩序,金融管理秩序,税收管理秩序各方面的管理秩序,侵犯其中某一经济秩序,也就是侵犯我国社会主义市场经济秩序,从而构成破坏社会主义市场经济秩序罪。[①] 根据破坏社会主义市场经济秩序罪保护法益的内容,刑法分则第三章共设有 8 节:生产、销售伪劣商品罪,走私罪,妨害公司、企业的管理秩序罪,破坏金融管理秩序罪,金融诈骗罪,危害税收征管罪,侵犯知识产权罪和扰乱市场秩序罪。这些罪侵犯的法益应是破坏社会主义市场经济秩序中的某一经济秩序。例如,生产、销售伪劣商品罪侵犯的法益是国家对产品质量的监督管理制度和市场管理制度,走私罪侵犯的法益是国家对外贸易管制中关于武器、弹药禁止进出口的监管制度。这类犯罪行为侵犯的是国家公权力在国家管理活动形成的秩序。而著作权具有私权属性为《民法典》所确认,也得到了学界的肯定。虽然随着网络技术的发展,国家公权力对著作权制度的干预越来越多,如对作品传播方式及其所依赖的技术的规范和限制等,但这无法改变著作权的私权属性。这种私权属性决定了侵犯著作权罪保护的法益应是他人的著作权,与刑法分则第三章的法益不属于同一类型,也不协调。

2. 从侵犯著作权罪的犯罪对象分析,将侵犯著作权罪归入侵犯财产罪更有利于著作权人财产权的保护。根据我国《刑法》第 217 条规定,侵犯著作权罪的犯罪对象包括文字作品、音乐、视听作品、计算机软件及其他作品;他人享有出版权的图书;录音录像制品;表演者作品和美术作品。这些都属于《著作权法》保护的作品表现形式,《民法典》第 123 条第 2 款规定“知识产权是权利人依法就下列客体享有的专有的权利:(一)作品……”赋予了著作权人对其作品的财产私人所有的属性。根据《著作权法》规定,就是著作权人可以通过复制发行或者信息网络传播这些作品而获得财产收入,未经著作权人许可,行为人复制发行或通过信息网络传播这些作品,实质上非法占有了著作权人因此而

① 高铭暄、马克昌主编:《刑法学》,北京大学出版社、高等教育出版社 2016 年版,第 367 页。

获得的财产收入,侵犯了著作权人的财产利益。根据《刑法》第 92 条规定,公民私人所有的财产是指公民合法收入、储蓄、房屋和其他生活资料。公民因复制发行自己的作品而获得的财产属于公民合法收入,侵犯著作权罪的犯罪对象实质是侵犯了著作权人的财产。侵犯财产罪的犯罪对象是财物,包括了公共财产和私人财产。侵犯著作权罪的犯罪对象与侵犯财产罪的犯罪对象相契合。

3. 从侵犯著作权罪的犯罪客观行为分析,侵犯著作权罪应归入侵犯财产罪。破坏社会主义市场经济秩序罪的犯罪客观行为是违反国家管理规定的非法经济活动,但从“制作、出售假冒他人署名的美术作品”犯罪行为来分析,并不是所有的侵犯著作权罪的犯罪客观行为都违反了国家的著作权管理秩序。美术作品在市场上的销售并不受我国出版监管部门的监管,其所遵循的是市场经济的基本规则,是平等主体之间的商品交易行为。“制作、出售假冒他人署名的美术作品”行为侵犯了购买者和被署名人的财产权益,并不会侵犯到国家的著作权管理秩序,此处应是侵犯财产型犯罪。有代表性的观点认为,“制作、出售假冒他人署名的美术作品”行为侵犯了著作权人的署名权,从理论上讲,著作权法理论基于保护著作权的目的,可能将这种对姓名权的侵犯认定为对署名权的侵犯,进而认定为对著作权的侵犯。但是,在刑法上,出售假冒他人署名的美术作品的行为更为严重地侵犯了购买者的财产,应按较重的财产犯罪处罚。[①] 在司法实务中,也有法院将该行为认定为诈骗罪的实例。如张某欢案,[②]被告人张某欢伙同张某明分别两次将假冒他人署名的字画出售给被害人,并获取违法所得 87,000 元,法院认为张某欢伙同他人,以非法占有为目的,采用隐瞒真相的方式,骗取他人财物,数额较大,其行为已构成诈骗罪。

---

① 张明楷:《刑法学》,法律出版社 2016 年版,第 826 页。

② 浙江省温州市鹿城区人民法院刑事判决书,(2017)浙 0203 刑初 1625 号。

(二)侵犯著作权罪归入侵犯财产罪后的修补

郑成思教授曾指出,知识经济必然而且经常带来知识产权保护上的全新问题。而这些新问题,又集中在网络的应用上。[①] 信息网络的发展促进了作品传播方式的变化,致使著作权刑法保护受到严峻挑战。传播方式的改变导致侵犯著作权罪出现了新情况、新问题,设置深度链接行为,开设"私服、外挂"行为以及规避、破坏技术措施行为已然成为侵犯著作权犯罪行为的新样态。与此同时,著作权的私权属性进一步凸显,而这一私权属性被《民法典》第123条再次确认。《刑法修正案(十一)》将信息网络传播行为、故意避开或者破坏技术措施和侵犯表演者权行为入刑,将"电影、电视录像作品"修改为"视听作品",充分表明刑法在侵犯著作权犯罪规制方面不仅能适应网络技术的发展,同时也逐步与前置法衔接并主动适应前置法。刑法在法律体系中第二性的独特性质,使得刑法规范并不是自足或者自洽的,只有在民法及其他部门法的配合与协调下,刑法才能发挥作用。此时,有必要遵循合理性原则和刑法谦抑性原则,以2004年《宪法修正案》中关于私有财产的保护权利限制的内容为依据,[②]以《民法典》确认的著作权私权属性为嵌入点,衔接《刑法》与《著作权法》的相关规定,合理地修补侵犯著作权罪的构成要件要素。

1.扩大刑法规制侵犯著作权的犯罪行为。网络环境下,技术措施可以在事前有效地杜绝违法使用作品的行为。其目的就是著作权人或者相关权利人可以通过技术的手段和方式阻碍行为人在未经许可的情况下使用作品。行为人若想使用作品必须支付一定的费用从而保障著作权人或者相关权利人的财产权的实现。技术措施使得著作权人保护自己著作权和财产利益的能力成为了可能,相较于侵权行为的事后法

---

① 郑成思:《对21世纪的知识产权研究的展望》,载《中国法学》1999年第4期。

② 郑成思:《信息、知识产权与中国知识产权战略若干问题》,载《法律适用》2004年第7期。

律救济,采用事前保护的技术措施是维护著作权利益积极有效的手段。越来越多的著作权人适用技术措施保护自己的利益,与此同时,规避、破坏技术措施行为也相伴而生。致使技术措施的保护遇到了很大的挑战,技术措施成为了需要保护的对象。目前,通过法律保护技术措施在国际上已经是共识。最早在 1996 年的《WIPO 版权条约》第 11 条和《WIPO 表演和录音制品条约》第 18 条要求缔约国对技术措施提供保护。2010 年《反仿冒贸易协定》和 2016 年《跨太平洋伙伴关系协定》在强调对技术措施保护的同时还界定了技术措施保护的范围。严重规避、破坏技术措施行为,使得著作权人保护的作品未经许可被信息网络传播,侵害了著作权人因技术措施保护而获得的财产利益,侵犯了著作权人的财产权。刑法将规避、破坏技术措施行为纳入刑法规制范围具有正当性。我国《著作权法》2010 年第二次修订就在第 48 条将规避、破坏技术措施的违法行为纳入可能构成犯罪,依法追究刑事责任的范围之内,顺应了网络技术发展需要,并与国际接轨。《著作权法》2021 年第三次修订时专门通过第 49 条、第 50 条和第 51 条规定技术措施的保护。但我国刑法在很长一段时间没有针对规避、破坏技术措施规定相应的刑法责任。因此,无论是规避还是破坏技术措施行为,都不构成刑事犯罪,不能通过刑法追究责任,造成了刑法在规制规避、破坏技术措施方面的空白。直到《刑法修正案(十一)》才将避开或者破坏技术措施行为纳入刑法规制中,并且这个规制的行为是直接照搬《著作权法》第二次修订中的第 48 条第 2 款第 6 项的条款,并没有参照《著作权法》第三修订的内容。在司法实践中,往往存在通过技术手段获取著作权人保护其作品的技术措施的装置或者主要部件,然后将该装置或者部件销售给他人的情况。例如,徐某富、黄某国侵犯著作权罪一案,[①]徐某富破解北京金橙子科技有限公司的涉案软件,将里面安装的程序拷贝出来,并负责原材料的采购、销售和维修;石某考负责将破解的软件程序烧录至激光打标卡芯片中,并进行了组装、测试软件、包装以及发货;被告人黄某国负责售后维修。本案中被告是将破解的技术

① 深圳市龙岗区人民法院刑事判决书,(2020)粤 0307 刑初 1603 号。

措施销售与他人,供他人使用。但在《刑法修正案(十一)》中关于避开或者破坏技术措施刑法规制只是概括性的规定,并没有与《著作权法》第三次修订内容衔接。因为在第三次修订时明确了避开或者破坏技术措施行为的具体情况,即规定故意避开或者破坏技术措施的,故意制造、进口或者向他人提供主要用于避开、破坏技术措施装置或者部件的,或者故意为他人避开或者破坏技术措施提供技术服务的。这一规定无疑是对故意避开或者破坏技术措施行为规制边界的界定。因此,可以根据《著作权法》第三次修正的规定完善《刑法》第 217 条关于避开或者破坏技术措施的规定,即未经著作权人或者与著作权有关的权利人许可,故意避开或者破坏技术措施的,故意制造、进口或者向他人提供主要用于避开、破坏技术措施的装置或者部件的,或者故意为他人避开或者破坏技术措施提供技术服务的。

2. 扩大刑法对著作权内容的保护范围。传统环境下,作品的传播依赖于物质载体,复制、发行是作品传播的主要方式。侵权人主要是通过盗版获取违法所得。所以著作权人只要控制复制权和发行权,就能很好地维护经济权利不受侵犯。网络环境下,作品的传播是"信息"的传播,"信息"的特点是无载体,一键即可完成复制,侵权人实施侵权的内容不再局限于复制权、发行权。著作权的私权属性进一步凸显出来,《民法典》和《著作权法》及时加强了对著作权人权益的保护。《民法典》第 123 条规定,"知识产权是权利人依法就下列客体享有的专有的权利……"专有权利是著作权法的核心,决定了权利人可以依法排斥他人未经许可实施的行为范围,自然也决定了他人何种未经许可实施的行为构成侵权。2021 年《著作权法》修改,对复制权、出租权、广播权和信息网络传播权的定义都进行了调整。[①] 虽然《刑法修正案(十一)》对侵犯著作权罪作了修改和完善,但《刑法》对著作权内容的保护范围远小于《著作权法》。为能更好地保护著作权人利益,应该将著作权人的修改权纳入刑法保护范围。同时将《刑法》第 217 条第 1 款第 4

① 王迁:《〈著作权法〉修改:关键条款的解读与分析(上)》,载《知识产权》2021 年第 1 期。

项中的美术作品的署名权改为作品的署名权。

（1）增加修改权。修改，通说认为是指作者增删作品的内容，对错、漏部分进行必要的更正和补充。未经著作权人同意对作品内容修改侵犯了著作权人的修改权。近年来，计算机软件的侵权行为不再只是贩卖盗版软件，而是已发展到侵权行为人窃取网络游戏源代码并以此为基础，通过复制原程序的原始数据，以换皮、加工等形式制作另一款相似游戏并上线运营获取巨额利润，或者通过非法获取的网络游戏软件信息系统数据，修改客户端内存中的数据来改变、限制增加游戏功能的目的。这种新型的侵权行为尤其以私设网络游戏外挂最多，造成的社会危害性大。我国新闻出版总署联合其他四部门于 2003 年 12 月 8 日发布《关于开展对“私服”“外挂”专项治理的通知》，将外挂视为违法行为，刑法上应当予以规制。但“私服、外挂”行为司法认定差异较大，通过对中国裁判文书网 2014 年至 2018 年记录的关于“私服、外挂”案件数据进行信息分析，总共有 148 个一审法院审结的案件符合要求。在 148 个案件中主要涉及以下罪名：侵犯著作权罪一共有 78 个，非法经营罪有 31 个，销售侵权作品罪有 1 个，破坏计算机信息系统罪有 16 个，非法获取计算机信息系统数据罪有 1 个，提供侵入、非法控制计算机信息系统程序罪有 21 个。在罪名的适用上，不仅不同的法院适用不同，也有公诉机关和法院对案件定性不同。如邓某豪侵犯著作权罪案，[①]肇庆市鼎湖区公诉机关提起公诉的罪名是非法经营罪，法院最终认定的罪名是侵犯著作权罪。朱某某、邱某某、赵某某非法经营罪案，[②]徐州市云龙区人民检察院以破坏计算机信息系统罪提起公诉，法院以非法经营罪作出判决。司法实践对外挂行为的定性呈现出混乱状态，其原因关键在于目前刑法对外挂行为的评价不精确。外挂行为实际上是在运行过程中对软件的修改，侵犯的是软件作品的“修改权”和“保护作品完整权”。[③] 我国《著作权法》第 53 条第 1 款第 7 项规定，未

① 广东省肇庆市鼎湖区人民法院刑事判决书，(2016)粤 1203 刑初 80 号。

② 江苏省徐州市云龙区人民法院刑事判决书，(2015)云刑初字第 201 号。

③ 徐松林：《开发外挂软件营利行为如何定性》，载《人民检察》2017 年第 16 期。

经著作权人或者与著作权有关的权利人许可,故意删除或者改变作品、版式设计、表演、录音录像制品或者广播、电视上的权利管理电子信息的,知道或者应当知道作品、版式设计、表演、录音录像制品或者广播、电视上的权利管理电子信息未经许可被删除或者改变,仍然向公众提供的行为,构成犯罪的,依法追究刑事责任。未经著作权人同意删除、修改作品,侵犯著作权人的修改权是为法律所禁止的行为。根据《著作权法》规定,修改权与署名权同属于著作人的人身权内容。我国《刑法》第 217 条第 1 款第 4 项已将美术作品的署名权纳入了保护的范围。同理,修改权也可纳入《刑法》第 217 条的保护范围,从而对网络环境下侵犯著作权的修改行为进行规制。

(2)增加作品的署名权。我国现行《著作权法》将作品分为 9 类,美术作品只是其中的一类。网络技术的发展促进了网络文学的迅速发展,很多平台推出在线有偿阅读,为了获取更多的点击率,以及更多的在线购买和下载量,行为人在自己撰写的小说上署上某知名作家名字的情况屡见不鲜。名人效应的影响下作品很容易被海量下载阅读,这种行为不仅侵犯了名人的姓名权,也侵犯了名人的署名权。刑法不能厚此薄彼,应该将其他作品的署名权也列入保护范围。

3. 完善侵犯著作权罪的定罪标准,以更贴合著作权人的利益保护需要。侵犯著作权罪的定罪标准是在传统环境下制定的,当时主要是规制复制、发行行为。在传统环境下,违法复制、发行作品,需要大型的机器设备、厂房等高额投入。行为人实施侵权行为主要目的是获利,是典型的贪利行为,违法所得数额能够反映出行为人行为的法益侵害。在网络环境下,作品传播不再依赖物质载体,行为人实施侵权行为成本很低,实施侵权的目的不一定是贪利,也有可能是分享。再者,作品在网络中不受物质载体的限制,其传播具有发散性,作品在网上被复制、下载可以再次被无限次传播。行为人一旦实施侵权行为,会造成著作权人的巨大损失,但其本人有可能获利很小甚至没有获利。如唐某龙侵犯著作权罪一案,[①]被告唐某龙参与运营“新笔趣阁”网站,复制、发

① 北京市东城区人民法院刑事判决书,(2017)京 0101 刑初 95 号。

行北京市中文在线数字出版股份有限公司下属“17K 小说网”享有的专有信息网络传播权的作品,并从中获利 1.5 万元。但据受害人称:“新笔趣阁”复制、发行其公司拥有合法版权的网络文学作品 675 部,按每部作品 2 万元损失计算,造成的直接损失预估为人民币 1350 万元。朱某雄侵犯著作权罪一案,①被告朱某雄将某公司制作的 20 集潮语连续剧《传奇国舅陈北科》全部发布在“华龙潮汕网”上供网民点播。2014 年 4 月 14 日该公司报案为止,被告朱某雄从中获得广告费 11,332.66 元,而这部连续剧的投资拍摄费用是 400 万元。从中可知,违法所得数额难以反映法益侵害程度,以违法所得数额为主要的定罪标准难以保护著作权人的合法利益。在财产犯罪中,侵犯著作权罪可以参考盗窃罪,直接将“违法所得数额较大或者巨大”修改为“数额较大或者巨大”,可以通过司法解释将“著作权人损失数额”包含在内,以补充“违法所得数额”反映法益侵害的情形。

值得注意的是,信息网络传播技术的发展,催生出很多高流量的“自媒体”。“自媒体”往往兼有打赏和投放广告的功能,著作权人可以通过这些途径获取丰厚的利润。近年来,微信公众号被高价收购案例频出,如“同道大叔”微信公众号被美盛文化以 2.18 亿元收购,“量子云”被翰叶股份有限公司作价 38 亿元收购,足见“自媒体”时代高流量的微信公众号商业价值不容小觑,微信公众号的商业价值越来越被认可。微信公众号、微博、抖音等“自媒体”与其他的财产有区别,其商业价值除了外部客观因素之外,还依赖于著作权人的智力和劳动成本。对“著作权人损失数额”的评估可以借鉴我国首例微信公众号分割案,采用综合认定的方法。“自媒体”中“著作权人损失数额”认定需要考虑多项因素:第一,“自媒体”的概况和发展历程,参考其成立的时间、运营期间的真实收入;第二,“自媒体”的影响力和传播力,参考粉丝量、流量和阅读量;第三,预期收益,参考合作品牌的知名度。

2011 年 1 月 10 日印发《最高人民法院、最高人民检察院、公安部关于办理侵犯知识产权刑事案件适用法律若干问题的意见》增加了侵

① 汕头市潮阳区人民法院刑事判决书,(2016)粤 0513 刑初 121 号。

犯著作权罪"其他严重情节"的量化情节,即"点击数"和"注册会员数"网络数据,在一定程度上解决了司法实践面临的困难。"'点击数'无疑具有一定的技术上的合理性和操作上的可行性,但其在许多情况下还是不能准确地反映著作权人所受损害的实际情况,并且会在事实上和法理上带来的新的困惑。"[①]这些困惑主要集中于如何量化问题。其一,司法实践中,司法机关内部计算方法标准不一导致最终点击数据分歧大。其二,计算点击数在实践中难以克服技术难度。例如,重复点击、人为的虚增、不正常的点击数是否应当排除,如果要排除应如何排除,还有网站的人气指数额是否就等于侵权物品的点击率。"注册会员"也是侵犯著作权罪网络中的量化标准,在实践操作过程中同样也存在弊端。如果行为人上传的作品有一部分是合法授权的,而吸引会员注册的正是合法授权的作品,则存在认定的问题。此外,存在一般网站不需要实名注册的情况,注册会员也存在重复注册的情况。这种一个账号多人使用和一个人使用多个账号的情况如何计算?网站中的僵尸会员是否应计算在内?在"注册会员"计算标准不统一的情况下,以此来评判案件就很难做到罪责刑相适应。

网络数据认定的困境很大部分原因是基于网络技术的发展,司法实践应顺应网络技术发展,完善网络数据定量情节规定。司法解释应进一步明确网络数据的计算标准和方法:首先,司法机关内部应该就网络数据的计算标准和方法达成统一,并且这种标准能够顺应技术发展实时地作出调整;其次,应当排除重复点击行为,以及虚增、不正常点击数量的情况;最后,注册会员数应排除"僵尸"会员数,即仅注册而没有浏览和下载的会员数。

五、结　　语

网络技术的发展,促使作品的传播方式发生改变,以"信息"为媒

① 李宗辉:《网络空间中侵犯著作权罪的法律适用》,载《政法学刊》2019 年第 1 期。

介的点对点交互式传播方式,使得著作权人传播作品不再依赖于出版商,公众都可以成为传播作品的主体。著作权的私权属性也进一步凸显。《民法典》第 123 条确认著作权属于民事权利范畴,具有私权属性。2021 年《著作权法》通过第三次修改,进一步完善了对著作权人权益的保护,与此同时,《刑法修正案(十一)》在侵犯著作权罪的修改完善方面进一步适应技术发展的需要,并积极与前置法相衔接。但与《著作权法》相比,对著作权的刑法保护范围依然很窄。刑法在法律体系中属于第二性,决定了刑法是保障性法律,民法和著作权法是其前置法。刑法要主动适应前置法才能保证刑法在保护著作权体系中的完整性和周延性。在侵犯著作权罪的完善方面,应从《民法典》确认的著作权私权属性出发,在法教义学范式下重新考量,侵犯著作权罪的法益应是著作权。因此,以法益为分类标准,侵犯著作权罪与我国刑法分则第三章并不切合。将侵犯著作权罪归入侵犯财产罪,并在此基础上进一步扩大刑法规制侵犯著作权的犯罪行为的范围,扩大刑法对著作权内容的保护范围,完善侵犯著作权罪的定罪标准,能使著作权的刑法保护更贴合著作权人权益保护的需要,更切合我国刑法立法体系。

The Private Property of Legal Interests: Due Attribution of Copyright Crime

—Take the"Civil Code"as the Starting Point

Li Ziping & Zhou Shujuan

[**内容摘要**]网络技术的发展改变了作品传播的方式,使得"点对点"交互式传播成为主要的传播方式,公众成为传播主体,著作权的私权属性进一步凸显。传统的刑法理论侧重于对国家著作权管理秩序的保护,忽视了著作权作为私权的属性,导致关于著作权犯罪的刑法立法出现偏差。《民法典》第 123 条确认了著作权的私权属性,《刑法》在著作权的保护中应适应民法,从著作权私权属性视角考量侵犯著作权罪的法益,并在此基础上重新审视侵犯著作权罪的归属问题。

[**关键词**]网络环境;侵犯著作权罪;法益;私权属性;归属

Abstract: The development of network technology has changed the way of dissemination of works, making "point-to-point" interactive dissemination the main mode of dissemination, the public has become the main body of dissemination, and the private nature of copyright has further highlighted. The traditional criminal law theory focuses on the protection of the national copyright management order, ignoring the attribute of copyright as a private right, leading to deviations in the criminal law legislation on copyright crimes. Article 123 of the Civil Code confirms the private property of copyright. The criminal law should be adapted to the civil law in the protection of copyright. From the perspective of the private property of copyright, the legal benefits of the crime of copyright infringement shall be considered, and the attribution of the crime of copyright infringement shall be re-examined on this basis problem.

Keywords: Web Environment; Copyright Crime; Legal Interest; Private Property; Attribution

〔外国刑法〕

厘清刑事合规概念的相关争议

——兼谈德国对刑事合规的概念界定

林文婷*

目　　次

一、问题的提出
二、概念自身争议及其厘清:以刑事性特征为基础界定刑事合规
三、概念之间的关系争议及其厘清
四、结语

一、问题的提出

刑事合规自2018年起成为我国刑法学界的新兴热点话题,相类似的热潮同样发生在刑事合规的概念创设地德国。自2008年西门子案件告一段落后,德国刑法学界便开始从刑法角度研究合规问题,并将合规与刑法相结合,于德国创设性地提出"刑事合规"(criminal compliance)这

---

* 厦门大学法学院博士研究生。

一英文概念。自 2011 年左右始,[①]关于刑事合规的探讨在德国愈发呈现出系统化、热点化的趋势。而这万众瞩目的概念发祥于美国的合规计划及其刑事化发展。正是合规的刑事化与全球化发展,使得德国刑法学者在本国企业西门子的贿赂丑闻中察觉了合规这一涉及经济、金融、企业文化等多领域的企业风险防控理念,对刑法领域,特别是对刑事责任与刑事处罚的积极意义。要而论之,刑事合规是一个发源于美国、产生于德国,[②]且来源于非刑法领域的刑法概念。[③]

毋庸讳言,刑事合规在备受关注的同时,针对其概念的争议也相伴而生。对于支持刑事合规的学者而言,不同的概念界定之间基本只存在着较为细微抑或是无伤大雅的差异。然而,此处有若干值得注意的问题。一来,若以合规为理解基础,则有观点认为刑事合规是"传统企业合规的升级形态",[④]另有观点认为刑事合规是"合规计划的子项目"[⑤]。如此"合规之上"与"合规之下"的两种看法究竟何者更为贴切,值得商榷。二来,学界在刑事合规对象所违反的法律范围,即刑事合规来源的范围上也有争议。有学者认为应当主要将国内法作为刑事合规的规则来源以及立法要求的遵守对象,[⑥]另有学者支持刑事合规应当包括遵守外国以及国际层面的刑事法律规定。是否应当将外国法作为刑事合规的来源也值得进一步探讨。此外,在刑事合规的功能定

---

① 2011 年,丹尼斯 · 伯克(Dennis Bock)首次提出了关于刑事合规的涉及内容较广的学术意见。Rotsch, Criminal Compliance-Begriff, Entwicklung und theoretische Grundlegung, in: Rotsch, Criminal Compliance-Handbuch, 1. Aufl., 2015, S. 62.

② Rotsch, a. a. O., S. 58ff.

③ Rotsch (Fn. 1), S. 35f.

④ 张远煌:《刑事合规国际趋势与中国实践》,载《检察日报》2019 年 11 月 2 日,第 3 版。

⑤ 孙国祥:《刑事合规的理念、机能和中国的构建》,载《中国刑事法杂志》2019 年第 2 期。

⑥ Hilgendorf, Grundfragen strafrechtlicher Compliance am Beispiel der strafrechtlichen Produkthaftung für teilautonome technische Systeme, in: Rotsch, Criminal Compliance vor den Aufgaben der Zukunft, 2013, S. 23;田宏杰:《刑事合规的反思》,载《北京大学学报(哲学社会科学版)》2020 年第 2 期。

位方面,有学者在初期研究时只注重刑事合规的预防功能,而忽视了抑制功能。① 不同阶段刑事合规的功能之间也存在着被混淆的可能。因此刑事合规的功能也应当更清晰、分段化地进行定位。

当然,学界也存在着质疑甚至反对刑事合规的声音。有学者持刑事合规不必要论,否定刑事合规这一概念的存在,认为合规体系主要由非刑事规则构成,且若企业合规计划已然兼具绝大部分必备要素,则其中就已囊括刑法上的内涵,便不必要再增设刑事合规这一概念。② 且刑法只是最后手段,若合规本身便能成功,那么刑事合规就是多余的。③ 此外,还有学者虽未直接否定刑事合规之概念意义,但却支持合规在其他学科或者法律部门的发展,并不推崇或不使用刑事合规这一概念。④ 因此,刑事合规是否具有概念存在的意义,以及刑事合规与合规、与其他合规子项之间的关系究竟如何也是亟待学术界回应及厘清的问题。

日前,企业合规已被写入最高检工作报告。最高人民检察院工作报告指出,2020 年,检察机关对民企负责人涉经营类犯罪,依法能不捕的不捕、能不诉的不诉、能不判实刑的提出适用缓刑建议,同时探索督促涉案企业合规管理,促进"严管"制度化,不让"厚爱"被滥用。⑤ 随着企业合规在最高人民检察院工作报告中占据了一席之地,合规在我

① Bock, Compliance und Aufsichtspflichten in Unternehmen, in: Kuhlen/Kudlich/Ortiz de Urbina (Hrsg.), Compliance und Strafrecht, 2013, S. 57; Kudlich, Compliance durch Verbandsstrafbarkeit?, in: Kuhlen/Kudlich/Ortiz de Urbina (Hrsg.), Compliance und Strafrecht, 2013, S. 209.

② Nieto Martín, Grundlegende Probleme von Compliance und Strafrecht, in: Kuhlen/Kudlich/Ortiz de Urbina (Hrsg.), Compliance und Strafrecht, 2013, S. 32, 34, 36, 39.

③ Traudes, Zertifizierung als Maßnahme der (Criminal) Compliance, 1. Aufl., 2017, S. 43.

④ 时延安:《合规计划实施与单位的刑事归责》,载《法学杂志》2019 年第 9 期;田宏杰:《刑事合规的反思》,载《北京大学学报(哲学社会科学版)》2020 年第 2 期。

⑤ 张军:《最高人民检察院工作报告(第十三届全国人民代表大会第四次会议)》,载最高人民检察院网,https://www.spp.gov.cn/spp/gzbg/202103/t20210308_511658.shtml。

国司法层面得以进一步发展的前景可谓已然明朗,相信出台相关立法也是指日可待。是以,在我国理论界与实务界大力倡导、推进刑事合规的新形势、大背景之下,在研究伊始就界定好刑事合规概念的各项内部属性,明晰刑事合规是否具有独立的概念价值,以及是否将其划归为其他法律部门的研究对象更为适宜,便具有必要性与紧迫性。

二、概念自身争议及其厘清:以刑事性特征为基础界定刑事合规

为了厘清争议,首先便要对概念本身进行明晰。既然"刑事合规"一词是德国刑法学界在西门子案件之后痛定思痛创造的,①那么便应当聚焦德国学者对于刑事合规的概念界定,从而在准确认知的基础之上展开相关争议问题的探究。目前对刑事合规最为详细、最有代表性的界定来自被称为"德国刑事合规之父"②的托马斯 · 罗什(Thomas Rotsch)教授。③ 他从刑事合规的目的、对象、来源、相对人、措施的质量这五个方面入手,认为"刑事合规包括所有客观的事前必要和事后刑法许可的、规范的、制度的以及技术的组织措施,并针对企业成员、国家或公众,以预防性地降低组织或组织成员违反国内或国外法律、实施与组织有关的犯罪行为(的风险)或在这方面引起初步怀疑的风险,或抑制性地增加与刑事追诉机构达成共识从而积极影响刑事制裁的机会,从而最终提高企业的价值"。④正是此详细论述使得因发展时间较短而缺乏明确性的刑事合规概念⑤有了更为丰满、明确的内部属性。其中,"刑事的"(criminal)特性,即刑事性特征在不同方面得以凸显。

---

① 时延安:《合规计划实施与单位的刑事归责》,载《法学杂志》2019 年第 9 期。

② Bittmann, Complianceanforderungen in der Unternehmenskrise, in: Rotsch, Criminal Compliance vor den Aufgaben der Zukunft, 2013, S. 148.

③ 其他德国学者所作定义与我国学者理解类似,在此就不做展开。

④ Rotsch, Criminal Compliance, in: Achenbach/Ransiek/Rönnau (Hrsg.), Handbuch Wirtschaftsstrafrecht, 5. Aufl., 2019, S. 85f.

⑤ Traudes (Fn. 9), S. 46.

(一)刑事合规的刑事性目的与功能

企业刑事合规具有三重目的,包括防止企业员工犯罪的实质性预防目的、刑事追诉机关承认合规体系的程序性抑制目的以及避免损害企业声誉的经济目的。① 诚然经济目的也是通过避免行为具有违反刑法的外观、防止犯罪嫌疑的产生得以实现,②但企业刑事合规所追求之目的中最主要蕴含了两个刑事性目的,即预防性以及抑制性(repressive)目的。预防性目的旨在减少企业成员构成犯罪的可能性、避免刑事法律风险,而抑制性目的则是针对预防犯罪失败所采取的相关制裁措施。③ 亦即,企业希望通过刑事合规直接防止犯罪发生,或即便在预防失败、仍违反刑事法律并构成犯罪的情形下,也通过刑事合规来减轻具体的刑事处罚。前者体现了刑事法律风险的积极一般预防理念,后者则更多地彰显了刑事诉讼激励。④

在预防与抑制企业刑事责任方面,刑事合规的刑事性目的与刑事性功能之间无甚差异。预防与抑制作用既是刑事合规的目的所指,又是刑事合规的功能所在。在看待刑事性功能时,笔者认为将刑事合规进行分阶段审视会更为适宜,亦即区别看待企业犯罪前与犯罪后所进行的刑事合规对涉事企业"责与刑"的影响。托马斯·罗什教授曾在其著作中使用"事前"(ex ante)与"事后"(post ante)来对刑事合规作出更为详细的界定。⑤ 笔者赞同该观点,并认为将其划分为犯罪前的刑事合规与犯罪后的刑事合规更为贴切。

1. 犯罪前的刑事合规:预防与抑制功能

犯罪前的刑事合规是指在企业及其员工尚未违反刑事法律规定之

---

① Rotsch (Fn. 1), S. 67.

② Rotsch (Fn. 1), S. 66f.

③ Rotsch (Fn. 15), S. 79ff; Rotsch (Fn. 1), S. 64f.

④ 李玉华:《我国企业合规的刑事诉讼激励》,载《比较法研究》2020 年第 1 期。

⑤ Rotsch (Fn. 15), S. 84; Rotsch (Fn. 1), S. 73ff.

时便已制订并实施的刑事合规计划。该阶段的刑事合规又可分为两种情形,分别对应两类功能。

一则,企业内部已采取了完备的刑事合规措施,从而防止了犯罪的发生,即从真正意义上发挥了刑事合规的预防功能。预防犯罪是刑事合规区别于刑事处罚的关键点之一,即刑罚是面对过去的,而刑事合规是面向未来的。[①] 2021年2月19日,中共中央总书记、中央全面深化改革委员会主任习近平主持召开中央全面深化改革委员会第十八次会议并发表重要讲话,会议强调法治建设既要抓末端、治已病,更要抓前端、治未病,要把非诉讼纠纷解决机制挺在前面,推动更多法治力量向引导和疏导端用力,加强矛盾纠纷源头预防、前端化解、关口把控,完善预防性法律制度,从源头上减少诉讼增量。[②] 刑事合规便是这样一种具有前瞻性的预防性法律制度,其相当于创设了一个"安全港",[③]引导企业合规合法行事,从而从源头上预防犯罪行为的发生,做到"抓前端、治未病"。

当企业注重内部治理,制定了系列内部刑事合规准则并加以落实推进、动态监管,并定期审查风险、组织培训,则企业成功预防刑事法律风险的概率便会大大上升。预防功能作为刑事合规主要的功能之一被寄予厚望。在风险刑法之下,积极一般预防被认为是能够大大降低刑事法律风险的路径之一,刑事合规便是秉持这一理念期冀能够在事前积极应对、提前防范风险的制度。若凭借刑事合规的制定与实施便能让企业成功预防犯罪行为的发生,那么刑事合规在第一阶段便发挥了关键作用,企业就不会面临被追诉、定罪、量刑的后续阶段。简言之,若犯罪前的刑事合规足够完备,其便可以发挥出众人期望中的预防功能,在前期便凭借良好的内部治理体系和治理能力阻碍犯罪发生。当然,就算没能完全消弭刑事法律风险,刑事合规也能在后续阶段继续发挥

---

① Rotsch (Fn. 1), S. 66.

② 徐海知:《习近平主持召开中央全面深化改革委员会第十八次会议》,载新华网,http://www.xinhuanet.com/politics/leaders/2021-02/19/c_1127116445.htm。

③ Saliger, Grundfragen von Criminal Compliance, RW 4 (2013), 267.

其他功能。

二则，如前所述，刑事合规不仅仅只是重在预防，抑制企业刑事责任与刑事处罚也是刑事合规的目的及功能之一。学界虽认可刑事合规具有避免刑事责任、避免违反招致刑罚之规范的基本功能，[①]但其中有学者在研究初期仅提及上述预防功能，将刑事合规限制在对刑法规则的遵循，而忽视了刑事合规的抑制功能，[②]这是对刑事合规概念内涵的不全面认知。即便是成熟、完善的刑事合规体系也无法保证能够万无一失，因此刑事合规在犯罪行为发生后的审查起诉、定罪量刑阶段所发挥的作用同样不容小觑。深入探究刑事合规的抑制功能则可发现，犯罪前的刑事合规与犯罪后的刑事合规具体而言发挥着不同的抑制性作用。对于犯罪前的刑事合规而言，当预防功能失灵，企业及其员工仍然触犯了特定罪名，企业在犯罪行为实施前所进行的刑事合规体系建设仍可在定罪或量刑阶段发挥积极作用。

首先，在定罪阶段，犯罪前的刑事合规可以发挥定罪抑制功能，成为出罪事由。以被我国律师界称为"我国合规第一案"的雀巢公司案为例，即便被告律师主张该案为单位犯罪，但法院认为：由于《雀巢指示》、《关于与保健系统关系的图文指引》、雀巢公司政策、员工行为规范等文件证明雀巢公司明确规定不允许向医务人员支付任何资金或者其他利益，不允许员工以非法方式收集消费者个人信息，并要求所有营养专员接受培训并签署承诺函，因此被告人在明知公司禁止性规定的情况下为完成工作业绩而置公司规范于不顾、违规获取公民个人信息的行为并非雀巢公司的单位意志体现，故本案不属于单位犯罪。[③] 上述雀巢公司所制定的一系列内部规范与公司组织的员工培训实质上便是刑事合规的内容。由于企业制定并实施了刑事合规性质的措施，明

---

① Saliger, a. a. O., 266; Rotsch (Fn. 1), S. 64ff; Kuhlen, Grundfragen von Compliance und Strafrecht, in: Kuhlen/Kudlich/Ortiz de Urbina (Hrsg.), Compliance und Strafrecht, 2013, S. 1, 11; Bock (Fn. 7), S. 57.

② Bock (Fn. 7), S. 57; Kudlich (Fn. 7), S. 209.

③ "杨某，杨某，郑某出售、非法提供公民个人信息罪案"，(2016)甘0102刑初605号刑事判决书。

令禁止企业内部违法犯罪行为,才使单位免于归责。刑事合规虽未在判决中被直接提及,也并未作为法定出罪事由,但刑事合规的有效制定与实施通过否定单位意志间接否定了单位犯罪,从而发挥了相当于出罪事由的作用。在今后的司法与立法中,可以将犯罪前有效的刑事合规作为酌定出罪事由或将其通过立法规定为法定出罪事由,以明确在犯罪发生前便具备有效性刑事合规的重大积极意义。

其次,在量刑阶段,犯罪行为实施前的刑事合规措施实施与体系建设也可以作为酌定量刑情节被予以考虑,发挥量刑抑制功能。美国联邦量刑委员会就有类似规定,如果犯罪发生时组织已具备有效的合规计划,则应降低罪责指数,从而减少罚款数额。[①] 犯罪前的刑事合规努力体现的是企业事先具备的遵守法律规定与加强内部治理的良好态度,更加体现企业的自觉性。刑事合规计划制定与实施的不完备、不充分并不能完全否定企业曾做出的积极努力。因此,即使企业未能成功预防刑事法律风险,且其刑事合规措施的实施未能完善到成为出罪事由,司法机关也可在量刑阶段将企业此前的刑事合规努力作为从宽量刑情节予以考量。然而,犯罪前的刑事合规虽能发挥量刑抑制作用,但其作用实则有限。因为当犯罪行为实施前的刑事合规措施足够完备、有效,则其更多地或者说更应当被作为出罪事由进行对待。而当犯罪行为实施前的刑事合规措施并不完备有效、漏洞百出,则其发挥的量刑抑制作用实则较小,更多的是依靠犯罪后的刑事合规努力来发挥抑制功能。在后文将会就此问题进一步展开论述。

2. 犯罪后的刑事合规:抑制功能

即便企业在犯罪前尚未进行刑事合规,或其刑事合规建设刚处于起步阶段,企业在犯罪后配合检察机关[②]所做的刑事合规努力也能发挥积极的抑制作用。笔者认为,该抑制作用主要可分为审查起诉阶段的起诉抑制功能与审判阶段的量刑抑制功能。

首先,他国实践经验中常见的以及我国现今所倡导、试行的正是刑

---

① USSG § 8C2.5 (f) (1) (2018).

② 陈瑞华:《刑事诉讼的合规激励模式》,载《中国法学》2020年第6期。

事合规的起诉抑制功能。回顾《美国反海外腐败法》近年来在亚太地区的执法案件，邓白氏公司自愿合作、主动披露违规行为以及采取合规补救措施的行为是美国司法部对其不予起诉的部分原因，联合技术公司也因主动向主管机关披露潜在违规行为而被美国司法部告知不予起诉，俄电信运营商 MTS 根据暂缓起诉协议必须在至少 3 年内聘用独立的合规监督人。由此可以看出，犯罪后的刑事合规，包括主动披露违规行为以及采取合规补救措施等可以换取不予起诉，或亦可经由修复性合规措施，包括合规承诺、合规官的聘用等来换取暂缓起诉。在美国，犯罪后的合规努力，包括新合规计划或合规修正计划大概率会出现在不起诉协议或暂缓起诉协议中。[①]我国学界的呼吁亦相类似。我国学者所倡导的合规不起诉[②]也是注重企业犯罪后的刑事合规努力。通过企业与检察机关的合作、协商，在检察建议或合规监管、审查考验等各环节之下，以犯罪后、审查起诉过程中的刑事合规补救性、修复性建设以及刑事合规承诺来换取不起诉。[③]

其次，正如著名的西门子案与富乐斯多（Ferrostaal）案中所体现的，犯罪后的刑事合规便是抑制量刑的主角。依据富乐斯多案的判决书，法院认为，与公司有关的情况对于罚款的评估而言具有决定性意义，即在犯罪发生之前和之后，公司内部采取了哪些预防措施以防止此类违法行为发生。[④] 而德企富乐斯多公司在犯罪前的合规措施并不具备有意义的合规功能，也无内部审计功能，现有的反腐败措施未能得到有效实施且易于被绕过，公司内部系统和控制措施未能防止或发现潜在的违规行为。[⑤] 因此富乐斯多公司在犯罪前已有的预防性合规措施并不有效，并未在定罪量刑阶段发挥明显作用，公司只能通过犯罪后所

---

① 自 2007 年至 2010 年，每年皆有约七成至九成的不起诉协议或暂缓起诉协议中包含合规的相关内容。See McConnell R. D., Martin J., Simon C., *Plan Now or Pay Later: the Role of Compliance in Criminal Cases*, 33 Hous. J. Int'l L., 509, 557 – 561 (2010).

② 陈瑞华：《刑事诉讼的合规激励模式》，载《中国法学》2020 年第 6 期

③ 陈瑞华：《刑事诉讼的合规激励模式》，载《中国法学》2020 年第 6 期。

④ LG München I – 6 KLs 565 Js 122815/11.

⑤ LG München I – 6 KLs 565 Js 122815/11.

采取的与司法机关的合作调查、合规承诺来换取制裁的减轻。法院也正是基于富乐斯多公司在调查阶段主动配合,花费约 6000 万欧元聘请律师事务所进行内部调查,才决定减少相当于所投入金额一半即约 3000 万欧元的罚款。[①] 西门子案件同样也是如此。西门子公司犯罪前所建立的合规体制并未落到实处,[②]也并未发挥抑制定罪与量刑的作用。正是考虑到西门子公司在犯罪后、调查中斥重金聘请律师事务所就经营状况与合规状况进行内部调查,做出合规补救措施并保证今后的有效合规,美国司法部才决定将其刑事罚金从 13.5 亿美元至 27 亿美元下调至 4.5 亿美元。

在西门子案和富乐斯多案中,其罚金或罚款得以减少皆非由于企业在犯罪前便实施了有效的合规措施。实际上,是企业在犯罪后及被司法机关调查过程中所进行的积极的合规努力与合规承诺才使制裁得以被减轻。亦即,在上述两个案件中,虽然犯罪行为的发生不会阻断司法机关对刑事合规的积极评价,即刑事合规作用的发挥并不会终止。但此时做出的积极评价并非依据企业犯罪前所进行的刑事合规,而是由于犯罪后的刑事合规努力。[③] 因此,即使企业在犯罪前并无完备的合规体系,甚至从未开始合规建设,也并不妨碍刑事合规发挥其功能。企业仍可通过犯罪后的刑事合规努力来换取量刑的从宽。

与上文提及的雀巢公司案不同的是,企业合规在富乐斯多案及西门子案中相当于量刑情节,而非出罪事由。笔者认为,究竟刑事合规的实施是作为出罪事由还是量刑情节,主要是依据犯罪前的合规实施程度不同而决定的。在雀巢案中,虽然法院没有明确指出合规这一因素的作用,但是雀巢公司在犯罪前采取的系列措施、颁布的各个文件已然较为完备。其间不仅有明令禁止,还有员工接受培训并签署承诺函的

---

① LG München I – 6 KLs 565 Js 122815/11.

② 李本灿:《合规与刑法:全球视野的考察》,中国政法大学出版社 2018 年版,第 270 页。

③ [德]托马斯·罗什:《合规与刑法:问题、内涵与展望——对所谓的"刑事合规"理论的介绍》,李本灿译,载《刑法论丛》2016 年第 4 卷,第 354 页。

要求,因此可被视为有效的合规措施,可以被考虑为出罪事由。而西门子公司和富乐斯多公司在犯罪前的合规措施并不完备,未达到被认定为有效合规的标准,因此无法作为出罪事由,甚至不作为量刑减轻情节被予以考量。由此可见,有合规并不一定意味着有激励。刑事合规的激励机制也需要分阶段、分程度进行看待。犯罪前极不成熟、不完备,甚至只是做做样子而没有实质发挥作用的刑事合规措施在实践中并不应当得到激励,不应当在量刑阶段被作为量刑减轻事由考虑。因此,需要明确刑事合规有效性标准并将其量化,从而明确达到何种完备程度的刑事合规才可以得到激励以及得到何种程度的激励。

在刑事合规有效性等级与标准尚未明确的情况下,犯罪前刑事合规所发挥的量刑抑制作用有限。因此,在实践中仍应主要依靠犯罪后的合规努力来发挥抑制性激励作用。于犯罪后实现抑制功能的刑事合规既可在审查起诉阶段也可在量刑阶段被予以考虑。在需要"稳企业保就业"的时代,我国更应注重、推进刑事合规在审查起诉阶段的起诉抑制作用,"依法能不诉的不诉、能不判实刑的提出适用缓刑建议",在"厚爱"的同时"严管",[①]切实维护正常经济社会秩序。

整体而言,刑事合规的刑事性目的与功能首先在于预防犯罪,但又不仅于此。在预防功能失效、企业及企业成员仍旧构成犯罪的前提下,刑事合规还可发挥抑制作用。犯罪前的刑事合规既可作为出罪事由也可成为从宽量刑情节,具体取决于犯罪前刑事合规的制定、实施程度,由此推断企业是否已尽到注意义务或作为义务。而犯罪后的刑事合规努力,包括企业配合司法机关的内部调查与报告、企业的合规体系重建与合规承诺等,主要发挥合规不起诉或减轻量刑的作用,不宜被评价为出罪事由。也可以说,在相对不起诉与宽缓量刑时,犯罪后刑事合规所发挥的作用大于犯罪前的刑事合规。即使企业在犯罪前并无完备的合规体系,甚至从未开始实施合规措施,也并不妨碍刑事合规发挥其抑制

① 张军:《最高人民检察院工作报告(第十三届全国人民代表大会第四次会议)》,载最高人民法院网,https://www.spp.gov.cn/spp/gzbg/202103/t20210308_511658.shtml。

功能。企业仍旧可以通过犯罪后的刑事合规努力来换取量刑的从宽，甚至是合规不起诉。

(二)刑事合规的其余刑事性特征

1. 刑事合规的刑事性对象

从刑事合规的对象(Gegenstand)来看,托马斯・罗什教授认为制度所针对的是违反国内或外国法律,但不仅限于经济刑法的犯罪行为。① 此处涉及以下两个问题。

其一,刑事合规针对的对象所违反之法律是否仅限于国内法。笔者认为,基于刑事合规的来源(quellen)包括外部刑事法律规定与内部自制规定,因此该问题等同于刑事合规来源范围之争议。如前所述,中德皆有学者不赞同定义中的"外国法律"部分,认为刑事合规中所要遵循的法律在正常情况下仅指国内法,②或者说刑事合规主要是国内法问题,用刑法手段来要求本国企业在本国遵守外国法缺乏正当性与可操作性。③ 对此有德国学者反驳认为,"在全球范围内进行经营活动的企业几乎无法承受仅以个别法律及其规范为导向的事实,且德国的法律体系也已经受到了与国际业务交易有关的影响"。④ 同理,我国企业的经营活动与我国法律体系在经济全球化的浪潮下亦受到了来自国外的影响。笔者认为,首先应明确遵循外国法律的要求主要并非针对普

① Rotsch(Fn. 15),S. 85f. 但在其 2015 年的著作中,托马斯・罗什教授在概念界定的表述为"与经济犯罪有关的犯罪行为"(Wirtschaftsstraftat),并认为复杂性是刑事合规的前提,而复杂性是否在经济刑法以外的领域也存在是一个需要探讨的问题。2019 年,托马斯・罗什教授再度回应了该问题并将表述改为"犯罪行为"(Straftat),扩大了概念的内涵。

② Hilgendorf(Fn. 6),S. 23. 但需提及的是,埃里克・希尔根多夫(Eric Hilgendorf)教授虽在正文中认为刑事合规所应遵循的法律仅为德国法,但其又在脚注中注明,在个别例外中可将外国法律纳入其中。

③ 田宏杰:《刑事合规的反思》,载《北京大学学报(哲学社会科学版)》2020 年第 2 期。

④ Traudes(Fn. 9),S. 55.

通企业，而是侧重于针对跨国企业。当全球化成为一种不可逆的趋势，在国际经济、贸易交往中受到他国法律影响、规制便成为一种已然存在的事实，而非通过限制刑事合规所需遵守的法律范围就能回避的假设。跨国企业在海外经营活动中必然会受到外国法律与国际条约的影响，必然会将其纳入自身行为合法性考量的范畴之中。既然问题已然存在，就应当积极应对与解决，而非理想化地希冀依托消极回避从而消灭或减少问题。此外，相较于立法强制问题①而言，将外国法律纳入刑事合规的来源范畴更是一个实践导向问题。即使我国立法中并未要求我国企业遵守外国法律，但诸如西门子、中兴案件的现实会促使我国跨国企业在海外经营过程中自觉开展针对当地刑事法律规定的刑事合规，以保证其在当地合法经营的同时追逐企业利益最大化。

在复杂的国际情势下，他国法律规定影响我国企业行为的相关忧虑②也不无道理。企业贿赂、洗钱等犯罪是各国刑法都予以严厉打击的对象，相关国际刑事条约也体现了各国的共识。在这些制裁也呈现出全球化的犯罪领域，外国刑事法律规定与国际刑事条约更应该是我国跨国企业刑事合规的对象。虽然不排除有国家会采取逆全球化的举措，但这些举措大多未上升至刑事法律规定层面，便不涉及刑事合规的内核。且若将“理性人”假设的理念类推至“法律理性国”，则尊崇、遵守法律的理性国不会使本国法律彻底沦为政治与外交的工具，不会以修改本国刑事法律规定的手段来制裁、操纵特定国家的企业。在世界各国都秉持法的精神与原则进行立法的情形下，即使各国刑事法律规定存在宽严上的差异，那么也应当在找寻各方共同点的基础之上选择其中最高的标准来进行刑事合规，用最严苛的法规来确定应防止的行为。③

其二，是关于刑事合规对象的产生原因。只有追溯刑事合规所针

---

① 田宏杰：《刑事合规的反思》，载《北京大学学报（哲学社会科学版）》2020年第2期。

② 田宏杰：《刑事合规的反思》，载《北京大学学报（哲学社会科学版）》2020年第2期。

③ Nieto Martín (Fn. 8), S. 33; Saliger (Fn. 24), 288.

对的犯罪行为之形成根源,才能更好地了解问题、解决问题。托马斯·罗什教授首先认为刑法,特别是经济刑法的自身复杂性带来了刑事风险的难以预测性,这便是刑事合规的前提之一。[①] 刑法自身的复杂性导致其难以被理解和预测,一部分犯罪行为便是基于此原因所产生的。由法律复杂性所导致的风险是由刑法自身所导致的、与法律理解程度密切相关的风险,并不直接体现犯罪主体的主观恶性以及与刑法相对抗的心理。此类风险更易通过企业自我管理以及积极主动理解并遵守刑事法律规定而得以避免,如通过设立合规部门或合规官,抑或外聘专业律师进行定期指导来帮助理解法律条文,依靠专业法律工作者筛查刑事风险、制定内部合规管理措施。因此可以说,由于刑法自身复杂性所导致的犯罪行为正是刑事合规制度所想要针对的对象之一。亦即,刑事合规也为具有法律认识错误或并无犯罪故意但却可能违反刑法的企业服务。自诩遵纪守法与自信不会违法犯罪的企业也都须建设完备的刑事合规体系,以最大程度地减少犯罪行为的发生。对此问题的探讨也体现了过失犯在刑事合规研究中具有重要性。此外,刑事合规还针对因事实的不确定性而导致的犯罪行为。[②]

2. 刑事合规措施的刑事合法性

从刑事合规的措施性质(Qualität der Maßnahmen)来看,合规与刑法也有一定程度的结合。德国刑法学界就刑事合规具体措施的性质展开过争论。一方面,有观点认为,以避免刑事责任为目的的禁止性或非法措施不会仅因其禁止性或非法性质而自动丧失其作为合规措施的资格。[③] 另一方面,多数学者赞同合规措施应当合法或者符合规范,非法措施不是被允许的合规措施。[④] 托马斯·罗什教授则认为,刑事合规

① Rotsch (Fn. 1), S. 69.

② Rotsch (Fn. 15), S. 82.

③ Hilgendorf (Fn. 6), S. 20.

④ Eisele, Criminal Compliance und Datenschutzstrafrecht, in: Rotsch, Criminal Compliance vor den Aufgaben der Zukunft, 2013, S. 35; Theile, Die Sanktionierung von Non-Compliance, in: Rotsch, Criminal Compliance-Handbuch, 2015, S. 1451; Kuhlen (Fn. 25), S. 22.

事后(ex post)[①]所采取的措施可以违反刑法以外的法律,如可以违反劳动法解雇相关员工,但必须遵守刑法,因为用违反刑法的行为来防止犯罪是荒谬的。[②] 虽然基于上述争论,关于是否可以采取违反除刑法以外其他法律的措施来进行刑事合规,以及这些措施在之后的定罪量刑中可否被考虑、能够发挥多大的作用都还值得商榷。但无论何种定论,对于刑事合规而言,对刑法的遵守是必须的。因为遵循刑事法律规定、预防刑事法律风险正是刑事合规的内涵、目标与追求。因此在制定与实施制度的过程中,更应该注重对刑法的遵循,以保持制度内涵的一致性与连贯性,切不可为了目的而不择手段。故而,基于刑事合规的目标之一是遵守刑法、预防犯罪,则刑事合规的措施也应与所遵循的目标价值相一致,不应违反刑法的规定。

3. 刑事合规来源的刑事性

刑事合规的来源方面也彰显了刑事性特征。刑事合规所"合"之规定大致包含两个来源,即企业外部的刑事法律规定与企业内部的自制规定。[③] 前者体现了刑事合规的内涵与实质,即对刑法的遵循。后者主要针对技术发展较快、立法较为落后的领域,因此企业可以"自给自足"。[④] 当然,企业内部自制规定不可在实质上违背刑法的规定与内涵,只能在刑事法律规定的立法精神与大框架下进行进一步的细化规定。在此前提下则可允许"自给自足"的企业内部规定与现今刑事法律规定存在具体制定上的差异。

当企业内部自制规定与外部刑事法律规定存在宽严不一的差异时,对于严于当前刑事法律规定的企业内部刑事合规规定,司法机关在量刑时应当积极考虑。但标准低于现今法律规定的自制刑事合规规定

① Rotsch (Fn. 15), S. 85; Rotsch (Fn. 1), S. 74f. 托马斯·罗什教授认为,刑事合规的措施要从事前(ex ante)与事后(ex post)两个角度区别看待。从事前角度,刑事合规的措施要是客观必要的。而从事后角度,刑事合规的措施须是刑法所允许的。

② Rotsch (Fn. 1), S. 75.

③ Rotsch (Fn. 1), S. 71.

④ Rotsch (Fn. 1), S. 71.

也不应直接被司法机关否定。① 因为企业所属行业对应的立法领域可能具有滞后性或极具复杂性,这便增加了企业制定内部规则时预测刑事法律风险的难度,由此便可能在制定规则时考虑不周、有所疏漏,从而未能达到外部刑事法律规定的标准。但外部立法的滞后性与复杂性所带来的客观阻碍并不能直接否定企业内部所作出的刑事合规努力。此外,有些规定虽事先并不具体,但事后会通过司法判例得以明确,只要企业内部制定的规定不与事后的司法指导有明显冲突,该企业的刑事合规体系就可以被司法机关承认。②

(三)小结

简言之,笔者认为,刑事合规的刑事性特征表现在涉及风险、合规对象、合规来源、合规目的与功能、推进动力、措施性质等方面。就涉及风险来看,刑事合规顾名思义涉及的是刑事法律风险。其中因刑法自身复杂性而导致的犯罪行为便是刑事合规致力于规避的对象之一。刑事合规来源中的外部刑事法律规定既包括国内法,也应当包含外国法。就刑事合规的目的来看,制订并实施刑事合规计划便是预防企业内部犯罪,抑或减免企业的刑事责任、刑事处罚,这也正是刑事合规的功能所在。国家司法机关有通过对企业的刑事责任认定进行“从有到无”或“从重到轻”的调整从而对其刑事合规的制定与实施进行回应的义务。也正是由于刑事合规的制定、实施程度是决定出罪、不予起诉或影响量刑轻重的依据,期望能够免于或减轻刑事责任与刑事处罚的企业便更能积极主动地进行刑事合规。因此,推进刑事合规的动力也借助了刑事法手段。此外,在刑事合规过程中所采取的具体措施也必须遵守刑法的有关规定,不得以违背刑法的方式来预防刑事法律风险。

综上,以刑事性特征作为基础,则刑事合规是企业通过符合刑法规

① Rotsch (Fn. 1), S. 73.

② Rotsch (Fn. 1), S. 73.

定的措施来主动遵循国内外刑事法律规定，预防或减免企业及其员工犯罪导致的“责与刑”，且由国家刑事法手段予以回应及推进的内控机制。

三、概念之间的关系争议及其厘清

从刑事合规一词被创造后的发展来看，其虽受到了刑法学界多数人的支持，但仍有不少学者针对此概念提出了质疑，且刑法学界对概念的使用也并未呈现出整体统一的趋势。在刑法学科相关问题的研究中，刑事合规与合规两种概念交叉或者混同适用的情况屡见不鲜。也有刑法学者在探讨相关问题时仅使用合规计划这一概念，认为刑事合规“很难成为一个可能为刑法制定法所认可的概念”，其应是《刑事诉讼法》中规定的内容。[①] 还有学者认为，刑事合规的问题便在于“刑事”，应提倡行政合规。[②] 因此，在对实体与程序的具体问题进行探讨前，首先需要明晰概念的存在价值，对各个相关概念之间的关系进行梳理，从而奠定后续研究的立场与基调。

（一）与合规的关系厘清

如前所述，刑事合规究其本源便是合规，准确而言为合规的刑事化部分。诞生于德国刑法学界的新兴概念“刑事合规”与历史较为悠久的“合规”之间的主要差异，便在于刑事合规是从刑法的角度看问题，因此其内涵具有刑事性特征。笔者认为，本文所提及的刑事性特征便包含了刑事合规与合规（计划）之间的异与同。

刑事性特征中蕴含了合规与刑事合规的相重叠之处。就我国学者对英美合规制度的介绍来看，合规的刑事化体现为合规计划在发展过程中不断融入了与定罪或量刑有关的内容。无论是美国的量刑激励模

① 时延安：《合规计划实施与单位的刑事归责》，载《法学杂志》2019 年第 9 期。

② 田宏杰：《刑事合规的反思》，载《北京大学学报（哲学社会科学版）》2020 年第 2 期。

式,还是英国的立法避免入罪模式,[①]都是合规制度设计者借助刑事法律手段对企业刑事责任之有无或刑事处罚之轻重进行调整从而推动企业合规的构建与发展。而在刑事合规中,预防犯罪、避免刑事责任以及影响量刑,也正是刑事合规对于企业而言最基本的目的、最大的驱动力。因此,合规的刑事激励,或者说刑事合规的刑事性目的和功能,是合规与刑事合规的交叉重叠部分。可以说,合规这一概念在发展过程中已然融入了刑法的价值与手段,刑事合规是刑法与合规相互影响及交融下的产物,是合规不断发展中的内容之一。

由此便可对合规与刑事合规之间的关系进行初步界定。对此有观点认为,“刑事合规是合规的一种特殊形式”,[②]即刑事合规是合规的子项。[③] 还有学者提出刑事合规是合规的升级形态。[④] 笔者认为,“子项”的形容比“升级形态”更为准确。刑事合规这一概念只是德国学者就合规计划逐渐刑事化的现象所进行的归纳与描述,并未通过概念再造而在合规计划的含义之上赋予新的内容。因此,前者并未超越后者。前者只是后者广泛内涵中的一部分,针对的是刑事法律风险并重点表现为刑事实体法与程序法对于制度的回应。而后者作为一个大概念在包含了前者的同时,还涉及民商事法律风险、行政法律风险,[⑤]即非纯刑法领域的合规计划实际上囊括了刑法领域的刑事合规。由此便可以对刑事合规与合规之间的关系进行界定——刑事合规可以说是合规的子项,是合规的内容之一,但不宜被称为合规的升级形态。

基于二者的关系,笔者认为,刑事合规这一概念具有附属性,其依

---

① 李本灿:《刑事合规理念的国内法表达——以“中兴通讯事件”为切入点》,载《法律科学(西北政法大学学报)》2018 年第 6 期。

② Rotsch (Fn. 1), S. 35ff.

③ 孙国祥:《刑事合规的理念、机能和中国的构建》,载《中国刑事法杂志》2019 年第 2 期; Saliger (Fn. 24), 266。

④ 张远煌:《刑事合规国际趋势与中国实践》,载《检察日报》2019 年 11 月 2 日,第 3 版。

⑤ 但有德国学者主张刑事合规的内涵在理解时要包含行政法。Siehe Rotsch (Fn. 1), S. 81.

附于合规这一上位概念而存在。实际上,刑事合规只是体现了合规在刑法中的表现形式与意义,但在合规已然刑事化的部分,刑事合规与合规之间的差异变得微乎其微。有德国学者认为,(刑法外的)合规与(刑法中的)刑事合规的概念在实践中部分已经难以区分,然而其在理解刑事合规自身概念时是必须的。① 笔者赞同此观点,即两个概念的区分在刑事合规概念理解上的意义大于解决问题时词藻选择上的意义。对于刑事合规的研究,需要理论与实践相结合,绝不能仅囿于理论研究而忽视了实践中的问题与需求。刑事合规与合规之间在实践中已有部分难以区分,在此部分没有必要将二者清楚割裂开来,因为刑事合规本来就是合规内容的一部分。合规的刑事化与刑事合规的刑事性特征,在制度建设对企业刑事责任与刑事处罚的影响上是相重叠的。笔者认为,这正是上文所述实践中难以区分的部分之一,也是体现刑事合规具有概念附属性的方面。因此,在涉及合规刑事激励这一合规刑事化与刑事合规相重叠的问题时,刑事合规在一定程度上缺乏独立的概念价值,在很多情况下也可用“合规”进行替代表述。

然而,刑事合规概念中所体现的刑事性特征不仅包含合规的刑事化部分,还包括了其他衍生的相关刑法色彩。亦即,刑事合规除了自身具有的合规刑事化特征以外,在合规的大框架下,刑事合规还被创设概念的德国刑法学界赋予了其他刑事性特征。譬如,当只研究对刑事法律规定的违反时,使用“刑事合规”一词可以将对象局限在刑法领域,表明只研究相关的刑事法律风险。在措施合法性方面,刑事合规所采取的具体措施相较于其他合规子项目而言更注重对刑事法律规定的遵循。因此,即使作为下属概念,刑事合规也并非完全没有意义。若希求在使用概念的同时兼而囊括、表达、凸显刑法上的内涵和价值,用“刑事合规”会更为贴切。当然,上述刑事合规所特殊具备的、区别于其他合规子项的刑事性特征仍属于合规之下的个性,并不意味着合规由此升级为刑事合规。因此,被概念创设者所赋予的新刑事性特征也并未超越合规的概念范围,而是对具体子项内涵的补充。可以说,刑事合规

① Rotsch (Fn. 1), S. 36.

是特指与刑法领域相关的、遵循刑事法律规定、避免刑事法律风险、采用符合刑法原则与规定之措施的合规。

此外,刑事合规不必要论认为,若合规已兼具绝大部分必备要素,则其中就已囊括刑法上的内涵,便不必要再增设刑事合规这一概念,①即若合规本身便能成功,那么刑事合规就是多余的。② 但笔者认为,一则,创设刑事合规这一概念并不是要增设一个超出合规定义的概念,而是新增一个细化的、合规之下的概念。刑事合规、行政合规等新兴概念的出现并非用于替代合规,而仅是具体化合规的子项。随着合规内部分类的不断细化,各学科才能更好地发挥自己的"所长"与"专攻",推动各合规子项的专业化深入与合规的综合发展。二则,如前所述,刑事合规在合规的框架之下仍具有自身特有的刑事性特征,这正是在概念创设后才被研究者补充增设的个性。刑事合规的概念创设有益于在合规中占据重要地位的刑法子项进行学科化发展,③在体系化研究的基础之上丰富概念内涵,强化刑事合规之特色,促进与其他合规子项之交叉互动,以此方能更好助力合规之全面构建。故而,刑事合规具备存在之意义,其概念的设立既能推动自身独立刑法学分支学科的建设,又能进一步推进合规之发展。

综上所述,刑事合规总体而言具有概念存在的意义,笔者并不赞同刑事合规不必要论。纵使笔者赞成在研究过程中的概念使用上,特别是在研究审查起诉、定罪与量刑方面的合规刑事激励时,不必苛责合规与刑事合规概念之间的区别使用,因为这是刑事合规与刑事化的合规的共通之处。然而,在德国学者赋予刑事合规的其他刑事性特征上,"刑事合规"一词的存在意义便得以彰显,因为其能更为准确地体现出刑法价值与手段在合规问题上所施加的影响。此外,刑事合规的概念创设仅是为了具体化合规子项,从刑法角度更加专业化地发展合规的

---

① Nieto Martin (Fn. 8), S. 32, 34, 36, 39.

② Traudes (Fn. 9), S. 43.

③ 德国学者认为,刑事合规在短时间内便已然获得了独立刑法学领域(eigenständiges strafrechtliches Rechtsgebiet)的地位。Rotsch (Fn. 1), S. 5.

刑法子项，继而在发展刑事合规这一新兴刑法学科领域的同时丰富合规的内涵。故而，刑事合规具有独立的概念价值。

（二）与其他合规子项的关系厘清

需要明确的是，合规，包括刑事合规，是一个跨学科、跨法律部门的概念。如前所述，有学者主张行政合规，也有学者将经济功能作为核心目标。[①] 但实则刑事合规、行政合规、民事合规、经济合规等概念都可成立，也可同时存在。因为这些概念皆为合规的下属内容，都是其下位概念。这些下位概念或者说附属概念彼此之间并不冲突，不是非此即彼的关系，只是由于考虑问题的出发点和主要依据的学科或者法律部门有所不同而有区别。且它们中无一能替代合规这一上位概念。

因此，对于一些认为合规应当是经济学或者经济法的内容，认为刑事合规应当是刑事诉讼法而不是刑法的研究对象，或者认为应当发展行政合规而不是刑事合规的主张，类似争论实际上是不必要的。因为（刑事）合规自身的性质就决定了其会涉及不同的学科和不同的法律部门，争论其究竟应当属于哪一个学科或部门的排他性分类是没有科学上的必要性的。[②] 这也与如今跨学科、跨法律部门的交叉研究趋势相违背。如果只将（刑事）合规理解为纯粹的经济概念或刑事诉讼法概念，就意味着科学视角的缩减。[③] 亦即合规的各类子项目并非相互排斥的竞争关系，各类合规不但可以共存还可以相互配合、补充，从而构建起企业内部各领域兼备的、完善的合规管理体系。

在与合规其他子项目的关系中，刑事合规与行政合规的关系尤为

---

① Fateh-Moghadam, Criminal Compliance ernst genommen-zur Garantenstellung des ComplianceBeauftragten usw. , in: Steinberg/Valerius/Popp (Hrsg.), Das Wirtschaftsstrafrecht des StGB, 2011, S. 25ff; Saliger (Fn. 24), 270.

② Saliger (Fn. 24), 270；李本灿：《合规与刑法：全球视野的考察》，中国政法大学出版社 2018 年版，第 57 页。

③ Saliger (Fn. 24), 271；李本灿：《合规与刑法：全球视野的考察》，中国政法大学出版社 2018 年版，第 58 页。

引人注目。在不承认法人刑事责任的德国,企业受到的处罚是依据《违反秩序法》(Ordnungswidrigkeitsrecht)所作出的罚款决定,性质是行政处罚。然而,德国刑法学界认为,《刑法》与《违反秩序法》之间的区别在于,刑事合规的相关领域不必深究,《违反秩序法》应被纳入刑事合规的概念理解之中。① 甚至有观点认为,承认法人刑事责任的国家不会似德国一般深入研究是否要对刑事合规作出包含至行政法规的扩大理解,对刑事合规的具体概念界定也不如德国领先。因此,德国学者呼吁承认法人刑事责任的国家也应当考虑将概念进一步具体化,其间便暗含了应当思考是否要对刑事合规的概念进行扩大理解。② 在我国,除了有直接推崇行政合规的声音,③也有学者在研究以食品安全领域为视角的合规建设中提出以行政促合规,进而再与刑事相结合的路径。④ 行政法与刑事合规之间的关系在我国已开始受到关注,但我国学界目前的主张似乎正好与德国学者的观点相悖。将目光放远至美国,典型合规案件中所涉及的《反海外腐败法》《出口管制法》中都有刑事处罚的规定。基于此,在国外的视角下,规定有刑事处罚的行政法规可以作为刑事合规的来源,可被纳入刑事合规的概念理解之下。而在我国,一则,我国已然承认法人刑事责任,并无将行政处罚纳入刑事合规的风险规避及激励机制之下的必要性;二则,附属刑法并非我国刑法渊源。因此,笔者认为,在国内的视角下,对刑事合规的概念理解不应扩张至囊括行政法规。对行政法规的遵循以及对行政法律风险的规避应当单独构成行政合规。刑事合规与行政合规并非从属关系,而是平级关系。

在此基调下,行政合规的重要性同样值得肯定。在2021年《行政

---

① Traudes (Fn. 9), S. 56ff; Rotsch (Fn. 1), S. 87.

② Rotsch, Grundfragen der Criminal Compliance, in: Rotsch, Criminal Compliance-Handbuch, 1. Aufl., 2015, S. 86f.

③ 田宏杰:《刑事合规的反思》,载《北京大学学报(哲学社会科学版)》2020年第2期。

④ 时延安、孟珊:《规制、合规与刑事制裁——以食品安全为论域》,载《山东社会科学》2020年第5期。

处罚法》的修改中,主观要件的明确使得合规的制定与实施更具意义。合规措施的实施和体系的建设可以作为主观无过错的证明。其次,2021 年《行政处罚法》中明确规定主动供述行政机关尚未掌握的违法行为应当从轻或减轻处罚。这意味着通过配合行政机关开展内部调查、主动披露自身违法行为等合规努力,企业可以换取处罚的减轻和风险的降低。上述新规定表明了行政合规的激励机制,也凸显了行政合规的意义所在。此外,2021 年《行政处罚法》新增了诸如降低资质等级、限制开展生产经营活动、责令关闭、限制从业等行政处罚措施。这些新风险与原有的吊销许可证、责令停产停业的风险都有可能对企业造成毁灭性打击。亦即对于我国企业而言,部分行政法律风险的严厉性与刑事法律风险相仿。因此,在重视刑事合规的同时也应肯定行政合规的重要性。

当然,承认重要性并不等同于承认优先性。刑事合规与行政合规都是合规体系建设中的重要部分,二者都应得到重视,应当共同加以推进。一方面,就算企业凭借刑事合规成功避免了刑事责任,以合规承诺换取不起诉,但企业仍旧可能面临行政处罚。因此只注重刑事合规并不足以避免行政法律风险。另一方面,若企业过于注重行政合规而忽视了对刑事法律规定的遵循,便无法预防可能招致的毁灭性刑事法律风险。有德国学者认为,对于刑法中的空白条款而言,遵守行政法规便相当于避免了刑事违法行为,且刑法只是最后手段,因此刑事合规并不必要。[①] 诚然,对于刑法中的行政犯而言,对前置性行政法规的遵循就意味着对合规义务的履行,刑事法律风险便可由此规避。然而,并非所有涉事企业的犯罪行为皆为行政犯。对于刑事犯而言,遵守行政法规并不能全然帮助企业避免刑事法律风险。因此,不能依据部分行政犯的刑事法律风险可规避性便认为行政合规足以替代或优先于刑事合规,更不能以此为托词来否定刑事合规的意义。此外,即便刑法具有谦抑性,企业仍时常会受到作为最后手段的刑法的惩罚。[②] 这同样无法

① Nieto Martín (Fn. 8), S. 34.

② Traudes (Fn. 9), S. 43.

成为刑事合规无意义或次于行政合规的理由。

因此,在企业的合规制度构建中,行政合规与刑事合规应当两手抓。对于企业而言,不论偏重其中任何一方都会造成合规体系的不完善以及风险防控的失败,企业仍旧会遭受财产或信誉上的损失,甚至走向破产。为了实现合规的制度设计目的,企业应当全面推进合规各类子项的构建与发展,不可偏废。对于国家而言,应当对刑事合规及行政合规皆予以重视,且不必过于纠结将何者作为合规制度发展的主要部分和主要动力。因此,在合规制度中国化的过程中,应并举完善刑事合规与行政合规,以行政激励与刑事激励共同助力合规制度在我国生根发芽、蓬勃发展。

四、结　语

综上所述,基于刑事合规是一个创设于德国的刑法学概念,文章旨在通过阐析德国刑法学界对概念之界定中所蕴含的刑事性特征,继而厘清刑事合规概念的各项内部属性,并以此展开对相关争议问题的回应。首先,刑事合规的刑事性功能既包含预防功能,也包括抑制功能,且可以以犯罪行为的发生为分界来看待不同阶段刑事合规努力的不同作用。犯罪前的刑事合规可以发挥预防功能或定罪、量刑抑制功能,而犯罪后的刑事合规则可以发挥起诉抑制功能或量刑抑制功能。对于抑制功能而言,刑事合规在个案中究竟应在审查起诉、定罪、量刑哪一阶段实现功能值得进一步探究。但已然明确的是,即便是企业在犯罪后才开始的刑事合规努力也可发挥抑制涉事企业“责与刑”的作用。其次,刑事合规的来源包括外国法律以及国际条约,且此合规来源的国际化标准愈加是对跨国企业在跨国经营中的要求。其次,刑事合规的对象包括因法律自身复杂性而导致的犯罪行为,具有法律认识错误或过失犯罪的企业也同样能因刑事合规而减免刑事责任或刑事处罚。最后,刑事合规所采取的具体措施应当符合刑事法律的规定,以保持制度内涵的一致性。

在明晰概念内涵的基础之上,刑事合规与合规、合规子项之间的关系也得以进一步厘清。首先,刑事合规是合规的子项,是合规的下位概念,具有附属性。在合规刑事激励方面,合规的刑事化部分与刑事合规之间具有交叉重叠关系,因此不必苛求两者在此方面的区分使用。然而德国学者赋予刑事合规的其他刑事性特征则体现了刑事合规这一概念具有存在的价值,其可进一步传递出刑法在合规问题上所融入的价值及所施加的影响,并在使用概念的同时将关联因素限定至刑法领域。且刑事合规的概念创设既有利于刑法学科内涵的丰富,也有利于推动合规的完善与发展,亦即以刑事合规为桥梁促进刑法与合规深入交融、相得益彰。是以,刑事合规不必要论并不成立。其次,刑事合规作为合规的子项之一,与其他各类合规子项都可兼容并存。跨学科、跨法律部门的理论研究与实践探索才能更好地保障合规体系的完善与有效。其中,对行政法律风险的防范应当单独构成行政合规,其与刑事合规在我国应在国家层面共同推进,在企业层面齐头并举。如此才能全方位推进合规制度在我国的发展,多领域地防范企业所面临的法律风险,以确保企业合规充分、有效地发挥其应有作用。

Clarification of the Relevant Disputes on the Concept of Criminal Compliance

—Concerning the Definition of Criminal Compliance in Germany

Lin Wenting

[**内容摘要**]刑事合规作为一个被创设于德国的新兴热点概念,在发展过程中不断存在关于概念自身内涵以及概念之间关系的争议。以德国对刑事合规的概念界定为依托来阐析刑事合规的刑事性特征,则首先可以厘清概念内部的诸项争议,明确刑事合规的内部属性,即刑事性功能兼具预防性与抑制性;犯罪前与犯罪后的刑事合规发挥着不同作用;刑事合规的来源包括外国法;等等。其次亦可厘清刑事合规与合规以及合规子项的关系,即刑事合规是合规的下位概念,但其具有概念存在的意义;刑事合规与其他合规子项,特别是行政合规之间并不排斥,在国家与企业层面皆应并举,以促进我国企业合规的全方位发展。

[**关键词**]刑事合规;刑事性特征;概念价值;合规;行政合规

Abstract:As an emerging concept established in Germany, criminal compliance has been constantly controversial in the course of development about its own connotation and the relationship between other relevant concepts. Based on the definition of criminal compliance in Germany, its criminal characteristics can be explained. Firstly, the controversies within the concept can be clarified, and the internal attributes of criminal compliance can be defined, that is, the criminal function of criminal compliance is both preventive and inhibitive; the criminal compliance before and after the crime plays different roles; sources of criminal compliance include foreign law; and so on. Secondly, the relationship between criminal compliance and compliance as well as the sub-items of compliance can also be clarified, that is, criminal compliance is the subordinate concept of compliance, but it still has the meaning of existence as a concept. Criminal compliance and other compliance sub-items, especially administrative compliance, are not mutually exclusive, and should be promoted simultaneously at the national and enterprise levels to promote the all-round development of corporate compliance in China.

Keywords: Criminal Compliance; Criminal Characteristics; Conceptual Value; Compliance; Administrative Compliance

〔比较刑法〕

共犯处罚根据论的解构与批判*

肖　飒**

目　　次

一、论证前提与问题意识
二、内涵解析与逻辑批判:以共犯处罚根据论学说流变为基础展开的论证
三、共犯处罚根据论存在必要性的质疑
四、结语

一、论证前提与问题意识

(一)共犯处罚根据与犯罪参与体系

时至今日,共犯处罚根据论已然成为德、日共犯理论中最基本的理论问题,甚至已经到了不讨论共犯处罚根据就无法研究共犯的状况。①

* 本文是国家社科基金重大项目:(网络金融犯罪的综合治理,项目号:17ZDA148)的阶段性研究成果。

** 厦门大学法学院刑法学博士研究生。

① 参见陈家林:《外国刑法理论的思潮与流变》,中国人民公安大学出版社 2017 年版,第 507 页。

近年来,我国刑法学术理论趋德日化的进程日盛,共犯处罚根据论也被作为一种分析工具引入我国刑法教义学之中,在逐步被多数学者所接纳的同时还引发了激烈的学术争鸣。虽然法学理论作为智识本身并无疆界,但作为实践工具却必然有其适宜生存之"土壤"。作为一种未被赋予任何法律效果的事实概念,犯罪参与所描述的二人及以上基于单向或者双向加功而作用于同一法益侵害之现象,[①]在区别于单个人独立实施法益侵害的事实层面,各国的理论和实践并不会出现差异。然而,一旦这种事实层面不同于单个人犯罪的现象进入规范评价的范畴,缘于各国基于不同的规范理念而出现各异的犯罪参与的立法体例,犯罪参与者所获得的刑法规范评价自然迥异,这种不同立法体例背后的规范理念即为犯罪参与体系。[②]

为解决犯罪参与问题,在刑事立法上发展出了两种犯罪参与的立法体系:一种是区分正犯与共犯的二元参与体系,另一种是不区分上述参与形态的一元参与体系。[③] 我们一般称前者为区分制[④],称后者为单一制[⑤]。而共犯处罚根据作为区分制立法体系下,为了从实质上回答共犯为何要受到刑事处罚的基础理论命题,对单一制立法体系的意大利、奥地利等国家而言,只有知识论上的意义并无任何实践工具价值。自不待言,这是立法选择的必然结果。如果从我国关于共同犯罪的立法规定中可以

---

① 参见黄荣坚:《基础刑法学》(下)(第 4 版),台北,元照出版有限公司 2012 年版,第 740 页。

② 所谓犯罪参与体系,本质在于检讨共同犯罪中参与角色的认定以及各参与者刑事责任的承担,是一种规范层面的理论概念。参见柯耀程:《刑法概论》,台北,元照出版有限公司 2007 年版,第 358 页。

③ 参见江溯:《犯罪参与体系研究——以单一正犯体系为视角》,中国人民公安大学出版社 2010 年版,第 6 ~ 7 页。

④ 区分制犯罪参与体系,是指在法律条文之中,不仅就犯罪之成立在概念上区分为"正犯"和"共犯",而且在刑罚评价上对两者加以区分的体系。参见江溯:《区分制共犯体系的整体批判》,载《法学论坛》2011 年第 6 期。

⑤ 单一制即单一正犯体系认为,所有共同参与犯罪实行的人均为正犯,对于各个参与者,根据其参与的程度和性质来量刑,或者形式上虽承认犯罪参与形态的区别,但其区别作用仅限于量刑的体系。参见陈子平:《刑法总论》,台北,元照出版有限公司 2008 年版,第 437 页。

直接得出采用了单一制的犯罪参与体系的结论,那么从解释论的视角来说,我们再去研讨共犯处罚根据似乎就当然地失去了规范支撑和实践的必要性;如果从我国的立法规定中能够直接得出采用了区分制的犯罪参与体系,那么共犯处罚根据的运用与研讨至少不存在规范上的障碍。而反观我国现行《刑法》关于共同犯罪的规定,是在以作用分类的基础上规定主犯、从犯以及胁从犯,同时还单独规定教唆犯。我国《刑法》关于共同犯罪的概念也只是从主观上将共同犯罪限于共同故意犯罪,并没有从客观上提供共同犯罪的参与形式。① 从现行《刑法》关于共同犯罪的规定来看,既得不出我国采用的是所谓区分制的立法体系,也非典型的单一制。②

源于我国关于共同犯罪立法的特殊性,目前我国刑法学界形成了区分制和单一制对立的鲜明局面。但笔者认为,关于共犯处罚根据的研究并不是持区分制立场学者的专属权利,在区分制抑或单一制激辩不休的情形下,并不当然需要事先选择靠边站的方式来定位自己的研究视角。如果绕开这一单项选择,从客观中立的立场对源于德、日刑法学的共犯处罚根据理论的具体构造与形式逻辑进行辨析和思考,或许对于理清纷繁复杂的共犯理论以及我国犯罪参与体系该如何抉择的进一步考量更显重要。

(二)共犯处罚根据论中的"共犯"

共犯作为刑事司法和刑法理论广为使用的概念术语,在不同的语境下使用会产生不同的规范语义。而事先理清共犯处罚根据论中"共犯"的规范含义的意义在于,其前提性地决定了作为共犯基础理论的共犯处罚根据所解决的问题范围。问题的关键又在于,"共犯"在此是包括共同正犯在内的广义的共犯,还是仅限于狭义的共犯,即教唆犯和

---

① 参见陈兴良:《刑法的知识转型(学术史)》,中国人民大学出版社 2017 年版,第 574 页。

② 参见陈洪兵:《共犯的处罚边界》,载《北大法律评论》2015 年第 16 卷第 1 辑,第 103 页。

帮助犯。[①] 德国和日本在立法上都明确规定了教唆犯和帮助犯的行为构造和处罚原则,教唆犯和帮助犯是指不亲自动手实施符合构成要件行为而帮助或者教唆正犯实施犯罪行为的人。[②] 因此,在德、日刑法中,作为狭义共犯的教唆犯和帮助犯,并未直接实施刑法分则所规定的构成要件的实行行为,如果立法上没有共犯的规定,则教唆行为和帮助行为便不可罚[③],但仅从形式上来说明教唆行为和帮助行为符合修正的构成要件[④],或者说属于刑罚扩张处罚事由[⑤],无法实质上解释立法者为何把刑罚扩张到教唆犯和帮助犯身上,这自然成了共犯处罚根据所要解决的问题。换言之,德日刑法理论对教唆犯和帮助犯的共犯属性不存疑问,二者皆处在共犯处罚根据的射程范围之内。而共同正犯究竟属于正犯还是属于共犯,就成为值得讨论的问题。

德国学者普遍认为,共同正犯是正犯,必须通过对其正犯构造的论证来说明其正犯性,因此其处罚根据超出了共犯处罚根据论所涵盖的范畴;[⑥]但日本刑法理论对此却存在分歧,有学者认为共同正犯是共犯;[⑦]

---

① 参见[日]高桥则夫:《共犯体系和共犯理论》,冯军、毛乃纯译,中国人民大学出版社2010年版,第79页。

② 参见黎宏:《刑法总论问题思考》,中国人民大学出版社2016年版,第441页。

③ 参见蔡圣伟:《论间接正犯概念内涵的演变》,载赵秉志主编:《刑法论丛》(第21卷),法律出版社2010年版,第55页。

④ 基本构成要件是指分则条文就单独的既遂犯所规定的构成要件;修正的构成要件是指总则条文以基本的构成要件为基础并对之加以修正而就共犯、未遂犯等所规定的构成要件。参见张明楷:《刑法学》,法律出版社2016年第5版,第117页。

⑤ 刑法分则的构成要件规定的是单独正犯类型,即原则上承认了限制正犯概念,并认为总则关于共犯的规定扩张了刑法处罚的范围,因此相对于分则关于构成要件的规定而言,总则中关于共犯这种复数犯罪参与人的规定被认为是"处罚扩张事由"。参见[日]西田典之:《共犯理论的展开》,江溯、李世阳译,中国法制出版社2017年版,第28~29页;Zimmerl, ZStW 49. S. 115ff; Gunter Jakobs, Strafrecht Allgemeiner Teil, 2. Aufl. Berlin, 1993, S. 596. 转引自刘艳红:《实质犯罪论》,中国人民大学出版社2014年版,第238页。

⑥ 参见陈家林:《外国刑法理论的思潮与流变》,中国人民公安大学出版社2017年版,第507页。

⑦ 参见[日]西原春夫:《犯罪实行行为论》,戴波、江溯译,北京大学出版社2006年版,第269页。

也有学者如桥本正博教授,基于共同正犯与单独正犯在法律上的等价值性,而认为共同正犯是正犯,并认为其契机在于行为支配;[①]还有部分学者,如高桥则夫,以因果性(共犯性)以及共同正犯的构造(正犯性)为前提,将基于共谋的相互作用、相互补充所形成的行为归属作为共同正犯的处罚根据,而认为共同正犯既具有正犯性又具有共犯性。[②]而德国和日本刑法理论关于共同正犯性质的认知反差,应该从两国在共同正犯立法上的差异说起。《德国刑法典》第二章第三节"正犯与共犯",在第25条第2款将共同正犯与第1款的单独正犯、间接正犯并列规定为"正犯"。[③]《日本刑法典》则在第十一章共犯中,在第60条将共同正犯与第61条、第62条的教唆犯、帮助犯相并列。[④] 显然,按照《德国刑法典》的体例安排,共同正犯在法规范上被赋予了与单独正犯、间接正犯相同的正犯性,使得理论上无须再去从事实构造上的差异来论证共同正犯是否属于正犯的问题。

《日本刑法典》虽然明确了共同正犯和单独正犯具有相同的刑罚效果,但是其立法体系的特殊安排却使得共同正犯究竟属于正犯还是共犯(狭义的共犯)成了理论上必须予以回答的问题,至少在真正身份犯的场合,其能够前提性地决定无身份者能否成为共同正犯的问题。正如张明楷教授所言,对共同正犯的性质出现如此争议,可能是因为不同观点的着眼点不同,着眼于共同正犯的法律后果,则认为共同正犯是正犯;着眼于共同正犯事实构造本身,则会认为共同正犯是共犯;如果

---

① 参见[日]西田典之:《共犯理论的展开》,江溯、李世阳译,中国法制出版社2017年版,第53页。

② 参见[日]高桥则夫:《刑法总论》(第3版),成文堂2015年版,第440页。转引自陈家林:《外国刑法理论的思潮与流变》,中国人民公安大学出版社2017年版,第511页。

③ 详见《德国刑法典》(2002年修订),徐久生、庄敬华译,中国方正出版社2004年版,第11页。

④ 详见张凌、于秀峰编译:《日本刑法及特别刑法总览》,人民法院出版社2017年版,第20页。

同时着眼于二者,则会认为共同正犯同时具有正犯性和共犯性。① 但如此看来,是不是就应该认为共同正犯既具有正犯性又具有共犯性是妥当的结论呢,笔者对此持否定态度。正如刘明祥教授所批评的那样,“按区分制的理论,之所以要严格区分正犯与共犯,是因为两者有质的差异,正犯是犯罪的核心人物,共犯是犯罪的从属(或依附)者,刑法以处罚正犯为中心,以处罚共犯为例外。如果认为某种参与类型兼含正犯与共犯两种有质的差异的参与特性,这至少在理论上是无法合理说明的”。② 虽然在共同正犯的性质方面难以得出合理的理论,但是从事实构造而言,我们可以达成其既不同于单独正犯又不同于狭义共犯的共识,应该认为其属于不同于正犯(单独正犯、间接正犯)以及狭义共犯的一种独立参与形态。关于其处罚根据的问题应该单独予以研讨,或者对“部分行为全部责任”③的法理作刨根问底式的进一步研究。因此,共犯处罚根据论并不解决共同正犯的处罚根据问题。

(三)本文的问题意识

处于德、日共犯理论核心地位的共犯处罚根据论,近年来,在我国得到了引介、展开与再发展。共犯处罚根据论的逻辑起点无疑是“限制正犯”④概念,即原则上只承认亲自实施符合构成要件行为的人具有可罚性,刑法总则关于教唆犯与帮助犯可罚性的扩张规定,需要实

① 参见张明楷:《共同正犯的基本问题——兼与刘明祥教授商榷》,载《中外法学》2019年第5期。

② 参见刘明祥:《单一正犯视角下的共同正犯问题》,载《中外法学》2019年第1期。

③ 参见[日]西田典之:《日本刑法总论》,王昭武、刘明祥译,中国人民大学出版社2013年版,第310~311页。

④ 限制正犯概念认为,凡亲自实行构成要件行为之人才是正犯,教唆犯、帮助犯均不是正犯,并进一步认为正犯是犯罪实施过程中的核心人物,处于中心位置和主导地位,共犯则属于边缘人物。参见张丽卿:《刑法总则理论与运用》(第7版),台北,五南图书出版公司2018年版,第353页;参见[德]克劳斯·罗克辛:《正犯与犯罪事实支配理论》,劳东燕译,载陈兴良主编:《刑事法评论》2009年第2期。

质的理论根据予以阐明。过去,国外共犯理论通常限于正犯与共犯的区分、共犯的从属性与独立性等具体问题的讨论,但最近国外学者逐渐意识到,共犯处罚根据的问题才是关系到整个共犯理论的基础性问题。① 因此,寄希望能够将区分制共犯论上的各个问题通过共犯处罚根据论统一地予以解决,以此作为理清错综复杂的共犯体系的新出路。

再加之共犯处罚根据论逐渐受到了国内区分制学者的"热捧",以此为基础对很多具体问题展开了论述。而本文则力图从共犯处罚根据的理论演变来剖析其蕴含的实质内容与内在逻辑,进一步解析其内部逻辑是否存在自相矛盾以及其在必要的共犯、自杀参与行为的可罚性判断等具体问题上的结论是否妥当,并对其与共犯的性质、违法的本质的立场之间能否保持一致性进行反思的同时加入合目的性②的考量,试图以此来论证共犯处罚根据论有无存在的必要性和合理性。笔者深知此种不太谦虚的尝试与自身有限的笔力之间显得是多么的不合时宜,但是自认为拙文所述皆为究理之言,并无取宠之意。

二、内涵解析与逻辑批判:以共犯处罚根据论学说流变为基础展开的论证

(一)共犯处罚根据论学说概述

通过梳理共犯处罚根据的学说史,一般认为主要存在责任共犯论、违法共犯论与因果共犯论三种学说。③ 责任共犯论认为,共犯的处罚

① 参见陈洪兵:《共犯处罚根据论》,载陈兴良主编:《刑事法评论》(第 23 卷),北京大学出版社 2008 年版,第 433 页。

② 本文所谓的合目的性,即指共犯处罚根据论预设的为狭义共犯(教唆犯和帮助犯)的处罚提供实质理由以及将区分制杂乱而繁杂的各种问题在其理论之上统一地予以解决的两个目的能否实现。

③ 参见陈洪兵:《共犯的处罚边界》,载《北大法律评论》2015 年第 16 卷第 1 辑,第 109 页。

根据在于诱使他人堕落从而陷入罪责与刑罚。借用德国学者 H. 迈尔的话来说,就是"正犯杀人,而教唆犯制造了杀人的人"①。按照责任共犯论的观点,处罚共犯就要求正犯实施符合构成要件的违法且有责的行为,因此其坚持的是极端从属性的立场,不仅与《德国刑法典》第 29 条明确采用限制从属性的规定相抵牾,同时与德、日现在限制从属性的通说立场相背离,并且其也违反了现在公认的"责任是个别的"的刑法基本原理;责任共犯论无法对帮助犯的处罚提供实质根据;另外责任共犯论还面临着从诱使正犯堕落这种伦理的因素寻求共犯的处罚根据,"背离了刑法的任务是保护法益,犯罪的本质是侵害法益的法益侵害说的基本立场"②等诸多理论批判。更为重要的是,责任共犯论在未遂的教唆③等具体问题上会得出可罚的不当结论④,因此现在该学说几无支持者。

违法共犯论,也称不法共犯论,认为之所以处罚共犯是因为共犯让正犯陷入了反社会的状态从而扰乱了社会的和平。换言之,共犯的处罚根据在于使正犯实施了符合构成要件的违法行为,而并不需要正犯行为具备有责性。⑤ 虽然与责任共犯论不同,其不再坚持极端从属性而持与通说一致的限制从属性说,可谓是对责任共犯论的修正。但违

① 参见许泽天:《共犯之处罚基础与从属性》,载《罪与罚:林山田教授六十岁生日祝贺论文集》,台北,五南图书出版有限公司 1998 年版,第 64 页。

② 参见张明楷:《法益初论》,中国政法大学出版社 2000 年版,第 3 页。

③ 未遂的教唆是指教唆人出于使被教唆人的实行行为一开始就只能以未遂告终的意思而进行的教唆。参见[日]大谷实:《刑法总论》,黎宏译,法律出版社 2003 年版,第 325 页。

④ 责任共犯论以所谓的诱使正犯堕落这类与法益保护没有直接关联的心理的、道德伦理的要素作为共犯的处罚根据,就会导致即使正犯实施的行为没有法益侵害的危险,也因教唆者使正犯陷入了违反法秩序的"罪责"状态而具备了可罚性。例如,黑社会头目为了试探下属的胆识,让下属用枪射击早已穿好防弹衣的另一下属的胸部,尽管事实上连轻微伤害的后果都没有出现,但是毕竟被教唆者已经实施了杀人行为而陷入了罪责状态,因此按照责任共犯论的观点,该黑社会头目就应该成立故意杀人罪的教唆犯。

⑤ 参见陈家林:《外国刑法理论的思潮与流变》,中国人民公安大学出版社 2017 年版,第 512 页。

法共犯论存在以下根本性缺陷:"一是从人的不法论上寻找共犯的处罚根据,这是与结果无价值论相对立的行为无价值一元论的立场,这种立场有悖现在多数说所支持的刑法目的是保护法益的法益侵害说的刑法根本立场。即使是主张所谓行为无价值与结果无价值的'二元论'立场,也不会无视法益侵害说的基本立场。二是承认绝对的违法的连带性,致使在未遂的教唆、必要的共犯等问题上按其本来的立场应得出可罚的结论,而这种结论被现在的多数说认为并不合理,于是为了得出有些场合下不可罚的结论,不得不从共犯处罚根据之外寻找理由或者承认'例外'的存在,这都充分暴露了违法共犯论的局限性。"①如今学界也极少有违法共犯论的支持者。

因果共犯论,也称惹起说,认为之所以处罚共犯,就在于其与他人所引起的法益侵害之间具有因果性。② 或者说,正犯是直接侵害法益,而共犯则是通过介入正犯的行为而间接地共同侵害法益。因果共犯论不同于责任共犯论和违法共犯论,其认为正犯与共犯并没有质的不同,而只存在量的差异,只是在法益侵害的方式上不一样而已。尽管教唆犯和帮助犯都是因间接侵害法益而受处罚,但具体而言,又存在区别,教唆犯是通过诱发正犯的犯意从而介入正犯的行为;帮助犯则是通过给正犯提供物理或者心理上的帮助从而促进正犯的行为和结果。因果共犯论立足于近代刑法的个人责任原理,以共犯与正犯的法益侵害行为及其结果之间的因果关系这一客观要素为基点,更有利于限制共犯的成立范围,有利于发挥刑法的人权保障机能,故其成为共犯处罚根据的刑法理论通说。③

① 参见陈洪兵:《共犯处罚根据论》,载陈兴良主编:《刑事法评论》(第23卷),北京大学出版社2008年版,第438页。

② 参见陈洪兵:《共犯处罚根据论》,载陈兴良主编:《刑事法评论》(第23卷),北京大学出版社2008年版,第438页。

③ 参见刘艳红:《实质犯罪论》,中国人民大学出版社2014年版,第349~350页。

(二)共犯处罚根据论的实质内涵:刑法的因果关系与共犯的处罚范围

因果共犯论虽已成为德、日等国的通说,①但其内部仍存在纯粹惹起说、修正惹起说和混合惹起说的分歧与对立。纯粹惹起说(独立性志向惹起说)认为,不能从正犯行为的不法中推导出共犯的不法,共犯的不法完全独立于正犯的不法;修正惹起说(从属性志向惹起说)虽然与纯粹惹起说一样,在惹起构成要件的法益侵害上寻找共犯的处罚根据,但是在不法的判断上却与纯粹惹起说持相反的立场,其基于共犯从属性理论,认为共犯的不法是从正犯行为的不法中推导出来的,不承认共犯的独立不法要素;混合惹起说(折中惹起说)则主张共犯的不法由法益侵害这种独立、固有的要素和从正犯行为的不法中推导出的从属性要素混合构成。②

纯粹惹起说肯定违法的相对性,否认违法的连带性,肯定共犯不法的独立性而否认共犯的不法从属于正犯的不法,既承认"没有正犯的共犯",又肯定"没有共犯的正犯",而且在普遍处罚身份犯的共犯(非身份者成立身份犯的教唆犯或帮助犯)的今天,却无法为身份犯的共犯的可罚性提供实质根据,成为其根本性缺陷,因此现在理论上较少有人支持。而修正惹起说认为,共犯必须绝对从属于正犯的不法,既否认"没有正犯的共犯",也不承认"没有共犯的正犯";但其根本问题在于不能为同意杀人和本犯教唆的不可罚提供理由和根据。③混合惹起说,则站在折中的立场,既承认违法的连带性,也不否认违法的相对性,即其结论是虽然否认"没有正犯的共犯",但肯定"没有共犯的正犯",在具体问题的处理上,其既能够为未遂的教唆、同意杀人、本犯教唆不

---

①　参见杨金彪:《共犯的处罚根据论——以引起说内部的理论对立为中心》,载陈兴良主编:《刑事法评论》(第 19 卷),北京大学出版社 2007 年版,第 318 ~319 页。

②　参见[日]高桥则夫:《共犯体系和共犯理论》,冯军、毛乃纯译,中国人民大学出版社 2010 年版,第 115、121 ~122、126 页。

③　参见陈洪兵:《共犯的处罚边界》,载《北大法律评论》2015 年第 16 卷第 1 辑,第 110 页。

可罚提供根据,也能为身份犯的共犯的可罚性说明理由,因而在理论上获得了多数学者的支持。

从责任共犯论到因果共犯论的流变以及现今因果共犯论内部学说的争鸣,尽管都以共犯处罚根据论之名展开论证,但是显然各种学说都是在有效限定共犯的处罚范围的目的之下展开的。与其说共犯处罚根据是为共犯(教唆犯和帮助犯)寻找处罚根据的学说,还不如索性揭开处罚根据的面纱,转而承认其就是论证共犯合理处罚范围的注述。本文基于下述理由认为,一般而言,共同犯罪虽然在事实构造和规范评价上较单个人犯罪的形态更为复杂,但因果关系作为需要证明的客观要素,就足以在事实层面为共犯的处罚提供实质根据,并且所有冠以共犯处罚根据论之名的学说,事实上也无不以因果关系作为逻辑起点方才有进一步探讨的可能。

第一,共犯行为与危害结果之间的因果关系既是共犯处罚根据论的逻辑起点也是处罚共犯的实质根据。在论及共犯处罚根据的学说之中,"可以说在大的方向上,惹起说认为,正犯是直接侵害法益,而共犯则是间接地侵害法益"①。共犯的处罚根据与单独正犯一样,既然处罚共犯是因为其引起了法益侵害即构成要件结果(因果共犯论),那么若没有发生处罚奠定基础的法益侵害或者危险的话,也就没有产生使得刑法之介入与禁止(处罚共犯)正当化的事态。② 即使现在少有人支持责任共犯论和违法共犯论,但责任共犯论、违法共犯论要最终回答为何共犯能从属于正犯,也只能回归到共犯的因果关系才能找到实质根据。我们不妨说,责任共犯论那里的"共同意思"或"主观意思联络",正是因果共犯论那里的心理因果性。③ 因此,"在所有试图为共犯可罚性提供根据的学说中,责任共犯论之所以可以与正犯犯罪发生从属关系,乃

---

① 参见王永茜、胡菲:《共犯的处罚根据与共犯的认定》,载《河北法学》2012 年第 8 期。

② 参见[日]山口厚:《刑法总论》,付立庆译,中国人民大学出版社 2018 年版,第 326 页。

③ 参见马荣春:《共犯本质论:反思、证成与归属》,载《甘肃政法学院学报》2019 年第 5 期。

至于因果共犯论之所以能与正犯之犯罪结果发生关联,无外乎共犯与不法构成要件之间的因果关系"[①]。由于每个参与者都是相互把他人的行为作为自己行为的一部分加以利用、予以补充,那么,即便是由他人的行为直接引起了侵害法益的事实或结果的发生,也仍然视为参与者利用他人的行为作为自己犯罪的手段或工具,引起了危害结果的发生,这正是每个参与者都要对参与范围的危害结果负责的根据所在。[②]

第二,以存在刑法上的因果关系作为共犯可罚性判断的起点,符合在因果关系的判断上普遍适用条件说的司法现状。但首先需要明确的是与单独犯仅限于物理的因果性不同,共犯的因果性不仅有物理因果性,还包括心理因果性。具体而言,教唆犯的参与形态是唤起正犯的犯罪意思,其因果性几乎完全限于心理因果性;而在帮助犯的场合,如果其加功仅限于强化正犯的犯罪意思,其因果性也便限于心理因果性,如果帮助犯实施了诸如准备凶器、钥匙,或者望风行为,则其因果性还同时具有物理因果性。[③] 条件理论在"二战"之后为德国联邦裁判所继承,在学说上依然得到广泛支持,日本判例的主流也遵循条件说。[④] 但适用条件公式来判断共犯行为与正犯行为(或者说结果)之间的因果关系时,没有必要具备"没有共犯行为就没有正犯结果"这种程度的条件关系,应该认为只要物理性地或心理性地使正犯结果容易促进即为足够。[⑤] 各国司法实践实际上在因果关系有无的判断上无疑都采纳了条件说得出的结论,因此,以因果关系的有无作为共犯可罚与否的判断

---

① 参见江溯:《区分制共犯体系的整体性批判》,载《法学论坛》2011 年第 6 期。

② 参见刘明祥:《单一正犯视角下的共同正犯问题》,载《中外法学》2019 年第 1 期。

③ 参见[日]西田典之:《日本刑法总论》,王昭武、刘明祥译,中国人民大学出版社 2013 年版,第 306 页。

④ 参见[日]大塚仁:《刑法概说》,冯军译,中国人民大学出版社 2003 年版,第 183 页。

⑤ 参见[日]团藤重光:《刑法纲要总论》(第 3 版),创文社 1990 年版,第 377 页;[日]平野龙一:《刑法总论Ⅱ》,有斐阁 1975 年版,第 381 页。转引自[日]西田典之:《共犯理论的展开》,江溯、李世阳译,中国法制出版社 2017 年版,第 5 页。

起点，与刑事司法普遍适用条件说得出是否存在刑法上的因果关系维持了结论上的一致性。

第三，成立“共犯的脱离”[①]需要共犯行为与结果之间物理性与心理性双重因果关系的断绝，反面印证了刑法因果关系的存在是共犯可罚性的实质根据。当共犯主动放弃已经开始实施的教唆、帮助行为或者行为被迫停止后，又由他人导致结果发生的情况，必须要求同时消除已经实施的共犯行为与结果之间的物理的因果性与心理的因果性，才能让共犯只承担中止犯或者预备犯、未遂犯的刑事责任。[②] 共犯关系的脱离必须同时消除共犯行为与共犯结果之间物理的和心理的双重因果关系，这不仅为共犯脱离确立了明确的标准，而且也说明了共犯行为与结果之间因果关系的存在是处罚共犯的根据所在。因为，从这里不难发现，共犯的责任范围止于因果关系所辐射的范围，也可以说正是因果关系结果范围内的共犯关系最终决定了共犯的责任与否或者承担何种程度的罪责。

因此，整个共犯可罚性的探讨基础就在于共犯本身与不法构成要件结果之间的因果关系。可以认为，杂乱而错综复杂的共犯处罚根据论的实质内涵，也只不过是在刑法的因果关系的基础之上来探讨和论证共犯的合理处罚范围问题。

（三）共犯处罚根据论："无源之水、无本之木"的学说

而回溯至共犯处罚根据论的逻辑起点——限制正犯概念，再反观区分制内部共犯与正犯区分标准从形式到实质的演变，如今看来，共犯处罚根据论在逻辑上面临着论证前提不复存在的根本缺陷。以限制正犯概念作为共犯处罚根据论存在的起点和基础，却在共犯与正犯的区

---

① 所谓共犯的脱离，是指在某些情形下，行为人虽然实施了共犯行为，如果后来又消除了该行为对犯罪结果的促进作用，导致先前的共犯行为与结果之间不具有因果性时，就属于共犯关系的脱离。

② 参见张明楷：《刑法学》，法律出版社 2016 年第 5 版，第 448 页。

分标准发展进程中为了实现罪刑均衡而不复存在,使其变成了“无源之水、无本之木”的学说。

共犯处罚根据论发端于“限制正犯”概念,将正犯严格限制在是完全或部分实施基本构成要件行为之人、共犯是对他人构成要件行为实现进行加功之人。① 其也在刑事实体法已经明确处罚教唆犯和帮助犯的情况下,还能从解释论上进一步挖掘,为共犯实质可罚性依据提供了可能。早期在区分共犯与正犯的判断标准上采用形式客观说就成了应然选择。但是面对复杂而丰富的司法实践,形式客观说却面临着无法实现罪刑均衡的刑法基本要求,如根据形式客观说认定的狭义共犯,有可能在共同犯罪中起到了重大作用却无法被处以重刑。因此,德日刑法理论为实现罪刑均衡,逐渐摒弃形式客观说,而采用实质客观说,②按照共同犯罪者在共同犯罪中所起的作用区分正犯与共犯。③ 具体而言,德国刑法理论现在的通说观点是犯罪事实支配理论,规范的综合判断理论则是德国联邦法院司法判例的主流观点;④而日本刑法理论的通说观点则是重要作用说。

基于实现刑事处罚的合理性的需要,在正犯和共犯的判断上,德、日学界及其实务界逐渐突破实行行为的传统边界而加以实质的解释——纵使没有参与构成要件行为的实行,但如果对共同犯罪的不法事实具有支配力或者发挥了重要作用,亦能成为正犯;相反,即便直接参与了构成要件行为的实行,但倘若对不法事实缺乏支配力或者对结果的发生所起的作用较小,亦可成立共犯(主要是帮助犯)。⑤ 尽管共犯与正犯的区分标准的实质化,能够在一定程度上实现共同犯罪参与

---

① 参见柯耀程:《变动中的刑法思想》,中国政法大学出版社 2003 年版,第 159 ~ 160 页。

② 不应采取所谓形式客观说,单纯以“是否实施了构成要件行为”作为区分标准,而应该采取实质的标准,此即所谓的实质客观说。参见付立庆:《阶层体系下间接正犯与教唆犯的区分标准:理论展开与实践检验》,载《华东政法大学学报》2018 年第 6 期。

③ 参见马聪:《论正犯与共犯区分之中国选择》,载《山东社会科学》2018 年第 3 期。

④ 参见张明楷:《外国刑法纲要》,清华大学出版社 2007 年版,第 303 页。

⑤ 参见刘明祥:《论中国特色的犯罪参与体系》,载《中国法学》2013 年第 6 期。

者之间的罪刑均衡，但其在反映区分制存在人权保障和法益保护功能的内部矛盾的同时，也让限制正犯徒具概念之名，其对构成要件定型性的限定机能不复存在。例如，在共同参与盗窃行为的案件中，只是实施望风行为的参与者，如果对最终结果的发生起到了重要作用而非辅助作用的，按照犯罪事实支配理论的实质判断，就会被认定为正犯行为而非帮助行为。① 但无论望风行为在盗窃罪的共同犯罪中起到了何种不可替代的作用，望风行为都不可能直接实现将他人占有的财物变为自己占有的法益侵害效果。不可否认的是，将其径直地认定为亲自实施了符合盗窃罪构成要件的实行行为的做法，不能不说让限制正犯概念对构成要件的定型性限定机能已经不再具有多大程度的现实意义。因为，彻底贯彻正犯与共犯实质的判断标准，共同犯罪的任何一种可罚性的参与行为都有可能因起到了重要作用而被认定为正犯行为。更为重要的是，被区分制学者所给予厚望的共犯处罚根据论，因其赖以生存的限制正犯概念被彻底破坏或者说被无形"抛弃"，而变成了在逻辑论证上缺乏前提性支撑而存在根本性缺陷的理论。

三、共犯处罚根据论存在必要性的质疑

（一）因果共犯论在处理具体问题时的局限

1. 必要共犯中片面对向犯的共犯处罚范围

对向犯是指以存在两人以上的对向性参与行为为要件的必要共犯形态，②对向犯属于必要的共犯。但立法上存在对向双方都作处罚的规定或者仅规定处罚一方的两种不同情形。前一种情形如重婚罪、出售假币罪与购买假币罪以及行贿与受贿罪等，后一种情形如贩卖淫秽物品罪。后一种情形即为片面的对象犯。在刑法分则将对向性参与行

① 参见马卫军：《论"望风"行为的性质——基于犯罪事实支配理论的考察》，载《西部法律评论》2014 年第 5 期。

② 参见钱叶六：《对向犯若干问题研究》，载《法商研究》2011 年第 6 期。

为都作为正犯加以规定的情形,任何一方的参与行为的可罚性自无疑问并且处罚范围也比较明确。但问题是,在片面对向犯的情形,没有被分则明文规定处罚的其他必要参与行为,是否都当然地不具有可罚性?答案当然是否定的。因为刑法总则关于共犯的处罚规定原则上适用于刑法分则所有的罪名,在刑法无明确的例外规定的情况下,适用总则关于教唆犯和帮助犯的规定来处罚片面对向犯的必要参与行为,自然符合罪刑法定原则的基本要义。而进一步的问题又在于,在片面对向犯的场合,如若简单地认为片面对向犯中的必要参与行为均构成共犯,也明显不当地扩大了共犯的处罚范围。① 因此,不处罚对向一方的理由是什么以及在什么情况下未明文规定处罚的一方可能成立规定处罚一方的共犯,就是片面对向犯中的核心和疑难问题所在。②

而处于德日刑法理论通说地位的因果共犯论,将共犯可罚性置于共犯本身与不法构成要件结果之间的因果关系之上。因此,因果共犯论在片面对向犯的必要参与行为的可罚性判断上,会得出全面可罚的结论。因为这种因果关系的存在,是可以直接从对向犯的事实构造中推导出来的,如缺乏淫秽物品的购买行为,出售淫秽物品的行为只能处于预备或者未遂的状态。"毋庸置疑,要将结果归责于参与者,当然要求该参与者的行为与结果之间存在因果关系,但这只能表明因果共犯论解决了共犯的处罚根据问题,不能认为同时确定了共犯的'归责范围'问题。"③虽然很多情形仍然可以因行为缺乏违法性或者因缺乏期待可能性而无有责性对行为人进行出罪,如嘱托自杀未遂的被害人、本犯让别人藏匿自己的情形即是适例。但是在购买者要求别人给自己出售淫秽物品供自己欣赏的情形,因贩卖淫秽物品罪的保护法益为善良的社会风俗,而淫秽物品的购买者就不能被视为受害者,在不法和罪责的判断上都可能得出肯定的结论。因此,共同犯罪各参与人是否要受

① 参见张明楷:《对向犯中必要参与行为的处罚范围》,载《比较法研究》2019年第5期。

② 参见陈洪兵:《共犯的处罚边界》,载《北大法律评论》2015年第16卷第1辑。

③ 参见王昭武:《论共谋的射程》,载《中外法学》2013年第1期。

到处罚，还需要进一步地实质考察各个参与人的参与行为是否达到了值得刑罚处罚的程度。[①]

即使不考虑因果共犯论内部学说之间的立场对立以及合理性与否，在购买淫秽物品的场合，由于购买者与出售者都具有自己固有的不法，因此无论是纯粹惹起说、修正惹起说与混合惹起说都无疑会得出淫秽物品的购买者具有可罚性的结论。这一结论也会与实践立场产生冲突。尽管德国司法判例普遍肯定其可罚性，但是在同为区分制共犯立法的日本对此却持否定态度。[②] 在我国，单纯购买淫秽物品的行为不会受到刑事追责，而且我国目前大多数学者也认为，片面的对向参与行为原则上不可罚，但若出现特别例外的情形，即超出其参与行为的定型性、通常性，则有可能要按共犯来处罚。[③] 因而，共犯处罚根据论试图在因果关系的基础上为共犯的处罚寻找合理的边界的尝试，至少在片面共犯的场合不能不说是失败的，反而说明区分制想以共犯处罚根据论为契机将所有问题予以统一解决的构想可能根本上是无法得以实现的。

2. 自杀参与行为的可罚性判断

本文在此所言的自杀参与行为，是指参与他人实施自杀行为之中的教唆或者帮助行为，包含教唆自杀[④]与帮助自杀[⑤]两种具体情形。《日本刑法典》第202条规定："教唆或帮助他人使之自杀，或受其嘱托或得其承诺而杀之者，处六月以上七年以下惩役或禁锢。"[⑥]因此，在已

---

① 参见钱叶六：《共犯违法连带性说的合理性及其应用——基于共犯处罚根据论的探讨》，载《清华法学》2014年第3期。

② 参见何庆仁：《论必要共犯的可罚性》，载《法学家》2017年第4期。

③ 参见张明楷：《刑法学》，法律出版社2016年第5版，第386~387页。

④ 所谓教唆自杀行为，是指行为人用怂恿、请求、命令、挑拨、刺激、引诱、指使等方式，唆使他人产生自杀意图，实施自杀行为。参见王志远：《论我国共犯制度存在的逻辑矛盾——以教唆、帮助自杀的实践处理方案为切入点》，载《法学评论》2011年第5期。

⑤ 所谓帮助自杀行为，是指他人已有自杀意图，行为人对其在精神上加以鼓励，使其坚定自杀的意图，或者在物质上加以帮助，使他人得以实现其自杀意图。参见王志远：《论我国共犯制度存在的逻辑矛盾——以教唆、帮助自杀的实践处理方案为切入点》，载《法学评论》2011年第5期。

⑥ 参见陈子平编译：《日本刑法典》，台北，元照出版有限公司2017年版，第140页。

经对教唆、帮助自杀行为进行单独规定予以处罚的日本,并无在共犯论的基础上探讨自杀参与行为可罚性问题的余地。但在我国和德国,刑法分则并不存在这种单独规定的情况,教唆、帮助自杀行为的可罚性判断就当然地归属于共同犯罪理论需要解决的问题。

在德国,根据限制从属性说,刑法理论及判例毫无争议地认为,教唆、帮助自杀行为无罪。① 但教唆、帮助自杀行为的可罚性在我国却存在巨大分歧,有必要借用共犯的处罚根据论来对此问题的解决进行尝试。在作为"舶来品"的共犯处罚根据论内部学说之中,目前在我国主要是以杨金彪、黎宏等学者为代表的修正惹起说②与以张明楷、周光权等学者为代表的混合惹起说③之间的立场对立。由于存在明显的理论缺陷,几乎没有学者明确主张责任共犯论、违法共犯论以及因果共犯论中的纯粹惹起说。因此,就有必要分别将修正惹起说和混合惹起说作为分析工具,来为教唆、帮助自杀行为的可罚性判断探求结论。修正惹起说坚持共犯必须绝对从属于正犯的不法,既否定"没有正犯的共犯",也不承认"没有共犯的正犯"。虽然混合惹起说既承认违法的连带性,也不否认违法的相对性,认为共犯的成立需从属于正犯的不法,但本身也具有法益侵害性,因而否定"没有正犯的共犯"却肯定"没有共犯的正犯"。先不论二者之间的分歧与对立,但可以肯定的是,修正惹起说与混合惹起说都肯定不法的连带性,即在正犯至少具备了构成要件的不法之时共犯才具有可罚性这一点上形成了理论共识。尽管现在理论界对于自杀行为有无违法性仍然意见纷呈,但是这并不影响教唆、帮助自杀行为可罚性在共犯处罚根据论上的判断。因为无论故意

---

① Vgl. Claus Roxin, Strafrecht Allgemeiner Teil, Bd. Ⅱ, 2003, S. 128. ; Hans-Heinrich Jescheck/Thoms Weigend, Lehrbuch des Strafrecht Allgemeiner Teil, 5. Aufl, 1996, S. 686. 转引自陈洪兵:《共犯的处罚边界》,载《北大法律评论》2015年第16卷第1辑,第113页。

② 参见杨金彪:《共犯的处罚根据》,中国人民公安大学出版社2008年版,第120页;黎宏:《刑法学》,法律出版社2012年版,第266页。

③ 参见张明楷:《刑法原理》,商务印书馆2011年版,第370~371页;周光权:《刑法总论》(第2版),中国人民大学出版社2011年版,第227页。

杀人罪还是故意伤害罪，其对象显然指的是“他人”。[①] 作为正犯的被害人实施的自陷风险行为不符合犯罪构成要件，也不具有违法性，因此，教唆行为或者帮助行为不可能构成犯罪。[②] 据此，无关自杀行为的合法与否，至少自杀者舍弃自己生命法益的行为都不可能解释为符合故意杀人罪构成要件的行为，亦即教唆或者帮助自杀的行为因缺乏正犯的不法，而不具可罚性。

尽管修正惹起说和混合惹起说的贯彻能够得出教唆、帮助行为不具有可罚性的一致结论，但此结论与我国以故意杀人罪来处罚教唆、帮助行为的司法传统背道而驰，因为我国司法实务界一般认为教唆、帮助自杀的行为构成故意杀人罪。[③] 就生命法益而言，被害人承诺并不排除杀人行为的社会危害性。[④] 例如，在 2011 年发生的邓某建帮母自杀案[⑤]中，邓某建在其卧床多年、生活不能自理的母亲的请求下，出于解除母亲病痛的善意动机，购买农药勾兑后递给母亲帮助完成自杀，最终法院认定被告人邓某建的行为构成故意杀人罪，判处有期徒刑三年缓刑四年；又如，在 2000 年发生的李某故意杀人案[⑥]中，被告人李某因女友马某家不同意两人之间的婚事，而产生了杀害马某的念头，于是采用逼迫、引诱的方式让被害人马某同意一起相约自杀，马某服下被告人李某购买的安定片后死亡，而被告人则在服下安定片企图自杀后被及时送往医院抢救脱险，本案看似是相约自杀，实则为教唆自杀，因为被害人马某自杀意图完全是在被告人李某的情感胁迫与死亡唆使之下产生

---

① 参见陈洪兵：《共犯处罚根据论》，载陈兴良主编：《刑事法评论》（第 23 卷），北京大学出版社 2008 年版，第 435 页。

② 参见蔡颖：《重构被害人自陷风险的法理基础》，载《法制与社会发展》2020 年第 3 期。

③ 参见李洁、谭堃：《论教唆、帮助自杀行为的可罚性》，载《政治与法律》2013 年第 6 期。

④ 参见黎宏：《被害人承诺问题研究》，载《法学研究》2007 年第 1 期。

⑤ 详见钟亚雅：《“帮母自杀”：罪不可恕，其情可悯》，载《检察日报》2012 年 6 月 6 日，第 5 版。

⑥ 参见刘湘廉主编：《刑事案例诉辩审评——杀人罪、伤害罪》（第 2 版），中国检察出版社 2014 年版，第 84 ~ 88 页。

的,最终法院也认定被告人李某构成故意杀人罪。因此,共犯的处罚根据论并不能为我国的教唆、帮助自杀行为以故意杀人罪定性处罚在解释论上提供合理的依据。

(二)共犯处罚根据论与违法的本质、共犯的性质的杂糅而致使区分制更加混乱

1. 共犯处罚根据论与违法的本质

由于责任共犯论和不法共犯论在区分制内部也被认为是存在根本性缺陷的理论,现在几乎没有学者支持而仅具学术史的价值。现在处于通说地位的因果共犯论认为,共犯处罚根据在于共犯行为与法益侵害结果存在因果性的同时,试图通过不法的判断为共犯的处罚范围寻找一个合理的限度。而因果共犯论内部纯粹惹起说、修正惹起说与混合惹起说的学说对立,表面上是违法相对性和共犯从属性的分歧,而实质上还能够追溯到违法本质的不同立场。

纯粹惹起说,在全面承认违法相对性的同时,完全否定共犯的不法来自正犯违法的连带性,其认为共犯行为具有自身固有的不法而非正犯不法所导致的。其将惹起说坚持到底的事实依据在于,认为共犯行为本身就独立地侵害了刑法分则上的法益。完全以自身为基础来考虑违法性,认为共犯的成立不一定要求正犯行为具有构成要件符合性。① 纯粹惹起说是从行为人关系中把握违法性的人的不法论的归结,因此该见解接近于将违法的本质求之于命令违反的主观违法要素性论。② 因此,纯粹惹起说在违法的本质上与行为无价值论的立场相契合。行为无价值论所谓的违法性,只能是对和特定的行为人相互联系起来的

---

① 参见张开骏:《共犯限制从属性说之提倡——以共犯处罚根据和共犯本质为切入点》,载《法律科学》2015 年第 5 期。

② 参见[日]曾根威彦:《刑法的重要问题(总论)》(第 2 版),成文堂 2005 年版,第 306 页。

行为所进行的否定性评价，不法只能是与特定行为人相关的不法。[①] 行为无价值坚持人的不法论，在违法的判断时就必须加入行为人主观违法要素的考量，这与纯粹惹起说在违法要素的选取上具有一致性。从坚持逻辑一贯性的立场而言，行为无价值论者在共犯处罚根据论上应该坚持纯粹惹起说。

修正惹起说，否定违法的相对性，将违法的连带性贯彻到底，认为共犯的处罚根据并非在于共犯行为本身，而在于其对正犯直接引起法益侵害行为的参与，共犯行为没有直接的法益侵害性，只是在因果流程上对正犯结果起到了引诱或者促进作用。因此，共犯的不法是从正犯不法中推导出来的，共犯的不法从属于正犯的不法。修正惹起说，对共犯的独立不法持完全否定的态度，共犯在不法的判断上完全依附于正犯的不法。教唆、帮助行为通过正犯实施了构成要件行为，并通过该行为媒介导致了法益侵害结果发生的，才具有可罚性；只要正犯没有着手实施符合刑法分则所规定的构成要件行为，没有由此引起违法的法益侵害，对共犯进行处罚就缺乏根据。[②] 例如，在甲教唆乙实施盗窃他人汽车或者为乙实施盗窃汽车的行为提供帮助的场合，只有乙事实上接近汽车并且马上准备实施撬开车门时，甲的教唆或者帮助行为才有可罚性。修正惹起说，将共犯行为和正犯行为可罚性的判断时点都放在法益侵害或者面临法益侵害的具体危险之时，无疑与结果无价值论在不法的判断上相吻合。结果无价值论，是对侵害或者威胁刑法所保护的利益这一结果进行的否定性评价。[③] 显然，结果无价值论坚持物的不法论，与修正惹起说反对人的不法论的观点不谋而合，从行为不法和结果不法的对立而言，行为无价值论和结果无价值论在客观主义内部展开的立场分野，在共犯处罚根据论的纯粹惹起说和修正惹起说之间

① 参见周光权：《行为无价值论与主观违法要素》，载《国家检察官学院学报》2015年第1期。

② 参见周光权：《行为无价值论的中国展开》，法律出版社2015年版，第303页。

③ 参见车立科：《论刑法学中结果无价值论的选择依据》，载《北华大学学报(社会科学版)》2019年第1期。

得到了具体化。

而混合惹起说,是将纯粹惹起说与修正惹起说观点折中的理论,认为共犯的不法一部分来自正犯的不法,另一部分是从共犯独立的法益侵害中推导出来的,因此共犯的处罚根据在于对构成要件上的保护法益进行从属性的侵害。行为无价值二元论与混合惹起说具有内在逻辑上的一致性。首先,肯定教唆犯、帮助犯对正犯的心理引起关系,实际上是承认主观的违法要素,这是行为无价值二元论才能得出的结论。[①] 在教唆行为与帮助行为与正犯结果之间存在心理的因果关系时,就不得不考虑教唆犯与帮助犯是否存在构成要件上的故意这一主观的违法要素。以中立帮助行为的可罚性判断为例,在中立帮助行为提高了结果发生的危险,在帮助者具有犯罪的意思的情形,就应该认定帮助犯的成立。[②] 其次,混合惹起说部分肯定共犯的独立不法以及不法的连带性,即同时肯定"人的不法论"和"物的不法论"与行为无价值二元论具有价值理念上的一致性。二元的行为无价值论认为,对于违法性的判断,应当以结果无价值为基础,同时,作为对结果违法性的限定,也应当考虑行为举止对于规范的违反。[③] 在违法性的判断中,二元论将行为和结果置于同等重要的位置。正好与之对应,混合惹起说在共犯违法性的判断上同时考虑共犯人(教唆犯、帮助犯)的不法和共犯参与正犯实现法益侵害或者危险的物的不法,与二元论在违法性判断时将行为与结果同等考量具有价值立场上的一致性。

通过以上简析,从理论融贯性的视角而言,因果共犯论内部纯粹惹起说、修正惹起说与混合惹起说应该和违法的本质之争的行为无价值论、结果无价值论以及行为无价值二元论之间存在逻辑上的一致性。但是问题却也由此而来,行为无价值与结果无价值由德国学者提出以后,尽管在德国占主导地位的行为无价值与结果无价值二元论使得两

① 参见周光权:《行为无价值论的中国展开》,法律出版社2015年版,第305页。

② 参见[日]高桥则夫:《规范论和刑法解释论》,戴波、李世阳译,中国人民大学出版社2011年版,第152页。

③ 参见周光权:《新行为无价值论的中国展开》,载《中国法学》2012年第1期。

者的立场对立没有那么激烈，但是仍然存在争议，而且行为无价值论与结果无价值论传入日本后，在日本刑法学界产生了重要影响并引起了激烈的争论。[①] 滥觞于德国、日本的结果无价值与行为无价值之争被引入我国后，不仅所涉及的理论争点与德日刑法学存在高度重合，而且在中国刑法学中的结果无价值论与行为无价值论之争更是呈现自身独有的特点，两派对垒所辐射的领域较之于发源地而言有逐步拓宽的趋势。[②] 国内外在违法本质上从结果无价值论与行为无价值论立场展开的对立，又与共犯处罚根据论内部学说结合在一起，使得区分制学者因各自违法的本质立场不同，而几乎难以形成一致的理论共识，这也可能让共犯论内部的问题因共犯处罚根据论而变得更加复杂。另外，这种复杂性也容易产生立场上的自相矛盾，如我国著名刑法学者张明楷教授，在违法的本质立场是坚定的结果无价值论者，[③]而在共犯处罚根据上却又坚持混合惹起说，认为共犯的违法性由来于共犯行为自身的违法性和正犯行为的违法性，[④]可以认为共犯处罚根据论与违法的本质在立场上的融合，就会使得在处理具体问题时，学者们不得不以牺牲逻辑立场上的一致性为代价，而获得在具体问题上结论的妥当性。因此，从这个角度而言，共犯处罚根据不仅使得共犯论上的具体问题变得更加复杂，而且也可能使整个犯罪论体系变得杂乱。

2. 共犯的处罚根据论与共犯的性质

在共犯论体系内部，与共犯的处罚根据论直接关联的理论命题无疑是关于共犯性质的探讨与分歧。在德国与日本，占据绝对通说地位的共犯理论是以共犯从属性说为主线而展开的。[⑤] 共犯从属性说与共犯独立性说展开的争论与对立，所论证的核心问题是狭义的共犯即教

---

① 参见陈兴良：《刑法的知识转型（学术史）》（第2版），中国人民大学出版社2017年版，第267页。

② 参见陈璇：《结果无价值论与二元论之争的共识、误区与发展方向》，载《中外法学》2016年第3期。

③ 参见张明楷：《刑法学》（第5版），法律出版社2016年版，第110~114页。

④ 参见张明楷：《刑法的基本立场》，商务印书馆2019年版，第429页。

⑤ 参见陈家林：《外国刑法通论》，中国人民公安大学出版社2009年版，第509页。

唆犯和帮助犯的成立是否以从属于正犯为必要。共犯从属性说以旧派的客观主义刑法思想为立论基础，主张教唆行为、帮助行为并非属于符合构成要件行为的实行行为，在实质上不具有侵害法益的直接、现实的危险性，或者说侵害法益的危险还不充分，故仅此还不足以构成犯罪，只有在被教唆者、被帮助者实行了犯罪的场合，一般才成立共犯。[①] 从属性还包含着实行从属性、[②]要素从属性[③]和罪名从属性[④]三方面的内容，但是需要说明的是实行从属性与要素从属性和罪名从属性之间存在位阶关系，具体而言前者是从属性有无的问题，而后两者所涉及的是从属性的程度问题。换言之，只有在解决了共犯是否从属于正犯这一前提性问题之后，才有进一步探讨共犯在哪些方面从属于正犯的余地，因此后两者必然以前者为前置性条件。而共犯的性质所论及的正是从属性有无的问题，实质问题在于实行从属性与共犯独立性说的对立与争议。而共犯独立性说，被认为是新派主观主义刑法理论的见解。该说认为，实行行为是能确定地征表出犯意的外部行为，教唆行为也是法益侵害的意欲的征表，所以也是实行行为。[⑤] 因此，按照共犯独立性说的逻辑推演，作为犯意表征的共犯行为(教唆和帮助行为)，本身就具备了实行行为的本质，共犯行为的实施即为实行行为的着手，正犯是否着手实行犯罪对于共犯的成立并不重要。

而引入共犯的处罚根据论的分析视角，看似可以为共犯从属性说

① 参见钱叶六:《共犯的实行从属性说之提倡》，载《法学》2012 年第 11 期。

② 所谓实行从属性，是指共犯要具有可罚性，正犯必须着手实行犯罪，亦即原则上，正犯必须具有作为未遂犯的可罚性。参见[日]西田典之:《日本刑法总论》，王昭武、刘明祥译，中国人民大学出版社 2013 年版，第 347 页。

③ 所谓要素从属性，是指为了成立共犯(教唆犯和帮助犯)，正犯需要具备犯罪成立的那些要件。参见陈家林:《外国刑法理论的思潮与流变》，中国人民公安大学出版社 2017 年版，第 521 页。

④ 所谓罪名从属性，是指共犯的罪名从属于正犯的罪名，即共犯和正犯的罪名必须是同一的。参见陈家林:《外国刑法理论的思潮与流变》，中国人民公安大学出版社 2017 年版，第 525 页。

⑤ 参见张明楷:《论教唆犯的性质》，载陈兴良主编:《刑事法评论》(第 21 卷)，北京大学出版社 2007 年版，第 83 页。

与共犯独立性说激辩不下的二者之间划分优劣。因为，共犯处罚根据论中的责任共犯论和不法共犯论的内涵要求共犯的成立以正犯的不法和罪责为前提，当然地要求正犯实行了符合构成要件的实行行为；"因果共犯论（引起说）将共犯的处罚根据求之于引起结果发生的具体危险，由于在正犯着手的时点才存在具体的危险，所以只有在该时点共犯才可罚"①。因此，从共犯处罚根据论的责任共犯论、违法共犯论以及处于通说地位的因果共犯论都可以得出共犯从属性说的合理性。但是，共犯的处罚根据论却与实行从属性说之间至少存在以下不可调和的矛盾和冲突。

第一，共犯的处罚根据论与实行从属性之间存在功能冲突，二者本质上都在探讨共犯为何要受到处罚及其处罚范围问题，因此必然会引发二者之间何者为多余的立场争议。如前所述，以"限制正犯"概念为逻辑前提的共犯处罚根据论，即是在为狭义的共犯没有实施刑法分则所规定的构成要件的实行行为却要承担罪责与刑罚找到实质根据，而在其自身内部理论发展的过程中，责任共犯论、不法共犯论直至今天通说的因果共犯论及其内部的争鸣，其论证的基础都在于共犯行为与危害结果之间存在刑法上的因果关系，而其真正的争议却是围绕限定共犯的合理处罚范围而展开的。反观实行从属性说，在与共犯独立性说的立场对立中，坚持只有正犯着手实施了实行行为时共犯才具有可罚性。其考虑的核心要点在于：共犯本身并未实施构成要件行为，其仅仅是通过加功于正犯从而为构成要件的实现提供了条件，为了从结果上阻止凡是给构成要件的实现提供了条件的人都成为共犯，共犯的成立就应受到构成要件的约束，即其成立必须以正犯着手实行犯罪为前提，由此发挥构成要件限定国家权力发动的机能，从而最终划定共犯行为的法治国轮廓。② 由此可见，共犯从属性说所依据的实质理由有二：

① 参见陈家林：《外国刑法理论的思潮与流变》，中国人民公安大学出版社 2017 年版，第 521 页。

② 参见［日］高桥则夫：《共犯体系与共犯理论》，冯军、毛乃纯译，中国人民大学出版社 2010 年版，第 159 页。

一是狭义共犯的处罚根据在于其为正犯实行犯罪提供了条件,即共犯行为与危害结果之间存在因果关系;二是以构成要件行为的危险或者说以实行行为对结果造成的现实危险为依据来有效地限制共犯的处罚范围。对比分析不难发现,二者在本质内涵上并无根本性的差别,就此从刑法理论的功能来说,二者存在相互冲突的嫌疑。因此,从逻辑合理性而言,就应该产生哪一个理论失去了存在的现实必要性问题。

第二,实行从属性无法得到贯彻,使得共犯的处罚根据论陷入了可有可无的境地。不管是共犯从属性说,还是共犯独立性说,都不否认共犯只能就自己所实施的行为来承担刑事责任,否则就有违个人责任原则。① 二者的实质争议就在于正犯的犯罪行为达到何种程度,共犯才具有可罚性,也即在何种范围内处罚共犯的问题。根据共犯从属性说,在教唆或者帮助他人实施犯罪的场合,即使被教唆者已经实施了预备行为,但只要没有着手实行犯罪,对教唆者或帮助者也不应处罚,即预备犯的共犯不可罚。② 采取区分制的学者大多认为,在多人参与犯罪的场合,由于正犯是犯罪的核心人物,共犯是犯罪的边缘人物或依附者,因而共犯具有从属于正犯的特性,对共犯定罪时必须考虑正犯的情况,正犯如果尚未实行犯罪,对共犯不能定罪处罚。③ 但如果彻底贯彻实行从属性的主张,就会出现过于限制共犯处罚范围的缺陷。德国根据所教唆罪的不同,对轻罪的教唆采取了共犯从属性说,对重罪的教唆采取了共犯的独立性说。④ 在日本,大多数学者都主张预备犯的共犯具有可罚性,司法实务也对此持肯定态度。实行从属性理论无法得到贯彻,对于共犯的处罚根据论的冲击是显而易见的。因为如前所述,至少在正犯着手实施了实行行为的情形,共犯才有被处罚的可能性,这是

① 参见[日]大塚仁:《刑法概说(总论)》,冯军译,中国人民大学出版社 2003 年版,第 243 页。

② 参见[日]大塚仁:《刑法概说(总论)》,冯军译,中国人民大学出版社 2003 年版,第 270 ~276 页。

③ 参见刘明祥:《论中国特色的犯罪参与体系》,载《中国法学》2013 年第 6 期。

④ 参见毛海利:《"修正的共犯二重性说"之提倡》,载《法学论坛》2016 年第 2 期。

共犯处罚根据论内涵的必然要求。但是,在实行从属性无法得到贯彻而处罚预备犯的共犯的情况下,就会从整体逻辑上得出具备共犯的处罚根据的情形共犯行为当然具有可罚性的结论。在不符合共犯处罚根据的条件时,共犯也可能被处罚,疑问便是共犯的处罚根据论的实际意义何在。因此,可能会得出共犯处罚根据论可有可无的结论。

四、结　语

近年来,国内对于域外共同犯罪理论的知识引介,以区分制为理论根基建立起来的共犯论体系作为主要对象。从宏观的共犯论甚至说犯罪论体系的知识体量来说,我国目前的刑法教义学要比德国和日本以及俄罗斯都要大得多而且更为复杂。当然从客观理性的角度来说,这里面存在着复杂的历史因素与我国刑事立法起始较晚而导致的技术缺陷等诸多现实情况。但不得不说也可能存在我国学者在知识引入时的盲目,对于国外的理论过于吹捧而疏于反思与批判,再加上本土问题意识的缺乏和体系性考量的欠缺,而导致我国在共犯论以及犯罪论上的知识杂融与混乱。刑法教义学并不满足于把各种理论原理简单地合并在一起,并且一个一个地对它们加以讨论,而是要努力把在犯罪行为的理论中产生的全部知识,有条理地放在一个"有组织的整体"之中,通过这种方法,使人们能够清楚地认识各个教义之间的内在联系。① 共犯的处罚根据论在德国和日本都被认为是共犯论研究的基石,也被认为是能够给繁杂甚至"绝望"的共犯理论找到出路的希望,但是随着共犯理论内部各种理论的发展,导致共犯处罚根据理论自身存在难以回避的根本缺陷,而且其与共犯的性质、违法的本质等基础理论之间产生的矛盾与冲突,不仅致使其初衷不能如愿,甚至还可能导致本来就混乱不堪的共犯理论因共犯的处罚根据论的交错杂糅而变得更加混乱。而回归我国,共犯处罚根据论存在固有的缺陷无须赘言,更为重要的是,

① Roxin, Strafrecht AT. Band I, C. H. Beck Verlag. 2003, S. 195. 转引自江溯:《区分制共犯体系的整体性批判》,载《法学论坛》2011 年第 6 期。

其在教唆、帮助自杀行为以及必要共犯的片面对象犯等具体问题上无法提供符合中国司法现状与刑事政策需求的理论支撑，事实上无关犯罪形态如何，构成犯罪的根本在于其行为符合不法和罪责，如此说来，共犯处罚根据论存在的必要性和正当性又何在呢？而更进一步的问题可能还在于，我们是否应该对用区分制来解释中国的共同犯罪问题的合理性进行反思和质疑。

Deconstruction and Criticism of the Theory of the Basis of Punishment for Accomplice

Xiao Sha

[**内容摘要**]共犯处罚根据论是德、日区分制共犯理论为狭义的共犯寻找实质处罚依据的理论。目前因果共犯论处于通说的支配地位，但其实质内涵只是基于共犯行为与构成要件的不法结果之间存在刑法上的因果关系来合理地限制共犯的处罚范围。随着共犯与正犯的区分标准由形式客观说向实质客观理论的转变，以“限制正犯”概念为逻辑起点的共犯处罚根据论因失去前提性支撑而存在明显逻辑缺陷。其不能在片面对象犯等具体问题上得出符合我国客观实际的结论，其与违法的本质立场之争交织使共犯论的问题更加难以得出一致结论，其存在的必要性也因共犯从属性无法得到贯彻而受到根本性的质疑。

[**关键词**]共犯处罚根据论；内涵解析；逻辑缺陷；存在必要性

Abstract: The theory of the basis of punishment for accomplice is the theory of finding substantial punishment basis for accomplice in narrow sense according to the theory of accomplice in Germany and Japan. At present, the causal accomplice theory is in the dominant position of the general theory, but its essential connotation is only based on the criminal law causality between the accomplice behavior and the illegal result of the constitutive elements to reasonably limit the scope of punishment of the accomplice. With the change of the standard of distinction between accomplice and principal offender from formal objective theory to substantive objective theory, the theory of punishment basis of accomplice, which takes the concept of "limiting principal offender" as the logical starting point, has obvious logical defects because of losing the premise support. It can not draw a conclusion in line with the objective reality of our country on specific issues such as one-sided object crime, and the dispute between it and the essential position of the violation of the law makes it more difficult to draw a consistent conclusion on the theory of accomplice. The necessity of its existence is also fundamentally questioned because the subordinate attribute of the accomplice can not be carried out.

Keywords: The Theory of the Basis of Punishment for Accomplice; Connotation Analysis; Logic Defect; Necessity of Existence

间接正犯存在必要性之证成及其新构造

徐　颖*

目　次

引　言
一、间接正犯现状概述
二、间接正犯否定论及评析
三、间接正犯肯定论及评析
四、间接正犯的价值
五、间接正犯理论的新构造
结　语

引　言

间接正犯是正犯与共犯区分制之下形成的重要理论,然而间接正犯概念自在理论界提出以来,其地位便不断受到质疑。有学者认为,间接正犯的根基在于朴素的法直觉的实体性侧面,其概念源于限缩的正犯概念与共犯的极端从属性说的理论缝隙之中。① 间接正犯的概念是

---

* 华北电力大学人文与社会科学学院讲师。

① 参见[日]西田典之:《共犯理论的展开》,江溯、李世阳译,中国法制出版社 2017 年版,第 99 页。

为了填补刑事惩罚体系的漏洞而出现的。[①] 并基于间接正犯的替补性特征，进而认为随着极端从属性理论的式微，间接正犯概念应当被全盘否定。[②] 但是现实情况是，间接正犯理论在德国、日本等国家仍然具有较强的生命力；在我国也同样如此，虽然在立法上并未明确肯定间接正犯这一概念，但是在司法实践中却已然开始使用。[③] 因此，间接正犯概念并非如部分学者所言会随着极端从属性理论的式微而消亡，反而因为其独有的功能，仍然在司法实践中占有一席之地。针对这一客观现实以及存在的理论争议，有必要系统、全面地梳理间接正犯理论，反思间接正犯概念的存在必要性。

一、间接正犯现状概述

正犯的可罚性必须以有责性为前提，如果正犯不具有可罚性，那么共犯自然不具有可罚性。如果教唆一个无刑事责任能力的人犯罪，因正犯不具备可罚性基础，从而导致该正犯背后的教唆者也不具备可罚性。但是基于朴素的法直觉之实体性侧面，背后的教唆者明显也应当受到刑事惩罚。[④] 而间接正犯概念正是为了填补这类处罚漏洞而出现的概念。这一概念带有明显的补救性质，基于此，中外不少学者认为，间接正犯概念在这一惩罚漏洞不存在时，应当自然消亡。如木村龟二认为"间接正犯概念是共犯从属性产生的无父之子，其正犯的论证不

---

① 参见[德]汉斯·海因里希·耶赛克、[德]托马斯·魏根特：《德国刑法教科书（总论）》，徐久生译，中国法制出版 2001 年版，第 801～802 页。

② 参见黎宏、姚培培：《间接正犯概念不必存在》，载《中国刑事法杂志》2014 年第 4 期。

③ 贵州省六盘水市钟山区人民法院（2017）黔 0201 刑初字 406 号刑事判决书认为被告人李某某控制、支配被告人付某某、管某、吴某某超载危险驾驶，其行为也触犯刑法，构成危险驾驶罪，属于间接正犯。另外，在最高人民法院刑一庭、刑二庭主编的《刑事审判参考》一书中也使用了间接正犯概念。

④ 参见[日]西田典之：《共犯理论的展开》，江溯、李世阳译，中国法制出版社 2017 年版，第 99 页。

可能具有与共犯从属性原则共存亡的命运”。[①] 耶塞克认为,间接正犯原本所扮演的就是替补者的角色,是人们在试图将因顾及共犯从属性而不能处理的案件进行处理而创造出来的概念。[②] 在我国也同样存在类似的观点,认为间接正犯概念原初用以填补刑罚处罚空隙的功能已经丧失殆尽,其应当在中国刑法教义学中寿终正寝。[③] 间接正犯会导致构成要件认定上的松弛,导致限制的正犯概念崩溃,应当予以否定。[④] 然而在梳理间接正犯的起源与发展变化过程后,发现间接正犯的根源在于正犯与共犯区分制体系,其所要解决的核心问题是,在区分制下如何解释形式上具备共犯特征而实质上要予以正犯论处的根据问题。另外,因着眼于将他人的行为作为犯罪实行的手段来加以利用,所以将行为人冠之以“间接”正犯之名,[⑤]但是该行为人却又不能直接依照正犯的规定处理。这便产生了矛盾,间接正犯行为人虽为正犯,理论上需要以正犯论处,但是实质上却具备着共犯的特征,又需要借助共犯理论处理。否定间接正犯概念并不会有益于上述矛盾的解决,反而会带来诸多理论与实践上的难题。如按照取消论的观点,在取消间接正犯后,对间接正犯以共同犯罪处理。其理由在于,共犯从属性应当是限制从属性,而不是极端从属性。[⑥] 但是通过降低共犯从属性程度而将间接正犯以共同犯罪论处会带来一个新的问题,针对教唆不满14周岁的人犯罪也仅能按照共犯论(事实上具备了正犯的性质),而教唆不满14周岁的人实施犯罪明显其行为恶劣程度要高于普通教唆犯。如果

---

① 参见[日]大塚仁:《刑法概说(总论)》(第3版),冯军译,中国人民大学出版社2003年版,第162~163页。

② 参见[德]汉斯·海因里希·耶赛克、[德]托马斯·魏根特:《德国刑法教科书(总论)》,徐久生译,中国法制出版2001年版,第801~802页。

③ 参见梁根林:《间接正犯的中国命运》,载《比较法研究》2019年第5期。

④ 参见黎宏、姚培培:《间接正犯概念不必存在》,载《中国刑事法杂志》2014年第4期。

⑤ 参见[日]西原春夫:《犯罪实行行为论》,戴波、江溯译,北京大学出版社2006年版,第179页。

⑥ 参见黎宏、姚培培:《间接正犯概念不必存在》,载《中国刑事法杂志》2014年第4期。

同样以共犯的方式处理这两种情况，便无法真正实现罪责刑相适应。当然，也有不少学者对间接正犯概念持支持态度，如有学者认为，间接正犯之所以以正犯论处，是因为其本质上应当与直接行为人同等看待。① 也有学者认为，间接正犯应当予以肯定，但应当限缩间接正犯的成立空间，这样便能避免间接正犯理论可能导致的诸多问题。② 因此，本文针对学界的两类截然不同的观点，对其予以全面地回应，并提出本文立场。

二、间接正犯否定论及评析

为了消除间接正犯概念所带来的理论矛盾，不少学者对此展开了讨论。有学者梳理间接正犯概念的演变过程后认为，间接正犯概念本身只是一种现象的描述，并不具有规范上的意义。间接正犯所实施的行为，仅仅是行为人为了使得构成要件实现而所利用的自然现象之一。③ 但是这一观点并不能处理间接正犯相关的难题，如间接正犯实行行为究竟是利用者的利用行为还是被利用者的实行行为。因为按该论者的观点，被利用者的实行行为是自然现象，所以间接正犯的实行行为应当是利用者的利用行为，但是因被利用者作为一种有灵魂的工具，其可以主观选择不实施某一行为，在被利用者不实施行为人所欲支配其实施的行为时，利用者的实行行为会因被利用者的行为而不得逞，在这一情形下，利用者的利用行为因其已经实行完毕，处于既遂状态，而又因为被利用者的行为，导致其处于未遂状态，由此，利用者的行为状态便处在相互矛盾的状态下，导致出现理论上的困境。纵观间接正犯否定论的观点，均无法从根本上解决如今的理论困境与司法难题。现

① 参见付立庆：《间接正犯概念的必要性及其具体判断》，载《社会科学辑刊》2020年第4期。

② 参见朱志炜：《间接正犯的实务厘清与限缩适用》，载《国家检察官学院学报》2020年第4期。

③ 参见蔡圣伟：《论间接正犯概念的演变》，载《刑事法评论》2007年第2期。

综合评析如下。

(一)正犯与共犯区分体制下的否定论及其评析

正犯与共犯区分体制强调将正犯与共犯区分开来,在这一前提下,关于正犯与共犯之间的关系,有学者认为共犯从属于正犯,也有学者认为共犯具有其自身的独立性,由此便产生了两类学说,即共犯从属性说和共犯独立性说。在这两类学说之下,均存在否定间接正犯的观点。

在共犯从属性说中,起初主流观点认为,共犯受到处罚,仅限于正犯的行为具备构成要件的符合性、违法性和有责性的情形,也即极端从属性说。在这一理论之下,在被教唆者不具备责任能力时,由于其行为不具有可罚性,则必然导致其背后的教唆者也不具有可罚性,因存在这一处罚漏洞,所以才出现间接正犯概念。但是如果将极端从属性说转变为限制从属性说,也即认为共犯的违法性与正犯是共通的,但是共犯与正犯的责任则是需要个别判断的。于是,在正犯欠缺责任而共犯具有责任的情况下,共犯也可以完备成立犯罪的要件,也可以得到处罚。则间接正犯适用的情形便被共犯覆盖,直接适用共犯予以处理。因此,间接正犯概念便没有存在之必要。但是这一观点存在以下问题。其一,取消间接正犯会导致处罚轻重失衡。如前所述,教唆不满 14 周岁未成年人犯罪,其情节恶劣程度明显高于教唆成年人犯罪。如果以共犯对教唆不满 14 周岁的行为人进行处罚,则会导致对其处罚过轻。其二,在限制从属性下取消间接正犯概念,并不能解决所有间接正犯的情形,造成处罚上的漏洞。如欺骗他人自杀的场合,欺骗者无法被作为自杀之共犯,因为自杀行为本身并非符合犯罪构成要件的行为,因此,无法对欺骗他人自杀者进行处罚。其三,在限制从属性理论下取消间接正犯概念,代之以共犯处理,容易导致共犯可罚性范围的扩张。① 如在

① 参见刘明祥:《间接正犯概念之否定——单一正犯体系视角》,载《法学研究》2015 年第 6 期。

有身份者教唆无身份者实施犯罪的情形下，一方面，依据共犯从属性说，共犯的犯罪性依附于正犯；另一方面，正犯因不具备犯罪构成要件所要求之身份，所以不构成该犯罪，这便导致存在无正犯的共犯情形，与区分制理论并不相符。

共犯独立性说认为，所有的犯罪行为均彰显着行为人的反社会危险性格，并非只有正犯才具备这一特性，因此，处罚共犯的行为并不需要以正犯成立为前提，对其处罚的根据在于其行为本身。在这一理论下，因共犯具有独立性，所以间接正犯不必存在。但是该观点存在以下问题。其一，反社会危险性之确定存在困难。共犯独立性以主观主义为根基，强调行为人的反社会危险性，但是该恶性的轻重判断存在较为明显的不确定性。① 其二，有悖于区分制理论的基本理念。区分制之下，正犯属于一次责任，共犯属于二次责任，②也即共犯是借助于正犯的行为间接引起法益侵害，强调原则上处罚正犯，例外处罚共犯。但是共犯独立性说不当地扩充了共犯承担责任的范围，有扩张适用范围之嫌。

除了共犯从属性说与共犯独立性说之外，因我国共犯理论较为特殊，虽然也采用了正犯与共犯之区分，但在共犯人分类的具体规定上与德、日刑法中的区分制相去甚远。③ 基于此，有学者认为虽然我国形式上采用的是正犯与共犯区分制，但实质上在解释论上一般以扩张正犯理论或统一正犯体制展开。无论是基于扩张正犯理论还是统一正犯体制，间接正犯概念均应当消解。其理由为，无论是限制正犯体系还是二元参与体系，其在实质正犯说的指导下，逐步走向扩张正犯理论和统一正犯体制。但是这一观点存在以下问题：其一，忽略了我国立法与统一正犯体制和区分制的差异，抛开我国立法基础而站在

① 参见陈子平：《论教唆犯、从犯规定之独立性与从属性》，载蔡墩铭主编：《刑法争议问题研究》，台北，五南图书出版公司 1999 年版，第 314 页。

② 参见付立庆：《间接正犯概念的必要性及其具体判断》，载《社会科学辑刊》2020 年第 4 期。

③ 参见钱叶六：《双层区分制下正犯与共犯的区分》，载《法学研究》2012 年第 1 期。

统一正犯体制之下,谈取消间接正犯,不利于解决我国共犯理论存在的理论困境和实践难题;其二,仍然无法说明间接正犯这一类型犯罪与教唆犯、帮助犯的界限,只是换了一个称谓来表述原属于间接正犯的问题而已。

(二)统一正犯体制下的否定论及其评析

在统一正犯体制之下,由于要将所有的犯罪参与者同等对待,则所有的犯罪参与人无须区分正犯与共犯,因此,没有间接正犯存在的空间。基于此,有学者提出可以在我国刑事立法上引入统一正犯体制,以此来解决消解间接正犯概念存在的诸多问题。并认为统一正犯体制可以较为容易解决间接正犯、"正犯后正犯"的问题。[①] 但是该观点存在以下问题,其一,我国暂时还不具备成熟的统一正犯体制立法环境。其二,采用统一正犯体制有违立法的原意。在我国《刑法》的起草、修订过程中,在对共同犯罪人的分类模式问题上,基本选用了"以作用为主,分工为辅"的折中性划分方法。[②] 因此,从立法实践来说,统一性正犯体制事实上并未进入我国刑事立法。其三,统一正犯体制在解释我国刑法共同犯罪理论时存在无法自圆其说的矛盾。如支持该论者在阐释我国《刑法》第29条第2款的规定时指出,虽然教唆犯与被教唆之人不成立共同犯罪,但实际上却与共同犯罪有关。[③] 实际上,该论者也承认了共同犯罪中的分工(广义的)形态。

还有学者认为,以往共犯论的研究放弃了对"到底什么样的行为算是符合构成要件的行为"这一前提性问题的深究,而在此基础上开展共犯论的讨论,是共犯论存在诸多乱象之根本原因。由此,我们无须

---

① 参见刘明祥:《间接正犯概念之否定——单一正犯体系视角》,载《法学研究》2015年第6期。

② 参见高铭暄:《中华人民共和国刑法的孕育诞生和发展完善》,北京大学出版社2012年版,第32页。

③ 参见刘明祥:《"被教唆的人没有犯被教唆的罪"之解释》,载《法学研究》2011年第1期。

将构成要件符合性理解为亲自、直接实施构成要件的行为，在这一前提下，无论是在扩张的正犯概念下，还是在限缩的正犯概念下，间接正犯概念的存在均无意义。① 并且认为应当将间接正犯消解在扩张的正犯概念之下，对构成要件结果赋予任何条件之人均是正犯。② 但是，这一观点可能不当扩大正犯的适用范围，导致共犯的适用被严重压缩。该理论认为利用他人为工具、教唆他人、帮助他人实施构成要件的人均是正犯。利用他人为工具，教唆不具有刑事责任能力之人犯罪或不具有特定身份之人犯特定身份之罪者，按间接正犯理论，本就属于正犯范畴，以正犯处理并无问题。但教唆具有刑事责任能力之人犯罪以及帮助他人犯罪者，因教唆者或帮助者在犯罪中仅起到次要作用，其行为危害性明显要小于真正实施犯罪之人，如将其与正犯等同视之，则有违罪责刑相适应的基本原则。

三、间接正犯肯定论及评析

由于间接正犯否定论无法解决取消间接正犯后的理论和实践难题，学界也存在另一派肯定间接正犯的观点。其基本立场为间接正犯也是正犯的一种，为了解决形式上的共犯性与实质上的正犯性之间的矛盾，出现了大量的学说，最具代表性的有：工具说、实行行为性说、规范障碍说、意思支配说、国民道德观念说。现逐一予以评析。

（一）工具说及其评析

工具说认为，犯罪的实行行为分为多种，不限于身体的直接动静实施，也包括将人当作工具实施，在这种情况下，人与动物、物品等并

① 参见闫二鹏：《论间接正犯概念的消解》，载《法学论坛》2011 年第 4 期。

② 参见闫二鹏：《扩张正犯概念体系的建构——兼评对限制正犯概念的反思性检讨》，载《中国法学》2009 年第 3 期。

无区别。[①] 人、动物、物品等工具只是自己手足的延长,在价值和规范上都可以等同起来。[②] 因此,在间接正犯行为中的被利用者,只是利用者用来实施犯罪的工具,由此间接正犯就是正犯,只是其形态特殊而已。[③] 工具说的优势在于,其通过通俗易懂的比喻,形象地说明了间接正犯行为中利用者与被利用者之间的关系,易于被大众接受。但是仍然存在以下问题。其一,通过比喻说明抽象的理论问题,虽然易于接受,但是作为间接正犯的理论基础,仍然存在模糊不清之嫌。[④] 其二,其无法解释利用有故意的工具的情形,如利用他人毁坏财物行为来实现自己的杀人目的的场合一样,成为工具的被利用人在被他人利用的当时,并非完全是一个没有个人意志的物品或者工具,其也有按照其自主意思进行活动(毁坏财物)的一面,只是这种意思和被利用人的意思(杀人意思)不一致而已。[⑤] 其三,会导致间接正犯的着手时间认定提前,进而导致不当地扩张间接正犯未遂的处罚范围。因将被利用者当作工具,则自然而然,间接正犯的实行行为着手应当从其利用行为着手开始,但是如果被利用者并未实施犯罪或放弃了犯罪意图,在未造成任何危害的情况下,仍然需要对利用者以间接正犯未遂论处,是不恰当的。

(二)实行行为性说及其评析

实行行为性说认为间接正犯具有与直接正犯一样的实行行为性质。间接正犯的正犯性在于其实行行为性,其所体现的实行行为性与

---

① 参见[日]大塚仁:《刑法概说(总论)》(第3版),冯军译,中国人民大学出版社2003年版,第162页。

② 参见[日]中义胜:《刑法总论》,有斐阁1971年版,第222页。转引自李永升、师福伟:《间接正犯的本质研究》,载《法治研究》2014年第2期。

③ 参见林维:《间接正犯研究》,中国政法大学出版社1998年版,第62页。

④ 参见黎宏:《日本刑法精义》(第2版),法律出版社2008年版,第286页。

⑤ 参见[日]高桥则夫:《间接正犯》,载马克昌、莫洪宪主编:《中日共同犯罪比较研究》,武汉大学出版社2003年版,第74~75页。

直接正犯所体现的实行行为性并没有质的不同,间接正犯具有实行犯罪的意思,其行为具备利用他人实现一定犯罪的现实危险性。① 这种观点通过构成要件的层面论证间接正犯的正犯性,具有合理性,并且也肯定了间接正犯是一次责任,而非共犯的二次责任。但是学界仍提出以下批判观点。其一,有循环论证之嫌。实行行为本为引起法益侵害的现实危险行为。② 用间接正犯的实行行为具有现实危险性去论证间接正犯具有与直接正犯同样的现实危险性,并未从根本上回答间接正犯为何是正犯的问题。其二,无法说明间接正犯的任务。实行行为性说论证间接正犯是正犯是通过价值判断得出的,并非通过理论推导得出,这便导致间接正犯的正犯性并不能直接从实行行为概念中得出,由此,间接正犯本身的特点和任务也便无法得到说明。③ 其三,理论内部存在矛盾。因支持实行行为性说的学者大多也支持"被利用者行为"说,也即间接正犯实行行为的着手是被利用者行为的着手,但是在这种情况下,利用者的实行行为本身是不完整的,需要借助被利用者来实现,那么利用者实行行为的现实危险性同样是借助利用者的实行行为而实现,从实质上来看,利用者利用行为的现实危险性实质上就是被利用者行为所导致的现实危险性,而非是利用者利用行为本身的现实危险性,这一点与实行行为性说所强调的间接正犯实行行为存在现实危险性存在矛盾。

(三)规范障碍说及其评析

规范障碍说认为间接正犯与狭义的共犯的区分,应以被利用者是

① 参见[日]大塚仁:《刑法概说(总论)》(第3版),冯军译,中国人民大学出版社2003年版,第164页。

② 参见黎宏、姚培培:《间接正犯概念不必存在》,载《中国刑事法杂志》2014年第4期。

③ 参见许富仁:《共犯本质研究》,世界图书出版广东有限公司2013年版,第83页。

否存在规范障碍,利用欠缺规范障碍的人实施犯罪的就是间接正犯。[①]因为如在被利用者不具有规范意识的情况下,其行为不会成为利用者行为的阻碍,也即可以被看作纯粹的犯罪工具,[②]从而利用者的利用行为具有引发结果的"切实性、自动性"[③],因此,间接正犯行为可以被视作正犯行为。该说优势在于判断标准较为明确、可操作性强。但是仍存在以下问题。其一,论证思路存在问题。规范障碍说从被利用者的角度去解释利用者的行为,并没有从利用者本身的行为去论证间接正犯的正犯性,论证不充分。其二,论证角度存在问题。规范障碍说主要是将侧重点放在了非共犯性的论证上,这一点对于区分间接正犯与狭义的共犯是有帮助的,但是这一理论到底是在论证非共犯性还是正犯性是不清晰的。[④] 其三,规范障碍说不能解决所有情形。如在被利用者有故意但是不存在成立犯罪所要求的特定目的时,因被利用者事实上不存在规范障碍,其不可被视为纯粹的犯罪工具,因此,无法认定利用者是间接正犯。[⑤]

(四)意思支配说及其评析

意思支配说认为,正犯不仅在于其正犯意思,还在于在意志支配之下使其意志得以实现。[⑥] 正犯与共犯的区分标准并非单独依靠主观要素,而是主观与客观要素的结合。而后经过罗克辛教授的发展,得到德国刑法学界的普遍支持。罗克辛教授认为正犯分为三种:直接正犯、间

---

① 参见黎宏:《日本刑法精义》(第 2 版),法律出版社 2008 年版,第 286 页。

② 参见黎宏:《刑法学》,法律出版社 2012 年版,第 273 页。

③ 参见[日]松原芳博:《刑法总论重要问题》,王昭武译,中国政法大学出版社 2014 年版,第 282 页。

④ 参见[日]川端博:《刑法总论二十五讲》,余振华译,中国政法大学出版社 2003 年版,第 374 页。

⑤ 参见李永升、师福伟:《间接正犯的本质研究》,载《法治研究》2014 年第 2 期。

⑥ 参见[德]克劳斯·罗克辛:《正犯与犯罪事实支配理论》,劳东燕译,载《刑事法评论》(第 25 卷),北京大学出版社 2009 年版,第 6 页。

接正犯和共同正犯。直接正犯表现为行为支配,间接正犯表现为意志支配,共同正犯表现为事实支配。其中,间接正犯的成立并不以被利用者完全丧失意志动机为前提,只需要利用者与被利用者之间在责任上存在高低不同,利用者在对犯罪事实的控制上具有高于被利用者的意思支配。① 这一理论为区分正犯与共犯提供了实质标准,但是也存在以下问题。其一,间接正犯中的意志支配是否存在完全依靠法官的主观判断,虽然具有实质上的判断标准,但在司法实践中难以完全遵照执行。其二,不利于罪刑法定的维护。如有学者认为,该说过于注重利用者与被利用者之间的关系,而忽视了实行行为,不利于对罪刑法定原则的维护。② 其三,与现行的客观主义刑法观相抵触。犯罪事实支配理论中的意思支配实际上是主观说的表现,③利用者虽未亲自实施犯罪行为,但却借由其认知上的优势,支配整个犯罪的进行,达成其犯罪的目的。利用者与被利用者之区别在于,利用者具有认知上的优势,也即主观恶性更大,仅通过这一点,便认为利用者需要比被利用者承担更重的刑事责任,这与客观主义刑法观所要求的并不一致。

(五)国民道德观念说及其评析

国民道德观念说是根据日常生活用语来从正面证明间接正犯就是正犯。这一理论的论证方式是从国民最朴素的道德观念中来推导利用他人实施犯罪的行为就是一种犯罪行为,应当受到刑事处罚。这一理论的优势在于容易被理解和认同,但是因其论证上的不严密,也遭受学界的批评。其一,实质上,这种观点的出发点正是朴素的法直觉之实体性侧面,这与间接正犯概念产生的原因相同,也即国民道德观念说并没

① 参见赵香如:《论间接实行犯的行为性与实行性——简论利用故意的工具》,载《刑法论丛》(第 15 卷),法律出版社 2008 年版,第 44 页。

② 参见杨延军:《间接正犯几个基本理论问题新探》,载赵秉志主编:《法商研究》2010 年第 6 期。

③ 参见许富仁:《共犯本质研究》,世界图书出版广东有限公司 2013 年版,第 82 页。

有从根本上解决间接正犯的正犯性的问题,而只是采用了与间接正犯概念一样的叙事方式来论证间接正犯的正犯性。其二,国民道德观念说并不能与其他理论产生良好的互动,无法融入整个共犯正犯体系之中。因国民道德观念说仅仅是对间接正犯的正犯性进行说明,而对于正犯的其他问题仍须通过其他理论来解释,其在正犯理论中是孤立的存在,并没有与其他理论产生互动,或是形成一个一以贯之的间接正犯理论体系,来解决间接正犯的问题。因此,这一理论与其他共犯正犯理论之间并不协调,并没有融入整个共犯正犯理论体系之中。

四、间接正犯的价值

承上所述,无论是否定论者的观点还是肯定论者的观点,间接正犯理论均存在一定的不足,无法解决间接正犯理论所面临的所有问题。但也正因为如此,间接正犯理论并不能直接被否定,相较而言,间接正犯理论的存在能够推动我国刑法理论的发展与完善,迎合我国司法实践的现实需求,所以仍应当予以肯定。

(一)间接正犯的理论价值

肯定论者在论证间接正犯之所以应当存在时,认为间接正犯本应是一次责任,而非二次责任;间接正犯理论有助于处理与教唆犯之间的关系问题,甚至共同犯罪中的大多数问题都能够被予以解决①。除此之外,笔者认为,间接正犯理论还存在着以下几个方面的理论优势:

其一,有助于处理间接正犯的定罪根据问题。在间接正犯行为下,行为人利用他人实施犯罪,如果不能在理论上解释其定罪根据,则既有可能无法对其定罪处刑,导致具有严重社会危害性的行为无法受到刑事惩罚,又有可能用共犯处罚规则对其加以处理,导致这一危害性大于共同犯罪中教唆行为、帮助行为的行为受到与共犯同样的处罚,无法做

---

① 参见林维:《间接正犯研究》,中国政法大学出版社 1998 年版,第 27 页。

到罚当其罪。

其二,有助于我国共同犯罪体制之稳定。我国共同犯罪体制,既非正犯与共犯区分体制,也非统一正犯体制,而是以"作用为主,分工为辅"为基础形成的体制。在这一体制之下,间接正犯事实上契合广义上共同犯罪中的分工规定。如在唆使未满 14 周岁的人实施故意杀人时,在不同的立法环境下,既可以间接正犯论处,又可以教唆犯论处。但事实上无论哪一种处理方式,均承认间接正犯行为人在多人参与犯罪中其行为分工与他人不同。如若否定间接正犯的存在,因原属于间接正犯的行为的性质存在较大的不确定性,则无法明确肯定地被涵摄于共同犯罪体制之中,导致我国长期以来确立的折中性共同犯罪体制存在不稳定性。

其三,有助于推动我国刑法理论的发展完善。因间接正犯理论而带来的有关间接正犯概念存在必要性之论证、间接正犯性质之界定、间接正犯罪过形式、犯罪停止形态、罪数认定、量刑规则等,均未形成一致的认识。而承认间接正犯的存在,有助于学界对这些理论的探讨,加速上述相关理论的发展。另外,因间接正犯本身所具有的特点,导致其既无法完全被包含于共同犯罪之中,也无法完全被包含于直接正犯之中,即使采纳部分学者所主张的不对间接正犯与直接正犯进行区分,由于无法解决间接正犯的主体条件、构成范围、亲手犯等一系列问题,也使得简化正犯与共犯理论的设想无法实现。因此,在现行犯罪论体系之下,承认间接正犯概念具有比否认间接正犯概念更高的理论价值。

(二)间接正犯的实践价值

同样,肯定间接正犯理论的学者也认为间接正犯概念具有较大的实践价值。这些学者认为,从立法上看,间接正犯理论可以填补刑事立法上的空白,即通过间接正犯理论对这些立法空白进行补救。从司法上看,间接正犯理论有助于在实践中准确辨别间接正犯与直接正犯、亲手犯等的区别,符合司法实践的需要。除此之外,笔者认为间接正犯概念还存在以下几个方面的实践优势。

其一,有助于罪刑均衡的实现。前已述及,原属于间接正犯的部分行为,如通过直接正犯处理,则可能会因其不完全具备正犯所要求的构成要件,无法对其进行处罚,而通过共犯进行处理,又无法给予与其社会危害性相当的惩罚,无法做到罚当其罪。而间接正犯概念的存在可以很好地解决这些问题。

其二,有助于司法实践中对于特殊教唆犯罪的论证说理。如在教唆无刑事责任能力的受到过行政处罚的惯犯问题上,按我国《刑法》规定,一般也只能按照单独犯罪模式处理,但在没有间接正犯概念存在的前提下,则无法对这种准共同犯罪是单独犯罪进行充分的论证说理,只能强行按照罪刑法定原则处理,而无法做到理论基础上的自圆其说。

其三,有助于明确间接正犯与直接正犯的刑事责任分担。在某些情形下,间接正犯与直接正犯的刑事责任存在此消彼长的状态,在利用不知情且有一定过错之人实施犯罪的场合,因被利用者主观上存在过错,其应对犯罪结果的发生承担一定的刑事责任,如此时仍对利用者以直接正犯进行处罚,显然不符合实际情况。如医生甲欲杀死病人丙,将有毒的针交给平日较为疏忽大意的护士乙进行注射,由于护士乙没有尽到检查职责而进行注射,最终导致病人丙死亡。在这一情形下,护士虽不知情,但因其未尽到应尽的注意义务,危害结果是护士的疏忽大意以及医生的故意共同促成,此时对医生则不能直接以直接正犯予以处罚,而将间接正犯概念引入司法实践,则有助于解决这一刑事责任的分担问题。

五、间接正犯理论的新构造

如前所述,间接正犯理论仍有其存在价值,不能贸然否定。学界关于处理间接正犯的理论虽各有不同,但只是存在论证方式上的差异,结论上并没有太大区别。西田典之教授在论及这一问题时曾言:“只要不采用间接正犯否定论,采用哪一学说在结论上并没有很大的差别。"①因此,在不否定间接正犯的前提下,间接正犯理论之间的融合便成为可能。

(一)间接正犯的特征

在论述间接正犯理论的构造前,仍须明确间接正犯的特征,此为确立间接正犯新构造的基础。本文认为,间接正犯具有以下三个方面的核心特征。

第一,间接正犯的间接性。间接正犯是主观上具有实行犯罪的意思,客观上自己不亲手实施符合构成要件的行为,而是通过支配不与之构成共同犯罪关系之他人的行为,来实现对法益侵害。行为人往往并不直接实施符合犯罪构成要件的行为,但不直接实施并不代表不直接参与,行为人一般会通过支配他人的行为实现其犯罪目的。但是他人实施的行为仍可分为两种情形。其一,他人实施了完整的符合犯罪构成要件客观方面的行为。如行为人教唆未满 14 周岁的人实施盗窃等犯罪行为。其二,他人并未实施完整的符合构成要件客观方面的行为,有部分行为仍为行为人自己实施。如甲女教唆精神病人强奸乙女的场合,甲女实施了强奸罪所要求的暴力、胁迫手段,但因甲女并不具备强奸乙女的可能性,其强奸行为的得逞仍须借助精神病人来实现,如不存在精神病人,甲女的暴力、胁迫手段并不能被评价为符合强奸罪构成要件的行为。由此可见,间接正犯的间接性也表现为两种情形:其一,行为人仅通过意思上的支配来利用他人实现其犯罪目的,自己并不直接参与;其二,行为人一方面通过意思上的支配来利用他人实现其犯罪目的,另一方面也通过直接实施某些符合犯罪构成要件的行为,来促使他人实现其犯罪目的。简言之,间接正犯的间接性表现为完全的间接性和不完全的间接性。

第二,间接正犯的非共犯性。间接正犯中的利用者与被利用者之

① 参见黎宏、姚培培:《间接正犯概念不必存在》,载《中国刑事法杂志》2014 年第 4 期。

间并非构成共犯关系,虽然从外观上来看,利用者与被利用者具备共犯的特征,但其实质上并不构成共犯。间接正犯中的利用者往往具有单独的犯罪故意,被利用者存在无犯罪故意和有犯罪故意两种情况。在被利用者无犯罪故意的场合,利用者与被利用者不构成共犯;在利用者具有犯罪故意的场合,被利用者与利用者之间往往也并不存在犯意联络,被利用者虽然实施了符合构成要件的犯罪行为,但是其行为背后往往也寄托着间接正犯的独特罪过。① 即便根据间接正犯否定论者的观点,有学者将利用有故意的人实施犯罪的情况分为三种:利用没有特定目的的故意工具、利用没有身份的故意工具和利用有轻罪故意的人。无论是哪一种情形,对于背后的利用者,均建议直接采用正犯进行处罚,②也认为间接正犯具有非共犯性。因此,无论是间接正犯的肯定论者还是否定论者,均认为将间接正犯中的利用者与被利用者独立出来,在不构成共犯的前提下,单独承担相应罪责是解决间接正犯问题的合理出路,这便意味着间接正犯具有非共犯性的特征。

第三,间接正犯的支配性。在间接正犯行为中,利用者与被利用者之间往往形成支配与被支配的关系,虽然被利用者对侵害事实具有行为支配,但利用者一般具有意思上的支配。③ 间接正犯肯定论者认为,正是因为利用者通过意思支配整个犯罪流程,决定了其在行为中处于核心的支配地位,其行为直接决定着犯罪的发生或走向,因此才成了刑法上应予谴责的行为。间接正犯否定论者虽然认为支配理论的存在脱离了构成要件、判断标准不明确以及主观要素过重等问题。④ 但也并未否认间接正犯行为中利用者与被利用者存在意思上的支配关系。这也从另一个侧面证明,这种支配关系客观存在;如支配关系不存在,利

① 参见许青松:《间接正犯研究》,华东政法大学 2010 年博士学位论文,第 14 ~ 15 页。

② 参见黎宏、姚培培:《间接正犯概念不必存在》,载《中国刑事法杂志》2014 年第 4 期。

③ 参见林书楷:《刑法总则》,台北,五南图书出版公司 2010 年版,第 283 页。

④ 参见黎宏、姚培培:《间接正犯概念不必存在》,载《中国刑事法杂志》2014 年第 4 期。

用者应负刑事责任的根本依据便不复存在。所以支配性也是间接正犯的特点之一。

综上所述,间接正犯之所以需要单独加以讨论,正是因为间接正犯具有间接性、非共犯性以及支配性,使得间接正犯行为无法直接套用已有理论进行处理。因此,有关间接正犯的理论也应当围绕间接正犯的特点进行建构。

(二)实行行为性说的理论价值

在犯罪论的研究过程中,几乎所有的重要问题均以实行行为为起点来解决。西原春夫教授曾言,"如果从时间序列上来看待犯罪问题,则实行行为在其中的定位便处在第一的位置","作为犯罪进入法的世界,乃是在基于意思决定实施了某种外部行为之时"。[①] 也即行为人着手实施某一犯罪行为乃是行为被评价为犯罪行为的起点。桥爪隆也认为,实行行为乃是犯罪论的王牌。[②] 团藤重光教授所倡导的定型说乃是实行行为性说的主流学说。该说认为,应当通过形式化的方法来判断构成要件符合性,也即该构成要件符合性的标准是一种抽象化的、定型的标准。然而,该说在处理间接正犯问题时却存在一定的问题,因为该说强调现实化的身体动静,必须以身体动静为基础来对构成要件符合性进行判断。但是间接正犯中的利用者并非通过自己本身的身体动静来实现其犯罪目的,而是通过利用他人的身体动静实施犯罪。这便导致通过实行行为性说来处理间接正犯问题时存在一个不可避免的矛盾,即利用者并没有身体动静,为何其也构成正犯?此外,如通过实行行为性还存在另一个较为严重的矛盾,即如通过实行行为性说来对间接正犯进行解释,那必然需要证明利用者其无身体动静的意思支配是

① 参见[日]西原春夫:《犯罪实行行为论》,戴波、江溯译,北京大学出版社2006年版,第3页。

② 参见[日]桥爪隆:《论实行行为的意义》,王昭武译,载《苏州大学学报(法学版)》2018年第2期。

具有现实危险的,但是利用者行为的现实危险性却是通过被利用者实现的,因被利用者如不实施其行为,则利用者无身体动静行为危险性并不具有实现的可能。因此,利用者的行为本身是不具有现实危险性的,无法自圆其说。但这些矛盾大多以定型说为基础。近年来,因解决间接正犯问题的需要,不少学者开始意识到不能再依靠定型说的实行行为理论进行解释,而逐步转向更为实质化的探索。大谷实教授认为,现实危险性的判断是基于事前判断的行为危险性,只要具有结果发生的确实性和自动性,不需要结果发生的可能性达到紧迫状态,便可肯定行为存在危险。因此,这一理论便能很好地回应上述两个矛盾。利用者无身体动静,其行为不具有现实危险性,但是因其对利用者具有意思上的支配,所以危害结果的发生具有某种确实性和自动性。这一结论的根据在于,被利用者在间接正犯场合完全像工具一样受到利用者的意思所支配,无论被利用者是否具有行为能力或有其他犯罪故意,其在利用者意思支配所指向的犯罪结果中,均等同于工具。在这一情形下,只要通过利用之后的作为或不作为而单方面地利用了被利用者,就应当认为引起危害结果发生的现实危险性是由利用者引起,而非被利用者所引起,进而认定利用者应当负正犯的责任。①

由此可以看出,实行行为性说的内涵一直在发展变化,对实行行为性说的批判也不应当只是停留在过去定型说的基础之上。当然,本文也认可定型说的实行行为理论存在着诸多问题,但是随着实行行为理论的发展,其在间接正犯领域的缺点也在不断地被弥补,实行行为作为犯罪成立的基本标识以及犯罪论研究的起点,其仍然具有重大的功用。所以在间接正犯领域,我们仍应当坚持以实行行为为基础进行理解。

(三)意思支配理论的核心思想

前已述及,实行行为性说的优势主要表现在形式判断领域,但其无

① 参见[日]奥村正雄:《论实行行为的概念》,王昭武译、付玉明校,载《法律科学》2013 年第 2 期。

法很好地解决实质判断中的问题。但是意思支配理论则不然，意思支配理论主要是从实质判断的视角出发，认为利用者的行为之所以成立正犯，主要依据在于其控制意思的力量。① 该说在学界有诸多提法，如行为支配说、意思支配说。但无论是行为支配说抑或意思支配说，均指利用者通过意思来支配被利用者行为，只是观察的侧面不同，但实质上均表现为利用者在事实上支配了利用者实施犯罪行为。在德国，意思支配理论是关于间接正犯处罚的通说。通说认为，正犯主要表现为三种形式：直接正犯、间接正犯和共同正犯。而这三种正犯又表现为三种不同的犯罪支配方法：直接正犯表现为行为支配，即通过正犯自己实施符合犯罪构成要件的行为来支配犯罪的发生过程；间接正犯表现为意思支配，即通过胁迫或者欺诈的方法来通过意志支配实施者。共同正犯表现为功能性犯罪事实支配，即通过与其他正犯进行分工合作，共同完成犯罪行为。在罗克辛的观点中，犯罪的核心角色是支配犯罪实施过程的人。直接正犯可以直接支配犯罪的事实，共同正犯虽然对犯罪事实的存在和发生产生影响，但是犯罪过程的实现还需要其他参与者的作用，也即其并非直接起到决定性支配作用的人。而间接正犯虽然不直接实施犯罪行为，但是通过其意志支配实施者，进而支配构成要件的实现。② 因此，可以看出，意思支配理论为共犯与正犯的区分提供了一个实质化的标准，相较于实行行为性说强调身体动静也即实行行为对于犯罪过程的作用，意思支配理论更加具体，但是也正如批评者所言，其更加强调意思也即主观方面的作用，对行为这一犯罪客观标准的要素重视度不够，导致意思支配说会脱离犯罪构成要件、导致判断的恣意以及与客观主义刑法观相抵触。③

所以，意思支配理论因其核心思想在于利用者是否通过其意思实

---

① ［德］Claus Roxin. Täterschaft und Tatherrschaft，8 Auflage. De Gruyter Recht，2006，S. 145.

② 参见张明楷：《刑法学》（上）（第5版），法律出版社2016年版，第391～392页。

③ 参见黎宏、姚培培：《间接正犯概念不必存在》，载《中国刑事法杂志》2014年第4期。

际支配了被利用者的行为,其缺点是显而易见的。但是,正如前文所述,意思支配理论与实行行为性说在结论上并没有太大的区别,其优势在于论证过程更加强调实质化、主观化,可以弥补实行行为性说的缺陷,从另外一个视角对间接正犯的问题进行解释。

(四)间接正犯理论的应然构造

随着间接正犯理论的发展,从最初的内涵不明的工具说到从被利用者角度进行说明的规范障碍说,再到实行行为性说和意思支配说,其内涵已逐步清晰,并且实行行为性说与支配理论只是在论证视角和侧重点上略有不同,实质上并无太大差异。纵观各个时期肯定论者主流观点,工具说因其内涵不明,无法对间接正犯的正犯性予以有效地论证,规范障碍说则从相反的角度对实行行为性说进行了说明。国民道德观念说论证不严密,不能与其他理论产生良好的互动,这些学说确实存在一定的问题。而意思支配说与实行行为性说之间存在着良好的互补关系。主要体现在以下两个方面。一方面,意思支配说弥补了实行行为性说的缺陷。实行行为性说被否定论者认为未言明间接正犯的内涵,而意思支配说认为间接正犯行为中的利用者与被利用者之间在责任上存在高低不同,利用者在对犯罪事实的控制上具有高于被利用者的意思支配,从实质上回应了间接正犯的内涵。另一方面,实行行为性说为意思支配说提供了形式上的限制。意思支配说备受学界批评的一点是,该说支配的对象具体指代不明,其判断在很大程度上基于法官的主观判断。而这一做法的后果是,因高度依赖主观判断,而缺乏客观资料,容易使得结论受主观影响变得极为不稳定。依罗克辛教授的观点,对因果关系发展过程中任一因素进行控制而引起了结果都能认定为具有正犯性。但事实是,支配他人并不完全等同于支配了他人的行为,也不等同于支配了结果。这便导致意思支配说中支配所指向的对象究竟是人、行为还是结果不明确。而实行行为性说可以为犯罪支配理论提供形式上的限制,使支配理论下的正犯概念不至于出现过度实质化、主观化而迈向统一正犯体制,也保证了正犯与共犯的区分标准不至于重回主观说的标准。因此,一方面为了满足理论与实践的现实需求,另一方面也为了对否定论者的观点进行回应,间接正犯理论应当呈现出新的构造,也即将支配理论的核心思想引入实行行为性说,既能弥补实行行为性说内涵不够明确的缺陷,也能避免意思支配说正犯范围的泛化。

(五)间接正犯理论新构造的应用

间接正犯理论构造直接影响着间接正犯的成立范围。在新构造下,间接正犯呈现出以下特点,本文通过与其他犯罪类型相区分的方式来展示该特点。

第一,间接正犯与亲手犯。间接正犯实施犯罪行为基本都是通过利用他人的行为来完成的,对于在事实上或者法律上无法通过他人之手完成的犯罪应当限制成立间接正犯。从理论史上来看,亲手犯是随着间接正犯的出现而出现的概念,二者在一定程度上可谓是对立的概念,成立亲手犯则不能成立间接正犯。在大陆法系,所谓亲手犯指必须通过自己亲自实施才能完成的犯罪。如宾丁认为,在将他人作为工具用于实现犯罪时,可以例外地承认间接正犯,事实上这只是指间接正犯中将他人作为无意识工具的情形。但这一表述并未完全体现间接正犯与亲手犯的区别,甚至有混同之嫌。而在英美法系,亲手犯主要体现在不能被代理的犯罪①场合,即只能有特定的人或群体实施的犯罪,便可成立亲手犯。无论是在大陆法系还是在英美法系,对于亲手犯的定义都是类似的。亲手犯的分类在理论上有三种观点。其一,实质亲手犯与形式亲手犯。实质亲手犯是指犯罪性质决定只有特定主体才能实施的犯罪,形式亲手犯是指刑法规定了利用他人实现犯罪的情形需要被排除的犯罪。② 其二,纯正亲手犯和不纯正亲手犯。纯正亲手犯是指

① Sanford H. Kardish, *Complicity, Causes and Blame: A Study in the Interpretation of Doctrine*, California Law Review, Vol. 73 (1985), p. 374.

② 参见[日]大塚仁:《刑法概说(总论)》(第3版),冯军译,中国人民大学出版社2003年版,第167页。

行为人在具有特定的事实或者特定的法律性质的前提下,实施身体活动作为或不作为,没有这一前提则无法构成的犯罪;不纯正亲手犯是指具有特定事实或者特定法律性质之人可以利用没有上述特定资格之人实施,同样的无特定资格之人无法构成该罪。① 其三,与举止行为相联系的犯罪、行为人刑法的犯罪和高度个人性义务的犯罪。与举止行为相联系的犯罪是指不法存在于一种特定举止行为的可谴责性之中,而不是表现在一种社会危害的结果之中。行为人刑法的犯罪是指没有规定一个具体的、在可能时通过非实施人的控制或者一起控制才能实施的构成行为,而是使一种确定的生活方式成为刑事可罚性的目标。高度个人性的义务犯罪是指因为法律设定的义务只能由特定的人以特定的方式来实施,因而无法以间接正犯的方式实施。② 这些不同的分类方式导致学界对亲手犯成立范围的认识也不一致。有学者认为,亲手犯可以包括身份犯、目的犯和不作为犯。③ 有学者认为,在此基础上还应当加上单纯行动犯和表现犯。④ 也有学者认为,除前述类型外还应包括倾向犯。⑤ 但是上述不同的理解所涉及的身份犯、目的犯、不作为犯等因素,因学界本身对其理解就不一致,导致这些因素对于亲手犯的成立范围作用的影响也不一致,由此便导致这些有关亲手犯成立范围的探讨并非在同一个范畴之下进行。本文认为,对犯罪是否能够以间接正犯的方式进行,应当依据间接正犯理论的新构造进行理解。也即从形式的角度来看,判断行为是否可与正犯进行分离,如果因为行为的原因导致行为主体与正犯可以分离,则成立间接正犯,不成立亲手犯;从实质的角度来看,判断行为人主体是否可与正犯进行分离,如果由于

① 参见林维:《间接正犯研究》,中国政法大学出版社 1998 年版,第 123 页。

② 参见[德]克劳斯 · 罗克辛:《德国刑法学总论》(第 2 卷),王世洲等译,法律出版社 2013 年版,第 88 ~ 91 页。

③ 参见陈兴良:《间接正犯:以中国立法与司法为视角》,载《法制与社会发展》2002 年第 5 期。

④ 参见蔡墩铭:《刑法基本理论研究》,汉林出版社 1980 年版,第 317 页。

⑤ 参见孙运梁:《论大陆法及我国法上的亲手犯》,载陈兴良主编:《刑事法评论》(第 15 卷),中国政法大学出版社 2004 年版,第 618 页。

主体的原因导致行为主体与正犯可以分离,则成立间接正犯,不成立亲手犯。

第二,间接正犯与身份犯。所谓身份犯,系指行为主体的特定身份可以影响定罪或量刑的犯罪。理论上,身份犯可以分为纯正的身份犯和不纯正的身份犯。不纯正的身份犯因其特殊身份只会影响量刑,无论是自己亲自实施还是通过利用他人行为的方式来实施,均可构成犯罪,因此,一般都可以成立间接正犯,这一点几无争议。所以对于间接正犯的探讨主要集中在纯正的身份犯中。纯正的身份犯是指特定身份可以影响定罪的情形。纯正的身份犯并非都属于亲手犯,而哪些纯正的身份犯可以构成亲手犯,学界的争论主要集中在无身份之人是否可以利用有身份之人成立身份犯这一问题上。有学者认为,可以通过间接正犯理论来对这一情形进行解释,无身份之人可以通过利用有身份之人的方式成立身份犯,在此无身份之人是为间接正犯。有学者认为,身份犯的成立必须以特定身份为前提,如果无特定身份,则无法成立需要特定身份的罪名。两种理论均过于绝对,特定身份既然作为一种犯罪构成要件中的要素,必然有其特殊的意义,如认为任何人均可以通过利用有身份之人成立身份犯,则会扩张间接正犯的范围,导致间接正犯适用的泛化。而如全盘否定无身份之人不可通过间接正犯的方式构成身份犯,则会导致许多身份可与行为主体分离的情形下可以成立间接正犯的可能性。如有学者认为:"只有由法定身份构成的纯正身份犯才是亲手犯,由自然身份构成的纯正身份犯不是亲手犯。"①也有学者不赞同此观点,认为:"区别是否亲手犯的标准并非自然身份与法定身份的区别,而是能力犯与义务犯的区别。纯正身份犯之能力犯,并非亲手犯,可以由间接实行方式构成,但纯正身份犯之义务犯则为亲手犯,不能为直接正犯者亦不能构成间接正犯。"②事实上,二者均认为法定犯属于亲手犯,这两种观点的区别在于,自然身份犯是否均属于亲手

① 参见陈兴良:《间接正犯:以中国立法与司法为视角》,载《法制与社会发展》2002年第5期。

② 参见林维:《间接正犯研究》,中国政法大学出版社1998年版,第145页。

犯。以强奸罪为例,学界常见的讨论主要集中于妇女是否可以成为强奸罪的间接正犯。以往学界曾认为妇女不可以构成强奸罪的主体,但随着学界讨论的深入,妇女可以成为强奸罪的间接正犯已逐步成为共识。如张明楷教授认为,妇女可以成为强奸罪的教唆犯、帮助犯、间接正犯和共同正犯。[①] 周光权教授也认为,妇女不能成为本罪的直接、单独正犯,但可能与男子共同实施强奸行为,可以成为强奸罪的教唆犯、帮助犯,也可以构成强奸罪的共同正犯。[②] 理由在于,从实质判断的视角来看,犯罪主体可以与实施强奸的自然身份相分离,并不会影响强奸罪的实施。因此,以法定犯和自然犯的分类方式讨论亲手犯和间接正犯成立范围的问题,并不周延。而以能力犯和义务犯的分类方式进行讨论,则是合理的,因为,义务与行为主体是无法分离的,无法分离则不可能成立间接正犯。以受贿罪为例,不具有国家工作人员身份的人利用具有国家工作人员身份的人受贿,如具有国家工作人员身份的人不知情,则国家工作人员职务的廉洁性并没有受到破坏,则这一行为没有触犯受贿罪所涉及的法益,则不可能构成受贿罪。在这里国家工作人员的身份要求具有该身份的主体具有保持廉洁性的义务,这一义务不可能与主体分离,因此,无法成立间接正犯。而以上述强奸罪为例,男性这一身份表示其具有实施强奸的能力,这一能力可以被利用,因此,便可得出结论妇女可以成立强奸罪的间接正犯。

第三,间接正犯与行为犯。所谓行为犯,系指行为人只要单纯地实施刑法分则所规定的构成要件的行为就足以构成犯罪,而无须发生一定的犯罪结果。[③] 而在这种不要求特定结果的情形下,是否可以成立间接正犯,在学界存在争议。有学者认为,所有的行为犯都是亲手犯,因为只有直接实施犯罪行为的人才能体现出行为的社会危害性。而通过意思控制他人的行为,不能表现出这种危害,因为控制并不代表实施

① 参见张明楷:《刑法学》(下)(第5版),法律出版社2016年版,第868页。

② 参见周光权:《刑法各论》,中国人民大学出版社2016年版,第32页。

③ 参见陈兴良:《刑法哲学》(修订3版),中国政法大学出版社2004年版,第225页。

行为本身,即使通过意思控制他人实施行为,也不能认为其本人实施了行为。从实行行为性的角度说,其支配他人实施行为的行为不具有实行行为性,因此便无法成立间接正犯。但是,上述观点并不能产生很强的说服力,如有学者认为,行为犯与亲手犯之间并没有很强的关联,行为犯并非不能以间接正犯的方式实施。[①] 以非法侵入住宅罪为例,在唆使精神病人或无刑事责任能力的儿童侵入他人住宅的场合,虽然从犯罪实施到犯罪成立在瞬间便完成了。[②] 但是这并不能否认间接正犯的成立。虽然非法侵入住宅罪所保护的法益在学界仍有争议,但不外乎以下几种情况:居住状态的安宁和平稳、公共秩序、占有权、住宅权、对住宅的平稳利用权和支配权等。但是无论保护的法益为何,侵入住宅的行为对非法侵入住宅罪所保护法益的侵害业已形成。无论是自己实施还是利用他人实施,均对该罪所保护的法益形成了实质上的侵害,在本质上二者并没有不同。如罗克辛认为:“为什么一个唆使对行为不会负责任的儿童或者精神病人,侵入邻居的住宅,以便通过侵害住宅权来进行恐怖活动的人,就不能是间接实行人?他通过‘他人’实施了这个侵入行为,这就足够了。”[③]因此,仍套用前述间接正犯成立的判断逻辑,非法侵入住宅罪的行为与主体可以分离,非法侵入住宅罪可以间接正犯的方式实施。同样,其他行为犯诸如非法持有枪支、弹药罪,暴力危及飞行安全罪以及危险驾驶罪等也可以间接正犯的方式实施。理由在于,虽然触犯这类罪名的行为发生时罪名便已成立,但是这些行为对这些罪名所保护的法益造成的侵害,在自己亲手实施还是假手他人实施的情况下,并没有任何的不同。因此,应当承认这类行为犯可以以间接正犯的方式实施。

① 参见赵香如:《间接实行犯研究》,世界图书出版广东有限公司 2013 年版,第 88 页。

② 参见李海滢:《亲手犯问题研究》,载《中国刑事法杂志》2004 年第 3 期。

③ 参见[德]克劳斯·罗克辛:《德国刑法学总论》(第 2 卷),王世洲等译,法律出版社 2013 年版,第 87 页。

结　语

间接正犯理论自其产生开始,便不断遭受质疑,甚至有大量学者提出要取消间接正犯概念。但是间接正犯理论在诸多领域仍有其独特的作用,尤其是在间接正犯的正犯性理论仍在不断更新的当下,我们仍须坚持间接正犯的独立性地位。诸如实行行为性以及意思支配等理论虽然存在着各种不足,但正如学者们所指出的,这些理论虽然在论证角度和方法上存在着不同,但从实质上并没有太大区别,它们均是从不同的侧面来解释间接正犯的有关问题。因此,我们应当发挥不同理论所长,弥补其他理论的缺陷,来解释已有的和可能出现的间接正犯的问题。

The Justification of the Necessity of the Indirect Criminal and Its New Structure

Xu Ying

[**内容摘要**]间接正犯概念是否应当存在,学界存在肯定论与否定论两种观点。否定论的观点并不充分,无法解决取消间接正犯概念后的理论与实践难题。肯定论中的工具说、规范障碍说、国民道德观念说均存在着较大的缺陷,无法满足理论与实践的需要,而意思支配说可以弥补实行行为性说的缺陷。实行行为性说可以为意思支配说提供形式上的限制。因此,在肯定间接正犯存在必要性的前提下,应当采用将支配理论的核心思想引入实行行为性说的新的理论构造,既能弥补实行行为性说内涵不够明确的缺陷,也能避免意思支配说中正犯范围的泛化。

[**关键词**]间接正犯;存废之争;必要性;新构造

Abstract: Whether the concept of indirect criminal should exist, there are two viewpoints in academia: positive and negative. The theory of negation is not sufficient and cannot solve the theoretical and practical problems after the concept of indirect criminal is cancelled. The instrumental theory, normative obstacle theory, and national morality theory in the positive theory all have large defects and cannot meet the needs of theory and practice. The dominance of will theory can make up for the shortcomings of the implementation act theory. The implementation act theory can provide formal restrictions for the dominance of will. Therefore, under the premise of affirming the necessity of indirect criminal, a new theoretical structure that introduces the core ideas of the dominance of will theory into the implementation act theory. The new structure can not only make up for the lack of the implementation act theory, but also avoid the generalization of the scope of the indirect criminal in the dominance of will.

Keywords: Indirect Criminal; Controversy of Indirect Criminal; Necessity; New Structure

〔刑事执行法〕

"踩点减刑"的反思与应对
——以"郭某思减刑案"为切入点

周　鹏*

目　　次

一、问题之提出
二、"踩点减刑"概念之界定
三、"踩点减刑"成因之检视
四、"踩点减刑"质疑之应对

一、问题之提出

2014年以来,"踩点减刑"①逐渐成为一个热词,也成为检察机关对刑罚变更实务进行检察监督的重点。近年来,云南"孙某果案"、山西"任某军案"、北京"郭某思案"等热点案件的曝光,再次将"踩点减刑"拉入公众视野。特别是2020年发生的北京"郭某思案",引发社会

---

* 南京师范大学法学院刑法学博士研究生,中国法治现代化研究院特邀研究员,江苏省监狱管理局狱政管理处副处长。

① 据笔者考证,"踩点减刑"一词,正式出现于《人民检察》2014年第5期刊载的《强化同步监督严惩司法腐败——〈关于严格规范减刑、假释、暂予监外执行切实防止司法腐败的意见〉理解与贯彻》一文中。

广泛关注。北京市联合调查组调查"郭某思案"时发现,在2007年至2018年郭某思服刑期间,监狱、法院、检察机关个别工作人员受郭某思亲属请托,多次违法违规帮郭某思办理减刑。① 从中国裁判文书网公开的刑事裁定书中知悉:2005年2月24日,北京市第二中级人民法院作出(2005)二中刑初字第131号刑事判决,判决郭某思犯故意杀人罪,处无期徒刑,剥夺政治权利终身。宣判后,郭某思未上诉,检察院未抗诉。其服刑期间共获得9次减刑,2019年7月24日刑满释放。9次减刑的具体情况为:(1)2007年6月25日第1次减刑,从无期徒刑减为19年有期徒刑;(2)2008年9月20日第2次减刑,减刑10个月;(3)2009年11月20日第3次减刑,减刑10个月;(4)2011年1月20日第4次减刑,减刑11个月;(5)2012年3月20日第5次减刑,减刑11个月;(6)2013年4月26日第6次减刑,减刑11个月;(7)2014年7月17日第7次,减刑1年;(8)2015年10月29日第8次减刑,减刑1年;(9)2018年11月21日第9次减刑,减刑6个月。中间7次减刑基本到"点"就减,减刑幅度基本达上限,减刑频次较快,实际服刑不到15年便被释放。② 案件曝光后,现有的减刑制度被置于舆论的风口浪尖。但是,"踩点减刑"是否必然与司法腐败存在关联?能否从根本上动摇减刑制度的正当性?如何处理限制"踩点减刑"与促进罪犯改造之间的关系?还需要我们客观地加以分析。

二、"踩点减刑"概念之界定

迄今为止,"踩点减刑"这一形象化表达,仍多见于新闻报道,一直缺乏理论探讨,未被准确界定。从该词的构成来看,"踩点减刑"系多

---

① 参见《北京通报"郭某思减刑案"最新调查情况》,载新华网,http://www.xinhuanet.com//mrdx/2020-09/14/c_139366983.htm。

② 根据《最高人民法院关于办理减刑、假释案件具体应用法律若干问题的规定》(法释〔1997〕6号)、(法释〔2012〕2号),对郭某思9次减刑的起始时间、间隔期、减刑幅度等逐一进行检视。

语素的合成词,由两个偏正关系的词组成,其一是“踩点”,其二是“减刑”,其中“减刑”是中心词,“踩点”是修饰词。所谓减刑,指对被判处管制、拘役、有期徒刑或者无期徒刑的犯罪分子,因其在执行期间认真遵守监规,接受教育改造,确有悔改表现或者立功表现,而适当减轻其刑罚的制度。[①] 减刑又可分为狭义的减刑与广义的减刑,狭义的减刑具有法的明定性、内容与适用的特定性,对其本身进行分类理论意义不大。广义的减刑,根据减刑适用的根本性条件不同,可以分为奖励性减刑与权利性减刑;按照减刑决定机关性质的不同,可以分为裁判性减刑与行政性减刑;按照减刑目的不同,可以分为刑事政策性减刑与赦免性减刑;按照所减刑罚的种类的不同,可以分为自由刑减刑与非自由刑减刑。[②] 从我国现行法律制度的规定来看,减刑是一种奖励性、裁判性、刑事政策性减刑,兼有自由刑减刑与非自由刑减刑两种类型,但以自由刑减刑为主。而“踩点”,则意指“预先到某个地方进行考察,为后面正式到这个地方开展工作做准备”[③]。从汉语词源考察来看,“踩点”本是个中性词,但在司法实践中,该词却颇具贬义色彩,常用于形容犯罪的计划性、预谋性。因此,“踩点减刑”也常常被媒体、公众认为是个贬义词。我们认为,由于罪犯减刑必须同时具备实体条件和程序条件,仅从字面理解,尚难以准确把握“踩点减刑”一词的实质内涵,为此,我们拟从实体和程序两个维度来对其进行深入地考察。

(一)“踩点减刑”的实体之维

所谓实体之维,即从减刑的实体条件上来考察“踩点减刑”。依据我国《刑法》《刑事诉讼法》以及最高人民法院关于办理减刑、假释案件

---

① 高铭暄、马克昌主编:《刑法学》,北京大学出版社、高等教育出版社2016年版,第290页。

② 参见高铭暄、赵秉志主编:《刑罚总论比较研究》,北京大学出版社2008年版,第522~524页。

③ 参见辞海之家2020年10月9日,http://ciyu.cihai123.com/c/1162249.html。

的相关规定,[①]减刑的实体条件通常包括:确有悔改表现、立功表现、起始时间、间隔期、实际执行刑期等。从实体之维来看"踩点减刑",其特征主要如下。

一是时间的精确性。"踩点减刑"的"点"特指减刑起始时间或间隔期届满的时间点,因此,时间上的精确性是"踩点减刑"的首要特征。实践中,"踩点减刑"通常表现为刚好到或者刚刚过减刑的起始时间或间隔期,执行机关就提出减刑建议。所谓间隔期,就是两次减刑之间应间隔的时间,对此现行司法解释予以明确规定。但是,在实践中,间隔期的计算上却有两种方法:一种是从上次减刑裁定送达之日到本次减刑报请之日,[②]另一种是从上次减刑裁定送达之日到本次减刑拟裁定之日。相比前一种计算方法,后一种计算方法则会导致减刑间隔期的变相缩短。[③] 以"郭某思减刑案"为例,郭某思第二次减刑裁定时间为2008 年 9 月 20 日,第三次减刑裁定时间为 2009 年 11 月 20 日,两次减刑之间的间隔时间仅有 1 年 2 个月。同样,其第四次减刑与第五次减刑之间的间隔时间也仅有 1 年 2 个月。[④] 按照减刑间隔期不得少于 1

① 1997 年《刑法》颁布后,最高人民法院为规范减刑案件办理,先后制定、修改了四部司法解释,分别是:(1)《最高人民法院关于办理减刑、假释案件具体应用法律若干问题的规定》(法释〔1997〕6 号),以下简称《1997 年减刑假释司法解释》;(2)《最高人民法院关于办理减刑、假释案件具体应用法律若干问题的规定》(法释〔2012〕2 号),以下简称《2012 年减刑假释司法解释》;(3)《最高人民法院关于办理减刑、假释案件具体应用法律的规定》(法释〔2016〕23 号),以下简称《2016 年减刑假释司法解释》;(4)《最高人民法院关于办理减刑、假释案件具体应用法律的补充规定》(法释〔2019〕6 号),以下简称《2019 年减刑假释补充规定》。

② 《2016 年减刑假释司法解释》第 40 条第 2 款规定:"本规定所称'减刑间隔时间',是指前一次减刑裁定送达之日起至本次减刑报请之日止的期间。"

③ 2016 年之前,最高人民法院在关于办理减刑、假释案件的相关司法解释中,没有明确规定减刑间隔期的计算方法,因此各地在实际操作中对减刑间隔时间起止时间的计算方法并不统一,实践中,一些监狱采取后一种间隔期的计算方法。2012 年 12 月,江苏省高级人民法院率先在《关于审理减刑、假释案件若干问题的讨论纪要》(苏高法〔2012〕13 号)中规定"两次减刑间隔时间的起止时间为前次减刑裁定日期到下一次呈报减刑时间",进一步规范了减刑间隔时间的计算。

④ 北京市第一中级人民法院刑事裁定书,(2014)一中刑减字第 2181 号。

年的规定,加上每次减刑案件从启动到提请、审理再到最后裁定,一般需要 2 个月以上的时间,所以可以看出郭某思这几次减刑时间上计算十分精确,刚好踩着间隔期的时间点。

二是改造的功利性。减刑是利用服刑人渴望自由的强烈愿望,以犯罪人接受某种社会规范为交换,为其尽快改变现实受制裁的境遇提供一种途径。这种措施预支了某种社会代价,是对原有刑罚的一种削弱,因此,在其适用时需要对使用频率及其幅度慎重选择。① 从相关法律及司法解释关于减刑起始时间与间隔期的规定来看,一般采用"……以上"或"不得少于……"的弹性表述,②其中"以上"与"不得少于"均包含本数,减刑起始时间与间隔期到达本数即符合规定。因此,罪犯在服刑期间,往往会对照减刑起始时间与间隔期的最低要求,制定自己的改造规划,以期通过"踩点减刑"实现最大幅度的减刑目标。"从理论上看,减刑具有比假释更大的功利目的。"③连续或多次的"踩点减刑",亦会使罪犯在服刑期间减刑频次较快、实际执行的刑期较短。从"郭某思减刑案"也可以看出,连续九次减刑,使得被判处无期徒刑的郭某思实际服刑时间只有 14 年 5 个月。

三是形式的合规性。对照减刑的实体条件来看,"踩点减刑"本身并不违法,只不过是充分利用减刑政策而已。从减刑制度设立的目的来看,2016 年《最高人民法院关于办理减刑、假释案件具体应用法律的规定》第 1 条明确"减刑、假释是激励罪犯改造的刑罚制度,减刑、假释的适用应当贯彻宽严相济刑事政策,最大限度地发挥刑罚的功能,实现刑罚的目的"。同时,"减刑功能的实现要求减刑裁定不仅必须客观、公正,而且必须及时,及时的评价一般比延迟的效果要

---

① 参见廖斌:《监禁刑现代化研究》,法律出版社 2008 年版,第 331 页。

② 参见最高人民法院《2016 年减刑假释司法解释》第 6 条至第 18 条之规定。在最高人民法院颁发的"法释〔1997〕6 号文"与"法释〔2012〕2 号文"中,对减刑起始时间与间隔期的规定也是采用"……以上"或"不得少于……"的表述。

③ 廖斌:《监禁刑现代化研究》,法律出版社 2008 年版,第 331 页。

好”。①　近年来，我国的减刑、假释政策不断调整，减刑的起始时间、间隔期不断延长，但不管如何延长，只要符合起始时间、间隔期的相关规定，都不能简单地认为是违法。可见，“踩点减刑”在形式上具有合规性。

（二）“踩点减刑”的程序之维

程序之维也即从减刑的程序条件上来考察“踩点减刑”。依据《刑事诉讼法》、《最高人民法院关于适用〈中华人民共和国刑事诉讼法〉的解释》、司法部《监狱提请减刑假释工作程序规定》以及《最高人民法院关于减刑、假释案件审理程序的规定》等相关规定，减刑的程序条件通常包括：减刑程序的启动、个人申请、择优呈报、材料审核、逐级审议、报请审理、法院裁定以及依法公示等。从程序之维来看，无论是“踩点减刑”还是“非踩点减刑”，都必须严格按照减刑程序来办理，其程序性特征主要如下。

一是主体的特定性。根据相关法律制度，我国报请减刑的主体包括监狱机关、公安机关、社区矫正机构。但从实践来看，公安机关、社区矫正机构对判处管制、拘役、缓刑的罪犯报请减刑的案例较少，加之刑期或考验期较短，客观上也没有“踩点减刑”的机会；在司法实践中，减刑适用主要是被判处有期徒刑、无期徒刑以及死刑缓期执行的罪犯，报请减刑的主体主要是监狱机关，因此，“踩点减刑”的报请主体具有相对的特定性。

二是踩点的巧合性。从监狱减刑工作启动的程序来看，减刑并非完全根据罪犯个体的实际情况，到点就启动减刑。实践中，监狱减刑工作的启动是有规律的，死刑缓期执行减为无期徒刑以及无期徒刑减为有期徒刑，一般一个月启动一次，而有期徒刑的减刑，根据监狱与法院的协商，一般两个月或一个季度启动一次，也有的地方一年

① 参见高铭暄、赵秉志主编：《刑罚总论比较研究》，北京大学出版社 2008 年版，第 537 页。

两次。[①] 考虑减刑案件的办理周期,目前绝大多数监狱对被判处有期徒刑罪犯的减刑每个季度启动一次,一年办理四个批次。在每批次减刑启动前,监狱会下发通知,规定某个日期为考核截止日,并以此为基础,筛查符合减刑条件的罪犯。即便该考核截止日与部分罪犯的减刑起始时间或者间隔期满时间较近,也是这些罪犯此次减刑恰巧碰到,因此,称之为"撞点减刑"更为合适。也就是说,无论是正式规定还是非正式的规定,只要明确了起始时间和间隔时间,[②]客观上就存在一个可踩之点。质言之,"踩点"机会的形成是客观的,是监狱自身工作节奏下的偶然产物。

三是程序的一致性。从提请减刑的程序来看,无论是"踩点减刑"还是"非踩点减刑",均须严格按照相同的程序来办理。一方面,就减刑名单的确定而言,在监区内部要先后经历"摸排符合法定条件名单、按照分配名额确定1.5倍候选名单、确定择优呈报名单"三个阶段,并非所有符合减刑条件罪犯均有报减机会。另一方面,监狱内部有严格的报减程序,除监区民警集体审议程序外,还有刑罚执行部门初审、监狱减刑假释评审委员会评审、监狱长办公会议审定等环节,层层把关,以确保案件办理质量。此外,在案件办理过程中,检察机关也会全程同步监督,防止违法违规办理减刑案件。

综上,所谓"踩点减刑"是指在减刑工作中,报请减刑之日虽然位于惯常的起始时间或者间隔时间届满点后,但是相隔较近的刑罚变更执行现象。从司法实践来看,"踩点减刑"大致可分为以下几种情形:一是合法且适当的"踩点减刑",即罪犯在狱内改造表现比较突出,符合减刑的实体性与程序性条件,应当到期就减刑;二是合法但适当性存疑的"踩点减刑",即虽然符合减刑的实体条件与程序条

① 笔者调研发现,江苏省高级人民法院与省监狱管理局商定,死缓、无期徒刑罪犯减刑每月办理一次,有期徒刑罪犯减刑每年办理四批次。其他省份有的商定一年办理两批次。参见高铭暄、赵秉志主编:《刑罚总论比较研究》,北京大学出版社2008年版,第537页。

② 这里的间隔时间包括法律规定的间隔时间,以及各省监狱在此基础上自行规定的延迟1~2个月申报的时间。

件,但可能是执行机关出于照顾性质或为了减轻监管压力而到期就提请减刑,比如对一些老、病、残罪犯的减刑;三是非法的"踩点减刑",即存在司法腐败,有些民警在罪犯的岗位安排、计分考核等源头性执法环节上不按规范操作,或者在罪犯减刑的实体性条件或程序性条件上弄虚作假,人为创造条件帮助罪犯"踩点减刑"。"郭某思减刑案"即属非法的"踩点减刑"。因此,2020 年 12 月 3 日,北京市高级人民法院作出裁定,以郭某思所获减刑均系利用不正当手段获得、对郭某思减刑的裁定均确有错误为由,撤销对郭某思的 9 次减刑裁定,恢复对郭某思原判无期徒刑、剥夺政治权利终身刑罚的执行。[①] 但实践中,大多数案件处理既合法又适当或者仅是适当性存疑,非法的"踩点减刑"案件实为少数。[②] 因此,对"踩点减刑"现象不能一概而论,其合法与否、适当与否要视个案而定,在不结合个案情况下,无法得出客观的评价结果。质言之,"踩点减刑"本身并非评价的结果,而是评价的对象,不宜简单地将"踩点减刑"标签化。

三、"踩点减刑"成因之检视

"踩点减刑"这一提法,是检察机关强化对刑罚变更执行案件法律监督的产物。在司法体制改革大背景下,随着减刑、假释案件中检察监督由合法性监督向适当性监督拓展,[③]凸显减刑考核期适当性

---

① 参见《北京高院撤销对郭某思的 9 次减刑裁定》,载《人民法院报》2020 年 12 月 8 日,第 4 版。

② 2020 年,在中央政法委部署的全国政法队伍教育整顿试点工作中,对"减、假、暂"案件倒查 20 年,呼兰、松滨 2 所试点监狱及宜宾市 5 所省属监狱排查减刑、假释、暂予监外执行案件 8 万多件,确认并整改违规违法问题 307 个。参见温璐:《全国政法队伍教育整顿试点工作圆满收官》,载人民网—法治频道,http://legal.people.com.cn/n1/2020/1230/c42510-31984176.html。

③ 2014 年 8 月 26 日发布施行的《人民检察院办理减刑、假释案件规定》第 2 条明确了检察机关合法性监督的职责,随后的第 6 条第 3 项则将"拟提请减刑、假释罪犯的减刑幅度大、假释考验期长、起始时间早、间隔时间短或者实际执行刑期短"纳入强制性调查核实范围。

问题的“踩点减刑”这一提法被正式提出并反复强调。其实,“踩点减刑”现象早已有之,它是多重因素交织的结果,既有抽象观念方面的因素,也有具体制度方面的因素;既有客观方面的因素,也有主观方面的因素;既有实体方面的因素,也有程序方面的因素。囿于文章篇幅,下文着重对减刑考核期适当性存疑以及非法“踩点减刑”的成因进行分析。

(一)对减刑认识存在偏差

“减刑的正当性依据,就是已经执行的刑罚已基本实现一般预防和特殊预防之目的,从而有必要根据刑罚的节俭性原则,对原判刑罚量进行总量减少。”[①]从司法实践来看,由于对刑罚是否实现了一般预防和特殊预防的目的难以判断,因而,减刑就主要依据罪犯的现实表现。只要罪犯在监狱里遵规守纪、服从管教、积极参加劳动和学习,就有可能获得减刑的奖励。[②] 部分执行机关对罪犯的日常改造表现评价主要基于计分考核制度,通常仅仅以计分考核达到要求作为认定“确有悔改表现”的依据,而忽视个案的特殊性,办案思维、方法偏向机械化,未结合个案及时调整“确有悔改表现”或达到减刑起始时间、间隔期的标准,放松对减刑适当性的把握。这也导致一部分罪犯为了减刑,急功近利地改造,甚至是虚假表现,骗取民警的信任和考核积分,进而骗取减刑。

此外,1997 年与 2012 年《最高人民法院关于办理减刑、假释案件具体应用法律若干问题的规定》并未明确减刑的性质与适用要求,在“可以减刑”裁量上也并未强调综合考察方式,因此容易让人误以为减刑是罪犯当然享有的一种权利。有关调查表明,在服刑人员、监狱民警、检察官、法官中,虽然绝大多数认可减刑的奖励属性,但仍有

---

① 王作富、但未丽:《关于减刑制度的正当性思考》,载《法学家》2006 年第 6 期。

② 参见张亚平:《我国减刑、假释关系之反思与重构》,载《法律科学(西北政法大学学报)》2016 年第 4 期。

一定比例的人员持"权利说"。[①] 在罪犯计分考核中,普遍还存在"重劳动改造,轻教育改造"的倾向,劳动改造考核占比过大。教育改造日常考核趋于形式化,一些监狱未严格按照计考规定进行考核,导致罪犯更容易获得积分,更快地获得符合减刑要求的奖励。同时,在劳动岗位与工种分配方面也还存在一些不规范的地方。这些执法办案过程中的消极主观因素加剧了不适当乃至违法办理"踩点减刑"现象。

(二)裁量标准的不明确

"可以减刑"裁量标准的不明确性为"踩点"落地提供实体支撑。迄今为止,尚未有司法解释对"可以减刑"提出明确要求。虽然《2016 年减刑假释司法解释》规定了"可以减刑"的综合考察要求,即"应当综合考察罪犯犯罪的性质和具体情节、社会危害程度、原判刑罚及生效裁判中财产性判项的履行情况、交付执行后的一贯表现等因素",但并未提供具体方案,仍需委诸地方出台实施细则。一些问题仍未得到根本解决,如财产性判项与减刑如何关联?非"三类罪犯"未积极履行财产性判项时,具备何种条件可以不认定其"确有悔改表现"?办案标准的不明确,使得办案人员在个案上尺度把握不统一,从而给不适当的乃至违法违规办理"踩点减刑"案件留下了空间。有鉴于此,一些论者主张"对于认真遵守监规、接受教育改造、确有悔改表现等弹性规则不宜再作为'可以'适用减刑的条件"。[②]

---

① 参见茅仲华等:《减刑、假释案件审理程序规范化研究》,中国法制出版社 2017 年版,第 25 页。其中服刑人员和检察官对于"权利说"的认同比较高,分别为 11.20%、24.8%。

② 盛大友、陆向前:《当前刑罚变更执行工作中存在的主要问题及检查监督的对策——兼谈刑罚变更执行同步监督工作机制的完善》,载《华中师范大学学报(人文社会科学版)》2014 年第 3 期。

"踩点减刑"是刑罚执行机关报请减刑之日[①]虽然超过惯常的起始时间或者间隔时间届满点,但是相隔较近。实践中,监狱为提高可操作性,在司法解释基础上,将"执行某某时间以上""不得少于某某时间"等起始时间或者间隔期取最低点予以固定化。以有期徒刑减刑起始时间为例,根据 2016 年《最高人民法院关于办理减刑、假释案件具体应用法律的规定》第 6 条之规定,不满 5 年的,执行 1 年以上;5 年以上不满 10 年的,执行 1 年 6 个月以上;10 年以上的执行 2 年以上,监狱一般会将相应时间调整为 1 年、1 年 6 个月、2 年。所"踩"之"点"便因此具备可计算性。

(三)办案模式的不科学

分散办案是指办案民警各自在本监区内审查提请减刑名单、制作减刑材料,这种工作模式可能为不适当的乃至违法办理的"踩点减刑"创造了土壤。在减刑案件办理过程中,监区民警集体审议阶段的主要任务是审查择优呈报名单,对罪犯减刑的法定条件进行审核把关。由于减刑案件的审理侧重书面审查,减刑材料制作质量与呈报阶段审核便显得极为重要。但是,在传统的分散办案模式之下,因各个监区办案人员少,材料制作与呈报通常由监区内勤一人独自完成,一方面自主性比较大,违规操作的空间也比较大;另一方面由于缺少业务指导、集中讨论和集体审议,对减刑资格、扣减幅度、扣减情形、考核期限、考核期延长情形、证据证明标准等的把握,往往因办案人员的不同理解而出现差异,以致一些有违法违规嫌疑或者不适当的"踩点减刑"案件没有被及时筛查过滤。此外,在分散办案模式之下,每批次减刑动员部署阶段的业务培训也有形式化或缺位的现象,办案的法律政策、法定条件及程序要求得不到统一贯彻。

从法院办理减刑案件来看,根据现行法律规定,减刑案件尽管可

① 实践中,一些省份为严格规范减刑工作,通常会在报请减刑前划定计分考核截止日统计起始时间与间隔期,使得实际间隔时间长于法定的间隔期。

以采取开庭审理的方式,但是这种开庭审理并不属于典型的庭审程序。法院虽然是居中裁判,但减刑案件中不存在对抗的双方。大多数情况下,执行机关认为可以减刑的,提出减刑的建议,由地位中立的法院审核批准,检察院监督整个流程。减刑裁判过程中最主要的矛盾不是对抗,而是监督,以防止非法减刑。① 但这也仅仅是从减刑后在程序上进行的一种形式审查,而对罪犯在刑罚执行过程中的岗位安排、计分考核以及奖励获得等情况并未作实质性的审查,因此,在这种开庭审理的过程中,可能很难发现不适当的“踩点减刑”。更何况,考虑刑罚变更执行的经济性和效益性,减刑案件开庭审理的方式当前并未全面铺开,还仅仅是在部分罪犯的减刑中应用。此外,目前在减刑案件审理过程中尚未明确规定听证制度,减刑的申请、提议、审查、决定等方式,依然是在监狱系统的“内循环”,外界很少能够有机会参与和干预。“减刑假释委员会”的组成人员也均来自监狱,并没有与该罪犯减刑有利害关系的民众(被害人或者社区居住者)参与。在提请减刑阶段,现有法律制度规定的“公示”受众又极为有限,仅在监狱内部对警察和其他服刑罪犯进行公示,也不方便其他机关和人员的参与和监督。②

四、“踩点减刑”质疑之应对

如前所述,“踩点减刑”案件的背后可能反映一些问题,但其本身并非问题所在,其为评价客体而非客体评价。“踩点减刑”仅仅描述了一种客观现象,对于其背后的问题应坚持“对症下药”。

(一)树立科学合理的减刑观

1. 准确把握减刑的性质。减刑是激励罪犯改造的手段,是对罪犯

---

① 程绍燕:《我国减刑、假释听证制度研究》,载《政法论坛》2016 年第 4 期。

② 参见程绍燕:《我国减刑、假释听证制度研究》,载《政法论坛》2016 年第 4 期。

服刑期间良好表现的奖励。一方面,减刑不是罪犯的权利。① 2016年《最高人民法院关于办理减刑、假释案件具体应用法律的规定》第1条进一步明确了减刑、假释的性质:"减刑、假释是激励罪犯改造的刑罚制度,减刑、假释的适用应当贯彻宽严相济刑事政策,最大限度地发挥刑罚的功能,实现刑罚的目的。"另一方面,减刑不同于特赦,需要以罪犯在服刑期间有良好表现为对价,如果罪犯表现良好,也不能一味控制减刑,影响其正常改造。因此,对"踩点减刑"的回应须符合减刑制度设计的初衷,既要摆脱"能减就减"的办案思维与"放水"心态,也要防止走向另一个极端,过分严格控制减刑的频次,片面延长减刑考核期限,只严不宽,打击罪犯改造的积极性,背离行刑的目的。

2.坚持个案分析的方法。个案分析方法是刑罚个别化原则在"可以减刑"裁量中的具体体现。2016年《最高人民法院关于办理减刑、假释案件具体应用法律的规定》关于"确有悔改表现""立功表现"的认定条件以及关于减刑起始时间或间隔期的规定,构成"可以减刑"裁量的一般性要求,这是评价的第一个阶段。而综合考察则构成"可以减刑"裁量的补充性要求,这是评价的第二个阶段。第一个阶段是抽象的、积极的判断,第二个阶段是具体的、消极的判断。符合一般的"确有悔改表现""立功表现"的认定条件并且达到法定起始时间或间隔期的最低要求,通常即推定"可以减刑"。但在实践中,可以根据个案情况适时进行调整,提高"确有悔改表现"的认定标准、延长起始时间或间隔期,如减刑对象原先的犯罪性质恶劣、手段残忍、情节严重等;当然,也可以根据个案情况适当降低相关要求,如对"未、老、病、残"罪犯、具有"重大立功表现"罪犯的减刑。因此,应理性看待"踩点减刑",不应将"踩点减刑"与不规范机械地画等号,真正落实"综合考察"的要求,对合法适当的,要予以支持;对合法但不适当的,要从严把握;对违法办理的,要坚决抵制。

3.坚持严而有度的态度。减刑、假释制度是将刑罚的报应、威慑、

① 虽然目前对此仍存争议,但是司法实践一直坚持"奖励说"的基本立场。参见茅仲华等:《减刑、假释案件审理程序规范化研究》,中国法制出版社2017年版,第20~28页。

教育、更生、重返社会等功能有机结合的产物。面对当前从严控制减刑的司法态势，其一，要准确理解和把握不同阶段的行刑目的，处理好惩罚与改造的关系。《监狱法》第 3 条明确规定：“监狱对罪犯实行惩罚和改造相结合、教育和劳动相结合的原则，将罪犯改造成为守法公民。”因此，改造罪犯是监狱刑罚执行工作的目的、归宿，惩罚则是改造的手段。[①] 应当承认，“惩罚并非刑罚适用的唯一目的，甚至并非主要目的，教育改造在刑罚适用中越来越居于重要位置”。[②] 其二，要充分发挥减刑在特殊预防层面的正向激励作用，及时兑现减刑奖励，促进罪犯真诚悔罪、努力改造，争取早日回归社会。对此，有学者指出，“如果减刑对每个罪犯都是迟早的事情，它就会丧失立法者期待的激励作用，刑罚的公正性也会招致社会的质疑；反之，如果减刑面控制得过严，刑罚运作无法形成合理的法律张力，犯群必然对其反应冷漠，减刑的示范效应又无从谈起”。[③]

（二）规范考核期延长方案与日常管理考核

1. 正确看待延长考核期。自 2018 年起，随着各地扫黑除恶专项斗争工作与“顽瘴痼疾”整治的深入推进，一些违法违规“踩点减刑”的案件浮出水面，有关进一步强化刑罚的惩罚与威慑功能、延长减刑考核期的呼声不断。笔者认为，一方面，我们需要以刮骨疗毒的勇气直面问题，切实解决当下刑罚执行过程中存在的不规范、不公正等问题；另一方面，也需要我们理性地对待简单地延长减刑考核期这一实践中的普遍操作。理由如下。

首先，由于近年来刑事政策日趋收紧，目前减刑频次过快现象已被有效遏制，“生刑过轻”的刑罚结构也得到根本改观。其一，减刑后实际执行的期限这一“总阀门”已经被从严控制。《刑法修正案（八）》已

---

① 夏宗素主编：《监狱学基础理论》，法律出版社 1998 年版，第 100 ~ 101 页。

② 茅仲华等：《减刑、假释案件审理程序规范化研究》，中国法制出版社 2017 年版，第 47 页。

③ 王利荣：《减刑运作与刑罚合理弹性》，载《云南大学学报（法学版）》2001 年第 1 期。

经将无期徒刑减刑后实际执行的刑期由“不能少于十年”调整为“不能少于十三年”。有期徒刑减刑后实际执行的刑期,部分地区已经在 50% 的减假比基础上作从严处理,有的省份实际执行中已将减假比控制到 30% 以内。① 其二,新的减刑、假释司法解释已经较旧的司法解释作从严调整。2016 年《最高人民法院关于办理减刑、假释案件具体应用法律的规定》针对实践中一些罪犯减刑过快、实际执行期限偏短等问题,通过科学测算,在整体上就减刑起始时间、间隔时间、减刑幅度等作从严掌握,并且还明确了需进一步从严的范围(见表 1)。而随后的 2019 年《最高人民法院关于办理减刑、假释案件具体应用法律的补充规定》则对依照贪污贿赂罪判处刑罚的原具有国家工作人员身份的罪犯减刑假释进一步从严。

表 1　有期徒刑减刑考核时限要求、减刑幅度的前后比较

减刑、假释司法解释		2012 年		2016 年		
		刑期		刑期		
年限		5 年以上	不满 5 年	不满 5 年	5 年以上不满 10 年	10 年以上
起始时间		一般≥1 年 6 个月	比照缩短	≥1 年	≥1 年 6 个月	≥2 年
间隔时间		一般≥1 年	比照缩短	≥1 年		≥1 年 6 个月
减刑幅度	悔改或立功	一般≤1 年		≤9 个月		
	悔改并立功	一般≤2 年		≤1 年		
	重大立功			≤1 年 6 个月		
	悔改并重大立功			≤2 年		

① 笔者从江苏监狱系统了解到,所谓减假比,是指以实际减掉的刑期与假释的考验期之和除以原判有期徒刑的刑期,原判是死刑缓期二年执行的,计算时在改判的有期徒刑刑期上加上 4 年,原判是无期徒刑的,计算时在改判的有期徒刑刑期上加上 2 年。

其次，大部分公众质疑的“踩点减刑”问题发生在2016年《最高人民法院关于办理减刑、假释案件具体应用法律的规定》施行前。如云南“孙某果案”、山西“任某军案”、北京“郭某思案”等，这几起案件真正暴露在公众视野是在2016年《最高人民法院关于办理减刑、假释案件具体应用法律的规定》施行后，但是，这些案件反映的减刑频次快等问题，全部发生在2016年《最高人民法院关于办理减刑、假释案件具体应用法律的规定》施行前。贸然延长考核期限，实际上是将旧制度的责任让已经从严的新制度承担，可能打破当前的行刑生态平衡，可能诱发“生刑过重”的风险。

最后，社会对上述案件反应强烈的重要原因之一是罪犯释放后再犯罪。但客观地说，导致出狱人又犯罪的因素极其复杂，不能简单归咎于减刑失当。“减刑的根据是罪犯确有悔改或立功表现，从这一现实根据去测示其社会化程度，是在行刑阶段唯一可信的做法。”①因此，不能因一些不规范减刑案件的出现，而否定整个减刑制度。

此外，从行刑实践来看，延长减刑考核期的效果评价存在以下消极侧面。其一，罪犯减刑机会减少，服刑时间延长，导致监狱改造成本增加。其二，罪犯出于趋利避害本能可能会抗拒改造，特别是在部分罪犯将减刑视为其权利并将监狱改造规划制定得非常详细的情况下，一旦减刑计划被打乱，消极改造、违规抗拒改造的现象可能加剧，甚至会影响监管安全。其三，引发延长减刑考核期“攀比”风险，刑期与罪犯刑罚体验度的正相关性因达到临界点而丧失，一味地延长刑期并不能实现刑罚的目的。其四，客观上“踩点”痕迹依然存在，仅是“踩点”周期延长、减刑频次降低。

2. 合理设置延长方案。一方面，需要限定仅依据服刑前情形而延长减刑考核期的犯罪类型和犯罪情节，不应作背离刑罚理性化、个别化的普遍性、概括性处理。因此，延长的范围应主要围绕2016年《最高人民法院关于办理减刑、假释案件具体应用法律的规定》所规定的从严

---

① 王利荣：《减刑运作与刑罚合理弹性》，载《云南大学学报（法学版）》2001年第1期。

掌握情形[①]设定,排除盗窃罪等财产犯罪、交通肇事罪等过失犯罪。同时,延长范围也可以适当扩张,如缓刑期间、假释期间、死缓期间、刑满释放后又故意犯罪的,但应当坚持审慎的态度。在此基础上,还应将某些罪可能涉及的延长情形类型化,如强奸罪中的奸幼、轮奸,贪污贿赂罪中的数额特别巨大或者有其他特别严重情节的,故意杀人罪中的手段残忍等,以便于办案标准统一。另一方面,应以服刑期间不良改造表现作为延长减刑考核期的重点。既要进一步规范"法定"延长考核期的理由,如罪犯严重违反监规纪律,受到从严管控、警告或记过、禁闭以及利用不正当手段获得减刑资格等,应当明确延长减刑考核期的情形;也要细化"酌定"延长情形与标准,如对于不认罪服法、不服从监狱民警管理、违反违禁品管理规定等触犯日常管理规范,尚不构成处分但扣分达到一定程度的罪犯,可以适当延长其减刑考核期。

3. 严格日常管理考核。应将控制不合理"踩点减刑"的防线向前延伸,严格规范罪犯计分考核与岗位分配。在规范计分考核方面,一是要拓展考核范围,增强前瞻性,将罪犯积极参加文化学习,提高文化程度,积极参加技能培训,努力掌握多种技能,努力矫正不良习惯,积极培养健康心理等这些积极鼓励罪犯为适应未来社会生活而准备的内容纳入考核方案[②];二是要完善教育改造的计分考核,强化主动考核、积极考核的意识,严格执法,对受到警告、记过、禁闭处罚及重新犯罪等情况的,严格按照规定进行考核扣减分及取消积分和奖励,使得罪犯在教育改造上真正拉开差距;三是要落实日记载、周评议、月公布制度,保持计分考核全面、公正、透明。在规范岗位分配方面,依法认定罪犯劳动能力,严格岗位工种安排,及时召开会议公布岗位分配的方案、原则、依

① 如职务犯罪罪犯,破坏金融管理秩序和金融诈骗犯罪罪犯,组织、领导、参加、包庇、纵容黑社会性质组织犯罪罪犯,危害国家安全犯罪罪犯,恐怖活动犯罪罪犯,毒品犯罪集团的首要分子及毒品再犯,累犯,确有履行能力而不履行或者不全部履行生效裁判中财产性判项的罪犯,因故意杀人、强奸、抢劫、绑架、放火、爆炸、投放危险物质或者有组织的暴力性犯罪被判处十年以上有期徒刑的罪犯,数罪并罚且其中两罪以上被判处十年以上有期徒刑的罪犯,数罪并罚被判处无期徒刑、死刑缓期执行的罪犯。

② 参见吴宗宪:《论减刑条件的问题与改革》,载《河南社会科学》2020 年第 4 期。

据,自觉接受监督,确保岗位分配的公平、公正。合理设置岗位工种的考核计分权重,科学分配岗位任务,公正评价罪犯岗位任务完成情况。通过以上多方面的努力,从源头上将"踩点减刑"限定在合理范围内。

(三)健全监狱减刑案件办理程序机制

目前,监狱减刑案件办理的程序性规范相对较为齐全,但办案模式尚未统一。从一些省份试点探索的情况来看,应加快监狱集中办案中心的规范化建设和使用管理,推行集中办案模式,进一步规范减刑案件办理,合理约束民警自由裁量权。利用办案中心场所设施优势,集中开展动员部署、审查、材料制作、结案归档等工作,并为驻监检察监督搭建便捷通道,确保结案时间与进度协调统一,办案标准与程序正确规范。[①] 特别是在监区集体评议后的材料制作与呈报阶段,应当丰富审查方式。根据办案需要,可灵活采取交叉互审、指定审查等多样化的审查方式,加强刑罚执行部门的业务指导,拓宽执法工作横向监督渠道,有效避免各监区自审案件可能存在的漏洞、执法尺度不一、习惯性思维等问题,压缩办案民警自由裁量空间。进一步完善集中办案期间集体审议程序,可以在刑罚执行部门初审后提交监狱评审委员会评审前增设集体复审环节,召集各监区分管领导和办案民警对初审环节筛选出的可能存在问题的案件进行再次审查,借助典型案件,进一步强化对刑罚变更执行案件的合法性与适当性审查,提高办案质效。此外,还可以依托监狱集中办案中心,邀请法院来监狱现场审理减刑案件,增加开庭审理的频次;并可以设立听证程序,主动邀请受害人、社会公众参与到减刑过程中来,充分发表意见,尽量减少书面审查减刑案件的弊端,促进减刑案件办理公开、公平、公正。

---

① 目前为加强配套,广东、内蒙古、江苏等地区已经探索建设专门的办案中心,为集中办案模式有效运转提供场所支撑。江苏监狱还为加强顶层设计,结合前期试点经验出台专门文件,全面规范集中办案中心的建设、使用及管理。从各地办案中心实际使用情况看,民警的办案能力和规范执法水平得到有效提升。

Study on "Commutation by Step on the Spot"

—Starting from "Guo Mousi Commutation Case"

Zhou Peng

[**内容摘要**]"踩点减刑"是一种报请减刑之日虽然位于惯常的起始时间或间隔时间届满点后,但是相隔较近的刑罚变更执行现象。实践中,"踩点减刑"一直未被准确界定,以致被标签化。从实体与程序之维对其进行考察,"踩点减刑"并非全部违法或不适当。对减刑认识的偏差、裁量标准的不明确、办案模式的不严谨,是一些不适当或违法的"踩点减刑"形成的主要原因。对此,需要树立科学合理的减刑观,规范考核期延长方案与日常管理考核,健全监狱减刑案件办理程序机制,确保刑罚变更执行的公平公正。

[**关键词**]踩点减刑;起始时间;间隔期;考核期

Abstract: "Commutation by Step on the Spot" is a phenomenon that the date of applying for commutation is near the end of the usual starting time or interval. In practice, "Commutation by Step on the Spot" has not been accurately defined, so that it has been labeled. From the perspective of substance and procedure, it is not all illegal or inappropriate to "Commutation by Step on the Spot." The main reasons for the formation of some inappropriate or illegal "Commutation by Step on the Spot" are the deviation of understanding of commutation, the ambiguity of discretion standard and the lax mode of handling cases. In this regard, we need to establish a scientific and reasonable concept of commutation, standardize the assessment period extension scheme and daily management assessment, improve the mechanism of handling prison commutation cases, and ensure the fairness and justice of the implementation of penalty changes.

Keywords: Commutation by Step on the Spot; Starting Time; Interval; Assessment Period